STEUERBERATUNG – BETRIEBSPRÜFUNG –
UNTERNEHMENSBESTEUERUNG

Schriften zur betriebswirtschaftlichen Steuerlehre

Herausgegeben von Prof. Dr. Wilhelm H. Wacker

Band 24

Konzernbesteuerung in der Europäischen Union

Von

Dipl.-Kfm. Dr. Marco Scheuchzer

ERICH SCHMIDT VERLAG

Die Deutsche Bibliothek – CIP-Einheitsaufnahme

Scheuchzer, Marco:
Konzernbesteuerung in der Europäischen Union / von Marco Scheuchzer. – Bielefeld: Erich Schmidt, 1994
(Steuerberatung, Betriebsprüfung, Unternehmensbesteuerung ; Bd. 24)
Zugl.: Göttingen, Univ., Diss., 1993
ISBN 3-503-03512-5
NE: GT

ISBN 3 503 03512 5

Dieses Buch ist auf säurefreiem Papier gedruckt
und entspricht den Frankfurter Forderungen zur Verwendung
alterungsbeständiger Papiere für die Buchherstellung.

Druck: Regensberg, Münster

Geleitwort des Herausgebers

Die Konzernunternehmung wird als Sonderform der Unternehmung begriffen. Ihre Problematik ist den Grenzbereichen von Betriebswirtschaftslehre, Gesellschaftsrecht, Steuerrecht und Volkswirtschaftslehre zuzuordnen. Das betriebswirtschaftliche und gesellschaftsrechtliche Spannungsfeld liegt zwischen der rechtlichen Selbständigkeit und der wirtschaftlichen Einheit des Unternehmensverbundes. Das Steuerrecht kann an der rechtlich selbständigen Gesellschaft anknüpfen oder an dem von der Konzernunternehmung am Markt erzielten Ergebnis. Die Besteuerung verbundener Unternehmen und der Kontext transnationaler Unternehmensverträge sind in der Europäischen Union weder am Trennungsprinzip noch am Einheitsprinzip eindeutig orientiert. Auch die Notwendigkeit eines europäischen Schachtelprivilegs, die mögliche grenzüberschreitende Anwendung von Organschaftskriterien sowie die steuerlich relevanten Konsolidierungstechniken werden nicht einheitlich beurteilt.

Der Verfasser führt zunächt unter Heranziehung aktueller in- und ausländischer Quellen einen systematischen Ländervergleich durch. Die Länder werden einheitlich nach folgenden Kriterien untersucht: Grundlagen des Körperschaftsteuersystems, Anwendungsvoraussetzungen und Rechtsfolgen konzernspezifischer Regelungen, Besteuerung internationaler Konzerne. Die zusammenschauende Analyse wird nach betriebswirtschaftlichen Anforderungen an eine Konzernbesteuerung beurteilt. Die Niederlande, Spanien, Portugal, Frankreich, Großbritannien und Irland sind deutlicher am Einheitsgedanken orientiert. Belgien, Italien und Griechenland orientieren sich dagegen mehr am Trennungsprinzip. Zwischen beiden Gruppen sind Deutschland, Luxemburg und Dänemark angesiedelt. Auf der Basis dieser Erkenntnisse prüft der Verfasser den europäischen Harmonisierungsauftrag und erarbeitet einen Besteuerungsvorschlag de lege ferenda. Dem Vorschlag liegt ein betriebswirtschaftliches Konzept zugrunde. Dabei werden auch gesellschaftsrechtliche und fiskalische Nebenbedingungen berücksichtigt. Der Verfasser strebt neben der Vermeidung der Doppelbesteuerung von Gewinnausschüttungen zwischen Konzerngesellschaften insbesondere einen grenzüberschreitenden Verlustausgleich mit Nachversteuerung und eine außerbilanzielle Interimsneutralisierung noch nicht am Markt realisierter Zwischenergebnisse an. Er spricht sich gegen eine supranationale Lösung in Form einer europäischen Konzern-Steuerbilanz mit europäischem Finanzausgleich oder eine Besteuerung nach dem Modell der US-Unitary-Taxation aus. Das Konzept der dezentralen Veranlagung wäre auch für europäisch-internationale Konzerne anwendbar und globalen Besteuerungsregelungen zugänglich.

Mit der Untersuchung schließt der Verfasser eine Informationslücke. Die Diskussion über die Konzernbesteuerung in den EU-Staaten und die europäischen Perspektiven der Konzernbesteuerung wird im Ertragsteuerbereich zentral und konzentriert weitergeführt. Die Arbeit enthält zugleich Ansatzpunkte für weitergehende Analysen der internationalen Konzernbesteuerung in den Bereichen Substanz- und Umsatzbesteuerung im europäischen und europäisch-internationalen Kontext. Von besonderem Interesse könnten auch wissenschaftliche Anschlußuntersuchungen über die internationale Besteuerung konzernverbundener Personengesellschaften sein.

Göttingen, im März 1994 Prof. Dr. Wilhelm H. Wacker

Vorwort des Verfassers

Der besondere Reiz einer wissenschaftlichen Untersuchung der spezifischen Probleme der Konzernbesteuerung resultiert aus dem der Konzernunternehmung immanenten Dualismus von rechtlicher Selbständigkeit der Konzerngesellschaften und wirtschaftlicher Einheit des Gesamtkomplexes und der daraus folgenden Notwendigkeit einer ganzheitlichen interdisziplinären Betrachtungsweise. Mit der vorliegenden Arbeit wurde der Versuch unternommen, mit Hilfe einer umfassenden Rechtsvergleichung der Regelungen zur Ertragsbesteuerung von Konzernen in den Mitgliedstaaten der Europäischen Union, Lösungsansätze für eine internationale Konzernbesteuerung de lege ferenda zu entwickeln, die betriebswirtschaftlichen und rechtlichen Anforderungen gerecht wird. Das damit verbundene Problem der Beschaffung und Verarbeitung der maßgeblichen ausländischen Rechts- und Literaturquellen konnte nur dank der Unterstützung zahlreicher Personen und Institutionen in den einzelnen Mitgliedstaaten gelöst werden. Erwähnt seien insbesondere die freundliche Betreuung seitens der Mitarbeiter des International Bureau of Fiscal Documentation in Amsterdam und der Bibliothèque nationale in Luxemburg während meiner Forschungsaufenthalte und die Übersetzungshilfen von Frau Dipl.-Kff. Saskia Gätjens, Frau Dipl.-Kff. Karin Schlei, Frau Dipl.-Kff. Heidrun Zirfas de Morón und Herrn Dipl.-Kfm. Jürgen Lauer.

Die Arbeit entstand während meiner Assistentenzeit am Institut für deutsche und internationale Besteuerung der Georg-August-Universität Göttingen und wurde im Dezember 1993 vom Fachbereich Wirtschaftswissenschaften als Dissertation angenommen. Für die Anregung und schöpferisch-kritische Begleitung dieses Projekts danke ich meinem sehr geschätzten akademischen Lehrer, Herrn Prof. Dr. Wilhelm H. Wacker. Herrn Prof. Dr. Lothar Schruff bin ich für die Übernahme des Zweitgutachtens zu Dank verpflichtet. Mein Dank gilt außerdem meinen Kollegen am Institut, insbesondere Herrn Dr. Frank Reinhardt, dessen ständige Bereitschaft zu einem instruktiven Gedankenaustausch wesentlich zu einer motivierenden Arbeitsatmosphäre beigetragen hat. Vor allen anderen aber gebührt meiner lieben Frau Norma ein überaus herzlicher Dank für ihre Unterstützung und ihr Verständnis für die sicherlich nicht immer verständlichen Probleme eines ungeduldigen Doktoranden. Ihr und meiner kleinen Tochter Samira Monique sei diese Arbeit gewidmet.

Göttingen, im März 1994 Marco Scheuchzer

Inhaltsverzeichnis

Seite

Verzeichnis der Abbildungen

Abkürzungsverzeichnis

A/S	=	Aktieselskaber (dänische Aktiengesellschaft)
Abl. EG	=	Amtsblatt der EG
ACT	=	Advance Corporation Tax
AG	=	Die Aktiengesellschaft
ApS	=	Anpartsselskaber (dänische GmbH)
AWD	=	Außenwirtschaftsdienst des Betriebs-Beraters
BB	=	Betriebs-Berater
BddW	=	Blick durch die Wirtschaft
BFuP	=	Betriebswirtschaftliche Forschung und Praxis
BGBl	=	Bundesgesetzblatt
BNB	=	Beslissingen in Belastingzaken - Nederlandse belastingrechtspraak (Entscheidungen in Steuersachen - Niederländische Steuerrechtsprechung)
BR-Drs.	=	Bundesrats-Drucksache
BT-Drs.	=	Bundestags-Drucksache
BV	=	besloten vennootschap met beperkte aansprakelijkheid (niederländische GmbH)
CGI	=	Code Général des Impôts
CIR	=	Code des Impôts sur les Revenus (belgisches Einkommensteuergesetz)
CT	=	Corporation Tax
CTA	=	Corporation Tax Act
DB	=	Der Betrieb
DBW	=	Die Betriebswirtschaft
DStR	=	Deutsches Steuerrecht
DStZ	=	Deutsche Steuerzeitung
EAG	=	Europäische Atomgemeinschaft
EC	=	European Community
EG	=	Europäische Gemeinschaft
EGKS	=	Europäische Gemeinschaft für Kohle und Stahl
EGV	=	EG-Vertrag, vormals EWG-Vertrag
EU	=	Europäische Union
EuGH	=	Europäischer Gerichtshof
EuR	=	Europarecht (Zeitschrift)
EuZW	=	Europäische Zeitschrift für Wirtschaftsrecht
FA	=	Finance Act

FAZ	=	Frankfurter Allgemeine Zeitung
FII	=	Franked Investment Income
FR	=	Finanzrundschau
FTWTR	=	Financial Times World Tax Review
GE	=	Geldeinheiten
GesRZ	=	Der Gesellschafter. Österreichische Zeitschrift für Gesellschafts- und Unternehmensrecht
GmbHR	=	GmbH-Rundschau
HR	=	Hoge Raad (oberstes Finanzgericht der Niederlande)
ICC	=	Impôt commercial communal (luxemburgisches Gewerbesteuergesetz)
ICTA	=	Income and Corporation Taxes Act
IRC	=	Imposto sobre o rendimento das pessoas colectivas (portugiesisches Körperschaftsteuergesetz)
IStR	=	Internationales Steuerrecht
IWB	=	Internationale Wirtschafts-Briefe
JuS	=	Juristische Schulung. Zeitschrift für Studium und Ausbildung
L.I.R.	=	L'impôt sur le revenu (luxemburgisches Körperschaftsteuergesetz)
LIS	=	Ley del Impuesto sobre Sociedades (spanisches Körperschaftsteuergesetz)
LL	=	Ligningsloven (dänische Abgabenordnung)
Ltd	=	Limited Liability Company
m.w.N.	=	mit weiteren Nachweisen
NJW	=	Neue Juristische Wochenschrift
NV	=	naamloze vennootschap (niederländische Aktiengesellschaft)
NWB	=	Neue Wirtschafts-Briefe
Reg.	=	Regulations
RIS	=	Reglamento del Impuesto sobre Sociedades (spanische Körperschaftsteuer-Durchführungsverordnung)
RIW	=	Recht der internationalen Wirtschaft
S.A.	=	sociedades anónimas (spanische AG) société anonyme (französische AG)
Sec.	=	Section
SEL	=	Selskabsskatteloven (dänisches Körperschaftsteuergesetz)
Stbg	=	Die Steuerberatung
StbJb	=	Steuerberater-Jahrbuch
StBp	=	Die steuerliche Betriebsprüfung
StuW	=	Steuer und Wirtschaft

Stvw	=	Standaardvoorwaarden (niederländische Steuerrichtlinien)
TCGA	=	Taxation of Chargeable Gains Act
TPIR	=	Tax Planning International Review
TU	=	Testo Unico (italienisches Einkommen- und Körperschaftsteuergesetz)
W.I.B.	=	Wetboek van den Inkomstenbelasting (belgisches Einkommensteuergesetz)
Wet Vpb	=	Wet op de Vennootschapsbelasting (niederländisches Körperschaftsteuergesetz)
WiSt	=	Wirtschaftswissenschaftliches Studium
WISU	=	Das Wirtschaftsstudium
WPg	=	Die Wirtschaftsprüfung
ZfB	=	Zeitschrift für Betriebswirtschaft
ZfbF	=	Schmalenbach's Zeitschrift für betriebswirtschaftliche Forschung
ZfhF	=	Zeitschrift für handelswissenschaftliche Forschung
ZfO	=	Zeitschrift für Organisation
ZGR	=	Zeitschrift für Unternehmens- und Gesellschaftsrecht
ZHR	=	Zeitschrift für das gesamte Handelsrecht und Wirtschaftsrecht
ZStW	=	Zeitschrift für die gesamte Staatswissenschaft

ERSTES KAPITEL

Problemstellung, Zielsetzung und Gang der Untersuchung

I. Problemanalyse, Begriffsabgrenzungen und Zielsetzung

Die Situation und die Entwicklungsperspektiven der Märkte sind geprägt vom Zusammenwachsen großer Wirtschaftsräume.[1] Dieser Prozeß wird primär von Unternehmungen gestaltet, die ihre Aktivitäten wegen der weltweit zunehmenden Homogenisierung der Bedürfnisse der Konsumenten und dem starken Preis- und Kostendruck auf der Angebotsseite auf den Weltmarkt ausrichten.[2] Parallel zur zunehmenden Globalisierung der Großunternehmungen ist im Zusammenhang mit den aus der Umstrukturierung der weltweiten Arbeitsteilung resultierenden veränderten Wettbewerbsbedingungen auch eine Internationalisierung weiter Teile der mittelgroßen Unternehmungen zu beobachten.[3] Mit der Ankündigung und schrittweisen Verwirklichung des Binnenmarktes innerhalb der Europäischen Union[4] hat sich diese Tendenz erheblich verstärkt.[5] Die angestrebte Errichtung eines einheitlichen Wirtschaftsraums führt zu einem stetig fortschreitenden Abbau der Binnengrenzen. Damit wird der Zugang zu ausländischen Märkten erleichtert. Gleichzeitig ist für bisher rein regional oder national tätige Unternehmungen aus Wettbewerbsgründen eine Orientierung über die nationalen Grenzen hinaus zunehmend erforderlich.

---

1 Vgl. Rall: (Internationalisierung), 1991, S. 68 f.

2 Vgl. Haller (Hrsg.): (Globalisierung), 1993; Albach (Hrsg.): (Globalisierung), 1992; Meffert: (Wettbewerbsstrategien), 1991, S. 399 ff.; Jeannet: (Management), 1991, S. 132 ff.; Welge (Hrsg.): (Management), 1990; Kotler: (Globalization), 1990, S. 79 ff.; Meffert: (Unternehmensführung), 1988, S. 266 ff.; Porter: (Competition), 1986; Ohmae: (Triade), 1985.

3 Vgl. Dülfer: (Internationalisierung), 1982, S. 47 ff.; Steinmann: (Unternehmungen), 1989, Sp. 1508 ff.

4 Mit dem Vertrag über die Europäische Union vom 7.2.1992, BGBl. II 1992, S. 1253 ff., und der Ratifizierung des Vertrags in allen Mitgliedstaaten wurde zum 1.11.1993 die Europäische Union (EU) als neue Phase des europäischen Integrationsprozesses geschaffen. Grundlage der EU sind die weiterhin bestehenden Europäischen Gemeinschaften (EWG, EGKS, EAG).

5 Vgl. Hommelhoff: (Binnenmarkt), 1992, S. 121 f.; Bühner: (Zusammenschlüsse), 1991, S. 1 ff.

In Wissenschaft und Praxis ist im Zusammenhang mit der Analyse von Zielen und Formen der Internationalisierung eine Vielfalt der die grenzüberschreitende Geschäftstätigkeit kennzeichnenden Termini festzustellen. Im Vordergrund stehen die Adjektive "international", "multinational", "supranational", "transnational" und "global", hinter denen sich unterschiedliche Ansätze institutioneller Typologien verbergen.[6] In Abhängigkeit von den Untersuchungsobjekten und -zielen sollen die Begriffe die räumliche Ausdehnung unternehmerischer Aktivität verdeutlichen (räumliches Kriterium)[7], Organisationsstruktur und Wettbewerbsstrategien grenzüberschreitend tätiger Unternehmungen zum Ausdruck bringen (strukturelles Kriterium)[8] oder quantitative Leistungsmerkmale kennzeichnen.[9] Partiell werden sie auch synonym verwendet.[10] Obwohl sich die Betriebswirtschaftslehre seit fast 30 Jahren mit der Differenzierung dieser Termini beschäftigt, kann weiterhin nicht von einem einheitlichen Verständnis ausgegangen werden. Für steuerliche Untersuchungen sind die betriebswirtschaftlich interpretierten Typen nach wie vor wenig ergiebig.[11] In dieser Arbeit wird der Terminus "international" als Oberbegriff für eine vom Inland (Maßstabsland) ausgehende Erörterung der Besteuerungsprobleme grenz-

---

6 Vgl. z. B. Sieber: (Unternehmung), 1966, S. 53 ff.; Fischer: (Unternehmung), 1967; Sieber: (Unternehmenstyp), 1970, S. 414 ff.; Schneider: (Organisation), 1971, S. 167 ff.; Hederer: (Unternehmung), 1975; Biel: (Unternehmen), 1979; Anders: (Zielsetzung), 1980; Perridon/Rössler: (Unternehmung), 1980, S. 211 ff.; Meffert: (Unternehmensführung), 1988, S. 267 ff.; Bartlett/Ghoshal: (Unternehmensführung), 1990.

7 Vor diesem Hintergrund ist insbesondere der Begriff "global" zu interpretieren, der nach herrschender Auffassung mit "weltweit" gleichgesetzt werden kann.

8 Schneider: (Organisation), 1971, S. 167 ff.; Anders: (Zielsetzung), 1980, und Bartlett/Ghoshal: (Unternehmensführung), 1990, unterscheiden "international", "multinational" und "transnational" im wesentlichen nach dem Zentralisierungsgrad der Unternehmensführung, kommen dabei aber zu stark divergierenden Begriffsinhalten.

9 Vgl. Macharzina: (Theorie), 1981, S. 38; Piechota: (Unternehmensleitung), 1990, S. 4.

10 Vgl. Pensel: (Investitionspolitik), 1976, S. 32, m.w.N. in Fußnote 4.

11 Vgl. Telkamp: (Tochtergesellschaft), 1975, S. 27; Haberstock: (Steuerplanung), 1976, S. 96; Krüger: (Analyse), 1978, S. 6; Wacker: (Steuerplanung), 1979, S. 19; Baumhoff: (Verrechnungspreise), 1986, S. 11 f.; Engel: (Konzerntransferpreise), 1986, S. 7; Kratz: (Steuerplanung), 1986, S. 19; Popkes: (Prüfung), 1989, S. 9; Schliephake: (Gewinnabgrenzung), 1990, S. 62; Wacker: (Unternehmung). Kritisch im Hinblick auf den Nutzen der Typologie der internationalen Unternehmung für die allgemeine Betriebswirtschaftslehre Hederer/Kumar/Müller-Heumann: (Begriff), 1970, S. 509 ff.

überschreitender Geschäftstätigkeit verwendet.[12] Der juristisch geprägte Begriff "supranational" kennzeichnet dagegen einen übernationalen, genau abgegrenzten Rechtskreis (z. B. die Europäische Union). Supranationales Recht entsteht, wenn selbständige Staaten, die sich auf wirtschaftlicher und politischer Ebene zusammengeschlossen haben, ohne vollständige Aufgabe ihrer Souveränität eine zentrale, übergeordnete Institution einrichten, die in beschränktem Umfang mit Rechtsetzungskompetenz ausgestattet wird.[13] Beispiele für supranationale steuerrechtliche Bestimmungen sind die steuerrelevanten Regelungen des EGV, die von der Europäischen Kommission erlassenen steuerlichen Verordnungen und Richtlinien sowie die Urteile des EuGH in Steuersachen.

Einer grenzüberschreitend tätigen Unternehmung bieten sich unterschiedliche Handlungsalternativen zur Verwirklichung ihrer Auslandsaktivitäten. Neben der relativ losen Form des Direktgeschäfts, das durch Lieferungs-, Leistungs- und Vertragsbeziehungen mit ausländischen Geschäftspartnern ohne ausländische Repräsentanz gekennzeichnet ist[14] und im folgenden vernachlässigt werden soll, steht die Errichtung von Niederlassungen im Ausland im Vordergrund des grenzüberschreitenden unternehmerischen Engagements. Der ausländische Unternehmungsteil kann in der Form einer rechtlich unselbständigen Betriebsstätte oder einer mit eigener Rechtsfähigkeit ausgestatteten Gesellschaft errichtet werden. Die rechtlich selbständige Tochtergesellschaft wird in der Regel eine Kapitalgesellschaft sein; der Beteiligung an einer Personengesellschaft kommt im internationalen Umfeld nur eine untergeordnete Bedeutung zu.

---

12 In jüngerer Zeit sind Tendenzen erkennbar, die maßstabslandorientierte national-internationale Blickrichtung zu einem universaleren transnationalen Ansatz zu erweitern. Vgl. Wacker: (Steuerlehre, transnationale), 1993, S. 245 ff. Vgl. bereits derselbe: (Steuerplanung), 1979.

13 Vgl. Lang: (Steuerrecht), 1981, S. 1394 ff.

14 Mit dem Terminus Direktgeschäft sind sowohl reine Exporttätigkeiten als auch Kooperationsformen ohne Kapitalbeteiligung (Auftragsfertigung, Franchising, Lizenzvergabe, Know-how-Verträge, etc.) angesprochen. Zu den Formen der internationalen Unternehmenstätigkeit vgl. Kumar: (Unternehmenstätigkeit), 1989, Sp. 914 ff.

Die wirtschaftliche Zusammenfassung mehrerer rechtlich selbständiger Unternehmen, wird als Konzern[15] bezeichnet. Die wirtschaftliche Einheit des Unternehmensverbundes und die rechtliche Selbständigkeit der einzelnen Konzerngesellschaften bilden die grundlegenden Wesensmerkmale des Konzerns. In der Literatur sind eine Vielzahl von Definitionsansätzen entwickelt worden.[16] Sie stellen jedoch überwiegend lediglich ein relativ starres verbales Korsett dar, in das die Vielfalt der in der Praxis existierenden, einem ständigen Wechsel unterworfenen und auf sehr unterschiedlichen rechtlichen und faktischen Einflußmöglichkeiten basierenden Organisationsstrukturen nur schwer eingeordnet werden kann.[17] Die diversen Erklärungsmodelle lassen sich im Kern auf den Dualismus "rechtliche Vielheit" und "wirtschaftliche Einheit" zurückführen. Eine über die grundsätzlichen Charakteristika hinausgehende, allgemein akzeptierte Begriffsabgrenzung ist nicht erkennbar.

Seit dem Ende des Zweiten Weltkriegs hat sich der Konzern zur vorherrschenden Organisationsform großer und mittelgroßer Unternehmungen entwickelt. Ordelheide kommt auf der Grundlage einer statistischen Untersuchung der Beteiligungsstrukturen deutscher Aktiengesellschaften zu dem Ergebnis, "daß die Aktiengesellschaft als autonome Unternehmung im marktwirtschaftlichen Sinne [...] weitgehend der Vergangenheit angehört."[18] 80-90 % der deutschen Aktien-

15 Der etymologische Ursprung des Begriffs "Konzern" liegt im lateinischen "concernere = zusammenschließen, zusammenfügen" und ist in der deutschen Literatur vom englischen Wort "concern" abgeleitet worden, was als Substantiv Unternehmen oder Geschäft bedeutet, ohne dabei eine bestimmte Organisationsform zu implizieren. Geßler: (Aktiengesetz), 1973, S. 235, führt aus, daß der Ausdruck Konzern "ein unter Sinnveränderung in die deutsche Wirtschaftssprache übernommenes englisches Wort [ist], dem ein fest umrissener Sinn nicht entnommen werden kann". Ebenso bereits Passow: (Betrieb), 1925, S. 101. Vgl. zum Ursprung des Konzernbegriffs Pausenberger: (Konzernaufbau), 1957, S. 9 f.; Ochs: (Konzernstrukturen), 1976, S. 5 ff.; Großfeld: (Aktiengesellschaft), 1968, S. 150 ff.

16 Vgl. Passow: (Betrieb), 1925, S. 100; Vanoni: (Begriffsbestimmung), 1926, S. 77; Liefmann: (Kartelle), 1927, S. 275; Naegeli: (Doppelgesellschaft), 1936, S. 205; von Beckerath: (Industrialismus), 1930, S. 253; Pausenberger: (Konzernaufbau), 1957, S. 26; Hax: (Konzernprobleme), 1959, S. 60; Bisani: (Grundlagen), 1962, S. 70; von Starck: (Probleme), 1970, S. 10; Bauer: (Besteuerung), 1987, S. 10; Theisen: (Konzern), 1991, S. 23. Vgl. zusammenfassend die ausführliche Zusammenstellung der verschiedenen wissenschaftlichen Konzerndefinitionen von Rommelspacher: (Konzernbegriff), 1964, S. 14 ff.

17 In diesem Sinne auch Rommelspacher: (Konzernbegriff), 1964, S. 103; vgl. bereits Hummel: (Konzern), 1925, S. 458.

18 Ordelheide: (Konzern), 1986, S. 294.

gesellschaften und etwa die Hälfte der in der Rechtsform der GmbH geführten Unternehmen sind über Abhängigkeits- oder Gleichordnungsverhältnisse in einen Konzern eingebunden.[19] Vergleichbare Strukturen sind auch in anderen Industriestaaten zu beobachten.[20] Obwohl keine aktuellen empirischen Daten über die relative Häufigkeit der einzelnen Formen der Auslandsinvestitionen vorliegen, kann unzweifelhaft festgestellt werden, daß der durch Akquisition oder Gründung mindestens einer ausländischen Kapitalgesellschaft konstituierte internationale Konzern eindeutig die dominierende rechtliche Organisationsform der internationalen Unternehmung ist.[21]

Die Behandlung von Konzernen ist seit der Entstehung und zunehmenden Verbreitung von Unternehmenszusammenschlüssen auch ein besonderes Problem der nationalen und internationalen Besteuerung.[22] Die steuerrechtliche und steuerökonomische Diskussion ist geprägt von der "Polarität zwischen Einheit des Ganzen und Vielheit der Glieder, die dem Konzern notwendig innewohnt und das zentrale Problem dieses Gebildes darstellt"[23]. Der juristischen Qualifikation der natürlichen und juristischen Personen als selbständige Rechtssubjekte steht die primär von Vertretern der Betriebswirtschaftslehre[24] erhobene

---

19 Vgl. o.V.: (Bilanzrecht), 1992, S. 23; Theisen: (Konzern), 1991, S. 1; Ordelheide: (Konzern), 1986, S. 294 f.

20 Vgl. Prentice: (Groups), 1993, S. 279 ff.; Guyon: (Frankreich), 1991, S. 218; Hadden: (Regelung), 1991, S. 330; Yamauchi: (Konzernrecht), 1991, S. 237.

21 Vgl. Hommelhoff: (Binnenmarkt), 1992, S. 122; Bühner: (Zusammenschlüsse), 1991, S. 1 ff.; Sigle: (Konzerngestaltungspolitik), 1986, S. 321 f.; Lutter (Hrsg.): (Gründung), 1983, S. V.

22 Vgl. Ramin: (Besteuerung), 1930; Bauer: (Organverhältnis), 1930; Bülter: (Einheitstheorie), 1930; Hocke: (Organgesellschaft), 1934; Weinreich: (Probleme), 1940; Grieger: (Organschaft), 1955; Raiser: (Konzernbildung), 1964, S. 51; Bühler: (Steuerrecht), 1956, S. 254, weist darauf hin, daß "die internationalen Konzerne ein Hauptgegenstand des internationalen Steuerrechts" sind.

23 Raiser: (Konzernbildung), 1964, S. 54. Vgl. auch Hommelhoff: (Konzernleitungspflicht), 1982, S. 21.

24 Vgl. insbesondere Scheffler: (Grundzüge), 1991, S. 711; Küting: (Einheitsbesteuerung), 1990, S. 489 ff.; Klein: (Zwecke), 1989, S. 424 ff.; Haelterman/Autenne: (consolidatiemodellen), 1989, S. 255 ff.; Bauer: (Besteuerung), 1987; Haelterman: (consolidatie), 1985, S. 209 ff.; Tinner: (Konzernstruktur), 1984, S. 123 ff.; Rupp: (Ertragsbesteuerung), 1983; Harms/Küting: (Konzernbesteuerung), 1982, S. 445 ff.; Böhm: (Konzerngewinn), 1979; Strobl: (Gewinnabgrenzung), 1975; Mühlschlegel: (Gewinnermittlung), 1971; Köhler: (Besteuerung), 1970; Zitzelsberger: (Problematik), 1966; Bisani: (Grundlagen), 1962, S. 190; Gerloff: (Bilanz), 1958, S. 555 ff.; Oberst: (Konzernbilanz), 1930, S. 225.

Forderung gegenüber, die wirtschaftliche Einheit mehrerer rechtlich selbständiger Gesellschaften auch im Rahmen der Besteuerung zu berücksichtigen.

Im Zusammenhang mit der Errichtung des Binnenmarktes in der Europäischen Union zum 1.1.1993 ist die bisher rein national geführte Diskussion über die Theorien der Konzernbesteuerung und die grundsätzlichen Methoden der Erfolgsermittlung im Konzern[25] zu erweitern und auf die europäische Ebene zu transformieren. Aufgabe der Union ist die Schaffung eines Wirtschaftsraums, in dem der freie Verkehr von Waren, Personen, Dienstleistungen und Kapital gewährleistet ist.[26] Diese Zielsetzung impliziert, daß der Wettbewerb auf dem Binnenmarkt nicht dadurch beeinträchtigt werden darf, daß der grenzüberschreitende Geschäftsverkehr im Vergleich zu rein nationalen Transaktionen steuerlich benachteiligt wird. Dies gilt wegen ihrer herausragenden Bedeutung in besonderer Weise für die auf dem Binnenmarkt tätigen Konzerne. Hauptproblem für die internationalen Unternehmungen bleibt auch nach dem Stichtag des 1.1.1993, daß sie in Abhängigkeit von der räumlichen Ausdehnung ihrer Tätigkeit weiterhin mit bis zu zwölf unterschiedlich ausgestalteten nationalen Steuerrechtsordnungen konfrontiert werden. Aus der Komplexität der Rechtssysteme, der fehlenden Transparenz der Rechtssystematik, der Divergenz einzelstaatlicher Regelungen, der Überschneidungen der Besteuerungsansprüche und der mangelnden internationalen Koordinierung der Rechtssetzung entstehen steuerlich induzierte Wettbewerbsnachteile gegenüber nationalen Konkurrenten. Die Internationalisierung der Unternehmenstätigkeit muß deshalb durch eine koordinierte Internationalisierung der steuerrechtlichen Rahmenbedingungen unterstützend begleitet werden, um den angestrebten Raum ohne Binnengrenzen auch mit dem Abbau der Steuerschranken zu realisieren.[27]

---

25 Vgl. Mühlschlegel: (Gewinnermittlung), 1971; Rupp: (Ertragsbesteuerung), 1983; Bauer: (Besteuerung), 1987.

26 Vgl. Art. 7a EGV.

27 Die Bedeutung des steuerlichen Faktors für Standortscheidungen internationaler Unternehmungen verdeutlicht eine 1991/92 im Auftrag der Europäischen Kommission durchgeführte Befragung, vgl. Commission of the European Communities (Hrsg.): (Report), 1992, S. 100 ff. Demnach bezeichnen knapp 50 % der befragten Unternehmen den Steuereinfluß als maßgeblichen Entscheidungsfaktor bei der Wahl eines Produktionsstandortes. Im Hinblick auf die Standortwahl für Koordinationszentren und Finanzierungsgesellschaften lag die Quote sogar bei 57 % bzw. 78 %.

Die Reduzierung und Abschaffung der steuerrechtlichen Hemmnisse der grenzüberschreitenden Unternehmenstätigkeit innerhalb der Europäischen Union ist ebenso wie die längerfristig konzipierte Aufgabe der Steuerharmonisierung nicht ohne vorherige rechtsvergleichende Analysen durchzuführen.[28] Mit Hilfe einer komparativen Gegenüberstellung der unterschiedlichen Regelungsinhalte ausländischer Steuerrechtsordnungen können Anregungen und Lösungsansätze für betriebswirtschaftlich orientierte Umgestaltungen oder Reformen von Teilgebieten des nationalen und internationalen Steuerrechts gewonnen werden. "Die Rechtsvergleichung als eine 'école de vérité' erweitert und bereichert mithin den 'Vorrat an Lösungen'"[29]. Bereits 1978 hat Beusch[30] darauf hingewiesen, daß in der gründlichen rechtsvergleichenden Analyse der unterschiedlichen Konzernbesteuerungssysteme die Zukunft für "ein weites Feld steuerwissenschaftlicher Arbeit" liegt, dessen Bestellung insbesondere im Hinblick auf die Entwicklung von Besteuerungsmodellen für eine ganzheitliche steuerliche Erfassung internationaler Unternehmungen de lege ferenda sinnvoll erscheint.[31] Einen knappen Überblick über nationale Rechtsinstitute zur Besteuerung von Konzernen geben neben Beusch[32] bislang nur Di Stefano[33] und Müller[34] im Hinblick auf eine Reform des italienischen und des österreichischen Steuerrechts sowie der Tagungsband des belgischen "Centre d'Études des Groupes d'Entreprises"[35]. Eine umfassende Rechtsvergleichung der Konzernbesteuerung in den Mitgliedstaaten der EU liegt bisher nicht vor. Ebenso mangelt es an Modellen zur supranationalen Konzernbesteuerung.

Aufgabe dieser Untersuchung ist es deshalb zunächst, eine umfassende rechtsvergleichende Analyse der Besteuerung nationaler und internationaler Konzerne in den einzelnen Mitgliedstaaten der EU vorzunehmen. Mit der Rechtsvergleichung soll der jeweilige Umfang der Berücksichtigung der wirtschaftlichen Einheit des Konzerns im Rahmen der Besteuerung nationaler und internationaler Konzerne herausgearbeitet werden. Gleichzeitig werden die unter-

---

28 Vgl. Immenga: (Möglichkeiten), 1979, S. 306; Coing: (Aufgaben), 1981, S. 2601 ff.; Großfeld: (Rechtsvergleichung), 1984, S. 43 f.

29 Zweigert/Kötz: (Rechtsvergleichung), 1984, S. 16.

30 Vgl. Beusch: (Besteuerung), 1978, S. 22.

31 Vgl. auch in jüngster Zeit Wenz: (Societas), 1993, S. 152 f.

32 Vgl. Beusch: (Besteuerung), 1978, S. 21 ff.

33 Vgl. Di Stefano: (gruppo), 1986, S. 3952 ff.

34 Vgl. Müller: (Reform), 1991.

35 Vgl. Biron/Dauw (Hrsg.): (vennootschapsgroepen), 1989.

schiedlichen Techniken der steuerlichen Gewinnermittlung im Konzern verdeutlicht. Die Ergebnisse der Rechtsvergleichung bilden zusammen mit den zuvor abzuleitenden Anforderungen an eine Konzernbesteuerung aus betriebswirtschaftlicher Sicht (Besteuerung des Ergebnisses der wirtschaftlichen Einheit) die Basis für die Entwicklung eines supranationalen Besteuerungsmodells für den Bereich der Europäischen Union. Mit dem Besteuerungsvorschlag de lege ferenda sollen Perspektiven einer europäischen Konzernbesteuerung aufgezeigt werden, die sowohl die rechtliche Selbständigkeit der Konzerngesellschaften als auch die wirtschaftliche Einheit der Konzernunternehmung angemessen berücksichtigen.[36] Die Untersuchung wird auf den Bereich der Ertragsbesteuerung begrenzt und bezieht nur Gesellschaften ein, die in ihrem Sitzstaat ungemildert der Körperschaftsteuer unterliegen. Mit dieser Eingrenzung wird die Analyse auf die wirtschaftlich bedeutsamsten internationalen Unternehmensverbindungen konzentriert und von Problemen befreit, die keinen direkten Beitrag zur Lösung des grundsätzlichen Anliegens dieser Arbeit leisten können. Gleichwohl ist sowohl die Analyse bestands- und insbesondere verkehrsteuerlicher Probleme international tätiger Konzerne als auch die Diskussion spezieller Fragestellungen im Zusammenhang mit der Besteuerung konzernverbundener internationaler Personengesellschaften ein theoretisch und praktisch wichtiges und aktuelles Anliegen. Aufgrund der mit diesen Fragestellungen verbundenen Komplexität sollten diese Themen jedoch in eigenständigen Untersuchungen aufgegriffen werden.

II. Methodologische Einordnung und Aufbau der Arbeit

In der Betriebswirtschaftlichen Steuerlehre erfolgt die wissenschaftliche Beschäftigung mit der Konzernproblematik auf der Basis unterschiedlicher Zielsetzungen, die sich aus den breit gefächerten Aufgaben des Faches ableiten las-

36 Diese Forderung erhebt auch Pausenberger: (Konzerne), 1975, Sp. 2247.

sen.[37] Die Fachdiskussion konzentriert sich hinsichtlich der Besteuerung nationaler und internationaler Konzerne zum einen auf die betriebswirtschaftlich orientierte Darstellung und Interpretation der spezifischen steuerrechtlichen Regelungen.[38] Im Vordergrund der Untersuchungen stehen außerdem betriebswirtschaftliche Steuerwirkungs- und Steuergestaltungsanalysen.[39] Primäre Aufgabe dieser Untersuchungsrichtung der Betriebswirtschaftlichen Steuerlehre ist die Ableitung institutions-, funktions- und situationsbezogener Gestaltungs- und Entscheidungsempfehlungen für unternehmerische Entscheidungsträger zur Realisierung der unternehmensindividuellen steuerlichen Subziele.[40] Insbesondere im Hinblick auf den internationalen Konzern ergeben sich aufgrund der Divergenzen der nationalen Steuersysteme und der bislang nur mangelhaften Abstimmung der internationalen Besteuerungsprinzipien[41] erhebliche steuerliche Risiken und Chancen, die Grundlage steuerplanerischer Überlegungen sind. Diesen Ansätzen liegt zum einen das Ziel der Vermeidung der Doppel- oder Mehrfachbesteuerung der im grenzüberschreitenden Geschäftsverkehr erzielten Ergebnisse und zum anderen das Streben nach einer Ausnutzung der vielfältigen Qualifikationskonflikte im internationalen Steuerrecht zugrunde. In jüngerer Zeit liegt der Schwerpunkt der Literaturdiskussion speziell auf der Problematik der Ermittlung angemessener Verrechnungspreise für grenzüberschreitende Lieferungen und Leistungen zwischen Konzern-

37 Zu den Aufgaben des Faches vgl. Wacker: (Steuerlehre), 1982, S. 118; vgl. auch Rose: (Steuerlehre), 1992, S. 15 ff.; Schneider: (Grundzüge), 1990, S. 71 f.; Haberstock: (Einführung), 1989, S. 19 f.; Wöhe: (Steuerlehre I/1), 1988, S. 24 ff.; Dziadkowski: (Entwicklung), 1983, S. 2046 ff.; Siegel: (Steuerwirkungen), 1982, S. 14 ff.; Fischer/Schneeloch/Sigloch: (Steuerlehre), 1980, S. 700 f.; Wagner: (Forschungsprogramm), 1974, S. 393 ff. Im Hinblick auf eine "Internationale Betriebswirtschaftliche Steuerlehre" Warneke: (Steuerlehre), 1991, S. 669 ff.; Fischer/Warneke: (Steuerlehre), 1988, S. 6 ff.; Haberstock: (Planung), 1984, S. 261 f.

38 Vgl. Wöhe: (Probleme), 1990; Rose: (Grundzüge), 1991; Jacobs: (Unternehmensbesteuerung), 1991.

39 Vgl. Hetfleisch: (Besteuerung), 1970; Kormann: (Steuerpolitik), 1970; Bellstedt: (Besteuerung), 1973; Telkamp: (Tochtergesellschaft), 1975; Hamburger: (Konzernaufbau), 1976; Wacker: (Steuerplanung), 1979; Fischer: (Besteuerung), 1983, S. 273 ff.; Tinner: (Konzernstruktur), 1984; Fischer/Warneke: (Steuerlehre), 1988; Kühne: (Steuerbelastungsfaktoren), 1990; Jacobs: (Unternehmensbesteuerung), 1991; Mannheimer: (Konzernfinanzierung), 1992; Scheffler: (Finanzierungspolitik), 1992, S. 118 ff.; Werdich: (Konzern), 1993.

40 Vgl. Wacker: (Subziele), 1982, S. 523 ff., und die empirische Untersuchung von Hebig: (Steuerabteilung), 1984, S. 77 ff.

41 Vgl. Wacker: (Prinzipien), 1990, S. 575 ff.

gesellschaften.[42] In der Betriebswirtschaftlichen Steuerlehre stehen somit primär steuerökonomische Fragestellungen im Zentrum der Forschung.[43]

Bereits Findeisen sah die Aufgabe des Faches jedoch unter anderem auch darin, "auf die künftige Besteuerung der Unternehmung, also auf das künftige Steuerrecht Einfluß zu gewinnen".[44] Intention dieses Forschungsschwerpunktes ist eine kritische Würdigung des Steuerrechts de lege lata und de lege ferenda aus betriebswirtschaftlicher Sicht. Ausgangsbasis ist die Untersuchung der Auswirkungen steuerrechtlicher Normen, Rechtsinstitute und Regelungskomplexe auf die institutionalen (Standort, Rechts- und Organisationsform, Betriebsgröße) und die funktionalen Elemente (Beschaffung, Produktion, Absatz, Investition, Finanzierung) einer Unternehmung. Die Ergebnisse einer Wirkungsanalyse verdeutlichen, inwieweit die Besteuerung aufgrund einer ungleichen Belastung alternativer unternehmerischer Gestaltungen den betrieblichen Entscheidungsprozeß beeinflußt. Die betriebswirtschaftliche Steuerwirkungslehre ist somit nicht nur die Basis für die Steuerplanung und -gestaltung. Sie macht mit der Analyse der Wirkungszusammenhänge der Besteuerung gleichzeitig auf Mängel des geltenden Rechts aufmerksam und stellt somit die Grundlage für die Entwicklung betriebswirtschaftlich motivierter Reformmodelle dar. Die Überlegungen de lege ferenda sind primär am Grundsatz der Gleichmäßigkeit der Besteuerung orientiert. Der "Steuerrechtsgestaltungslehre"[45] liegt somit das Ziel zugrunde, betriebswirtschaftliche Erkenntnisse bereits im Prozeß der Rechtssetzung und bei der Rechtsauslegung zu berücksichtigen, um eine gleichmäßige Besteuerung wirtschaftlich gleicher Sachverhalte zu gewährleisten. Mit diesem Forschungsschwerpunkt der Betriebswirtschaftlichen Steuerlehre wird die enge Nachbarschaft zwischen Betriebswirtschaftlicher Steuerlehre und Steuerrechtswissenschaft deutlich[46],

---

42 Vgl. Strobl: (Gewinnabgrenzung), 1975; Kumpf: (Verrechnungspreise), 1976; Krüger: (Analyse), 1978; Hackmann: (Verrechnungspreise), 1984; Schmelling: (Verrechnungspreispolitik), 1985; Baumhoff: (Verrechnungspreise), 1986; Engel: (Konzerntransferpreise), 1986; Popp: (Besteuerung), 1987; Klein: (Verrechnungspreisgestaltung), 1988; Popkes: (Prüfung), 1989.

43 Vgl. Wacker: (Steuerlehre), 1982, S. 117; Zum Begriff "steuerökonomisch" vgl. Paulus: (Ziele), 1978, S. 21 ff.

44 Vgl. Findeisen: (Unternehmung), 1923, S. IV. Vgl. aus der Pionier- und Ausbauphase der Betriebswirtschaftlichen Steuerlehre auch Aufermann: (Grundzüge), 1959, S. 17.

45 Wöhe: (Steuerlehre I/1), 1988, S. 28.

46 Vgl. Dziadkowski: (Entwicklung), 1983, S. 2046.

die auch in der interdisziplinären Zusammenarbeit im Rahmen der Steuerwissenschaften zum Ausdruck kommt[47].

Obwohl die herrschende Meinung diese auch als "wertend-normative"[48] und "rechtskritische"[49] Betriebswirtschaftliche Steuerlehre umschriebene Forschungsrichtung als eine der Hauptaufgaben der Betriebswirtschaftlichen Steuerlehre ansieht,[50] wurden bisher nur vereinzelt betriebswirtschaftlich orientierte Empfehlungen zur Gestaltung und Reform der konzernspezifischen Vorschriften und Regelungskomplexe des Steuerrechts erarbeitet.[51] Wegen der allgemein in dieser Hinsicht zu konstatierenden Passivität kommt Urbas zu der Schlußfolgerung, daß "die Haltung der Wirtschaftswissenschaftler zum Steuerrecht weitgehend positivistisch geprägt [ist]; damit ist ausgedrückt, daß sie das Steuerrecht als Datum nehmen und sich allzu häufig damit begnügen, die Besteuerungsfolgen zu quantifizieren und in die betriebliche Planung einzubeziehen"[52]. Auf der anderen Seite ist festzustellen, daß Fachvertreter der Steuerrechtswissenschaft im Rahmen ihrer Analysen und Reformvorschläge betriebswirtschaftliche Überlegungen und Postulate häufig vernachlässigen. So lehnt Lang in seinem außerordentlich beachtenswerten Entwurf eines Steuergesetzbuchs konzernspezifische steuerrechtliche Regelungen sowohl für nationale als auch für internationale Konzerne allein mit dem Hinweis auf die damit verbundene "Verkomplizierung der Steuerpraxis" ab.[53]

Die vorliegende Untersuchung versucht für den Bereich der Besteuerung europäischer Konzerne einen Beitrag zur Bewältigung dieser Defizite zu leisten. Die Generierung eines Besteuerungsmodells de lege ferenda basiert auf der Inten-

---

47 Vgl. Wacker: (Steuerwissenschaften), 1982, S. 739 f.

48 Rose: (Steuerlehre), 1992, S. 19 f.

49 Fischer/Schneeloch/Sigloch: (Steuerlehre), 1980, S. 700.

50 Vgl. Rose: (Steuerlehre), 1992, S. 19 f.; Haberstock: (Einführung), 1989, S. 20; Wöhe: (Steuerlehre I/1), 1988, S. 27 f.; Siegel: (Steuerwirkungen), 1982, S. 16 f.; Wacker: (Steuerlehre), 1982, S. 118. Im Ergebnis ebenso Schneider: (Grundzüge), 1990, S. 66 ff., im Zusammenhang mit der "ökonomischen Analyse des Steuerrechts".

51 Vgl. für den Bereich der Besteuerung nationaler Konzerne Rupp: (Ertragsbesteuerung), 1983, und Bauer: (Besteuerung), 1987. Zur internationalen Konzernbesteuerung sind keine umfassenden Reformmodelle bekannt.

52 Urbas: (Betrachtungsweise), 1987, S. 2. Vgl. auch Tipke/Lang: (Steuerrecht), 1991, S. 4: "Dabei nimmt die Betriebswirtschaftliche Steuerlehre die bestehenden Rechtsnormen, Verwaltungsvorschriften und Urteile als Daten hin".

53 Vgl. Lang: (Entwurf), 1993, S. 78 f.

tion, betriebswirtschaftliche Erkenntnisse stärker in den Prozeß der nationalen und supranationalen Rechtssetzung einfließen zu lassen. Die Untersuchung spricht damit tendenziell andere Adressaten an als eine betriebswirtschaftliche Steuerwirkungs- oder Steuergestaltungsanalyse. Im Vordergrund stehen weder die steuerpflichtige natürliche Person oder der steuerliche Entscheidungsträger in der Unternehmung noch der steuerliche Berater. Primäradressat ist der Gesetzgeber; Sekundäradressaten die Rechtsprechung und die Finanzverwaltung. Wegen der europäischen Dimension der Untersuchung besteht die Zielgruppe sowohl aus der Legislative, Judikative und Exekutive in den einzelnen Mitgliedstaaten als auch aus den maßgebenden Organen der EG. Indirekt kann der rechtsvergleichende Teil der Arbeit jedoch auch Informationen für internationale Unternehmungen und ihre steuerlichen Berater liefern, denn Kenntnisse im ausländischen, zwischenstaatlichen und supranationalen Recht erlangen mit der zunehmenden Internationalisierung und Globalisierung der unternehmerischen Aktivitäten und der sich stetig weiterentwickelnden Integration der Volkswirtschaften innerhalb der Europäischen Union verstärkt an Bedeutung für transnational denkende unternehmerische Entscheidungsträger.[54] Dabei korreliert der wachsende Informationsbedarf mit der zunehmenden Komplexität der rechtlichen Rahmenbedingungen bei internationaler Geschäftstätigkeit. Die selektive Erforschung ausländischer Steuerrechtssysteme ist deshalb erforderlich für die Ermittlung einer umfassenden planungsrelevanten Datenbasis für die internationale Steuerplanung. Der Vergleich nationaler Rechtsnormen oder Normenbündel kann somit eine entscheidungsunterstützende Funktion im Bereich der unternehmerischen Auseinandersetzung mit den Wirkungen der Besteuerung grenzüberschreitender Aktivitäten einnehmen.

Die Arbeit ist in drei Hauptteile gegliedert. Im ersten Hauptteil steht zunächst die Konkretisierung des charakteristischen Wesensmerkmals des Konzerns, der wirtschaftlichen Einheit, im Vordergrund. Das aus den diametralen Betrachtungsweisen der Betriebswirtschaftslehre und des Rechts resultierende Spannungsfeld zwischen den Polen der rechtlichen Selbständigkeit der einzelnen Gesellschaften und der wirtschaftlichen Einheit des Konzernverbundes bildet auch die Grundlage für die unterschiedlichen Konzeptionen der Konzernbesteuerung. Der juristischen Auffassung der separaten Besteuerung rechtlich selbständiger Wirtschaftssubjekte, die sich in der Trennungstheorie und dem Konzept

54 Bereits Aufermann: (Disziplin), 1951, S. 28, hob die Bedeutung einer "vergleichenden Steuerbetriebslehre" hervor.

der Einzelgewinnermittlung konkretisiert, wird die betriebswirtschaftlich orientierte Einheitstheorie gegenübergestellt. Vor diesem Hintergrund sind unabhängig von der Methodik der Gewinnermittlung, die grundsätzlichen Anforderungen an eine ganzheitliche Konzernbesteuerung aus betriebswirtschaftlicher Sicht herauszuarbeiten. Aus diesem theoretischen Ansatz werden die Kriterien für den Vergleich der Regelungen zur Ertragsbesteuerung von Konzernen in den Mitgliedstaaten der Europäischen Union abgeleitet.

Das dritte Kapitel umfaßt die Darstellung der speziellen Regelungen zur Besteuerung nationaler und internationaler Konzerne in den zwölf Mitgliedstaaten der Europäischen Union. In diesem rein deskriptiven Teil der Arbeit werden die nationalen Regelungsinhalte in Form von Länderberichten erläutert, um die Rechtslage de lege lata aufzuzeigen. Der Darstellung liegt eine Systematik zugrunde, die die einzelnen Staaten nach dem Grad der steuerrechtlichen Berücksichtigung der wirtschaftlichen Einheit der Konzernunternehmung gruppiert.

Im vierten Kapitel erfolgt vorbereitend für die Entwicklung eines Modells zur internationalen Konzernbesteuerung de lege ferenda zunächst eine Auswertung der Länderberichte. Anhand der im zweiten Kapitel aus betriebswirtschaftlicher Sicht herausgearbeiteten Anforderungen an eine Konzernbesteuerung steht die Frage im Mittelpunkt, inwieweit in den einzelnen Staaten Elemente der Einheitstheorie verwirklicht werden. Die Ergebnisse des Vergleichs sollen zum einen die nationalen Unterschiede im Hinblick auf die Besteuerung nationaler und internationaler Konzerne verdeutlichen und damit vor dem Hintergrund der Rahmenbedingungen des EGV gleichzeitig die Frage nach der betriebswirtschaftlichen und rechtlichen Notwendigkeit einer einheitlichen europäischen Konzernbesteuerung beleuchten. Zum anderen ist zu prüfen, ob eine der vorgestellten nationalen Regelungen den betriebswirtschaftlichen und rechtlichen Anforderungen genügt und damit als Modell für ein europäisches Besteuerungskonzept herangezogen werden kann. In diesem Kontext werden auch andere Modelle zur Besteuerung internationaler Konzerne analysiert. Die Diskussion erfolgt unter besonderer Berücksichtigung der zivilrechtlichen und der sich aus der Souveränität der nationalen Steuerhoheiten ergebenden fiskalischen Nebenbedingungen. Die Ergebnisse der Analyse münden in einen Vorschlag zur europäischen Konzernbesteuerung de lege ferenda.

Insgesamt basiert die Arbeit auf dem klassischen wissenschaftlichen Diskussionsstil, der aus These, Antithese und Synthese besteht. Die juristische Betrachtungsweise der Konzerngesellschaften als uneingeschränkt selbständige Besteuerungssubjekte wird als These aufgebaut. Dagegen steht die Antithese mit dem betriebswirtschaftlichen Ansatz der Besteuerung des Konzerns als wirtschaftliche Einheit. Vor diesem Hintergrund soll die Rechtsvergleichung verdeutlichen, wie der Konflikt zwischen Trennungs- und Einheitstheorie in den Unionsstaaten gelöst wird. Im vierten Kapitel schließt sich die Synthese an. Es wird ein Lösungsansatz für eine einheitliche Besteuerung europäischer Konzerne erarbeitet, mit dem die unterschiedlichen Zielsetzungen der Trennungs- und der Einheitstheorie berücksichtigt werden sollen.

ZWEITES KAPITEL

Der Konzern im Spannungsfeld zwischen wirtschaftlicher Einheit der Konzernunternehmung und rechtlicher Selbständigkeit der Konzerngesellschaften

I. Historische Entwicklung und Wesen des Konzerns

Die Konzernbildung ist das Ergebnis einer wirtschaftlichen Entwicklung, die seit der Mitte des 19. Jahrhunderts zunächst in Großbritannien und den USA und später auch in Kontinental-Europa zu beobachten war.[1] Als Auswirkung des von Großbritannien ausgehenden Industrialisierungsprozesses und der sich daraus ergebenden technischen und wirtschaftlichen Veränderungen, kam es in vielen Staaten und Wirtschaftszweigen verstärkt zu Unternehmenskooperationen und -zusammenschlüssen und somit zu einem grundlegenden Wandel der wirtschaftlichen[2], aber auch der gesellschaftsrechtlichen Organisationsformen.[3]

Während Unternehmensverbindungen zunächst hauptsächlich aus Interessengemeinschaften und Kartellen bestanden, setzte insbesondere in der durch Depression und Inflation gekennzeichneten Zeit nach dem Ersten Weltkrieg eine "regelrechte Konzernwelle"[4] ein. Die Motive des Zusammenschlusses mehrerer rechtlich selbständig bleibender Unternehmen zu einer wirtschaftlichen Einheit lagen zu Beginn der 20er Jahre primär in dem mit der Rohstoffverknappung verbundenen Bedürfnis nach Sicherung von Beschaffungs- und Absatzmärkten. Im Vordergrund stand deshalb der Zusammenschluß mit Unternehmen vor- oder nachgelagerter Produktionsstufen (vertikaler Konzern). Im Rahmen der sich anschließenden Stabilisierung der Wirtschaft änderten sich die Ursachen

---

1 Vgl. v. Beckerath: (Industrialismus), 1930, S. 16 ff., der darauf hinweist, daß mit den 70er und 80er Jahren des 19. Jahrhunderts in den Vereinigten Staaten und den großen europäischen Industrieländern die "Ära der Kartelle, Konzerne und Trusts" (S. 17) begann.

2 Harms: (Konzerne), 1968, S. 19, spricht von einer "Konzentrationsbewegung".

3 Vgl. zur Entstehung und Verbreitung der Aktiengesellschaften und der Kommanditgesellschaften auf Aktien im 19. Jahrhundert Friedländer: (Konzernrecht), 1954, S. 3 f.

4 Harms: (Konzerne), 1968, S. 19. Kaiser: (Grundlagen), 1964, S. 3, bezeichnet diese Entwicklung als "Konzernbildung größten Ausmaßes". Vgl. auch sehr detailliert Friedländer: (Konzernrecht), 1954, S. 3 ff.

der Konzernbildung. Aus Gründen der Spezialisierung und Rationalisierung entstanden nun mit einer Verbindung mehrerer Unternehmen der gleichen Produktionsstufe vermehrt horizontale Konzerne.[5]

Vor dem historischen Hintergrund wird ersichtlich, warum sich in erster Linie die Wirtschaftswissenschaften schon früh um eine Begriffsabgrenzung dieser "sonderbaren Organisationsform des Unternehmens"[6] bemüht haben.[7] Insbesondere in der volks- und betriebswirtschaftlichen, aber auch in der rechtswissenschaftlichen Literatur wurden zahlreiche Versuche unternommen, den Konzernbegriff zu erfassen und je nach individueller Zielsetzung einzugrenzen.[8] Im Vordergrund der wissenschaftlichen Betrachtung standen neben der Begriffsklärung vor allem die gesellschaftsrechtlichen und speziell die steuerrechtlichen Probleme eines Konzernverbundes.[9]

Die unterschiedlichen Umschreibungen des Konzernbegriffs enthielten bereits zu Beginn der wissenschaftlichen Diskussion über die Unternehmenskonzentration die charakteristischen Merkmale "wirtschaftliche Einheit" und "rechtliche Selbständigkeit".[10] Da die zivilrechtliche Selbständigkeit der einzelnen Gesellschaften ein festes Datum ist, befaßten sich die Erklärungs- und Definitionsansätze primär mit der Konkretisierung und Abgrenzung des Merkmals der wirtschaftlichen Einheit. Eine allgemein akzeptierte Definition existiert bislang weder national noch international.[11] Aus diesem Grund wird im folgenden diskutiert, welche Anforderungen erfüllt sein müssen, um die Verbindung mehrerer rechtlich selbständiger Wirtschaftssubjekte nicht nur als unternehmerisch motivierte Beteiligung, sondern als wirtschaftliche Einheit und somit als Konzern klassifizieren zu können. Dabei wird nicht das Ziel verfolgt, zum Abschluß die-

---

5 Vgl. Rasch: (Konzernrecht), 1974, S. 2; Nörr: (Konzernrecht), 1986, S. 168 f.

6 Kirchner: (Überlegungen), 1985, S. 214.

7 Vgl. Niemann: (Gewinnrealisierung), 1968, S. 6.

8 Vgl. die Hinweise in Fußnote 16 auf Seite 4 und die ausführliche Zusammenstellung der verschiedenen wissenschaftlichen Konzerndefinitionen bei Rommelspacher: (Konzernbegriff), 1964, S. 14 ff. Einen detaillierten historischen Abriß der Konzerndiskussion in Wissenschaft und Rechtsprechung gibt Hommelhoff: (Konzernleitungspflicht), 1982, S. 1 ff.

9 Vgl. Emmerich/Sonnenschein: (Konzernrecht), 1992, S. 4; vgl. auch Raiser: (Konzernbildung), 1964, S. 51.

10 Vgl. Passow: (Betrieb), 1925, S. 100; Liefmann: (Kartelle), 1927, S. 260. Vgl. zusammenfassend Rommelspacher: (Konzernbegriff), 1964.

11 Vgl. Theisen: (Konzern), 1991, S. 2; Pausenberger: (Konzerne), 1975, Sp. 2234 f.

ses Gliederungspunktes der Vielzahl wissenschaftlicher Definitionsansätze einen weiteren hinzuzufügen. Die hier durchgeführte Analyse hat primär die Aufgabe, das Wesen des Konzerns zu verdeutlichen und damit die Basis zu schaffen für das Verständnis der besonderen Problematik der Konzernbesteuerung.

Zur Konkretisierung des schwer faßbaren Phänomens der "wirtschaftlichen Einheit" wurde im angelsächsischen Rechtskreis das sog. Control-Konzept entwickelt. Ausgehend von der These, daß betriebswirtschaftliche Kriterien zur Bestimmung der wirtschaftlichen Einheit in der Praxis in der Regel nicht eindeutig verifizierbar sind, basiert die Abgrenzung des Konzernbegriffes nach dem Control-Konzept auf rechtlich eindeutig nachprüfbaren Merkmalen.[12] Ein "parent subsidiary relationship" liegt demnach vor, wenn die Muttergesellschaft auf der Grundlage ihrer gesellschaftsrechtlichen Position die Kontrolle über eine andere Gesellschaft ausüben kann. Die Beherrschungsmöglichkeit wird primär festgemacht an dem Besitz der Mehrheit der Stimmrechte (majority of the voting rights) und dem Recht, die Mehrheit der Mitglieder des Verwaltungs-, Leitungs- oder Aufsichtsorgans der untergeordneten Gesellschaft zu bestellen oder abzuberufen (right to appoint or remove the majority of the board). Für den Bereich der Konzernrechnungslegung ist im Zusammenhang mit der Umsetzung der 7. gesellschaftsrechtlichen EG-Richtlinie[13] eine Erweiterung des Begriffsinhaltes vorgenommen worden. Ein (rechnungslegungspflichtiger) Konzern liegt demnach bereits vor, wenn der Muttergesellschaft das Recht zusteht, einen beherrschenden Einfluß auf die Tochtergesellschaft aufgrund eines Beherrschungsvertrags oder einer Satzungsbestimmung auszuüben. Obwohl Prentice in dieser Erweiterung den ersten Ansatz für eine stärker betriebswirtschaftlich orientierte Begriffsabgrenzung im angelsächsischen Recht entdeckt[14], wird der Konzernbegriff nach dem Control-Konzept weiterhin ausschließlich anhand konkret feststellbarer gesetzlicher oder vertraglicher Rechtspositionen umschrieben. Prentice konstatiert in diesem Zusammenhang: "There is a tension

---

12 Vgl. grundlegend Apelt: (Law), 1984; Siebourg in Küting/Weber (Hrsg.): (Konzern-Rechnungslegung), 1989, Anm. 66-112 zu § 290 HGB. Wooldridge: (Groups), 1981, S. 19, spricht von "precise and detailed criteria".

13 Vgl. Abl. EG vom 18.7.1983, Nr. L 193, S. 1-17, abgedruckt in Biener/ Schatzmann: (Konzern-Rechnungslegung), 1983, S. 1 ff.

14 Vgl. Prentice: (Groups), 1993, S. 298.

between legal theory and commercial practice in relation to the operation of groups."[15]

Im Gegensatz zur formalistischen angelsächsischen Begriffsfassung waren deutsche Wirtschaftswissenschaftler und Juristen bemüht, eine flexiblere Umschreibung des Konzernbegriffs zu finden, die sich primär an betriebswirtschaftlichen Kriterien und der Konzernrealität orientiert. Passow brachte 1925 den Begriff der einheitlichen Leitung in die Diskussion ein. Er konkretisiert den Begriff der wirtschaftlichen Einheit, wenn er den Konzern als eine Gruppe von zivilrechtlich selbständigen Unternehmungen bezeichnet, die "eine gewisse wirtschaftliche Einheit bilden, [indem sie] einer einheitlichen Leitung unterstehen"[16]. Die einheitliche Leitung mehrerer rechtlich selbständiger Gesellschaften setzt die Einbindung der Rechtssubjekte in eine Geschäftspolitik voraus, die auf den gesamten Konzernverbund ausgerichtet ist. Diese Ausrichtung kann unabhängig davon vorliegen, ob die Unternehmen in einem Unterordnungs- oder einem Gleichordnungsverhältnis stehen. Die Geschäftsführungsorgane der abhängigen Gesellschaften müssen sich an dem von der Konzernleitung zentral vorgegebenen, oder in Abstimmung mit den Leitungsgremien der Tochtergesellschaften entworfenen, gesamtunternehmerischen Zielsystem und den einheitlichen unternehmungspolitischen Leitlinien orientieren. Der integrierende Einfluß der Muttergesellschaft kann durch verschiedene Beherrschungsmittel erfolgen und unterschiedlich stark ausgeprägt sein.[17] Schubert/Küting[18] differenzieren im Hinblick auf die Bindungsintensität von Unternehmenszusammenschlüssen nach der formalen Art und Weise, in der sich Gesellschaften verbinden (formalrechtliches Kriterium), und nach dem Ausmaß der eingeschränkten Dispositionsfreiheit der untergeordneten Gesellschaft (wirtschaftlich-funktionales Kriterium). Vor diesem Hintergrund stellt sich insbesondere die Frage, welcher Grad an wirtschaftlich-funktionaler Bindungsintensität erreicht sein muß, um eine einheitliche Leitung annehmen und den Konzern somit von anderen Formen der Unternehmensverbindungen abgrenzen zu können.

---

15 Prentice: (Groups), 1993, S. 287.

16 Passow: (Betrieb), 1925, S. 100. In Anlehnung an Passow auch v. Ungern-Sternberg: (Industriegemeinschaft), 1925, S. 29; Haussmann: (Grundlegung), 1926, S. 87; Rosendorff: (Organisation), 1927, S. 19; Ramin: (Besteuerung), 1930, S. 10; Bülter: (Einheitstheorie), 1930, S. 11 f.

17 Vgl. Hertz-Eichenrode: (Aufbauorganisation), 1972, S. 247 ff.

18 Vgl. Schubert/Küting: (Unternehmungszusammenschlüsse), 1981, S. 8 ff. Vgl. auch Werding: (Konzern), 1993, S. 15.

Das Ausmaß der eingeschränkten Dispositionsfreiheit einer untergeordneten Gesellschaft ist abhängig von dem tatsächlich ausgeübten Einfluß der Obergesellschaft auf die Untergesellschaft. Strittig ist, anhand welcher Kriterien ein beherrschender Einfluß festgemacht und damit eine einheitliche Leitung angenommen werden kann.[19] Ein beherrschender Einfluß auf die Geschäftspolitik einer Gesellschaft kann auf der Grundlage finanzieller, personeller, vertraglicher oder organisatorischer Bindungen ausgeübt werden.[20] Das dominierende Instrument der Beherrschung im Unterordnungskonzern sind mehrheitliche Kapital- und/oder Stimmrechtsbeteiligungen. Der Dispositions- und Handlungsfreiraum rechtlich selbständiger Tochtergesellschaften kann in der Regel jedoch nicht allein mit Hilfe einer mehrheitlichen Beteiligung am Gesellschaftskapital oder an den Stimmrechten auf die Ziele der Konzernpolitik ausgerichtet werden. Aus diesem Grund haben personelle Verflechtungen zwischen den Leitungsorganen der einzelnen Gesellschaften ein besonderes Gewicht für die Konstituierung eines Abhängigkeitsverhältnisses. Vertragliche Beziehungen, wie der Abschluß von Beherrschungs-, Geschäftsführungs- oder Gewinnabführungsverträgen, dienen überwiegend der Festigung und rechtlichen Determinierung bereits bestehender faktischer Beherrschungsstrukturen.[21]

Bauer vertritt die Auffassung, daß für die Abgrenzung eines betriebswirtschaftlichen Konzernbegriffs der Einfluß der Obergesellschaft auf die einzelnen betrieblichen Funktionen der Untergesellschaft geprüft werden muß.[22] Ähnlich argumentiert auch Gutjahr, der in der Abstimmung der Produktionsprogramme der Unternehmen die Voraussetzung für eine einheitliche Leitung sieht.[23] Diesen Auffassungen ist entgegenzuhalten, daß eine einheitliche Leitung mehrerer rechtlich selbständiger Gesellschaften nicht notwendigerweise einen direkten Einfluß der Muttergesellschaft auf alle betrieblichen Funktionen und Geschäftsbereiche der untergeordneten Gesellschaften voraussetzt. Auf der Grundlage der Begriffsabgrenzungen von Bauer und Gutjahr könnten Konzerne, deren Konzept der internen Aufbauorganisation auf einer Strategie der Anpassung an die Besonderheiten der nationalen Zielmärkte beruht

19 Vgl. die vergleichende Analyse der Literaturauffassungen bei Slongo: (Leitung), 1980, S. 121 ff.

20 Vgl. Pausenberger: (Konzerne), 1975, Sp. 2236 ff.

21 Vgl. Ebenda, Sp. 2237 ff.

22 Vgl. Bauer: (Besteuerung), 1987, S. 16 ff.

23 Vgl. Gutjahr: (Begriff), 1972, S. 1.

(dezentrale Organisationsstruktur), nicht den an die einheitliche Leitung gestellten Anforderungen genügen. Mit zunehmender produktbezogener und räumlicher Diversifikation vollzieht sich in der Praxis häufig der Übergang von der Funktions- zur Divisionsorganisation. Eine funktional-zentralistische Führungsorganisation ist dadurch gekennzeichnet, daß die Tochtergesellschaften zumeist einzelne betriebliche Funktionen der Muttergesellschaft übernehmen oder im Fall vertikaler Konzernstrukturen auf vor- oder nachgelagerten Produktionsstufen tätig sind. Demgegenüber ist das Konzept der dezentralen Konzernführung in der Regel mit einem objektorientierten Unternehmensaufbau verbunden, der durch eine Gliederung der Einzelgesellschaften und Verantwortungsbereiche nach Produkten, Märkten oder Regionen gekennzeichnet ist[24] und als Sparten- und Geschäftsbereichsgliederung oder Divisionalisierung bezeichnet wird. Den Organen der Tochtergesellschaften werden relativ weitreichende Entscheidungsbefugnisse übertragen, so daß in praxi kein unmittelbarer Einfluß der Obergesellschaft auf die einzelnen betrieblichen Funktionen der Untergesellschaft besteht. Mit dem geringen Zentralisierungsgrad[25] ist ein hohes Maß an wirtschaftlicher Selbständigkeit der Konzerngesellschaften verbunden. Die mit einer dezentralen Organisationsstruktur verbundene umfassende Planungs- und Entscheidungsfreiheit der Tochtergesellschaften ist aber nicht Ausdruck fehlender Einflußmöglichkeiten der Muttergesellschaft, sondern das Ergebnis einer bewußten Führungsstrategie, die das Ziel hat, transparentere Strukturen, höhere Flexibilität, steigendes Verantwortungsbewußtsein und objektbezogene Erfolgskontrolle zu schaffen,[26] ohne die wirtschaftliche Einheit der Gesellschaften aufzugeben.

---

24 Vgl. Bühner: (Organisationslehre), 1991, S. 110 ff.

25 Der Terminus Zentralisierungsgrad impliziert, daß Zentralisierung und Dezentralisierung nicht "im Sinne eines Entweder-Oder, sondern als graduelle Strukturierungsformen eines Mehr oder Weniger zu begreifen sind", Schwarz: (Betriebsorganisation), 1983, S. 53.

26 In der Unternehmenspraxis wird zunehmend eine Organisationsform präferiert, die weitgehende Dezentralisierung und hohe Systemintegration parallel anstrebt, vgl. Teubner: (Unitas Multiplex), 1991, S. 191 ff.; Scholl: (Internationalisierungsstrategien), 1989, Sp. 993; Raupach: (Unternehmensorganisation), 1988, S. 496. Rühli: (Konzernführung), 1990, S. 313, bezeichnet das Konzept der dezentralen operativen Geschäftstätigkeit bei zentraler strategischer Koordination insbesondere für international tätige Konzerne als Grundfigur der Organisation. Vgl. auch die instruktive Untersuchung von Bartlett/Ghoshal: (Unternehmensführung), 1990.

Unabhängig von den gegebenen Beherrschungsinstrumenten und dem im Hinblick auf den Zentralisierungsgrad zugrundeliegenden unternehmerischen Organisationskonzept wird ein Grad der Bindungsintensität erreicht, der als wirtschaftliche Einheit bezeichnet werden kann, wenn die beherrschende Gesellschaft in der Lage ist, die allgemeine Geschäftspolitik und die im Rahmen der originären Führungs- und Leitungsaufgaben anfallenden Dispositionen der abhängigen Gesellschaften aufeinander abzustimmen.[27] Die einzelnen Gesellschaften können je nach Zentralisierungsgrad unterschiedliche Teilziele verfolgen, denen unter Beachtung des Zielsystems des Konzerns jedoch lediglich Subzielcharakter zugemessen werden kann.[28] Kennzeichnend für das Vorliegen einer einheitlichen Leitung ist somit, daß bei Zielkonflikten zwischen den Zielen der untergeordneten Gesellschaften und den Leitlinien der Konzern-Unternehmungspolitik das Konzerninteresse entscheidungsbestimmend ist.[29] Das bedeutet, daß der zur Konstituierung einer wirtschaftlichen Einheit aus betriebswirtschaftlicher Sicht mindestens erforderliche Einflußbereich der Muttergesellschaft die konstitutiven und strategischen Fragestellungen umfassen muß, die die Tochtergesellschaft als Ganzes betreffen.[30] Dazu zählen vor allem[31]

- die Festlegung des strategischen unternehmerischen Zielsystems und der allgemeinen Unternehmenspolitik sowie die Festlegung von Strategien zur Erreichung der gesetzten Ziele,

---

27 Vgl. Kropff: (Aktiengesetz), 1965, S. 33.

28 Vgl. Scheffler: (Konzernleitung), 1985, S. 2006 f. In rechtlich und wirtschaftlich selbständigen Einheits-Unternehmungen, deren spartengegliederte Organisationsstruktur mehrere relativ selbständig arbeitende Betriebsabteilungen umfaßt, kann durch Entscheidungsdelegation an die Abteilungsleiter eine vergleichbare Situation gegeben sein, in der die einzelnen Abteilungen lediglich unter Beachtung des unternehmensspezifischen Zielsystems die ihnen gestellten Aufgaben weitgehend unabhängig voneinander erledigen.

29 Vgl. Scheffler: (Grundzüge), 1991, S. 701.

30 Wittlage: (Unternehmensorganisation), 1989, S. 97, spricht von Gesamtunternehmensentscheidungen. Vgl. auch Scheffler: (Problematik), 1987, S. 473 f.

31 Vgl. Müller: (Unternehmensverbindungen), 1992, S. 1311; Busse von Colbe/ Ordelheide: (Konzernabschlüsse), 1993, S. 80.

- die Einbindung der untergeordneten Gesellschaften in die konzernweite Finanzplanung und -kontrolle, um das Ziel der Optimierung des Konzernergebnisses realisieren zu können,[32]
- der Einfluß der Muttergesellschaft auf die Besetzung der Führungspositionen und
- der Einfluß auf Entscheidungen über Maßnahmen von wesentlicher Bedeutung, wie Akquisitionen, Verkauf von Unternehmensteilen oder Kapazitätserweiterungen.

In der Betriebswirtschaftslehre wird neben der Fremdbedarfsdeckung und der freiwilligen Übernahme des Marktrisikos das für diese Untersuchung bedeutsame Kriterium der wirtschaftlichen Selbständigkeit als wesentliches Merkmal einer Unternehmung angesehen.[33] Einen vergleichbaren Ansatz wählt Gutenberg[34], der auf die Merkmale "erwerbswirtschaftliches Prinzip" und "innere und äußere Autonomie" abstellt. Liegt auf der Basis der herausgearbeiteten Kriterien eine wirtschaftliche Einheit vor, können die einzelnen Konzerngesellschaften diese Voraussetzungen der Unternehmungseigenschaft nicht erfüllen, weil die in den Konzern eingebundenen Tochtergesellschaften aufgrund der Beherrschung durch die Muttergesellschaft wirtschaftlich unselbständige Rechtssubjekte sind. Aus diesem Grund kann nur der Konzern als Unternehmung im be-

---

32 Koppensteiner: (Kommentar), 1986, S. 242 und Slongo: (Leitung), 1980, S. 140, sehen die Koordination des Finanzbereichs als entscheidendes Kriterium zur Verwirklichung einer einheitlichen Leitung an.

33 Vgl. Kosiol: (Unternehmung), 1956, Sp. 5540 ff.; Pausenberger: (Konzerne), 1975, Sp. 2235.

34 Vgl. Gutenberg: (Grundlagen), 1983, S. 457 ff.

triebswirtschaftlichen Sinn klassifiziert werden.[35] Die Konzernunternehmung ist in Anlehnung an die Systemtheorie[36] ein komplexes, sozioökonomisch-technisches Gesamtsystem, das in mehrere rechtlich selbständige Teilsysteme aufgegliedert ist.[37] Die Summe der durch vielfältige, in Abhängigkeit vom Zentralisierungsgrad unterschiedlich stark ausgeprägte organisatorische, finanzielle, güterwirtschaftliche, informationswirtschaftliche, personelle, vertragliche aber auch soziale Beziehungen verbundenen Teilsysteme macht das Gesamtsystem aus. Da die einzelnen Teilsysteme in einer individuellen Systemhierarchie angeordnet sind, bestehen zwischen den Konzerngesellschaften Subsystembeziehungen.

In der Betriebswirtschaftslehre ist der Konzern bis Ende der 80er Jahre nur partiell als Erfahrungsobjekt in Erscheinung getreten.[38] Vor allem das betriebswirtschaftliche Rechnungs- und Prüfungswesen[39] und die betriebswirtschaftliche

---

35 Gleicher Ansicht auch Werdich: (Konzern), 1993, S. 32 f.; Scheffler: (Grundzüge), 1991, S. 711; Bleicher/Hahn: (Konzernplanung), 1989, Sp. 899; Rose: (Geleitwort), 1988; Theisen: (Vorüberlegungen), 1988, S. 282; Klein: (Verrechnungspreisgestaltung), 1988, S. 1; Kirchner: (Überlegungen), 1985, S. 216 f; Tinner: (Konzernstruktur), 1984, S. 7; Rupp: (Ertragsbesteuerung), 1983, S. 219 f.; Pausenberger: (Finanzpolitik), 1981, S. 179; Krüger: (Analyse), 1978, S. 69; Dübgen: (Rechtsstrukturen), 1973, S. 20 f.; Rösler: (Gewinnrealisierung), 1969, S. 58; Bergsteiner: (Problematik), 1968, S. 12; Zitzelsberger: (Problematik), 1966, S. 5; Hax: (Konzernprobleme), 1959, S. 60; Köhler: (Konzerne), 1950, S. 17; vgl. bereits Isay: (Recht), 1910, S. 125; vgl. auch Schubert/Küting: (Unternehmungszusammenschlüsse), 1981, S. 5. Raiser: (Konzernbildung), 1964, S. 55, bezeichnet den Konzern als "Unternehmen höherer Ordnung"; ähnlich auch Geßler: (Aktiengesetz), 1973, S. 236, der der Konzern als "übergeordnetes Gesamtunternehmen" ansieht. Anderer Ansicht Teubner: (Unitas Multiplex), 1991, S. 203.

36 Vgl. zur Anwendung der Systemtheorie in der Betriebswirtschaftslehre Ulrich: (System), 1970; Wacker: (Informationstheorie), 1971, S. 14 ff.; Baetge: (Systemtheorie), 1974; Grochla/Fuchs/Lehmann (Hrsg.): (Systemtheorie), 1974; Kirsch: (Systeme), 1974.

37 Vgl. zu dem Vorschlag, die allgemeine Systemtheorie als sprachliches und logisches Grundgerüst einer umfassenden betriebswirtschaftlichen Konzerntheorie zu wählen, auch Pausenberger: (Konzerne), 1975, Sp. 2235 ff. Vgl. auch in Ansätzen bereits Müller: (Bilanzen), 1973, S. 6.

38 Vgl. Theisen: (Konzernorganisation), 1986, S. 746 ff.; Scheffler: (Konzern), 1990, S. 174.

39 Vgl. Busse von Colbe/Ordelheide: (Konzernabschlüsse), 1993 und Vorauflagen; Küting/Weber: (Konzern-Rechnungslegung), 1989; Gross/Schruff/v. Wysocki: (Konzernabschluß), 1987; v. Wysocki/Wohlgemuth: (Konzernrechnungslegung), 1986.

Steuerlehre[40], vereinzelt auch die betriebswirtschaftliche Organisationslehre[41], beschäftigten sich mit spezifischen Problemen der Konzernunternehmung. Erste Ansätze zur Entwicklung einer umfassenden und geschlossenen betriebswirtschaftlichen Theorie des Konzerns sind erst in jüngerer Zeit zu erkennen.[42] Aus betriebswirtschaftlicher Sicht wird grundsätzlich das Kriterium der wirtschaftlichen Einheit in den Vordergrund gestellt. Die rechtliche Selbständigkeit der einzelnen Konzerngesellschaften wird zwar als unabdingbares Begriffsmerkmal zur Kenntnis genommen; der Konzern wird jedoch primär als einheitlich organisierte Unternehmung und nicht als Konglomerat formal selbständiger Unternehmen betrachtet.[43]

In der Rechtswissenschaft steht national und international der rechtlich-formale Aspekt im Vordergrund.[44] Dem Konzern wird zivil- und steuerrechtlich keine Rechtspersönlichkeit zugesprochen; er hat weder eigene Organe noch eigene Gesellschafter oder Gläubiger. Obwohl er real existent ist, wird er nicht als selbständiges Rechtssubjekt anerkannt.[45] Es wird ein partikularistischer Ansatz

---

40 Vgl. Telkamp: (Tochtergesellschaft), 1975; Hamburger: (Konzernaufbau), 1976; Rupp: (Ertragsbesteuerung), 1983; Fischer: (Besteuerung), 1983, S. 273 ff.; Tinner: (Konzernstruktur), 1984; Bauer: (Besteuerung), 1987, sowie die umfangreiche Literatur zu den Verrechnungspreisen für konzerninterne Lieferungen und Leistungen (Nachweise in Fußnote 42 auf Seite 10).

41 Vgl. Arbeitskreis Prof. Dr. Krähe der Schmalenbach-Gesellschaft: (Konzernorganisation), 1964; Bleicher: (Gedanken), 1979, S. 243 ff.

42 Theisen: (Vorüberlegungen), 1988, S. 279 ff., spricht in diesem Zusammenhang von einer "konzernunternehmungsdimensionalen Betrachtungsweise"; vgl. auch derselbe: (Konzern), 1991. Erste Grundlagen einer betriebswirtschaftlichen Konzerntheorie wurden bereits von Pausenberger: (Konzernaufbau), 1957, gelegt.

43 Vgl. Scheffler: (Konzern), 1990, S. 174; Bleicher: (Forderungen), 1988, S. 55 ff.; Theisen: (Vorüberlegungen), 1988, S. 280 f. Bezugnehmend auf die Konzernorganisationslehre Bleicher: (Gedanken), 1979, S. 243.

44 Vgl. Lutter: (Aufgabe), 1988, S. 226. Raupach: (Unternehmensorganisation), 1988, S. 498 f., bemängelt, daß sich "die Rechtswissenschaft mit dem Übergang zum Spartenkonzern und mit Mischformen divisionaler und funktionaler Gliederung wenig oder gar nicht beschäftigt". So liegt dem deutschen Aktienrecht die Vorstellung einer funktional gegliederten Unternehmensorganisation zugrunde. Ähnliches kann auch für das Steuerrecht festgestellt werden, vgl. dazu insbesondere Müller: (Reform), 1991, S. 31 ff.

45 Lutter: (Entwicklung), 1987, S. 330, stellt in diesem Zusammenhang treffend eine "Diskrepanz zwischen Realität und Recht" fest. Vgl. auch Haelterman: (consolidatie), 1985, S. 209, der von einer "Spannung zwischen der ökonomischen Realität und der rechtlichen Behandlung [spanning die ontstaat tussen economische realiteit en juridische behandeling]" spricht.

gewählt, der die wirtschaftliche Verbundenheit der Rechtssubjekte im Grundsatz ignoriert. Ausgehend von den Grundprinzipien des Gesellschafts- und des Steuerrechts steht der Konzern extra legem.[46] Wegen der fehlenden Rechtssubjektivität des Konzerns kann rechtlich nur auf die einzelnen Konzerngesellschaften zurückgegriffen werden. Druey vergleicht die Stellung des Konzerns in der Rechtsordnung deshalb mit der einer "Ehe ohne Trauschein".[47] Ebenso wie im Familienrecht wird im Gesellschafts- und Steuerrecht der reale Sachverhalt der wirtschaftlichen Einheit mehrerer natürlicher oder rechtlicher Individuen allerdings zunehmend berücksichtigt und auch in der juristischen Literatur in jüngerer Zeit stärker betont.[48] Die Diskussion und Argumentation ist jedoch weiterhin überwiegend von der traditionellen Betrachtungsweise geprägt, die sich nur langsam von der isolierenden Sicht des Konzernrechts als reinem Mißbrauchs- und Schutzrecht für Gesellschafter und Gläubiger löst und eine vorsichtige Tendenz hin zur Entwicklung eines ganzheitlich angelegten Konzernorganisationsrechts erkennen läßt.[49]

Grundlage einer sachgemäßen wissenschaftstheoretischen Analyse der Konzernproblematik kann nur die parallele und aufeinander abgestimmte Anwendung betriebswirtschaftlicher und juristischer Erkenntnisse und Methoden sein, weil weder die rechtliche Selbständigkeit der Konzerngesellschaften noch die wirtschaftliche Einheit der Konzernunternehmung im Rahmen der wissenschaftlichen Betrachtung vernachlässigt werden kann und darf.[50] Eine Annäherung der stark isolierenden Betrachtungsweisen und die Integration der rechts- und wirtschaftswissenschaftlichen Diskussionsansätze in ein ganzheitliches, interdisziplinäres Forschungskonzept erscheint vor dem Hintergrund des systemimmanenten Dualismus des Konzerns zur adäquaten Erfassung der komplexen

---

46 Lutter: (Entwicklung), 1987, S. 333, bezeichnet den Konzern als "Sprengkörper des klassischen Gesellschaftsrechts".

47 Vgl. Druey: (Regelungsgegenstand), 1988, S. 239. Ähnlich auch Giersberg: (Führung), 1992, S. 10, der Konzerne als "Familien der Wirtschaft" betrachtet und feststellt, daß der Konzern ebenso wie eine Familie keine Steuern zahlt, und nicht klagen oder verklagt werden kann.

48 Vgl. Lutter: (Entwicklung), 1987, S. 330 f.; Havermann: (Konzernabschluß), 1987, S. 176; Druey (Hrsg.): (Konzernrechtsgespräch), 1988.

49 Vgl. Kirchner: (Überlegungen), 1985, S. 214 ff.; Bleicher: (Forderungen), 1988, S. 55 ff.; Lutter: (Aufgabe), 1988, S. 225 ff.; Schneider: (Konzern), 1991, S. 563 ff.

50 Vgl. Pausenberger: (Konzerne), 1975, Sp. 2247.

Konzernrealität dringend erforderlich.[51] Auch im Zusammenhang mit Fragen der nationalen und internationalen Konzernbesteuerung sind sowohl steuer- und gesellschaftsrechtliche als auch betriebswirtschaftliche Rahmendaten und Erkenntnisse angemessen zu berücksichtigen. Vorbereitend für die im dritten Kapitel durchzuführende Rechtsvergleichung werden deshalb im folgenden zunächst die theoretischen Grundlagen der Konzernbesteuerung dargestellt. Dabei liegt der Schwerpunkt auf der Analyse der an der rechtlichen Selbständigkeit der Konzerngesellschaften anknüpfenden Trennungstheorie und der an der wirtschaftlichen Einheit der Konzernunternehmung orientierten Einheitstheorie als den beiden grundlegenden Theorien der Konzernbesteuerung.

II. Konzeptionelle Grundlagen der Konzernbesteuerung

1. Besteuerung der Konzerngesellschaften nach dem Grundsatz der rechtlichen Selbständigkeit

1.1 Trennungstheorie

Vor dem Hintergrund der Analyse der charakteristischen Wesensmerkmale des Konzerns soll im folgenden auf konzeptionelle Grundlagen der Konzernbesteuerung eingegangen werden. Dabei ist es nicht Ziel dieses Abschnitts, konkrete Besteuerungsvorschriften einzelner Staaten darzustellen. Vielmehr sollen die national und international diskutierten Theorien der Konzernbesteuerung vorgestellt werden, die die Eckpunkte der steuerrechtlichen Behandlung des Konzerns im Spannungsfeld zwischen der wirtschaftlichen Einheit der Konzernunternehmung und der rechtlichen Selbständigkeit der Konzerngesellschaften markieren. In Abhängigkeit von den unterschiedlichen Anknüpfungspunkten bei der wissenschaftlichen Betrachtung des Konzerns in der Betriebswirtschaftslehre und im Recht lassen sich die in der Literatur diskutierten und die in der europäischen Rechtspraxis angewandten Besteuerungsmodelle im wesentlichen auf zwei Denkansätze zurückführen. Die Besteuerung von Konzernen kann zum einen am Kriterium der rechtlichen Selbständigkeit der Konzerngesellschaften orientiert sein, d.h. die einzelnen Konzerngesellschaften werden unabhängig von ihrer Einbindung in den Konzernverbund separat

51 Vgl. Theisen: (Konzern), 1991, S. 115-132.

besteuert (Trennungstheorie). Zum anderen kann die wirtschaftliche Einheit der Konzernunternehmung Anknüpfungspunkt für die Besteuerung sein (Einheitstheorie).[52]

Die Ausgangspunkte für die Darstellung und Begründung der Trennungstheorie liegen im Zivilrecht, insbesondere im Gesellschaftsrecht.[53] Zur Durchführung der Besteuerung ist grundsätzlich eine eindeutige Festlegung des Steuersubjekts erforderlich. Traditionellerweise knüpft die Erhebung von Steuern an das Einkommen oder Vermögen natürlicher Personen an. Besondere Qualifikationskonflikte entstehen bei der Besteuerung von gewerblich tätigen Personenzusammenschlüssen. Aus diesem Grund wurde als Vergleichsbild zur natürlichen Person der Status der juristischen Person geschaffen. Die Rechtsfigur "Juristische Person" ist eine Zweckschöpfung des Zivilrechts; Begriff und Rechtsnatur sind in der Rechtswissenschaft seit jeher strittig.[54] Juristische Personen können als Zusammenfassung von Personen und Sachen zu einer rechtlich geregelten Organisations- und Wirkungseinheit umschrieben werden, denen die Rechtsordnung eine allgemeine Rechtsfähigkeit verleiht.[55] Sie sind Träger von Rechten und Pflichten mit eigener Willensbildung und unabhängig von den

---

52 Im deutschsprachigen Schrifttum werden in Verbindung mit der Einheitstheorie auch die "Angestelltentheorie" und die "Zurechnungstheorie" genannt, vgl. Hübl: (Organtheorien), 1965, S. 17 ff.; Jurkat: (Organschaft), 1975, S. 39 ff.; Wöhe: (Steuerlehre II/2), 1982, S. 77 ff.
Die Angestelltentheorie kennzeichnet ein vom Preußischen Oberverwaltungsgericht entwickeltes, und vom RFH fortgeführtes Besteuerungskonzept, nach dem die abhängige Untergesellschaft als "Angestellte" der Obergesellschaft behandelt wurde. Die im Rahmen des gewöhnlichen Geschäftsverkehrs entstandenen Erträge und Aufwendungen wurden als Erfolgsbeiträge qualifiziert, die die "angestellte" Gesellschaft für Rechnung der Obergesellschaft erzielt hat. Der Vergleich eines Unterordnungsverhältnisses im Konzern mit einem Angestelltenverhältnis ist jedoch schon im Ansatzpunkt falsch und wird deshalb nicht weiter diskutiert.
Die Zurechnungstheorie (mit der Unterform der Bilanzierungstheorie) verknüpft Elemente der Trennungstheorie und der Einheitstheorie im Hinblick auf die Ermittlung des Konzernergebnisses. Sie ist deshalb als Methodik der Gewinnermittlung im Konzern und nicht als Theorie der Konzernbesteuerung einzuordnen.

53 Vgl. Popp: (Besteuerung), 1987, S. 50.

54 Vgl. Flume: (Person), 1983, S. 1-31.

55 Vgl. Heinrichs: (Gesetzbuch), 1992, Einführung zum 2. Titel: Juristische Personen.

hinter ihnen stehenden Gesellschaftern eigenständige Rechtssubjekte.[56, 57] In Anlehnung an die zivilrechtliche Rechtssubjektqualifikation knüpft die Unternehmensbesteuerung in den Staaten der Europäischen Union grundsätzlich an der juristischen Person an.[58] Mit dieser Abgrenzung der Steuersubjekte ist die Anwendung der Trennungstheorie verbunden, die für Zwecke der Besteuerung die Sphäre der (Kapital-) Gesellschaft und die Sphäre der Gesellschafter isoliert betrachtet.[59]

Dem Konzern als wirtschaftliche Zusammenfassung rechtlich selbständiger Einheiten wird in den europäischen Rechtsordnungen keine eigene Rechtspersönlichkeit zugesprochen; anknüpfend an die zivilrechtliche Normsetzung wird er auch im Steuerrecht nicht als rechtliche Einheit und damit nicht als Steuersubjekt qualifiziert. Ungeachtet der bestehenden Beherrschungs- und Abhängigkeitsverhältnisse und der daraus resultierenden wirtschaftlichen Einheit der Konzernunternehmung wird das Ergebnis der Konzerngesellschaften auf der Grundlage der Trennungstheorie so ermittelt und besteuert, als wäre jede Gesellschaft eine rechtlich und wirtschaftlich selbständige Unternehmung.[60] Die einseitige Orientierung der Trennungstheorie an der selbständig rechtsfähigen juristischen Person hat zur Folge, daß die betriebswirtschaftliche Abgrenzung der Wirtschaftssubjekte für Zwecke der Besteuerung unberücksichtigt bleibt.

---

56 Vgl. Kübler: (Gesellschaftsrecht), 1990, S. 30 f.; Rupp: (Ertragsbesteuerung), 1983, S. 11 f.; v. Wallis: (Ertragsbesteuerung), 1971, S. 119 f.

57 Während in den romanischen Staaten auch den in der Rechtsform einer Personengesellschaft organisierten Unternehmen partiell eine eigene Rechtspersönlichkeit zugesprochen wird, erlangen Personengesellschaften im germanischen Rechtskreis lediglich eine "relative Rechtsfähigkeit", die dadurch zum Ausdruck kommt, daß die Gesellschaft unter ihrer Firma Rechte und Pflichten eingehen, sowie klagen und verklagt werden kann. Für Zwecke der Besteuerung der erzielten Gewinne wird dieser relativen Rechtsfähigkeit jedoch - mit Ausnahme der Gewerbesteuer - nicht Rechnung getragen. Nicht die Personengesellschaft ist Steuersubjekt der Einkommen- oder Körperschaftsteuer, sondern die hinter der Gesellschaft stehenden Gesellschafter. Tipke: (Problematik), 1980, S. 1079, spricht in diesem Zusammenhang von einem Dualismus, der dem Unternehmensteuerrecht inne wohnt und der "seinen Ursprung im zivilrechtlichen Rechtsfähigkeitsschema (natürliche und juristische Personen als Rechtssubjekte) hat."

58 Bereits der RFH hat diesen Grundsatz deutlich herausgearbeitet: "Auf der Anerkennung der Rechtsform der juristischen Person beruht das gesamte Körperschaftsteuerrecht. Jede Körperschaft ist subjektiv steuerpflichtig [...]", vgl. RFH vom 3.7.1935, RStBl. 1935, S. 1128.

59 Vgl. Fischer: (Gewinnermittlung), 1986, S. 47 ff.

60 Vgl. v. Wallis: (Ertragsbesteuerung), 1971, S. 119 f.

Die wirtschaftliche Einheit der Konzerngesellschaften wird im Rahmen der Trennungstheorie im Grundsatz negiert. Diesem Vorgehen liegt ein auf die zivilrechtliche Rechtssubjektqualifikation bezogener Einkommensbegriff zugrunde, der das Einkommen natürlicher und juristischer Personen und nicht den Erfolg einer nach betriebswirtschaftlichen Kriterien abgegrenzten Unternehmung für die Besteuerung heranzieht.[61]

1.2 Konzept der Einzelgewinnermittlung und Dealing-at-arm's-length-Prinzip

Die Trennungstheorie wird im Rahmen der Konzernbesteuerung durch das Konzept der Einzelgewinnermittlung konkretisiert. Die rechtlich selbständigen Konzerngesellschaften sollen mit dem Ergebnis zur Besteuerung herangezogen werden, das sie mit der Teilnahme am allgemeinen Geschäftsverkehr erzielt haben. Die isolierte Betrachtung der einzelnen Gesellschaft führt zu einer Verschiebung der Grenze zwischen Unternehmungs- und Marktbereich. Jede Gesellschaft wird unabhängig von ihrer Einbindung in die Konzernunternehmung grundsätzlich als rechtlich und wirtschaftlich selbständige Unternehmung klassifiziert. Sie tritt mit den von ihr erbrachten Leistungen als Anbieter den anderen Marktteilnehmern gegenüber. Obwohl bei Lieferungs- und Leistungsbeziehungen zwischen rechtlich selbständigen Teilen der Konzernunternehmung der am Markt übliche Interessengegensatz zwischen Anbieter und Nachfrager nicht existiert, muß die Abrechnung dieser innerkonzernlichen Geschäftsvorfälle als Konsequenz aus der steuerlichen Relevanz der Selbständigkeitsfiktion des Gesellschaftsrechts auf der Grundlage von Preisen erfolgen, die unabhängige Dritte bei ansonsten vergleichbaren Bedingungen vereinbart hätten. Mit der Heranziehung des Fremdvergleichs ist das Ziel verbunden, eine Lokalisierung der im Konzern erzielten Erfolge auf der Basis des Verursachungsprinzips durchzuführen. Der zwingende Ansatz fremdvergleichsorientierter Gegenleistungen gewährleistet, daß eine relativ verlagerungsneutrale Verrechnung erfolgt und jede Konzerngesellschaft das Ergebnis ausweist, das sie als selbständige Wirtschaftseinheit erzielt hätte. Gleichzeitig kann im internationalen Geschäftsverkehr jedem Staat das Ergebnis zugewiesen werden, das innerhalb seines Hoheitsgebietes erwirtschaftet worden ist. Ziel des Konzepts der direkten

61 Vgl. Schmidt: (Handelsrecht), 1985, S. 255 f.

Einzelgewinnermittlung kann es dabei nicht sein, alle aktiven und passiven Auswirkungen der wirtschaftlichen Einheit auf die steuerliche Erfolgsrechnung der Konzerngesellschaften zu eliminieren. Die Ermittlung absolut gewinnverlagerungsneutraler Verrechnungspreise[62] ist ohnehin nicht möglich.[63] Die Aufgabe des Fremdvergleichsgrundsatzes ist deshalb im wesentlichen auf die Objektivierung der im Rahmen des konzerninternen Lieferungs- und Leistungsverkehrs getroffenen Preisvereinbarungen beschränkt.[64] Er ist somit ein Hilfsmaßstab zur Konkretisierung der konzeptionellen Grundlagen des Konzepts der Einzelgewinnermittlung.

Der Fremdvergleichsgrundsatz, der im internationalen Steuerrecht als Dealing-at-arm's-length-Prinzip bezeichnet wird, ist als Konzept zur Gewinnabgrenzung im Rahmen des innerkonzernlichen Lieferungs- und Leistungsverkehrs allgemein anerkannt.[65] Trotzdem, oder gerade deshalb können und dürfen die mit der Selbständigkeitsfiktion verbundenen Probleme nicht übersehen werden. In der Praxis bestehen zum Teil erhebliche Schwierigkeiten bei der Konkretisierung des Fremdvergleichsgrundsatzes.[66] Aufgrund des relativ großen Unbe-

---

62 Der Terminus "Verrechnungspreis" kennzeichnet eine zweckorientierte Leistungsbewertung, die unabhängig von den Marktgesetzen innerhalb einer vom externen Markt isolierten Wirtschaftseinheit vorgenommen wird. Vgl. Baumhoff: (Verrechnungspreise), 1986, S. 13.

63 Vgl. Popkes: (Prüfung), 1988, S. 18. Vgl. auch die Aussage eines amerikanischen Konzernmanagers, der zum Problem der Aufteilung der durch den Zusammenschluß entstehenden Verminderung des allgemeinen Marktrisikos auf die einzelnen Konzerngesellschaften feststellte, "das entspreche etwa dem Unterfangen, zu prüfen, welcher Teil der Leistungen eines Rennpferdes auf den Jockey und welcher auf das Pferd zurückzuführen sei; sicher könne man nur sein, daß beide zusammen mehr leisten als jeder für sich allein" (zitiert nach Mestmäcker: (Konzerngewalt), 1958, S. 308).

64 Vgl. Kumpf: (Verrechnungspreise), 1976, S. 69; Klein: (Konzernverrechnungspreise), 1982, S. 157; Kussmaul: (Verrechnungspreise), 1987, S. 683.

65 Vgl. OECD-Musterabkommen zur Vermeidung der Doppelbesteuerung auf dem Gebiete der Steuern vom Einkommen und Vermögen (OECD-Modell, Art. 9), und United Nations Model Double Taxation Convention between Developed and Developing Countries (UN-Modell, Art. 9).

66 Vgl. Klein: (Verrechnungspreisgestaltung), 1988, S. 23 f.; Engel: (Konzerntransferpreise), 1986, S. 19, bezeichnet die Konkretisierung des dealing-at-arm's-length-Grundsatzes als eine der "international schwierigsten, zugleich aber auch wichtigsten Aufgaben des Steuerrechts". Hackmann: (Verrechnungspreise), 1984, S. 158 ff., bemängelt, daß der Fremdvergleichsgrundsatz dem Objektivierungserfordernis diametral gegenüber steht.

stimmtheitsgrades[67] sind mit der abstrakten Formulierung und der unterschiedlichen Konkretisierung in den einzelnen Staaten[68] hohe steuerliche Risiken der Nichtanerkennung und gewinnerhöhenden Korrektur des gewählten Preisansatzes verbunden.[69] Die in der Regel von den nationalen Finanzverwaltungen einseitig vorgenommenen Korrekturen führen bei grenzüberschreitenden Sachverhalten zu Doppelbesteuerungen, wenn keine korrespondierende Berichtigung im Sitzstaat der anderen an der Transaktion beteiligten Konzerngesellschaft erfolgt.[70] Deutliches Indiz für die in der internationalen Wirtschaftspraxis bestehende Rechtsunsicherheit ist die intensive Diskussion zum Thema der Festlegung steuerlicher Konzernverrechnungspreise.[71]

Aus betriebswirtschaftlicher Sicht ist die dem Fremdvergleichsgrundsatz implizit innewohnende ausschließliche Anknüpfung an den rechtlich-formalen Eckpfeilern des begrifflichen Konzerngerüsts zu kritisieren. Ausgangspunkt des Konzepts der Einzelgewinnermittlung ist zwar die Ermittlung des Beitrags der Einzelgesellschaften zum Gesamterfolg des Konzerns.[72] Im Ergebnis bleibt die wirtschaftliche Einheit der Konzernunternehmung jedoch unberücksichtigt, weil der Gewinnabgrenzung die Selbständigkeitsfiktion der Konzerngesellschaften zugrundegelegt wird.

---

67 Vgl. Engel: (Konzerntransferpreise), 1986, S. 19; Kumpf: (Verrechnungspreise), 1976, S. 80, sieht in der mangelnden Präzisierung des arm's-length-Prinzips die "entscheidende Schwäche" des Konzepts der Einzelgewinnermittlung.

68 Vgl. dazu ausführlich Popkes: (Prüfung), 1989, S. 166 ff.; Narraina et al.: (Darstellung), 1990, S. 781 ff.

69 Vgl. Kussmaul: (Verrechnungspreise), 1987, S. 684.

70 Verpflichtungen zur korrespondierenden Berichtigung sind nur selten in den DBAs verankert. Deutschland hat eine entsprechende Klausel nur in den bilateralen Verträgen mit Italien, Tunesien, den USA und der ehemaligen CSFR aufgenommen.

71 Vgl. jeweils mit weiterführenden Hinweisen Hamaekers/Collins/Comello (Hrsg.): (Transfer Pricing); Portner: (Ermittlung), 1992, S. 863 ff.; Maguire/ Theisen: (Verrechnungspreise), 1990; Rauenbusch: (Verrechnungspreispolitik), 1990; Popkes: (Prüfung), 1989; Klein: (Verrechnungspreisgestaltung), 1988; Popp: (Besteuerung), 1987; Baumhoff: (Verrechnungspreise), 1986; Engel: (Konzerntransferpreise), 1986; Eccles: (transfer pricing), 1985; Hackmann: (Verrechnungspreise), 1984; Krüger: (Analyse), 1978; Kumpf: (Verrechnungspreise), 1976.

72 Vgl. Rieger: (Prinzipien), 1978, S. 277; Popp: (Besteuerung), 1987, S. 47.

2. Besteuerung der Konzernunternehmung nach dem Grundsatz der wirtschaftlichen Einheit

2.1 Konzernbesteuerung und Neutralitätspostulat

Die besondere Problematik einer rein rechtlich orientierten Vorgehensweise ergibt sich aus der Wirkungsanalyse des Konzepts der Einzelgewinnermittlung vor dem Hintergrund der grundlegenden Prinzipien der Besteuerung und der daraus abgeleiteten Neutralitätspostulate. Mit der Erhebung von Steuern ist untrennbar das Ziel einer gerechten Belastung aller Steuerpflichtigen verbunden. Der oft strapazierte Begriff der "Gerechtigkeit"[73] ist der fundamentalste und damit notwendigerweise auch der abstrakteste Begriff des Steuerrechts.[74] Er wird konkretisiert mit dem Grundsatz der Gleichmäßigkeit der Besteuerung, der eine der tragenden Säulen eines rechtsstaatlich aufgebauten und geordneten Steuerwesens ist.[75] Aus dem Gleichmäßigkeitsgrundsatz wird in der Betriebswirtschaftslehre, und insbesondere in der betriebswirtschaftlichen Steuerlehre, die Forderung nach einem Steuersystem abgeleitet, das die Entscheidungen eines rational handelnden Steuerpflichtigen nicht beeinflußt.[76] Das Postulat einer vollständig neutralen Besteuerung ist jedoch Ausdruck einer von den über die Steuererhebung hinausgehenden Funktionen und Zielsetzungen des Steuerrechts abstrahierenden Extremposition, wenn es pauschal auf eine steuerneutrale Behandlung aller Entscheidungen der Steuerpflichtigen abstellt. Ein derartiger Anspruch wäre lediglich durch ein Ein-Steuer-System mit einer "aus sozialstaatlicher Sicht nicht zulässigen Kopfsteuer (lump-sum-tax)"[77] zu erreichen. Da die Kopfsteuer als Modell einer entscheidungsneutralen Steuer dem Leistungsfähigkeitsprinzip grundlegend entgegensteht[78], die Besteuerung zudem an mehrere wirtschaftliche Größen anknüpft und der Gesetzgeber neben dem Zweck

---

73 Vgl. Tipke: (Steuergerechtigkeit), 1981; Walz: (Steuergerechtigkeit), 1980; Haller: (Steuern), 1981; Neumark: (Grundsätze), 1970.

74 Vgl. Tipke: (Steuerrechtsordnung), 1993, S. 261.

75 Vgl. Paulick: (Grundsatz), 1954, S. 125; Kruse: (Gleichmäßigkeit), 1990, S. 323.

76 Vgl. Wagner: (Neutralität), 1992, S. 4; Schneider: (Investition), 1992, S. 193 ff.; Haase: (Steuerreform), 1991, S. 241 f.; Elschen/Hüchtebrock: (Steuerneutralität), 1983, S. 253 ff.; Wagner/Dirrigl: (Steuerplanung), 1980, S. 13 ff.; Neumark: (Grundsätze), 1970, S. 261 ff.

77 Mohr: (Konsumbesteuerung), 1992, S. 43; vgl. auch Tipke: (Steuerrechtsordnung), 1993, S. 473 f.

78 Vgl. auch Stang: (Kopfsteuer), 1994.

der Einnahmeerzielung mit der Erhebung von Steuern auch wirtschafts-, gesellschafts- und umweltpolitische Ziele verfolgt,[79] ist der Grundsatz der steuerlichen Neutralität zu relativieren.[80]

Differierende Steuerbelastungen ökonomisch gleicher oder vergleichbarer Tätigkeiten führen zu einem Eingriff in den Funktionsmechanismus des Wettbewerbs auf einem einheitlichen Markt.[81] Die aus einer unternehmerischen Tätigkeit resultierenden Erträge sollten deshalb unabhängig von der rechtlichen Organisationsform der Unternehmung grundsätzlich auch steuerlich gleich behandelt werden, so daß eine relative steuerliche Wettbewerbsneutralität, insbesondere hinsichtlich der rechtlichen Organisationsform der Unternehmungen, anzustreben ist.[82] Mit der schrittweisen Errichtung des Europäischen Binnenmarktes erweitert sich der räumliche Anwendungsbereich der Forderung nach relativer Wettbewerbsneutralität der Unternehmensbesteuerung über die nationalen Grenzen hinaus auf die Dimension der Europäischen Union.

Vor dem Hintergrund des Postulats der relativen Wettbewerbsneutralität der Besteuerung sind die grundlegenden Konzeptionen der Besteuerung von Konzernen im Vergleich zur Besteuerung alternativer rechtlicher Organisationsformen zu diskutieren. Im Rahmen der Trennungstheorie steht die juristische Sicht mit isolierter steuerlicher Betrachtung der einzelnen Konzerngesellschaften im Vordergrund. Jede Gesellschaft muß das von ihr am Markt erzielte Ergebnis versteuern. Die anderen Gesellschaften desselben Konzernkreises werden modelltheoretisch nicht dem Unternehmungs-, sondern dem Marktbereich zugeordnet. Mit dem zwingenden Ansatz fremdvergleichs-, und damit marktpreisorientierter Verrechnungspreise werden für die steuerlich relevante Bewertung von Lieferungen und Leistungen zwischen den rechtlich selbständigen Teil-

---

79 Neumark: (Grundsätze), 1970, S. 262, spricht davon, daß "eine konkurrenzfördernde Steuerpolitik insoweit angezeigt erscheint, wie der Wettbewerb aus nichtfiskalischen Gründen unvollkommen ist und sich infolgedessen gesamtwirtschaftlich und/oder ethisch-sozial als nachteilig angesehene Konsequenzen ergeben."

80 Vgl. Reinhardt: (Neutralitätspostulat), 1994; Wacker: (Steuergerechtigkeit), 1986, S. 171.

81 Vgl. Paulick: (Grundsatz), 1954, S. 125; Beisse: (Betrachtungsweise), 1981, S. 3; Wagner: (Neutralität), 1992, S. 6.

82 Vgl. Neumark: (Grundsätze), 1970, S. 264; Schipporeit: (Grundsätze), 1979, S. 45 ff.; Jacobs: (Rechtsform), 1980, S. 705 ff.; Wacker: (Steuergerechtigkeit), 1986, S. 171; Lang: (Reform), 1990, S. 115; Tipke/Lang: (Steuerrecht), 1991, S. 613.

systemen einer Konzernunternehmung fiktiv Geschäftsbeziehungen zwischen unabhängigen Marktteilnehmern zugrundegelegt.

Als alternative rechtliche Organisationsform der Konzernunternehmung soll die Aufgliederung von Unternehmungen in ein Stammhaus und eine oder mehrere rechtlich unselbständige Betriebsstätten betrachtet werden. Diese Organisationsform wird allgemein als Einheitsunternehmung bezeichnet. Die Einheitsunternehmung ist im Hinblick auf die unternehmungspolitischen Zielsetzungen, das Leistungsprogramm und die betriebswirtschaftliche Aufbau- und Ablauforganisation einer Konzernunternehmung vergleichbar; sie besitzt aber im Gegensatz zum Konzern eine einheitliche zivilrechtliche Rechtspersönlichkeit. Aus betriebswirtschaftlicher Sicht erfolgt die Ausgliederung einzelner betrieblicher Aufgaben, Funktionen, Sparten oder regionaler Tätigkeits- und Verantwortungsbereiche bei einer Einheitsunternehmung ebenso wie bei einer Konzernunternehmung. Sowohl die Einheitsunternehmung als auch der Konzern sind gegenüber ihrer Umwelt und dem Markt abgegrenzte Unternehmungen. Aus diesem Vergleich betriebswirtschaftlich identischer Sachverhalte wird die Forderung abgeleitet, die Konzernunternehmung ebenso wie die Einheitsunternehmung auch steuerrechtlich als Gesamtkomplex, als einheitliche Unternehmung, zu betrachten.[83] Zwischen der trennungstheoretisch ausgerichteten Konzernbesteuerung und der Besteuerung von Einheitsunternehmungen bestehen jedoch bereits konzeptionelle Unterschiede. Die Einheitsunternehmung wird auf nationaler Ebene im Gegensatz zum Konzern in Abhängigkeit von ihrer Rechtsform zur Besteuerung herangezogen und steuerrechtlich im Grundsatz als wirtschaftliche und rechtliche Einheit behandelt. Die einseitig juristische Vorgehensweise der Trennungstheorie ignoriert jedoch die wirtschaftlichen Gegebenheiten und induziert steuerlich verursachte Beeinträchtigungen des Wettbewerbs im Vergleich zu rechtlich einheitlich organisierten Unternehmungen. Einem System der Konzernbesteuerung, das sich an den Grundprinzipien des

---

83 Vgl. die Begründung zum "Vorschlag für eine Richtlinie des Rates über eine Regelung für Unternehmen zur Berücksichtigung der Verluste ihrer in anderen Mitgliedstaaten belegenen Betriebsstätten und Tochtergesellschaften" (Verlust-Richtlinie), in der es unter Nr. 5 heißt: "Da diese beiden Formen der unternehmerischen Tätigkeit im Ausland [Betriebsstätte und Tochtergesellschaft; Anm. des Verfassers] bei wirtschaftlicher Betrachtung gleichwertig sind, darf die Wahl zwischen ihnen nicht durch steuerliche Überlegungen beeinflußt werden", BR-Drucks. 96/91 vom 7.2.1991, S. 3.

Steuerrechts orientiert, darf deshalb nicht ausschließlich der Gedanke der rechtlichen Selbständigkeit der Konzerngesellschaften zugrunde liegen.[84]

Die Besteuerung einer internationalen Einheitsunternehmung basiert im internationalen Steuerrecht faktisch auch auf Elementen der Trennungstheorie. Errichtet eine Einheitsunternehmung eine Betriebsstätte im Ausland, wird die ausländische Betriebsstätte in der Regel über das Betriebsstättenprinzip fiktiv verselbständigt, um den Zugriff des Betriebsstättenstaates auf die im Ausland erzielten Erträge und das dort belegene Vermögen sicherzustellen. Aufgrund dieser Fiktion ist eine selbständige Betriebsstättenbuchführung und -erfolgsrechnung erforderlich, auf deren Grundlage die Besteuerung vorgenommen wird.[85] Der grenzüberschreitende Waren- und Leistungsaustausch zwischen inländischem Stammhaus und ausländischer Betriebsstätte muß ebenso wie im Konzept der Einzelgewinnermittlung im Konzern auf der Grundlage der Dealing-at-arm's-length-Regel abgerechnet werden. Aus dem Neutralitätspostulat kann somit im Grundsatz keine wesentliche steuerlich induzierte Benachteiligung internationaler Konzerne gegenüber internationalen Einheitsunternehmungen abgeleitet werden. Im Zusammenhang mit der Errichtung des Europäischen Binnenmarktes ist mittelfristig allerdings eine räumliche Ausweitung des Anwendungsbereichs des Postulats der Gleichmäßigkeit der Besteuerung erforderlich. Parallel zur schrittweisen Realisierung eines einheitlichen Wirtschaftsraumes, in dem der freie Verkehr von Waren, Personen, Dienstleistungen und Kapital gewährleistet sein soll, sind auch die steuerlichen Binnengrenzen nach und nach abzubauen. Aus dem noch nicht hinreichend operationalen Grundsatz der internationalen steuerlichen Gleichmäßigkeit[86] kann jedoch keine Forderung nach absoluter Gleichbehandlung aller Steuerpflichtigen abgeleitet werden. Entsprechende Postulate, die auf der Grundlage eines Ansatzes zur globalen Besteuerung beruhen, sind nicht uneingeschränkt realisierbar, solange innerhalb der Europäischen Union jeder Mitgliedstaat in der Festlegung der steuerlichen Rahmenbedingungen für die nationale und grenzüberschreitende

---

84 Vgl. Rasch: (Gutachten), 1972, S. 34: "Indessen reicht die These von der "rechtlichen Selbständigkeit" [...] von Konzernunternehmen, obwohl nicht schlechthin falsch, nicht aus, um der Wirklichkeit des Lebens gerecht zu werden und aus ihr angemessene Rechtsfolgen herzuleiten".

85 Zu den Problemen der Gewinnabgrenzung bei ausländischen Betriebsstätten vgl. Sonntag: (Konzernverrechnungspreise), 1993, S. 895 ff.; Schieber: (Besteuerung), 1979.

86 Vgl. Wacker: (Prinzipien), 1990, S. 575.

Unternehmenstätigkeit weitgehend souverän ist. "Die Gleichbehandlung erfordert keine absolute Gleichbehandlung zwischen Steuerinländern und Steuerausländern, wohl aber zwischen Steuerinländern mit und ohne Auslandsbeziehungen."[87] Bezogen auf die auf dem Binnenmarkt operierenden Konzernunternehmungen impliziert der damit angesprochene Grundsatz der Kapitalexportneutralität, daß die betriebswirtschaftliche Sichtweise der Besteuerung des Konzerns als wirtschaftliche Einheit nicht nur für nationale Konzernunternehmungen zu berücksichtigen ist, sondern darüber hinaus auch im europäischen Kontext angewandt werden muß.[88]

2.2 Einheitstheorie

Als Antithese zur Trennungstheorie wird die Einheitstheorie diskutiert, die die in einem Konzern zusammengeschlossenen Gesellschaften als wirtschaftliche und rechtliche Einheit behandelt und die nach betriebswirtschaftlichen Kriterien abgegrenzte Konzernunternehmung zur Besteuerung heranzieht.[89] Die auch Filialtheorie genannte Lehre vom Konzern als Einheit im Rechtssinne geht auf Isay[90] zurück, der bereits 1910 den Konzern als eine aus mehreren Unternehmen zusammengesetzte komplexe Unternehmung ansah. Isay bezeichnete es als "reinen Formalismus", wenn man die Unternehmung "in zwei zerreißen" wolle, nur weil sie "aus äußerlichen Gründen in zwei Rechtsformen gegossen" sei.[91] Haussmann[92] verlieh dieser Lehre die Bezeichnung "Einheitlichkeitstheorie" und wies darauf hin, daß Mutter- und Tochtergesellschaft im Konzern keine zu unterscheidenden Rechtssubjekte mehr seien. "An sich

87 Wacker: (Prinzipien), 1990, S. 576.

88 Vgl. Wenz: (Societas), 1993, S. 152 f.

89 Bühler: (Steuerrecht), 1956, S. 321, verwendet deshalb auch den Ausdruck "Gesamtunternehmenstheorie". Er bezeichnet die Einheitstheorie als "die eigentliche Krönung der steuerlichen Auffassung vom Konzern".

90 Vgl. Isay: (Recht), 1910, S. 96 ff.

91 Ebenda, S. 101. Isay führt weiter aus (S. 103): "Der Begriff des Unternehmens ist dem Leben entnommen, er ist aus tatsächlichen Verhältnissen abstrahiert, und daher kommt es für ihn auf die wirkliche Sachlage, auf das Vorhandensein einer einheitlichen Geschäftsorganisation, nicht auf die juristische Gestaltung an".

92 Vgl. Haussmann: (Tochtergesellschaft), 1923, S. 26 ff.

bedeutet diese Einheitstheorie die rechtliche Konsequenz aus dem wirtschaftlichen Begriff des Konzerns."[93, 94]

Die zivilrechtlich selbständigen Gesellschaften sind nach den Grundsätzen der Einheitstheorie weder objektiv noch subjektiv steuerpflichtig. Sie werden für Zwecke der Besteuerung als unselbständige Betriebsabteilungen des Konzerns klassifiziert.[95] Alle Geschäftsvorfälle der Konzerngesellschaften gelten direkt als Geschäftsvorfälle der Konzernunternehmung.[96] Daraus ergibt sich die grundsätzliche Negierung der steuerlichen Wirksamkeit innerkonzernlicher Lieferungs- und Leistungsbeziehungen. Alle Transaktionen zwischen Konzerngesellschaften werden als innerbetriebliche Vorgänge qualifiziert. Ebenso bleiben aufgrund der zivilrechtlichen Selbständigkeit bestehende innerkonzernliche Forderungen und Verbindlichkeiten steuerrechtlich unberücksichtigt. Die Besteuerung der gesamten im Konzernkreis erzielten Erfolge wird auf der Grundlage einer Konzern-Steuerbilanz vorgenommen.[97] Steuersubjekt ist idealtypischerweise nicht die Muttergesellschaft, sondern die Konzernunternehmung. Die einheitstheoretische Konzern-Steuerbilanz ist als Bilanz einer Unternehmung aufzustellen, die alle Konzerngesellschaften als unselbständige Betriebs-

93 Bühler: (Steuerrecht), 1956, S. 322.

94 In der Betriebswirtschaftslehre und in der Rechtwissenschaft wurde die Anwendung der Einheitstheorie insbesondere im Hinblick auf die Konzernrechnungslegung seit den 30er Jahren gefordert. Vgl. dazu die umfangreiche Literaturauswertung von Rösler: (Gewinnrealisierung), 1969, S. 61, Fußnote 1. Seit der Umsetzung der 7. gesellschaftsrechtlichen EG-Richtlinie in nationales Recht liegt die Einheitstheorie den Vorschriften zur Konzernrechnungslegung in den Mitgliedstaaten zugrunde.

95 Handelsrechtlich wird der Einheitstheorie die Interessentheorie gegenübergestellt, die den Konzernabschluß nicht primär als einen Abschluß der Konzernunternehmung, sondern als einen "erweiterten" Abschluß der Muttergesellschaft betrachtet. Minderheitsgesellschafter von Tochtergesellschaften gelten modelltheoretisch nicht als Gesellschafter der Konzernunternehmung, sondern als Außenstehende; vgl. Coenenberg: (Konzernbilanz), 1989, S. 8 f.

96 Flume: (Organschaft), 1956, S. 458, weist darauf hin, daß das Einkommen der Tochtergesellschaft kein wirkliches Einkommen derselben, sondern wirtschaftlich ein Einkommensteil des einheitlich von der Muttergesellschaft betriebenen Unternehmens Konzern sei. Anderer Auffassung Hübl: (Organtheorien), 1965, S. 21, und Jurkat: (Organschaft), 1975, S. 54, die alle Geschäftsvorfälle der Tochtergesellschaft als Geschäftsvorfälle der Muttergesellschaft betrachten. Diese Zuordnung entspricht jedoch eher den Grundlagen der Angestelltentheorie.

97 Vgl. Kumpf: (Verrechnungspreise), 1976, S. 30 ff.

abteilungen umfaßt.[98] Es ist somit eine originäre Konzernerfolgsermittlung durchzuführen.

Mit der Einheitstheorie, die Jurkat als "in sich geschlossene und folgerichtige"[99] Theorie der Konzernbesteuerung bezeichnet, erfolgt eine konsequente rechtliche Umsetzung der betriebswirtschaftlich orientierten Betrachtungsweise der Konzernunternehmung. Sie gilt deshalb aus betriebswirtschaftlicher Sicht als theoretisch beste Lösung der Konzernbesteuerungsproblematik.[100] Im Vordergrund stehen nicht die "künstlichen" rechtlichen Gebilde, sondern die wirtschaftliche Gesamtheit des Konzernverbundes, die als solche auch als Besteuerungssubjekt herangezogen wird. Mit diesem Konzept werden die aus dem Prinzip der Gleichmäßigkeit der Besteuerung abgeleiteten Neutralitätspostulate im Hinblick auf eine gleichmäßige Besteuerung der Konzernunternehmung und der Einheitsunternehmung umgesetzt, weil wirtschaftlich gleiche Sachverhalte unabhängig von dem Mantel ihrer rechtlichen Gestaltung einheitlich besteuert werden.

Gegen eine einheitliche Besteuerung der Konzernunternehmung sind insbesondere aus dem Bereich der Finanzwissenschaft partiell Bedenken geäußert worden.[101] Als Folge der Einführung einer einheitstheoretischen Konzernbesteuerung werden zum Beispiel verstärkte Konzentrationsbewegungen in der Wirtschaft prognostiziert, die zu einer Beeinträchtigung des Wettbewerbs führen könnten. Dieser Befürchtung wird jedoch die Grundlage entzogen, wenn berücksichtigt wird, daß eine Anknüpfung der Besteuerung an der wirtschaftlichen Einheit keinerlei steuerliche Vergünstigungen für Konzerne schafft. Vielmehr würde lediglich eine steuerliche Benachteiligung nationaler und internationaler Konzerne durch eine Gleichstellung mit der Besteuerung alternativer Organisa-

---

98 Vgl. Münstermann: (Bilanzen), 1958, S. 43.

99 Jurkat: (Organschaft), 1975, S. 54.

100 Vgl. Scheffler: (Grundzüge), 1991, S. 712; Küting: (Einheitsbesteuerung), 1990, S. 489 ff.; Bauer: (Besteuerung), 1987, S. 11 ff.; Münstermann: (Bilanzen), 1958, S. 47; Schultze-Schlutius: (Organtheorie), 1956, S. 197; Bühler: (Organtheorie), 1939, S. 249.

101 Ablehnend beispielsweise Neumark: (Grundsätze), 1970, S. 267; Haller: (Steuern), 1971, S. 185.

tionsformen vermieden.[102] Deshalb ist die gleichmäßige steuerliche Behandlung einer Einheitsunternehmung mit einer unter einheitlicher Leitung stehenden Gesellschaftsgruppe gerade aus Wettbewerbsgründen zu fordern.[103]

Die Orientierung an der wirtschaftlichen Einheit impliziert eine konzerneinheitliche Erfolgsermittlung. Den rechtlich selbständigen Konzerngesellschaften kommt lediglich die Funktion wirtschaftlich abhängiger Geschäftsabteilungen zu, die in mehr oder weniger beschränktem Umfang eigene Entscheidungskompetenz und selbständige Aufgaben- und Verantwortungsbereiche besitzen können, aber gleichzeitig durch ein übergeordnetes Zielkonzept und eine einheitliche Leitung in die Gesamtunternehmung eingebunden sind. Im Mittelpunkt einer Konzernbesteuerung, die betriebswirtschaftlichen Zielsetzungen folgt, stehen primär folgende Aufgaben:

- Vermeidung der Mehrfachbesteuerung konzernintern ausgeschütteter Gewinne

- Steuerwirksame Zusammenfassung der Ergebnisse der Konzerngesellschaften (interpersoneller Verlustausgleich)

- Vermeidung der Besteuerung von noch nicht realisierten Erfolgsbeiträgen aus dem konzerninternen Lieferungs- und Leistungsverkehr

Mit der Aufstellung einer originären Konzern-Steuerbilanz werden diese drei Anforderungen theoretisch konsequent erfüllt. Die Realisierung der Ergebnisse der Einheitstheorie kann aber auch mit Hilfe einer anderen Methodik der Gewinnermittlung erfolgen. So entspricht beispielsweise eine zunächst selbständige Gewinnermittlung der Konzerngesellschaften mit anschließender Konsolidierung (derivative Konzernerfolgsermittlung) streng genommen nicht den

---

102 In Einzelfällen kann eine konzentrationsfördernde Wirkung einer konzerneinheitlichen Besteuerung historisch belegt werden. So verstärkte beispielsweise die umsatzsteuerliche Organschaft die Konzentrationsanreize des bis zum 1.1.1968 in Deutschland gültigen Allphasen-Bruttoumsatzsteuersystems; vgl. Wöhe: (Steuerlehre II/2), 1982, S. 168 ff.; Paulus: (Mehrwertsteuer), 1982, S. 504. Die von Neumark: (Grundsätze), 1970, S. 267, daraus abgeleitete generelle Kritik an den konzernsteuerrechtlichen Rechtsinstituten der Organschaft und des Schachtel"privilegs", kann jedoch nicht geteilt werden, da die Konzentrationstendenzen des alten Umsatzsteuerrechts vorwiegend systembedingt waren und nicht primär durch die Organschaftsregelung verursacht wurden.

103 Vgl. Rupp: (Ertragsbesteuerung), 1983, S. 39; Scheffler: (Besteuerung), 1992, S. 121.

Grundlagen der Einheitstheorie,[104] weil aus einheitstheoretischer Sicht alle Erträge und Aufwendungen der Einzelgesellschaften direkt Erfolgskomponenten der Konzernunternehmung sind. Gleichwohl kann mit der vollständigen Konsolidierung in der Regel dasselbe Ergebnis der Besteuerung zugrundegelegt werden, wie mit der Aufstellung einer originären Konzern-Steuerbilanz. Als Ergebnis dieser Überlegungen kann festgehalten werden, daß die Einheitstheorie grundsätzlich unabhängig von der zugrundeliegenden Methodik der Gewinnermittlung für alle Unternehmensverbindungen umgesetzt werden kann, die den herausgearbeiteten Kriterien und Merkmalen einer wirtschaftlichen Einheit "Konzernunternehmung" entsprechen. Wird von der Ebene der Methodik der Gewinnermittlung abstrahiert, sind alle Modelle, die die genannten Anforderungen erfüllen, Ausdruck der Einheitstheorie.

3. Anforderungen an eine Konzernbesteuerung aus betriebswirtschaftlicher Sicht

3.1 Vermeidung der Mehrfachbesteuerung konzernintern ausgeschütteter Gewinne

Ausgehend von den Besteuerungsgrundsätzen der Trennungstheorie unterliegen konzernintern ausgeschüttete Gewinne in der Regel einer Mehrfachbelastung mit Ertragsteuern. Von einer Tochtergesellschaft erzielte und an die Muttergesellschaft ausgeschüttete Gewinne werden zunächst bei der Tochtergesellschaft und anschließend in Höhe des Beteiligungsertrags auch bei der Muttergesellschaft der Besteuerung unterworfen. Erfolgt eine Weiterausschüttung an die Gesellschafter der Muttergesellschaft, entsteht eine weitere steuerliche Belastung durch die auf die erhaltene Dividende zu zahlende Ertragsteuer der Gesellschafter. Außerdem sind in Abhängigkeit vom Adressaten der Gewinnausschüttungen unterschiedlich ausgestaltete Quellensteuern zu berücksichtigen. Diese sowohl gesamtwirtschaftlich als auch einzelwirtschaftlich unerwünschte mehrfache steuerliche Erfassung derselben Erträge, die oft terminologisch ungenau als "Doppelbesteuerung" bezeichnet wird, liegt darin begründet, daß die Konzernunternehmung kein selbständiges Steuerrechtssubjekt ist.

---

104 Vgl. Nooteboom/Bouwman: (vennootschapsbelasting), 1990, S. 285.

Im Hinblick auf die Problematik der mehrfachen steuerlichen Belastung von Konzerngewinnen ergeben sich bei internationalen Unternehmensverbindungen besonders komplexe Probleme. Grenzüberschreitende unternehmerische Tätigkeit führt grundsätzlich zu einer Kollision der Besteuerungsansprüche der betroffenen Staaten.[105] Jeder Staat ist aufgrund seiner völkerrechtlichen Souveränität befugt, Gegenstand und Umfang der nationalen Besteuerung autonom zu bestimmen (Prinzip der steuerlichen Souveränität[106]). Das fiskalische Interesse ist dabei in der Regel primär auf die Sicherung des eigenen Steueraufkommens ausgerichtet.[107] Zur Abgrenzung der konkurrierenden Besteuerungsansprüche bedienen sich die nationalen Hoheitsträger unterschiedlicher technischer Besteuerungsprinzipien.[108] In der Regel wird - anknüpfend an das personenorientierte Ansässigkeitsprinzip - allen im Inland ansässigen natürlichen und juristischen Personen eine unbeschränkte Steuerpflicht für ihr gesamtes Einkommen auferlegt (Universal- oder Welteinkommensprinzip). Außerdem werden unabhängig vom Ort der Ansässigkeit alle innerhalb der nationalen Grenzen erzielten Einkünfte im Rahmen der beschränkten Steuerpflicht der inländischen Ertragsbesteuerung unterworfen (territoriales, sachorientiertes Quellenprinzip). Da die überwiegende Zahl der Staaten beide Prinzipien anwendet, und somit sowohl die von (steuerlichen) Inländern im Ausland als auch die von (steuerlichen) Ausländern im Inland erzielten Einkommenszuwächse der inländischen Besteuerung unterliegen, kommt es zwangsläufig zu Doppel- oder Mehrfacherfassungen. Wenn ein Steuerpflichtiger (Steuersubjektidentität) mit demselben Steuergegenstand (Steuerobjektidentität) in verschiedenen Staaten innerhalb desselben Besteuerungszeitraums (Zeitraumidentität) einer gleichartigen Steuer unterliegt, liegt eine juristische Doppelbesteuerung vor.[109] Werden

---

105 Vgl. Debatin: (Probleme), 1983, S. 269 ff.

106 Fischer/Warneke: (Steuerlehre), 1988, S. 35, bezeichnen das Prinzip der steuerlichen Souveränität als "Grundlage aller Prinzipien des internationalen Steuerrechts". Das Souveränitätsprinzip wird relativiert und begrenzt durch das völkerrechtliche Willkürverbot, das inländische Anknüpfungspunkte für die Erhebung einer Steuer voraussetzt, und durch die rechtswirksamen Bestimmungen übergeordneter, supranationaler Institutionen.

107 Vgl. Engel: (Konzerntransferpreise), 1986, S. 58.

108 Vgl. zu den internationalen Besteuerungsprinzipien Wacker: (Prinzipien), 1990, S. 575 ff.; Rose: (Grundzüge), 1991, S. 24 ff.; Rieger: (Prinzipien), 1978; Bühler: (Prinzipien), 1964.

109 Vgl. Tillmanns in Mössner et al. (Hrsg.): (Steuerrecht), 1992, Rz. B 149 ff.; Jacobs: (Unternehmensbesteuerung), 1991, S. 7 f.; Rose: (Grundzüge), 1991, S. 51; Fischer/Warneke: (Steuerlehre), 1988, S. 23 ff.

dieselben Einkommensteile innerhalb desselben Besteuerungszeitraums von verschiedenen Staaten einer vergleichbaren Steuer unterworfen, ohne daß eine ("rechtliche") Steuersubjektidentität vorliegt, ist eine wirtschaftliche Doppelbesteuerung gegeben.[110]

Im Rahmen der Besteuerung der von den Teilsystemen eines internationalen Konzerns erzielten Gewinne kommt dem Problem der Besteuerungskompetenz mehrerer Steuerbehörden besondere Bedeutung zu. Jede Konzerngesellschaft wird in ihrem Ansässigkeitsstaat als selbständiges Steuerrechtssubjekt qualifiziert und unterliegt somit im Sitzstaat der unbeschränkten Steuerpflicht. Werden die Gewinne an eine ausländische Muttergesellschaft ausgeschüttet, so erzielt die Muttergesellschaft im Staat der ausschüttenden Tochtergesellschaft beschränkt steuerpflichtige Beteiligungserträge;[111] zum anderen sind die entsprechenden Erträge auch Bestandteil des Welteinkommens der Muttergesellschaft. Die zwischen den einzelnen Gesellschaften eines internationalen Konzerns bestehenden wirtschaftlichen Verbindungen implizieren darüber hinaus einen umfangreichen und vielfältigen grenzüberschreitenden Güter-, Kapital- und Dienstleistungsverkehr. An jede konzerninterne Transaktion über die Grenze knüpfen Besteuerungswirkungen mindestens zweier Staaten an. Im Konzern kommt es somit sowohl zu juristischen als auch zu wirtschaftlichen Doppel- und Mehrfachbesteuerungen.[112]

Die dargestellen Doppel- und Mehrfachbesteuerungen behindern den freien Austausch auf dem internationalen Güter- und Kapitalmarkt und widersprechen dem Prinzip der internationalen Gleichmäßigkeit der Besteuerung. Exporttätigkeiten können unter Umständen so negativ beeinflußt werden, daß die Konkurrenzfähigkeit exportierender Gesellschaften auf dem Zielmarkt bedroht ist. Vor dem Hintergrund dieser Problematik haben eine Vielzahl von Staaten uni- oder bilaterale Maßnahmen zur Vermeidung der juristischen und wirtschaftlichen Doppelbesteuerung ergriffen, um die grenzüberschreitende Unternehmenstätigkeit nicht durch sich überschneidende steuerliche Zugriffsrechte

---

110 Vgl. Jacobs: (Unternehmensbesteuerung), 1991, S. 10; anderer Auffassung Fischer/Warneke: (Steuerlehre), 1988, S. 24.

111 Die beschränkte Steuerpflicht wird in der Regel über eine Quellensteuer abgegolten.

112 Die Vermeidung der internationalen Mehrfachbesteuerung ist das primäre Subziel der Steuerpolitik internationaler Unternehmungen. Zu den steuerlichen Subzielen nationaler und internationaler Unternehmen vgl. Hebig: (Steuerabteilung), 1984, S. 64 ff.; Wacker: (Subziele), 1982, S. 523 ff.

zu diskriminieren. Im Vordergrund dieser Abgrenzungsbemühungen stehen die in den nationalen Steuersystemen verankerten oder in zwischenstaatlichen Verträgen vereinbarten Methoden[113] der unbeschränkten oder beschränkten Anrechnung im Ausland geschuldeter Steuern auf die inländische Steuerschuld oder der Freistellung im Ausland erzielter Einkünfte von der inländischen Besteuerung.[114, 115]

Aus betriebswirtschaftlicher und gesamtwirtschaftlicher Sicht ist deshalb eine Mehrfachbelastung von Gewinnen grundsätzlich zu vermeiden. Bezogen auf den Konzernsachverhalt sind vor allem Maßnahmen gegen die wirtschaftliche Mehrfachbesteuerung zu ergreifen, da Gewinnausschüttungen innerhalb des Konzerns aus betriebswirtschaftlicher Sicht lediglich als innerbetrieblicher Kapitaltransfer qualifiziert werden können.

3.2 Verlustausgleich zwischen den Konzerngesellschaften

Das Konzept der Einzelgewinnermittlung sieht vor, daß jede Konzerngesellschaft ihr steuerliches Ergebnis selbständig ermittelt und versteuert. Selbst unter der Voraussetzung, daß die Mehrfachbelastung zwischengesellschaftlich ausgeschütteter Gewinne vermieden wird, kann sich für die Konzernunternehmung aus der isolierten Ertragsbesteuerung jeder Gesellschaft eine erheblich

113 Vgl. zu den Methoden zur Vermeidung der Doppelbesteuerung Tillmanns in Mössner et al. (Hrsg.): (Steuerrecht), 1992, Rz. B 167 ff.; Rose: (Grundzüge), 1991, S. 69 ff.; Mössner: (Methoden), 1985, S. 142 ff.

114 Die Freistellungsmethode entspricht dem Grundsatz der Kapitalimportneutralität, der besagt, daß alle im Inland erzielten Einkünfte auch dem inländischen Steuerniveau unterliegen sollen. Im Gegensatz dazu wird mit der Methode der beschränkten Anrechnung der Grundsatz der Kapitalexportneutralität verwirklicht. Demnach sind alle von Steuerinländern erzielten Einkünfte mindestens dem inländischen Steuerniveau zu unterwerfen, unabhängig davon, ob sie im Inland oder im Ausland erzielt worden sind.

115 Seitens der nationalen Fisci stehen aber auch zunehmend Bemühungen zur Vermeidung einer aus der Ausnutzung des internationalen Steuergefälles resultierenden Steuerumgehung oder Minderbesteuerung im Vordergrund. Insbesondere über den Aufbau von Zwischengesellschaften in Niedrigsteuerländern, oder mit dem Ansatz unangemessener Entgelte für innerkonzernliche Lieferungen und Leistungen, wird in der Praxis versucht, Gewinnverlagerungen zu Tochtergesellschaften in niedriger besteuernden Staaten vorzunehmen, wodurch dem Ansässigkeitsstaat Steuereinnahmen verloren gehen. Vgl. Arnold: (Taxation), 1984; Klein: (Konzernverrechnungspreise), 1982, S. 155.

höhere Steuerbelastung ergeben als bei einer konzerndimensionalen Betrachtungsweise. Da die Einzelgewinnermittlung auf der Fiktion der wirtschaftlichen Selbständigkeit beruht und alle wirtschaftlichen Verbindungen zwischen den Konzerngesellschaften negiert, können Verluste einzelner Konzerngesellschaften nur mit positiven Einkünften vorangegangener oder nachfolgender Wirtschaftsjahre ausgeglichen werden (interperiodischer Verlustausgleich; Verlustabzug). Ein interpersoneller Verlustausgleich zwischen den selbständigen Rechtsträgern ist nicht möglich. Erzielen einzelne Konzerngesellschaften Gewinn, während das Konzernergebnis negativ ist, kommt es aus der Sicht der Konzernunternehmung zu einer Besteuerung von Ergebnissen, die im Rahmen der wirtschaftlichen Einheit per saldo nicht entstanden sind. Nur ein Ausgleich der positiven und negativen Teilergebnisse, die die Konzerngesellschaften innerhalb eines Wirtschaftsjahres erzielt haben, stellt sicher, daß lediglich die von der Konzernunternehmung erwirtschafteten Ergebnisse der Besteuerung unterliegen. Damit können Steuerzahlungen auf positive Teilergebnisse einzelner "Geschäftsabteilungen" verhindert werden.

3.3 Neutralisierung der Zwischenergebnisse

Die Ausrichtung der Besteuerung an der wirtschaftlichen Einheit der Konzernunternehmung und die Forderung nach konzerneinheitlicher Erfolgsermittlung führen auch zu einem veränderten Anwendungsbereich zentraler Grundsätze der steuerrechtlichen Gewinnermittlung. Insbesondere der Bezugsrahmen des aus dem allgemeinen Vorsichtsprinzip abgeleiteten Realisationsprinzips wird von der einzelnen juristischen Person auf den Unternehmensverbund ausgedehnt. Das Realisationsprinzip legt den Zeitpunkt der bilanziellen Erfassung von Gewinnen und Verlusten aus Markttransaktionen imparitätisch fest. Erträge aus Lieferungen und Leistungen gelten als realisiert, sobald die produzierten Leistungen den Unternehmungsbereich verlassen und an den Markt abgegeben werden.[116] Zur Konkretisierung des Realisationszeitpunktes ist es erforderlich, den Zeitpunkt des Übergangs vom Unternehmungs- in den Marktbe-

---

116 Leffson: (Grundsätze), 1987, S. 248, bezieht das Realisationsprinzip aus bilanzieller Sicht auf die Realisation der Unternehmensleistungen und der damit verbundenen Erträge und somit nicht unmittelbar auf die Realisation der Erfolgsbeiträge (Gewinne). Vgl. zum Realisationsprinzip auch Gelhausen: (Realisationsprinzip), 1985; Zieger: (Gewinnrealisierung), 1990, S. 152 ff.

reich genau zu bestimmen.[117] Es herrscht weitgehend Einigkeit darüber, daß der Zeitpunkt der Lieferung und Leistung die exakteste und gleichzeitig praktikabelste Alternative darstellt.[118] Mit ihm wird der Zeitpunkt der rechtlichen Fälligkeit der Gegenleistung und damit des bürgerlich-rechtlichen Gefahrenübergangs markiert. Intention des Realisationsprinzips ist die Objektivierung der Gewinnermittlung durch konkrete Marktbeziehungen. Eine Gewinnrealisierung kann sich somit nur auf der Grundlage eines Leistungsaustausches mit einem anderen Marktteilnehmer vollziehen. Der sich aus einem Tauschakt ergebende Mehrwert wird nur dann als Ertrag qualifiziert, wenn er sich aus einem Geschäftsvorfall ergibt, dem eine bipolare Willensbildung zugrunde liegt.[119] Das Realisationsprinzip stellt in Verbindung mit dem Selbstkontrahierungsverbot sicher, daß die Unternehmung nicht durch Geschäfte mit sich selbst Gewinne ausweisen kann. Es ist in diesem Zusammenhang insbesondere vor dem Hintergrund des aus dem Rechtsstaatsprinzip resultierenden Grundsatzes der Rechtssicherheit zu sehen.[120]

Die auf die rechtlich selbständige Konzerngesellschaft ausgerichtete Anwendung des Realisationsprinzips führt dazu, daß mit dem Ansatz marktorientierter Verrechnungspreise im Zeitpunkt der Lieferung bei der konzernintern liefernden Gesellschaft ein Gewinn ausgewiesen wird (Zwischengewinn), während die empfangende Gesellschaft die Wirtschaftsgüter erfolgsneutral mit den Anschaffungskosten aktiviert. Findet der Verbrauch, wie im Fall der Erbringung von Dienstleistungen, uno actu statt, steht dem Zwischengewinn der liefernden Gesellschaft ein entsprechend höherer Aufwand der empfangenden Gesellschaft gegenüber, so daß sich die steuerlichen Wirkungen im Konzern in den meisten Fällen egalisieren. Aktiviert die erwerbende Gesellschaft ein geliefertes Wirtschaftsgut, wird der Zwischengewinn im Jahr der konzerninternen Transaktion auch im Rahmen einer auf der Addition der Einzelergebnisse beruhenden Konzernerfolgsermittlung voll erfolgswirksam. Dieser höhere Gewinn führt aller-

---

117 Zur Abgrenzung von Unternehmung und Markt vgl. Ordelheide: (Konzern), 1986, S. 297 ff.; vgl. auch Rupp: (Ertragsbesteuerung), 1983, S. 289; Rösler: (Gewinnrealisierung), 1969, S. 23 f.

118 Vgl. Leffson: (Grundsätze), 1987, S. 262 ff.; Gelhausen: (Realisationsprinzip), 1985, S. 234; Knobbe-Keuk: (Bilanzsteuerrecht), 1993, S. 245 f.; Zieger: (Gewinnrealisation), 1990, S. 157 f. Anderer Auffassung Schneider: (Realisationsprinzip), 1976, S. 116.

119 Vgl. Girnth: (Ertragsbesteuerung), 1963, S. 71.

120 Vgl. Rupp: (Ertragsbesteuerung), 1983, S. 34.

dings in den Folgejahren wieder zu einem niedrigeren Konzernergebnis, wenn ein abnutzbares Wirtschaftsgut übertragen wurde und die erwerbende Konzerngesellschaft bei nachfolgender Nutzung höhere Abschreibungen verrechnet, oder das Wirtschaftsgut an konzernfremde Abnehmer veräußert. Die vorzeitige Gewinnrealisierung bewirkt somit, daß das zusammengefaßte Konzernergebnis im Jahr der innerkonzernlichen Transaktion im Vergleich zum Ergebnis einer Einheitsunternehmung zu hoch und in den Folgejahren zu niedrig ausgewiesen wird.

Im Rahmen einer betriebswirtschaftlich ausgerichteten Konzernbesteuerung dürfen Lieferungs- und Leistungsbeziehungen zwischen Konzerngesellschaften das Konzernergebnis nicht tangieren, da es sich lediglich um innerbetriebliche Vorgänge handelt, bei denen sich zwar "zwei Rechtsparteien, keineswegs aber zwei Marktparteien"[121] gegenüberstehen. Aus diesem Grund darf sich das Realisationsprinzip im Konzern nicht auf die einzelne, zivilrechtlich selbständige Gesellschaft beziehen. Es muß vielmehr an der Konzernunternehmung ausgerichtet sein, denn der erfolgswirksame Vermögensübergang aus dem Unternehmungs- in den Marktbereich vollzieht sich erst, wenn eine Veräußerung an konzernfremde Abnehmer erfolgt. Die im Konzept der Einzelgewinnermittlung ausgewiesenen Erfolgsbeiträge aus konzerninternen Transaktionen sind aus der Sicht der Unternehmung als Scheingewinne zu bezeichnen, weil im Zeitpunkt der Übertragung mit dem zwingenden Ansatz des Fremdvergleichspreises stille Reserven aufgelöst werden, ohne daß das Wirtschaftsgut den Unternehmungsbereich verläßt. Nur mit Hilfe der Umqualifizierung von zivilrechtlich wirksamen Rechtsgeschäften in eine steuerrechtlich neutrale Übertragung von Wirtschaftsgütern zwischen Abteilungen einer Unternehmung kann eine Besteuerung von noch nicht durch externe Geschäftsbeziehungen realisierten Wertsteigerungen und damit ein Eingriff der Besteuerung in die Vermögenssubstanz der Konzernunternehmung vermieden werden.

Auch Zwischenverluste aus dem konzerninternen Lieferungs- und Leistungsverkehr dürfen keinen Einfluß auf das zu versteuernde Konzernergebnis nehmen. Hinsichtlich der Erfolgswirksamkeit von Zwischenverlusten ergeben sich jedoch nicht automatisch Divergenzen zwischen der Trennungs- und der Einheitstheorie. Im Konzept der Einzelgewinnermittlung wird das insgesamt im Konzern zu versteuernde Ergebnis durch den Verlust gemindert, der bei der lie-

---

121 Rösler: (Gewinnrealisierung), 1969, S. 75.

fernden Konzerngesellschaft aus dem Zwang zum Ansatz eines marktorientierten Fremdvergleichspreises entsteht. Demgegenüber könnte im Rahmen einer Erfolgsrechnung, die direkt für den Gesamtkomplex der wirtschaftlichen Einheit aufgestellt wird, eine Abschreibung auf den niedrigeren beizulegenden Wert erforderlich sein, wenn der Marktpreis oder die Wiederherstellungskosten des Wirtschaftsgutes niedriger sind als der Buchwert. Dieser Ansatz folgt aus der Übertragung des imparitätischen Realisationsprinzips auf die Dimension der Konzernunternehmung. Neben der Bestimmung des Zeitpunkts der Realisierung von Erträgen hat das Realisationsprinzip auch die Aufgabe, die handels- und steuerrechtliche Erfolgswirksamkeit von Verlusten zu terminieren. Aus dem allgemeinen Vorsichtsprinzip folgt, daß negative Erfolgsbeiträge nicht erst im Zeitpunkt des rechtlichen Gefahrenübergangs auf einen externen Abnehmer berücksichtigt werden dürfen. Ziel ist es vielmehr, die Aufwendungen bereits der Periode ihrer wirtschaftlichen Verursachung zuzuordnen. Außerdem sind "erwartete negative Erfolgsbeiträge aus der Abwicklung eingeleiteter Geschäfte zu antizipieren".[122] Ob eine entsprechende Verpflichtung in einer einheitlichen Steuerbilanz bestünde, kann im Rahmen dieser Untersuchung nicht für alle Mitgliedstaaten der Europäischen Union dargestellt werden. Es wäre eine einzelfallbezogene Prüfung in Abhängigkeit von den steuerrechtlichen Vorschriften des jeweiligen Sitzstaates vorzunehmen. Im Hinblick auf Zwischenverluste bestehen wegen der Imparität des Realisationsprinzips somit keine wesentlichen Unterschiede in den Besteuerungswirkungen des Konzepts der Einzelgewinnermittlung und der an die wirtschaftliche Einheit anknüpfenden ganzheitlichen Betrachtung.

In Abhängigkeit von der konkreten Ausprägung des bilanzrechtlichen Vorsichtsprinzips in den einzelnen Mitgliedstaaten kann auch eine Verpflichtung zum Ansatz von Rückstellungen für ungewisse Verbindlichkeiten abgeleitet werden. Zur Bildung von Rückstellungen muß ebenfalls festgestellt werden, ob erwartete negative Erfolgsbeiträge, die hinsichtlich des Zeitpunktes oder der Höhe ihres Entstehens noch nicht genau bestimmt werden können, in der abgelaufenen Periode wirtschaftlich verursacht worden sind. Charakteristisches Merkmal von Rückstellungen ist die Tatsache, daß ihnen noch nicht hinreichend konkretisierte Verpflichtungen gegenüber Dritten zugrunde liegen. In bezug auf eine konzerndimensionale Erfolgsbesteuerung ist deshalb zu prüfen,

---

122 Leffson: (Grundsätze), 1987, S. 249, und ausführlicher S. 339 ff.; vgl. auch Baetge: (Bilanzen), 1992, S. 181.

wer in diesem Zusammenhang aus betriebswirtschaftlicher Sicht als "Dritter" angesehen werden muß. Für diesen Zweck ist ebenfalls eine genaue Abgrenzung zwischen Unternehmungs- und Marktbereich erforderlich. Bildet eine Konzerngesellschaft Rückstellungen für ungewisse Verbindlichkeiten aus schwebenden Geschäften mit anderen Gesellschaften desselben Konzernkreises, dürfen die entsprechenden Aufwendungen sich nicht erfolgsmindernd auf das steuerliche Ergebnis der Konzernunternehmung auswirken.

III. Wesen, Funktionen und Kriterien eines Vergleichs der Regelungen zur Konzernbesteuerung in den Mitgliedstaaten der Europäischen Union

1. Notwendigkeit und Aufgaben einer international-komparativen Analyse de lege lata

Vor dem Hintergrund der dargestellten Theorien der Konzernbesteuerung werden im dritten Kapitel die konzernsteuerrechtlichen Regelungen der einzelnen Mitgliedstaaten der Europäischen Union dargestellt. Der Vergleich hat zunächst das Ziel, die bestehenden theoretischen, methodischen und inhaltlich-formalen Gemeinsamkeiten und Unterschiede der Besteuerung nationaler und internationaler Konzerne in der Europäischen Union aufzuzeigen. Damit soll ein Überblick über die Lösungsansätze geschaffen werden, mit denen die nationalen europäischen Rechtsordnungen dem Konflikt zwischen der rechtlichen Selbständigkeit der Konzerngesellschaften und der wirtschaftlichen Einheit der Konzernunternehmung begegnen. Der komparative Ansatz soll den Blick schärfen für die Vorzüge, aber auch für die Mängel und Schwächen der nationalen Regelungen im Hinblick auf den auf die europäische Dimension zu erweiternden Grundsatz der relativen Wettbewerbsneutralität der Besteuerung.[123] Gleichzeitig ist zu prüfen, inwieweit die aus der Einheitstheorie abgeleiteten betriebswirtschaftlichen Anforderungen an eine Konzernbesteuerung in den einzelnen Mitgliedstaaten umgesetzt werden. Zum anderen hat der vergleichende Ansatz die Aufgabe einer vorbereitenden Analyse im Hinblick auf die Entwicklung eines Vorschlags zur Rechtsangleichung im Bereich der Konzernbesteuerung innerhalb der Europäischen Union.

123 Vgl. Zweigert/Kötz: (Rechtsvergleichung), 1984, S. 26.

Die Rechtsvergleichung als international-komparative Analyse des Rechts ist eine relativ junge rechtswissenschaftliche Methode. Ihre Zielsetzung geht noch über die anspruchsvolle Aufgabe der reinen Deskription von Ausschnitten oder Teilbereichen ausländischer Rechtssysteme oder die Darstellung von komplexen Rechtskreisen hinaus. Es fehlt an einem Vergleich, wenn die verschiedenen nationalen Regelungen nur in Form von Länderberichten isoliert nebeneinander stehen.[124] Die Rechtsvergleichung ist nach heutigem Verständnis vielmehr eine wissenschaftliche Analyse des Rechts, die die Funktion einer Rechtsnorm oder eines Rechtsinstituts innerhalb eines übergeordneten Systems auf der Grundlage einer genau umschriebenen Zielsetzung untersucht.[125] Als Hauptaufgabe wird vielfach die komparative Analyse von Rechtssätzen im Hinblick auf ihren Beitrag zur Lösung eines bestimmten sozialen Konflikts genannt.[126] In diesem Zusammenhang liegt der Rechtsvergleichung überwiegend die Frage zugrunde, ob die untersuchte nationale Norm die ihr zugesprochene Funktion erfüllt oder ob andere Regelungsinhalte zu einer adäquateren Problemlösung führen können.[127] Die Zielsetzung der modernen Rechtsvergleichung ist somit nicht ausschließlich normbezogen-deskriptiv, sondern hat auch einen problembezogenen, funktionalen Charakter.[128]

Einen besonderen Beitrag liefert die Rechtsvergleichung im Hinblick auf die Aufgabe der Harmonisierung oder Vereinheitlichung unterschiedlicher Rechtsordnungen. Bereits im 19. Jahrhundert wurden zur Konstituierung eines einheitlichen Zivil- und Strafrechts im Deutschen Reich umfangreiche rechtsvergleichende Vorarbeiten durchgeführt.[129] Eine ähnliche, wenn auch noch in einem früheren Stadium befindliche Problematik stellt sich im Hinblick auf die Rechtsangleichung in der Europäischen Union. In diesem Zusammenhang sind vergleichende Analysen vor dem Hintergrund der historisch bedingten Verwurzelung der Rechtsordnungen in unterschiedlichen Rechtskreisen, der enormen Komplexität und der weitgehend fehlenden Transparenz der Rechtssysteme sowie der Disparität der einzelnen Rechtsinstitute und Rechtssätze erforderlich zur Generierung supranationaler Besteuerungsmodelle.

---

124 Vgl. Zweigert/Kötz: (Rechtsvergleichung), 1984, S. 7.

125 Vgl. Rheinstein/von Borries: (Einführung), 1987, S. 22 ff.

126 Vgl. Immenga: (Möglichkeiten), 1979, S. 298; Zweigert/Kötz: (Rechtsvergleichung), 1984, S. 16; Veelken: (Schutz), 1991, S. 506.

127 Vgl. Rheinstein/von Borries: (Einführung), 1987, S. 26.

128 Vgl. ebenda, S. 28.

2. Kriterien des Vergleichs der nationalen konzernsteuerrechtlichen Vorschriften

Mit dem Begriff "Konzernrecht" wird nicht nur ein innerhalb einer nationalen Rechtsordnung abgegrenztes System kodifizierter Regelungen gekennzeichnet, das die rechtlichen Mittel der intergesellschaftlichen Einflußnahme und Beherrschung festlegt und damit den Unternehmensverbund rechtlich strukturiert.[130] Der Terminus kann darüber hinaus alle Rechtsvorschriften der einzelnen Rechtsgebiete umfassen, deren Tatbestand speziell auf den Konzern ausgerichtet ist. Auf der Grundlage dieser Begriffsabgrenzung ist das Konzernsteuerrecht ein Teil des Konzernrechts. Auch im Steuerrecht sind die konzernspezifischen Regelungen rechtssystematisch nicht als einheitlicher Regelungskomplex ausgewiesen. Darüber hinaus sind in einigen Ländern Rechtsinstitute zur Konzernbesteuerung geschaffen worden, die wegen ihrer restriktiven Anwendungsvoraussetzungen und der teilweise stark einschränkenden Genehmigungspraxis nur einen kleinen Ausschnitt der Gesamtheit von Konzernunternehmungen erfassen. Andererseits existieren häufig spezielle Regelungen zur Vermeidung der nationalen Doppelbelastung und der internationalen Doppelbesteuerung, deren Anwendungsbereich sich nicht ausschließlich auf Konzerne erstreckt, sondern daneben auch den weiten Bereich der Unternehmen einbezieht, die zwar über eine unternehmerisch motivierte Beteiligung verbunden sind, aber nicht die diskutierten Voraussetzungen einer Konzernunternehmung erfüllen. Trotz dieser terminologischen Abgrenzungsprobleme soll der Begriff "Konzernsteuerrecht" in dieser Untersuchung verwendet werden. Er umfaßt dabei nicht nur die Regelungen, die innerhalb einer Steuerart als geschlossenes System der Konzernbesteuerung bezeichnet werden können. Vielmehr kennzeichnet er die Gesamtheit aller Vorschriften des jeweiligen nationalen Unternehmensteuerrechts, die sich auf die Besteuerung einer Gruppe rechtlich selbständiger Gesellschaften beziehen, die als wirtschaftliche Einheit einen gegenüber dem Markt abgegrenzten Unternehmungskomplex bilden.[131] Aufgrund der Eingrenzung der Untersuchung auf den Bereich der Ertragsbesteuerung werden substanz- und verkehrsteuerliche Aspekte allerdings nicht in die Rechtsvergleichung einbezogen.

---

129 Vgl. Zweigert/Kötz: (Rechtsvergleichung), 1984, S. 17.

130 So z. B. Immenga: (Möglichkeiten), 1979, S. 297.

131 Ähnlich auch für den Bereich der Konzernrechtsvergleichung Immenga: (Möglichkeiten), 1979, S. 297.

Die "Konzernsteuerrechts-Vergleichung" vollzieht sich in Anlehnung an Rheinstein[132] auf der Grundlage einer dreistufigen Methodik:

(1) Basis ist die wissenschaftliche Erfassung der Konzernbesteuerung de lege lata mit Hilfe von Länderberichten (deskriptiv-analytischer Teil)

(2) Dem deskriptiv-analytischen Teil wird eine übernationale Systematik zugrundegelegt, die die nationalen Regelungen nach betriebswirtschaftlichen Ordnungskriterien gliedert (Systematisierung)

(3) Schließlich folgt eine vergleichende Untersuchung, die die wesentlichen Ergebnisse der Rechtsvergleichung verbal und synoptisch zusammenfaßt (komparativ-synthetischer Teil)

Der deskriptiv-analytische Teil erfolgt auf der Grundlage einheitlicher Kriterien, anhand derer auch die komparative Analyse im Rahmen der Ergebnisreflexion durchgeführt wird. Zum grundlegenden Verständnis der speziellen konzernsteuerrechtlichen Regelungen sind in den Länderberichten einleitend ausgewählte Grundzüge des jeweiligen nationalen Körperschaftsteuerrechts zu skizzieren. Im Anschluß an einen kurzen historischen Abriß der Regelungen zur Konzernbesteuerung wird zunächst auf die Abgrenzung des steuerlichen Konzernkreises eingegangen. Dabei sind die an der Kapitalbeteiligung, den Stimmrechten oder an ökonomischen Eingliederungs- und Beherrschungsverhältnissen anknüpfenden Beteiligungsvoraussetzungen ebenso zu verdeutlichen wie die möglicherweise bestehenden Einschränkungen im Hinblick auf die Rechtsform der Konzerngesellschaften. Außerdem ist zu klären, ob die Inanspruchnahme der konzernsteuerrechtlichen Sondervorschriften für die Unternehmungen fakultativ oder obligatorisch ist. Räumt der Gesetzgeber der Konzernunternehmung ein Wahlrecht ein, ist zu unterscheiden, ob mit der Option eine Antragspflicht verbunden ist und ob sich das Wahlrecht grundsätzlich nur auf den Gesamtkomplex der Konzernunternehmung bezieht, oder ob hinsichtlich der Einbeziehung von Tochtergesellschaften eine gewisse Flexibilität gegeben ist. In diesem Zusammenhang sind auch zeitliche Restriktionen zu beachten. Ein weiterer Schwerpunkt der Ausführungen liegt auf der Darstellung der Technik der Einkommensermittlung im Konzern. Dabei können die nationalen Regelungen grundsätzlich dahingehend unterschieden werden, ob die Besteuerung auf der

---

132 Zur Methodik der Rechtsvergleichung vgl. Rheinstein/von Borries: (Einführung), 1987, S. 12.

Grundlage einer originären oder derivativen Konzern-Steuerbilanz ermöglicht wird, oder lediglich eine Zurechnung der Ergebnisse der Tochtergesellschaften zur Muttergesellschaft vorgesehen ist. In diesem Zusammenhang wird auch auf die Besonderheiten der Behandlung von sogenannten "vorkonzernlichen" Verlusten eingegangen. Damit sind Verluste angesprochen, die bei einzelnen Konzerngesellschaften im Zeitpunkt der Aufnahme in den steuerlichen Konzernkreis noch als Verrechnungspotential vorhanden sind.

Im Rahmen der Länderberichte wird auf die nationalen Besonderheiten der Besteuerung grenzüberschreitender Konzerne jeweils in einem separaten Gliederungspunkt eingegangen. Dabei ist zunächst zu klären, ob die zuvor beschriebenen speziellen Rechtsinstitute auf nationale Konzerne oder Teilkonzerne beschränkt sind, oder ob sie auch die Einbeziehung ausländischer Tochtergesellschaften ermöglichen. Im Vordergrund steht die Frage nach dem Realisierungsgrad der aus betriebswirtschaftlicher Sicht an eine Konzernbesteuerung gestellten Anforderungen im Hinblick auf die grenzüberschreitende Konzernbesteuerung auf dem europäischen Binnenmarkt. Ausgehend vom jeweiligen Maßstabsland wird primär auf die Grundzüge der Besteuerung des grenzüberschreitenden Gewinn- oder Ergebnistransfers eingegangen. Der Schwerpunkt liegt auf den Maßnahmen zur Vermeidung der Doppelbesteuerung, die sich zum einen auf Gewinnausschüttungen zwischen Tochter- und Muttergesellschaften verschiedener Mitgliedstaaten beziehen und zum anderen die Gewinne ausländischer Betriebsstätten betreffen, sowie auf den Möglichkeiten zur Berücksichtigung von Verlusten ausländischer Betriebsstätten und Tochtergesellschaften. Im Vordergrund dieser Betrachtung stehen die unterschiedlich ausgestalteten Regelungen zur Anrechnung der bereits im Ausland gezahlten Steuern oder zur Freistellung von Erträgen aus ausländischen Schachtelbeteiligungen (internationale Schachtelfreistellung).[133]

---

133 Der in Wissenschaft und Praxis fast ausschließlich verwendete Begriff des "Schachtelprivilegs" ist terminologisch irreführend. Mit der Freistellung ausländischer Beteiligungserträge ist keine Privilegierung von Konzernunternehmungen gegenüber rechtlich und wirtschaftlich selbständigen Gesellschaften verbunden; es wird lediglich eine Doppelbesteuerung des innerkonzernlich transferierten Kapitals vermieden, und damit eine Benachteiligung gegenüber rein national tätigen Unternehmungen verhindert. Aus diesem Grund wird im folgenden grundsätzlich von einer "Schachtelfreistellung" gesprochen. Zum irreführenden Begriff des "Schachtelprivilegs" vgl. Beusch: (Vorschriften), 1972, S. 32; Wöhe: (Steuerlehre II/2), 1982, S. 190 f.

Der deskriptiv-analytische Teil der Rechtsvergleichung basiert auf einer Systematik, die die unterschiedlichen nationalen Regelungen nach dem Grad der Erfüllung der im Gliederungspunkt II.3 beschriebenen Anforderungen an eine Konzernbesteuerung aus betriebswirtschaftlicher Sicht gliedert (vgl. Abbildung 1).

Anforderungen an eine Konzernbesteuerung aus betriebswirtschaftlicher Sicht	**Systematisierung der nationalen konzernsteuerrechtlichen Regelungen**		
A Vermeidung der Doppelbesteuerung konzernintern ausgeschütteter Gewinne	**1. Ländergruppe** Anforderungen A + B + C erfüllt (3. Kapitel I.)	**2. Ländergruppe** Anforderungen A + B erfüllt (3. Kapitel II.)	**3. Ländergruppe** Anforderung A erfüllt (3. Kapitel III.)
B Verlustausgleich zwischen den Konzerngesellschaften			
C Zwischenergebniseliminierung			

Abb. 1: Systematisierungskriterien für die Rechtsvergleichung der nationalen konzernsteuerrechtlichen Vorschriften der Mitgliedstaaten der Europäischen Union

Dem betriebswirtschaftlichen Ordnungskriterium folgend werden zunächst jene nationalen Regelungskomplexe diskutiert, die sowohl eine Mehrfachbesteuerung konzernintern ausgeschütteter Gewinne vermeiden, als auch einen Verlustausgleich zwischen den Konzerngesellschaften und eine innerkonzernliche Zwischengewinneliminierung ermöglichen. Diesen Staaten ist gemeinsam, daß ihre konzernsteuerrechtlichen Regelungen allen drei herausgearbeiteten Anforderungen genügen und somit zumindest im Ergebnis die Einheitstheorie umgesetzt wird. In die zweite Gruppe werden die Staaten eingeordnet, die neben der Vermeidung der Mehrfachbesteuerung auch einen steuerlich wirksamen, innerperiodischen Ausgleich von Gewinnen und Verlusten im Konzern vorsehen. Da keine erfolgswirksame Neutralisierung der im Rahmen von Lieferungs-

und Leistungsbeziehungen zwischen Konzerngesellschaften entstandenen Zwischengewinne und -verluste durchgeführt werden kann, erfüllen die dieser Ländergruppe zuzuordnenden Mitgliedstaaten aus betriebswirtschaftlicher Sicht nur zwei der drei Basiskriterien. Drittens sind kurz die Steuersysteme zu erwähnen, die außer der Vermeidung der Mehrfachbesteuerung von Gewinnausschüttungen keine speziellen Regelungen zur Konzernbesteuerung enthalten. In diesen Staaten ist eine starke Orientierung an der Trennungstheorie zu erkennen. Da die Systematik streng an betriebswirtschaftlichen Kriterien orientiert ist, werden hinsichtlich der Technik der Gewinnermittlung relativ heterogene Rechtsinstitute in einer Gruppe zusammengefaßt. Aufgrund der Zielsetzung der Untersuchung und der betriebswirtschaftlichen Ausrichtung der Rechtsvergleichung muß das vorrangige Ordnungskriterium aber die funktionale Kompatibilität der nationalen Regelungen sein. Diese Vorgehensweise entspricht der üblichen Systematisierungmethodik der modernen Rechtsvergleichung, die ein "System von Funktionskomplexen"[134] anstrebt.

Im Anschluß an die Länderberichte folgt eine komparativ-synthetische Auswertung. Ein besonderer Schwerpunkt liegt auf der vergleichenden Prüfung des Umfangs der Berücksichtigung der wirtschaftlichen Einheit im Hinblick auf die Besteuerung nationaler und internationaler Konzernunternehmungen. Die Synthese wird durch synoptische Darstellungen der wesentlichsten Ergebnisse der Rechtsvergleichung unterstützt. Anhand einer skizzierten graphischen Positionierung der nationalen Regelungskomplexe im Spannungsfeld zwischen der Anwendung der Trennungs- und der Einheitstheorie sollen die Divergenzen zwischen den nationalen Regelungsinhalten verdeutlicht und damit gleichzeitig die Handlungsnotwendigkeit im Hinblick auf eine Rechtsangleichung in den Mitgliedstaaten der Europäischen Union herausgestellt werden. Hiermit wird bereits die Basis gelegt für die Entwicklung eines Modells zur europäischen Konzernbesteuerung de lege ferenda. Die Auswertung der Länderberichte wird deshalb gliederungstechnisch dem vierten Kapitel zugeordnet.

---

134 Zweigert/Kötz: (Rechtsvergleichung), 1984, S. 50.

DRITTES KAPITEL

Konzernbesteuerung in den Mitgliedstaaten der Europäischen Union de lege lata

I. Besteuerung der Konzernunternehmung auf der Grundlage der Einheitstheorie (Vermeidung der Doppelbelastung, Verlustausgleich und Zwischengewinneliminierung)

1. Niederlande

1.1 Grundlagen der Körperschaftsbesteuerung

Die Besteuerung niederländischer Kapitalgesellschaften erfolgt auf der Grundlage des Wet op de Vennootschapsbelasting (Wet Vpb, Körperschaftsteuergesetz) vom 8.10.1969.[1] Das Körperschaftsteuerrecht basiert auf einem klassischen System mit einheitlichem Steuersatz für thesaurierte und ausgeschüttete Gewinne.[2] Es erfolgt keine Anrechnung der bereits bei der ausschüttenden Gesellschaft entstandenen Körperschaftsteuer auf die Einkommen- oder Körperschaftsteuerschuld des Dividendenempfängers. Ausgeschüttete Gewinne werden somit grundsätzlich sowohl auf der Ebene der Kapitalgesellschaft als auch auf der Ebene des Gesellschafters der Besteuerung unterworfen.[3]

Zur Vermeidung der sowohl betriebswirtschaftlich als auch volkswirtschaftlich unerwünschten Doppelbelastung sieht Art. 13 Wet Vpb unter bestimmten Voraussetzungen eine Freistellung von Erträgen aus Schachtelbeteiligungen vor

---

1 Zur Körperschaftsbesteuerung vgl. Nooteboom/Bouwman: (vennootschapsbelasting), 1992; van Raad: (Körperschaftsteuer), 1992, S. 115 ff.

2 Der niederländische Körperschaftsteuersatz beträgt 35 %. Auf Gewinne bis 250.000 hfl wird einheitlich ein Satz von 40 % erhoben (Art. 22 Wet Vpb). Der Grund für die Einführung dieses gestaffelten Tarifs ist darin zu sehen, daß der Gesetzgeber bei einer zu großen Differenz zwischen dem allgemeinen Körperschaftsteuersatz von 35 % und dem Spitzensatz der Einkommensteuer (seit Anfang 1990 60 %) die Gefahr sieht, daß insbesondere Kleinunternehmer in die GmbH gedrängt werden; vgl. dazu auch Bavinck: (eenheid), 1989, S. 309.

3 Vgl. Rouwenhorst/Meulenbeld: (belastingstudie), 1993, S. 279.

(deelnemingsvrijstelling)[4]. Theoretische Grundlage der Schachtelfreistellung ist die "ne bis in idem"-Regel, die besagt, daß ein erzielter Gewinn grundsätzlich nicht mehrfach derselben Steuer unterworfen werden soll.[5] Der niederländische Gesetzgeber hat sowohl formale als auch funktionale Voraussetzungen für die Inanspruchnahme der Schachtelfreistellung konstituiert. Zum einen können Beteiligungserträge nur von Kapitalgesellschaften steuerfrei vereinnahmt werden, die Anteile in Höhe von mindestens 5 % des nominal eingezahlten Kapitals einer anderen Gesellschaft besitzen (formales Kriterium).[6] Zum anderen findet die Freistellungsmethode keine Anwendung, wenn der Erwerb der Anteile hauptsächlich zum Zweck der Kapitalanlage vorgenommen wird und die Anteile als Umlaufvermögen behandelt werden (funktionales Kriterium).[7, 8]

Gemäß Art. 13 Abs. 1 Wet Vpb bleiben die Beteiligungserträge unter den genannten Voraussetzungen bei der empfangenden Gesellschaft steuerfrei. Der Umfang der Freistellung erstreckt sich auf alle "Vorteile, die aus einer Beteiligung entstehen"[9]. Somit brauchen auch Erträge aus der Veräußerung von Schachtelbeteiligungen im Rahmen der Ermittlung der steuerlichen Bemessungsgrundlage nicht berücksichtigt zu werden. Der Begriff "Vorteile" des Art. 13 Abs. 1 Wet Vpb umfaßt jedoch nicht nur Erträge, die der beteiligten

---

4 Vgl. zur niederländischen Schachtelfreistellung ausführlich Zwagermaker/ Wasch: (deelnemingsvrijstelling), 1991; Juch: (Wet Vpb), 1991; Langereis/ In de Braekt: (Schachtelprivileg), 1991, S. 197 ff.; van der Geld: (deelnemingsvrijstelling), 1990; Juch: (deelnemingsvrijstelling), 1989, S. 1475 ff.

5 Vgl. Juch: (vennootschapsbelasting), 1974, S. 9 f. und 24; Burgman: (institution), 1988, S. 299.

6 Unter bestimmten Voraussetzungen kann die Schachtelfreistellung auch bei Beteiligungen unter 5 % zur Anwendung kommen, vgl. Juch: (deelnemingsvrijstelling), 1989, S. 1480 f.

7 Diese Regelung ist in Art. 13 Abs. 2 Wet Vpb aufgenommen worden, um Banken oder andere Finanzinstitutionen, die zum Teil nur kurzfristig über bestimmte Anteilspakete verfügen, von der Schachtelfreistellung auszuschließen, vgl. Langereis/In de Braekt: (Schachtelprivileg), 1991, S. 198; Burggraaf: (exemption), 1991, S. 20 f.

8 In einem im August 1993 erstmals vorgelegten Entwurf eines Gesetzes zur Bekämpfung des Mißbrauchs durch Einschaltung von Gesellschaften in Steueroasen hat das niederländische Finanzministerium vorgesehen, daß die Schachtelfreistellung nur in bezug auf Tochtergesellschaften angewandt werden darf, die in ihrem Sitzstaat einer Gewinnbesteuerung von mindestens 15 % unterliegen; vgl. Obluda: (Änderung), 1993, S. 723.

9 Vgl. Art. 13 Abs. 1 Satz 1 Wet Vpb, in dem von "voordelen uit hoofde van een deelneming" ["Vorteile infolge einer Beteiligung"] gesprochen wird.

Gesellschaft aus der Beteiligung zufließen. Die niederländische Finanzverwaltung legt die Vorschrift so aus, daß auch negative Erfolgsbeiträge aus einer Schachtelbeteiligung, zum Beispiel bei einer Anteilsveräußerung zu einem unter dem Buchwert liegenden Preis, den steuerlichen Gewinn der Obergesellschaft nicht mindern können. Eine Ausnahme gilt für Liquidationsverluste, die unter restriktiven Voraussetzungen abzugsfähig sind.

1.2 "Fiscale Eenheid"

Das niederländische Steuerrecht enthält spezielle Regelungen zur Konzernbesteuerung im Körperschaftsteuer- und im Umsatzsteuergesetz (Wet op de omzetbelasting).[10] Die körperschaftsteuerliche Einheit (fiscale eenheid) ist bereits seit 1940 gesetzlich geregelt.[11] Im Zuge einer grundlegenden Reform des niederländischen Körperschaftsteuerrechts wurde die "fiscale eenheid" 1969 in den Art. 15 und 15a Wet Vpb verankert. Art. 15a enthält primär Vorschriften für die Einbeziehung von Kooperationen und Genossenschaften in die Einheitsbesteuerung. Diese Problematik soll nicht vertieft werden. Eine steuerliche Einheit kann nur von den in Art. 15 Abs. 1 Wet Vpb genannten, unbeschränkt steuerpflichtigen Körperschaften gebildet werden. Die Anwendung ist auf Muttergesellschaften in der Rechtsform der Aktiengesellschaft (naamloze vennootschap, NV), der GmbH (besloten vennootschap met beperkte aansprakelijkheid, BV) und der Versicherungsgesellschaft auf Gegenseitigkeit beschränkt. Außerdem dürfen nur Tochtergesellschaften in der Rechtsform der NV oder BV in den steuerlichen Konzern aufgenommen werden.

---

10 Vgl. zur umsatzsteuerlichen Einheit Finkensieper: (eenheid), 1989, S. 346 ff., der für einheitliche Voraussetzungen und Besteuerungsfolgen für die umsatzsteuerliche und körperschaftsteuerliche Einheit eintritt (gecombineerde fiscale eenheid), und darüber hinaus eine Ausweitung auf die Grunderwerbsteuer (overdrachtsbelasting) für möglich hält (S. 352 ff.).
Aufgrund der Beschränkung dieser Untersuchung auf ertragsteuerliche Probleme der Konzernbesteuerung soll im folgenden die körperschaftsteuerliche Einheit im Vordergrund stehen.

11 Vgl. Bellingwout: (eenheid), 1992, S. 1185 f.

Voraussetzung für die Anwendung der einheitlichen Konzernbesteuerung ist grundsätzlich eine 100 %ige Beteiligung.[12] In der Rechtsprechungs- und Verwaltungspraxis wird der entsprechende Wortlaut des Art. 15 Abs. 1 Wet Vpb allerdings dahingehend abgeschwächt, daß auch Tochtergesellschaften in den steuerlichen Konzernkreis aufgenommen werden können, an denen eine Beteiligung von mindestens 99 % besteht, wenn sichergestellt ist, daß mit den von Minderheitsgesellschaftern gehaltenen Anteilen keine Rechte verbunden sind, die einen Anspruch auf mehr als 1 % des Gewinns oder des Vermögens der Tochtergesellschaft gewähren.[13] Es ist außerdem nicht zwingend notwendig, daß die Anteile an den zur "fiscale eenheid" zählenden Gesellschaften direkt von der Muttergesellschaft gehalten werden. Im Rahmen der Prüfung indirekter Beteiligungsstrukturen können jedoch nur Anteile berücksichtigt werden, die im Besitz von Gesellschaften des steuerlichen Konzernkreises sind. Weitere Voraussetzung für die Einbeziehung ist, daß die Wirtschaftsjahre der Gesellschaften kongruieren.[14]

Die Konzernbesteuerung in den Niederlanden ist antragsgebunden. Es besteht allerdings ein Rechtsanspruch auf Anwendung der einheitlichen Besteuerung für den beantragten Konzernkreis, soweit die gesetzlichen Voraussetzungen er-

---

12 Im Rahmen der Diskussion vor der Reform des niederländischen Körperschaftsteuergesetzes war auch eine 90 %ige Beteiligungsvoraussetzung in Erwägung gezogen worden, vgl. Hintzen: (Einheit), 1973, S. 683. In der Literatur wird vereinzelt gefordert, den Beteiligungsprozentsatz herabzusetzen, um die "fiscale eenheid" einem größeren Kreis von Konzernunternehmungen zu öffnen. Vgl. z. B. Juch, der für eine Grenze von 33,33 % plädiert, oder van Rooijen, der ebenso wie van Soest: (regeling), 1983, S. 178 f., eine Mindestbeteiligung von 50 % vorschlägt (Juch und van Rooijen, zitiert nach Bavinck: (eenheid), 1989, S. 312, Fußnoten 12 und 13). Vgl. auch van Merrienboer: (groepsdeel), 1992, S. 724, der eine Erweiterung des Anwendungsbereichs der "fiscale eenheid" auf "ökonomische Einheiten" fordert. Er bezieht den Begriff "ökonomische Einheiten" auf die Umschreibung des Unternehmenskreises, der auf der Grundlage der in niederländisches Recht transferierten 7. gesellschaftsrechtlichen EG-Richtlinie zur Konzern-Rechnungslegung verpflichtet ist. Der Begriffsabgrenzung liegt somit das angelsächsische Control-Konzept zugrunde.

13 Vgl. van Soest: (regeling), 1983, S. 30 f.; Nooteboom/Bouwman: (vennootschapsbelasting), 1992, S. 340 f.; Rouwenhorst/Meulenbeld: (belastingstudie), 1993, S. 305.

14 Für die Anwendung der Einheitsbesteuerung im Umsatzsteuerrecht sind in Art. 7 Abs. 4 i.V.m. Art. 4 Abs. 4 Wet op de omzetbelasting nicht so strenge Voraussetzungen enthalten, wie für den Bereich der körperschaftsteuerlichen Einheit. So kann eine umsatzsteuerrechtliche Einheit schon bei Beteiligungen von mehr als 50 % vorliegen.

füllt sind. Dabei liegt es im Ermessen der Muttergesellschaft, welche Gesellschaften in die einheitliche Konzernbesteuerung einbezogen werden (Wahlrecht). Der steuerliche Konzern kann durch den Wegfall der Voraussetzungen oder auf Antrag aufgelöst werden.[15]

Gemäß Art. 15 Abs. 1 Satz 2 Wet Vpb können die gesetzlichen Bestimmungen zur Konzernbesteuerung durch Richtlinien des Finanzministeriums, die sog. standaardvoorwaarden (Stvw)[16], konkretisiert werden. Mit Art. 15 Abs. 3 Wet Vpb stellt der Gesetzgeber klar, daß die Stvw lediglich der Konkretisierung der gesetzlichen Vorschriften und der Erhebung der Steuern dienen sollen. Den Richtlinien kommt zwar seit dem Urteil des Hohen Rates (oberstes Finanzgericht der Niederlande) vom 28.3.1990[17] Rechtsnormcharakter zu.[18] Sie dürfen die gesetzlich normierten Anwendungsvoraussetzungen und Durchführungsbestimmungen jedoch weder einschränken noch erweitern.

Die Tochtergesellschaften werden für Zwecke der Besteuerung fiktiv so behandelt, "als seien sie in der Muttergesellschaft aufgegangen"[19]. Der Passus "in der Muttergesellschaft aufgegangen" ist nach einem Urteil des Hohen Rates vom 22.2.1956 dahingehend zu interpretieren, "daß die Aktiva und Passiva der Tochtergesellschaft fortan direkt der Muttergesellschaft zugerechnet werden, sodaß die Tochtergesellschaft steuerlich weder Gewinn erzielt noch Verlust erleidet

---

15 Vgl. Joseph: (Consolidation), 1989, S. 77.

16 Die aktuelle Fassung der standaardvoorwaarden ist am 30.9.1991 erlassen und in BNB 1991/328 und 329 veröffentlicht worden. Vgl. kommentierend Boekhoudt et al.: (belastingswetgeving), Anm. zu Art. 15 Wet Vpb, und Smit/Zevenhuijzen: (Wet), Anm. zu Art. 15.

17 BNB 1990/194.

18 Bis zu diesem Urteil konnte die rechtliche Qualität der standaardvoorwaarden mit der Rechtsstellung der von der deutschen Finanzverwaltung herausgegebenen Steuerrichtlinien verglichen werden. Zur Diskussion, die das Urteil in den Niederlanden ausgelöst hat, vgl. Hieltjes: (standaardvoorwaarden), 1992, S. 277 ff., und de Vries/de Vries: (standaardvoorwaarden), 1992, S. 463 ff.

19 Vgl. Art. 15 Abs. 1 Satz 1 Wet Vpb: "[...] wordt [...] de belasting geheven alsof de dochtermaatschappij in de moedermaatschappij is opgegaan."

und die Ergebnisse ihrer Wirtschaftstätigkeit steuerlich fortan ausschließlich der Muttergesellschaft zugehörig sind".[20]

Die Ergebnisermittlung vollzieht sich durch Aufstellung eines steuerlichen Konzernabschlusses, bestehend aus Bilanz und Ergebnisrechnung. Das steuerliche Ergebnis der zusammengeschlossenen Gesellschaften wird so ermittelt, als ob nur der Konzern als rechtlich selbständige Unternehmung existiert. Es ist für Zwecke der Besteuerung nicht notwendig, zunächst die Einzelergebnisse der Gesellschaften isoliert festzustellen. Die Steuerbilanz wird als originäre Bilanz der nach Art. 15 Abs. 1 Wet Vpb abgegrenzten Konzernunternehmung aufgestellt. Für den Zeitpunkt des Beginns der steuerlichen Behandlung des Konzerns als fiktive rechtliche Einheit muß eine steuerliche Eröffnungsbilanz des Konzerns eingereicht werden. In dieser Aufstellung sind die Aktiva und Passiva weiterhin nach den Grundsätzen zu bewerten, die von den einzelnen Gesellschaften bereits vor ihrer Einbeziehung in die gemeinsame Veranlagung der Bewertung in der Einzel-Steuerbilanz zugrundegelegt wurden. Wegen der Buchwertfortführung erfolgt im Zeitpunkt der "Fusion" oder des "Eintritts" keine Aufdeckung und Besteuerung der in den Wirtschaftsgütern enthaltenen stillen Rücklagen. Lediglich die in den Beteiligungsbuchwerten enthaltenen stillen Rücklagen sind aufzulösen. Dieser Vorgang der Kapitalkonsolidierung vollzieht sich jedoch erfolgsneutral über eine Verrechnung mit dem Eigenkapital der Tochtergesellschaft(en). Außerdem ist eine Schuldenkonsolidierung durchzuführen, indem Forderungen und Schulden, die zwischen Mitgliedern eines Konzerns bestehen, in der Konzern-Eröffnungsbilanz erfolgswirksam eliminiert werden (Schuldenkonsolidierung).[21]

Beispiel:

Die Gesellschaft BV M stellt den Antrag, für das Wirtschaftsjahr 1993 mit ihrer 100 %igen Tochtergesellschaft BV A nach den Grundsätzen der "fiscale eenheid" besteuert zu werden. Die Steuerbilanzen der BV M und der BV A weisen zum 31.12.1993 folgende Aktiva und Passiva aus:

---

20 HR vom 22.2.1956, BNB 1956/132. Der Hohe Rat geht mit Urteil vom 27.4.1988, BNB 1988/220, erneut auf diesen Passus ein, und erklärt, daß im Zusammenhang mit der fiscale eenheid "alle Angelegenheiten der Tochtergesellschaft für Zwecke der Körperschaftsbesteuerung als Angelegenheiten der Muttergesellschaft qualifiziert werden".

21 Vgl. zur Schuldenkonsolidierung ausführlich Brink/van Sonderen: (Vordering), 1991, S. 811 ff.

Steuerbilanz BV M zum 31.12.1993

Beteiligung BV A	100	Eigenkapital	1.000
Forderung BV A	20	Fremdkapital	420
Sonstige Aktiva	1.300		
	1.420		1.420

Steuerbilanz BV A zum 31.12.1993

Aktiva	400	Eigenkapital	150
		Verbindlkt. BV M	50
		Sonstiges Fremdkapital	200
	400		400

Zum 1.1.1994 wird eine Eröffnungsbilanz für den Konzern aufgestellt. In dieser Eröffnungsbilanz wird der Buchwert der Beteiligung an BV A aus der Bilanz der BV M (100) mit dem Eigenkapital der BV A (150) verrechnet. Außerdem entsteht ein Gewinn aus der Schuldenkonsolidierung in Höhe von 30 Geldeinheiten.

Eröffnungsbilanz Konzern zum 1.1.1994

Aktiva	1.700	Eigenkapital	1050
		Gewinn	30
		Fremdkapital	620
	1.700		1.700

Im Rahmen der laufenden Besteuerung des Konzerns braucht keine Beurteilung der Angemessenheit von Lieferungs- und Leistungsbeziehungen zwischen Konzerngesellschaften durchgeführt zu werden. Das Dealing-at-arm's-length-Prinzip kommt nicht zur Anwendung. Innerkonzernliche Geschäftsbeziehungen führen nicht zu einer steuerlich wirksamen Gewinnrealisierung. Anders als bei den im Handelsrecht üblichen Konsolidierungsmaßnahmen ist steuerlich deshalb keine Zwischengewinneliminierung erforderlich. Die Möglichkeit der Übertragung von Vermögensgegenständen zum Buchwert verhindert einen steuerlichen Einfluß auf Umstrukturierungen im Konzern und führt zu partiell nicht unerheblichen verwaltungstechnischen Vereinfachungen.[22] Die Konzernunternehmung kann sich an veränderte Umweltbedingungen anpassen, ohne steuerliche Nachteile aus der Reorganisation befürchten zu müssen.[23] Daneben können auch steuerliche Risiken reduziert werden, die in der Regel mit der Prüfung und Korrektur der vereinbarten Entgelte durch die Finanzverwaltung verbunden sind.

Die Muttergesellschaft repräsentiert den steuerlichen Konzern gegenüber der Finanzverwaltung, indem sie stellvertretend für die Konzernunternehmung zur Abgabe der einheitlichen Steuerbilanz und -ergebnisrechnung und zur Zahlung der entstandenen Steuer verpflichtet ist. Jedes Mitglied des steuerlichen Konzernkreises haftet jedoch persönlich für die Steuerschulden der Muttergesellschaft. Die Haftung bezieht sich allerdings nur auf geschuldete Körperschaftsteuer, die während der Zugehörigkeit der einzelnen Gesellschaft zur "eenheid" entstanden ist (Stvw 9). Ein Vorteil der einheitlichen Besteuerung liegt in der Tatsache, daß nur die Muttergesellschaft zur Besteuerung herangezogen wird, und somit im Zusammenhang mit dem gestaffelten Körperschaftsteuer-Tarif (getrapt tarief) nur einmal ein Gewinn von 250.000 hfl dem Steuersatz von 40 % zu unterwerfen ist.[24] Auf der anderen Seite können durch die fiktive Fusion Steuervergünstigungen für kleine und mittelgroße Gesellschaften[25], sowie bestimmte Abzugsmöglichkeiten[26] nicht mehr in Anspruch genommen werden.

---

22 Vgl. Nooteboom/Bouwman: (vennootschapsbelasting), 1992, S. 336.

23 Vgl. van Merrienboer: (groepsdeel), 1992, S. 717; Müller: (Reform), 1991, S. 101.

24 Gehören zum Kreis der "fiscale eenheid" 5 Gesellschaften, deren Einzelgewinne jeweils höher sind als 250.000 hfl, ergibt sich durch die Inanspruchnahme der Regelungen der "fiscale eenheid" eine Steuerersparnis für den Gesamtkonzern in Höhe von jährlich 50.000 hfl. Diese beachtliche Summe entsteht, weil im Fall der gemeinsamen Veranlagung nur einmal ein Betrag von 250.000 hfl dem höheren Steuersatz von 40 % zu unterwerfen ist, während dieser Betrag bei Einzelveranlagung fünfmal mit 40 % besteuert wird [4 x 250.000 hfl x (0,4-0,35) = 50.000 hfl].

25 Beispielsweise der seit dem 1.1.1990 mögliche "investeringsaftrek voor investeringen van een beperkte omvang" (steuerliche Vergünstigung bei Investitionen) oder der "kleinschaligheidstoeslag" (spezielle Investitionszulage für Kleininvestitionen).

26 Während des Bestehens einer "fiscale eenheid" können z. B. die an die Organe der Tochtergesellschaft(en) gezahlten Aufsichtsratsvergütungen oder ähnliche Zahlungen steuerlich nicht berücksichtigt werden.

Besondere Bestimmungen zur Verlustverrechnung enthält Stvw 3 zu Art. 15 Wet Vpb. Verluste, die bei einer Gesellschaft vor der Aufnahme in den steuerlichen Konzernkreis entstanden und noch verrechenbar sind[27], können nicht unbeschränkt mit Gewinnen des Konzerns verrechnet werden. Ein Ausgleich vorkonzernlicher Verluste ist nur mit den Gewinnen der zuvor verlusterzielenden Gesellschaft möglich, die nach einem zunächst durchzuführenden innerperiodischen Verlustausgleich im Konzern bei dieser Gesellschaft noch verbleiben. Um eine möglichst verursachungsgerechte Verlustverrechnung vornehmen zu können, muß das Konzernergebnis für diesen Zweck auf die einzelnen Konzerngesellschaften aufgeteilt werden. Jede Gesellschaft soll das Ergebnis zugerechnet bekommen, das sie als selbständig steuerpflichtige Gesellschaft erzielt hätte, insoweit dieses Ergebnis im zu versteuernden Einkommen der Konzernunternehmung zum Ausdruck kommt.[28] Im Rahmen der somit durchzuführenden Schattenveranlagung wäre es theoretisch notwendig, alle konzerninternen Geschäftsvorfälle, die bei der Erstellung der Konzern-Steuerbilanz als unternehmungsinterne Vorgänge qualifiziert wurden, wieder als Lieferungs- und Leistungsverkehr zwischen selbständigen Gesellschaften zu klassifizieren und entsprechend erfolgswirksam zu berücksichtigen. In der Praxis würde die Durchführung einer Schattenveranlagung wegen des in der Regel umfangreichen konzerninternen Lieferungs- und Leistungsverkehrs zu einem unangemessen hohen verwaltungstechnischen Aufwand führen. Aus diesem Grund wird die Verwendung relativ grober Verteilungsschlüssel (z. B. einfache Kosten- oder Umsatzrelationen) für möglich gehalten, um die Höchstgrenzen für die Verrechnung vorkonzernlicher Verluste einzelner Gesellschaft zu ermitteln.[29]

Sowohl Verlustvorträge aus der Zeit vor der Zugehörigkeit zur Besteuerungseinheit "Konzern" als auch Rückträge von Konzernverlusten in die Zeit vor der erstmaligen Inanspruchnahme der Regelungen des Art. 15 Wet Vpb können nicht direkt vorgenommen werden. Besteht beispielsweise bei der Gesellschaft X ein Verlustvortrag aus der Zeit vor der Aufnahme in den steuerlichen

---

27 Verluste können in den Niederlanden grundsätzlich drei Jahre zurück und acht Jahre vorgetragen werden. Ein unbeschränkter Verlustvortrag gilt für Verlute, die in den ersten sechs Jahren nach Gründung der Gesellschaft entstanden sind (sog. Anlaufverluste; aanloopverliezen).

28 Diese Aufteilung ist methodisch vergleichbar mit der im Zusammenhang mit der Problematik der internationalen Gewinnabgrenzung in der Einheitsunternehmung diskutierten Methode der indirekten Gewinnermittlung.

29 Vgl. Nooteboom/Bouwman: (vennootschapsbelasting), 1992, S. 361.

Konzernkreis, muß der dieser Gesellschaft im Rahmen der konzerninternen Schattenveranlagung zugerechnete Gewinn zunächst mit negativen Ergebnissen verrechnet werden, die anderen Konzernmitgliedern in demselben Wirtschaftsjahr intern zugerechnet wurden (horizontale Verlustverrechnung). Erst danach ist eine Verrechnung der übersteigenden Gewinne mit dem eigenen Verlustvortrag der X möglich. Die horizontale Verlustverrechnung wird jeweils anteilig nach dem Verhältnis der Gewinne vorgenommen. Um trotzdem eine möglichst umfangreiche Verrechnung vorkonzernlicher Verluste zu ermöglichen, sind die zugerechneten Verluste gemäß Stvw 3a zunächst mit Gewinnen anderer Konzerngesellschaften zum Ausgleich zu bringen, die nicht über ein eigenes vorkonzernliches Verlustvortragspotential verfügen. Erst wenn auf diesem Weg nicht alle in dem entsprechenden Jahr zugerechneten Verluste verrechnet werden können, muß ein Ausgleich mit positiven Ergebnissen der Gesellschaften erfolgen, die über eigene vorkonzernliche Verlustvorträge verfügen könnten (z. B. Gesellschaft X).

Beispiel:

Der Konzern NV M (bestehend aus der Muttergesellschaft NV M und den Tochtergesellschaften BV A, BV B, BV C und BV D) erzielt im Jahr 1 nach dem Antrag auf Konzernbesteuerung einen Gewinn von 60. BV B und BV D wiesen im Vereinigungszeitpunkt Verlustvorträge in Höhe von 60 bzw. 30 aus. Das Konzernergebnis wird mit Hilfe einer Schattenveranlagung wie folgt auf die einzelnen Gesellschaften verteilt:

NV M	BV A	BV B	BV C	BV D
+ 20	- 70	+ 80	+ 20	+ 20

Die Summe der Einzelergebnisse entspricht nicht dem Konzernergebnis, weil in den Einzelergebnissen Zwischengewinne aus dem konzerninternen Lieferungs- und Leistungsverkehr enthalten sind.

Das negative Ergebnis von BV A kann zunächst mit den Gesellschaften ohne Verlustvortragspotential (NV M und BV C) verrechnet werden. Der verbleibende Verlust von 30 wird anteilig durch BV B (0,8 x 30 = 24) und BV D (0,2 x 30 = 6) ausgeglichen. Nach horizontaler Verlustverrechnung ergeben sich somit Gewinne von 56 bei BV B und 14 bei BV D. Da die Verlustvorträge aus der Zeit vor der Aufstellung der steuerlichen Eröffnungsbilanz des Konzerns die verrechenbaren Gewinne von BV B und BV D übersteigen, verbleiben Verlustvorträge in das Jahr 2 in Höhe von 4 bei BV B, und 16 bei BV D.

Der Hohe Rat hat mit Urteil vom 26.4.1989[30] eine Einschränkung der Verlustverrechnung innerhalb des Konzerns für den Fall der Steuerumgehung durch Einschaltung einer in einem "Niedrigsteuergebiet" ansässigen Holdinggesellschaft vorgenommen.[31] In dem zu beurteilenden Fall war ein Konzern umstrukturiert worden, indem zwischen die auf den Niederländischen Antillen ansässige Holding und die niederländischen Konzerngesellschaften eine Zwischenholding mit Sitz in den Niederlanden geschaltet wurde, die von der auf den Antillen ansässigen Holding die Anteile an den inländischen Konzerngesellschaften übernahm, den dafür zu entrichtenden Preis aber schuldig blieb und deshalb regelmäßig einen nicht unerheblichen Zinsbetrag an die Antillen-Holding gewinnmindernd abführte. Ziel dieser Gestaltung war, die durch die Zinsverpflichtungen entstehenden Verluste der Zwischenholding mit Gewinnen der anderen zum steuerlichen Konzernkreis gehörenden Gesellschaften zu verrechnen. Der Hohe Rat versagte die Verlustverrechnung mit der Begründung, daß die Vermögenssituation und die Verfügungsrechte des Konzerns mit der Einschaltung der Zwischenholding nicht wesentlich verändert wurden, und daß die von der Zwischenholding gezahlten Zinsen nicht in direktem Zusammenhang mit der Ausübung der Unternehmungstätigkeit gesehen werden können.

Scheidet eine Tochtergesellschaft aus dem steuerlichen Konzernkreis aus, bleiben hinsichtlich der Bewertung der ihr zuzurechnenden Aktiva und Passiva die im Konzern angewandten Bewertungsgrundsätze maßgebend. Es kommt somit ohne Aufdeckung und Besteuerung stiller Rücklagen zu einer Buchwertfortführung der "übernommenen" Wirtschaftsgüter. Vom Zeitpunkt des Ausscheidens an hat die nun wieder selbständig steuerpflichtige Gesellschaft jedoch keinen Anspruch mehr auf die Verrechnung von Verlusten, die ihr während der Zugehörigkeit zum steuerlichen Konzern entstanden sind. Diese Regelung gilt nicht für vor dem Vereinigungszeitpunkt erlittene, und noch verrechenbare Verluste. In der Konzern-Steuerbilanz ausgewiesene Verluste können nach Beendigung der gemeinsamen Veranlagung nur von der Muttergesellschaft verrechnet werden (Stvw 15).[32] Für Verluste, die die Muttergesellschaft nach der Auflösung des steuerlichen Konzerns in ihrer Einzel-Bilanz ausweist, besteht - im Gegen-

30 HR vom 26.4.1989, BNB 1989/217.

31 Dabei wurden keine eindeutigen Kriterien zur Kennzeichnung von "Niedrigsteuergebieten" entwickelt.

32 Dies ist insbesondere in den Fällen nachteilig, in denen eine vermögensverwaltende Holdinggesellschaft als Muttergesellschaft fungiert.

satz zu Verlusten ausgeschiedener Tochtergesellschaften - auch die Möglichkeit der Verrechnung mit Konzerngewinnen früherer Wirtschaftsjahre.

1.3 Besteuerung niederländisch-internationaler Konzerne

Das Rechtsinstitut der "fiscale eenheid" ist nur für Gesellschaften anwendbar, die in den Niederlanden unbeschränkt steuerpflichtig sind. Unbeschränkt steuerpflichtig sind gemäß Art. 2 Abs. 1 Wet Vpb Kapitalgesellschaften, die in den Niederlanden ansässig sind. Zur Konkretisierung des Kriteriums der Ansässigkeit wird in Art. 2 Abs. 4 Wet Vpb ausgeführt, daß Gesellschaften, die nach niederländischem Recht errichtet worden sind, stets auch in den Niederlanden ansässig sind. Der Hohe Rat hat mit Urteil vom 29.6.1988[33] klargestellt, daß eine nach niederländischem Recht gegründete Gesellschaft, deren Ort der Geschäftsleitung jedoch aufgrund ihrer wirtschaftlichen Aktivitäten faktisch im Ausland liegt, auf der Grundlage des Art. 2 Abs. 4 Wet Vpb in die niederländische Konzernbesteuerung einbezogen werden kann. Nooteboom/Bouwman sind der Ansicht, daß mit diesem Urteil eine körperschaftsteuerliche Einheit über die Grenze für nach niederländischem Recht gegründete Gesellschaften, die faktisch im Ausland ansässig sind, möglich ist.[34] In einem im August 1993 erstmals vorgelegten Gesetzentwurf zur Vermeidung der Steuerumgehung durch Einschaltung von Gesellschaften in Steueroasen ist jedoch vorgesehen, unbeschränkt steuerpflichtige Gesellschaften, die lediglich aufgrund der Fiktion des Art. 2 Abs. 4 Wet Vpb in den Niederlanden unbeschränkt steuerpflichtig sind und deren Geschäftsleitung sich im Ausland befindet, ausdrücklich von der Anwendung der "fiscale eenheid" und der Schachtelfreistellung auszuschließen.[35]

Ergebnisse ausländischer Betriebsstätten werden sowohl auf der Grundlage der unilateralen Regelungen als auch nach Maßgabe der DBA[36] zunächst in die

---

33 HR vom 29.6.1988, BNB 1988/331.

34 Vgl. Nooteboom/Bouwman: (vennootschapsbelasting), 1992, S. 339. Vgl. zum Urteil des HR auch van Raad: (aspecten), 1989, S. 320 f.; Dik: (court), 1988, S. 400 f.

35 Obluda: (Änderung), 1993, S. 723.

36 Die Niederlande haben außer mit Portugal mit allen Mitgliedstaaten Abkommen zur Vermeidung der Doppelbesteuerung auf dem Gebiet der Ertragsteuern abgeschlossen.

Bemessungsgrundlage der niederländischen Körperschaftsteuer einbezogen. Zur Vermeidung der Doppelbesteuerung wird anschließend die auf die ausländischen Einkünfte entfallende niederländische Steuer wieder von der inländischen Steuerschuld abgezogen. Diese Art des Abzugssystems führt im Ergebnis dazu, daß Betriebsstättenverluste sofort das zu versteuernde Einkommen der niederländischen Gesellschaft mindern, während die ausländischen Gewinne de facto von einer Besteuerung im Inland freigestellt sind und nur dem ausländischen Steuerniveau unterliegen. Erzielt die Betriebsstätte innerhalb der acht auf den grenzüberschreitenden Verlustausgleich folgenden Jahre wieder Gewinn, ist der in Vorjahren übertragene Verlust dem zu versteuernden Einkommen des Stammhauses wieder hinzuzurechnen.[37] Der Verlustausgleich ist mit einer Nachversteuerungsklausel versehen, um eine doppelte Berücksichtigung des Verlustes im In- und Ausland zu vermeiden.

Dividenden, die ausländische Tochtergesellschaften an ihre in den Niederlanden ansässige Muttergesellschaft zahlen, sind gemäß Art. 13 Wet Vpb vollständig von der niederländischen Körperschaftsteuer befreit. Die Schachtelfreistellung (deelnemingsvrijstelling) ist uneingeschränkt für alle niederländisch-internationalen Unternehmensverbindungen anwendbar, die über eine mindestens 5 %ige Kapitalbeteiligung verbunden sind.[38] "The principle of ne bis in idem and the avoidance of discrimination between a company with a permanent establishment and a company with a foreign subsidiary are the main thoughts behind the introduction of the participation exemption across the border."[39] Soweit Anteile an einer ausländischen Kapitalanlagegesellschaft gehalten werden, sind die entsprechenden Erträge nur bei Beteiligungen von mindestens 25 % steuerfrei.[40] Das niederländische Körperschaftsteuerrecht orientiert sich zwar grundsätzlich am Universalitätsprinzip; aufgrund der unilateralen Freistellung

---

37 Vgl. International Bureau of Fiscal Documentation (Hrsg.): (Companies), Abschnitt Netherlands, Tz. 568 ff.

38 Die Tochtergesellschaft muß darüber hinaus in ihrem Sitzstaat einer der niederländischen Körperschaftsteuer vergleichbaren Ertragsbesteuerung unterliegen. Zu Besonderheiten im Zusammenhang mit der Beteiligung an Gesellschaften mit Sitz in einem EU-Mitgliedstaat, deren Aktiva ausschließlich oder fast ausschließlich aus passiven Vermögensanlagen bestehen, vgl. Obluda/Tulp: (Umsetzung), 1992, S. 208 f.

39 Burgman: (institution), 1988, S. 299.

40 Art. 13g Wet Vpb, vgl. auch Smit/van Weeghel: (Implementation), 1992, S. 166 ff.

ausländischer Beteiligungserträge basiert die Besteuerung in bezug auf international verbundene Unternehmen de facto aber auf dem Territorialitätsprinzip.[41]

Mit dem Gesetz vom 25.4.1990 zur Änderung der körperschaftsteuerlichen Schachtelfreistellung[42] sollte insbesondere die extensive Ausnutzung der Freistellung ausländischer Beteiligungserträge zu Lasten des niederländischen Fiskus vermieden werden. Primär die zuvor bestehende Möglichkeit der steuerlichen Verrechnung von Liquidationsverlusten ausländischer Gesellschaften mit Gewinnen niederländischer Unternehmen, wurde mit der Erweiterung des Art. 13 Wet Vpb eingeschränkt. Aus diesem Grund ist in Art. 13 f Wet Vpb eine Regelung aufgenommen worden, die das häufig von international tätigen Konzernen praktizierte "Holland-routing"[43] verhindern soll. Mit dem Begriff "Holland-routing" wurde eine steuerplanerisch motivierte Vorgehensweise gekennzeichnet, bei der von einer ausländischen Konzerngesellschaft gehaltene Beteiligungen an potentiell verlusterzielenden, ausländischen Tochtergesellschaften kurz vor deren Liquidation an eine niederländische Konzerngesellschaft übertragen wurden. Damit war das Ziel verbunden, die speziellen internationalen Verlustverrechnungsmöglichkeiten des niederländischen Steuerrechts auszunutzen und ansonsten verfallende ausländische Liquidationsverluste mit dem im Inland zu versteuernden Ergebnis zu verrechnen. Liquidationsverluste aus Beteiligungen, die von einer ausländischen an eine niederländische Gesellschaft desselben Konzerns übertragen wurden, können de lege lata nur dann in den Niederlanden gewinnmindernd geltend gemacht werden, wenn die Beteiligung von der niederländischen Konzerngesellschaft mindestens drei Jahre vor der Liquidation erworben wurde (Art. 13f Wet Vpb). Für den Fall der Liquidation einer im Ausland ansässigen Zwischenholdinggesellschaft bestimmt Art. 13d Wet Vpb, daß Liquidationsverluste der Zwischenholding nur bis zur Höhe der nicht aus Beteiligungen der Zwischenholding stammenden Verluste, mit Gewinnen der in den Niederlanden ansässigen Muttergesellschaft verrechnet werden dürfen.

---

41 Vgl. Jacob: (Wettbewerbsfähigkeit), 1988, S. 674.

42 Vgl. Langereis/In de Braekt: (Schachtelprivileg), 1991, S. 197 ff.; de Vries: (participation), 1990, S. 44 ff.; Juch/Michielse: (Gesetzentwurf), 1988, S. 393 ff.

43 Vgl. zum "Holland-routing" van de Ven/Obluda: (Schachtelprivileg), 1988, S. 460; Juch/Michielse: (Gesetzentwurf), 1988, S. 397; Stevens: (Grundlinien), 1988, S. 22.

2. Spanien

2.1 Grundlagen der Körperschaftsbesteuerung

Die spanische Körperschaftsteuer wird auf der Grundlage des Ley del Impuesto sobre Sociedades (Körperschaftsteuergesetz, LIS) 61/1978 vom 27.12.1978 erhoben.[44] Der unbeschränkten Steuerpflicht unterliegen alle juristischen Personen (Art. 1 Abs. 1 LIS), die nach spanischem Recht gegründet wurden, oder den Ort ihrer Geschäftsleitung oder ihren Sitz in Spanien haben.[45] Zu den juristischen Personen zählen in Spanien auch die Personengesellschaften. Grundsätzlich ist von einer buchführungsorientierten Maßgeblichkeit der Handelsbilanz für die steuerrechtliche Gewinnermittlung auszugehen.[46] Das zu versteuernde Einkommen setzt sich zusammen aus der Summe der Nettoeinkünfte und den Vermögensänderungen des Wirtschaftsjahres.[47] Es wird auf der Basis einer Überschußrechnung unter Berücksichtigung der im Abrechnungszeitraum eingetretenen Vermögensänderungen ermittelt.[48] Der Körperschaftsteuersatz beträgt 35 %.

Zur Vermeidung der Doppelbelastung ausgeschütteter Gewinne ist im spanischen Steuerrecht ein abgestuftes Anrechnungssystem vorgesehen. Der Umfang der Anrechnung der bereits von der ausschüttenden Gesellschaft gezahlten Steuern ist abhängig von der Höhe der Beteiligung und der Rechtssubjekteigenschaft der beteiligten Personen. Zunächst sind die Brutto-Erträge aus Beteili-

---

44 Für die Durchführung der Besteuerung gilt ergänzend die Körperschaftsteuerdurchführungsverordnung (Reglamento del Impuesto sobre Sociedades, RIS) auf der Grundlage des Königlichen Dekrets (Real Decreto) 2631/1982 vom 15.10.1982.

45 Vgl. Art. 4 Abs. 1 Buchstabe a) i.V.m. Art. 6 Abs. 11 LIS.

46 Vgl. Art. 30 Abs. 1 LIS. Im spanischen Steuerrecht ist jedoch keine explizite Vorschrift enthalten, die eine umfassende Maßgeblichkeit der Handelsbilanz für das Mengen- und Wertgerüst der Steuerbilanz vorsieht, vgl. Boeker: (Gewinnermittlung), 1992, S. 40 f. Zu den Besonderheiten der Ermittlung der körperschaftsteuerlichen Bemessungsgrundlage vgl. Selling: (Handbuch), 1985, S. 113 ff.; Carrobé Gené: (Körperschaftsteuer), 1991, S. 227 f.

47 In Art. 36 RIS sind unterschiedliche Methoden der steuerlichen Gewinnermittlung vorgesehen: Neben der auf der Grundlage des handelsrechtlichen Ergebnisses basierenden direkten Methode, die in der Regel zur Anwendung kommt, können kleine Unternehmen einen vereinfachten steuerlichen Vermögensvergleich durchführen. Vgl. zu den Gewinnermittlungsmethoden Albi Ibañez/García Ariznavarreta: (Sistema), 1987, S. 243 ff.

48 Vgl. Boeker: (Gewinnermittlung), 1992, S. 44 ff.

gungen an körperschaftsteuerpflichtigen Unternehmen in die Bemessungsgrundlage des Anteilseigners einzubeziehen. Während natürlichen Personen ein Anrechnungsbetrag in Höhe von 10 % der ausgezahlten Dividende gewährt wird, können Gesellschaften, die an der ausschüttenden Gesellschaft zu weniger als 25 % beteiligt sind, 50 % der auf die Bardividende entfallenden Körperschaftsteuer und die von der ausschüttenden Gesellschaft einbehaltene Quellensteuer in Höhe von 25 % der Bardividende auf die eigene Steuerschuld anrechnen. Wegen der Teil-Anrechnung kann eine Doppelbelastung nicht vollständig vermieden werden.

Besteht eine Beteiligung von mehr als 25 %, sind die Beteiligungserträge bei der empfangenden Gesellschaft de facto steuerfrei (Art. 24 Abs. II d LIS und Art. 173, 174 RIS). Die ausschüttende Gesellschaft darf jedoch keine "durchgriffsbesteuerte"[49] Gesellschaft und nicht vollständig oder teilweise von der Körperschaftsteuer befreit sein. Zum anderen muß das Beteiligungsverhältnis ununterbrochen während des gesamten Wirtschaftsjahres, für das die Ausschüttung erfolgt, und während des vorangegangenen Wirtschaftsjahres bestanden haben. Um die Abzugsfähigkeit des den Beteiligungen direkt zurechenbaren Verwaltungsaufwands zu gewährleisten, werden die Dividenden nicht von vornherein als Schachtelerträge aus der Bemessungsgrundlage der Muttergesellschaft ausgeklammert. Die Bardividende wird zunächst als steuerpflichtiger Beteiligungsertrag qualifiziert. Nach Abzug der im Zusammenhang mit der Beteiligungsverwaltung angefallenen Aufwendungen wird die auf den verbleibenden Betrag entfallende Steuer wieder von der zuvor ermittelten (vorläufigen) Steuerschuld abgezogen. Außerdem kann die von der ausschüttenden Gesellschaft einbehaltene Quellensteuer angerechnet werden. Soweit kein Anrechnungspotential vorhanden ist, wird die Differenz erstattet.

---

49 Für eine Durchgriffsbesteuerung auf der Grundlage des "Régimen de Transparencia Fiscal" (Transparenzprinzip) gemäß Art. 357 ff. RIS können z. B. kleine Familiengesellschaften, BGB-Gesellschaften, Erbengemeinschaften, Holding- und Vermögensverwaltungsgesellschaften, EWIVs und Vereinigungen von Freiberuflern optieren. Die Einkünfte können den Gesellschaftern direkt im Verhältnis ihrer Kapitalanteile zugerechnet und bei diesen der Besteuerung unterworfen werden. Vgl. Boeker: (Gewinnermittlung), 1992, S. 25 ff.; Carrobé Gené: (Körperschaftsteuer), 1991, S. 227; International Bureau of Fiscal Documentation (Hrsg.): (Companies) Abschnitt Spain, Tz. 192 ff.

Beispiel:[50]

Die X-S.A. erhält im Laufe des Jahres 1 folgende Dividenden:

Quelle	Beteiligungsverhältnis	Dividende
Y-S.A.	100 %	120.000
Z-S.A.	20 %	120.000

Den Beteiligungserträgen können 10.000 Ptas an Verwaltungsaufwendungen direkt zugerechnet werden.

Unter Berücksichtigung der Quellensteuer von 25 % ergibt sich eine Bardividende von jeweils 120.000 : (1-0,25) = 160.000 Ptas. Nach Abzug der zurechenbaren Verwaltungskosten kann eine (vorläufige) Steuerschuld der X-S.A. in Höhe von (160.000 + 160.000 -10.000) x 0,35 = 108.500 Ptas ermittelt werden. Der anzuwendende Prozentsatz für den Steuerabzug beträgt 100 % für die Erträge aus der Beteiligung an der Y-S.A. und 50 % für die Erträge aus der Beteiligung an der Z-S.A. Die zurechenbaren Verwaltungskosten werden zu je 5.000 von den steuerpflichtigen Beteiligungserträgen abgezogen, so daß sich folgende Abzugsbeträge ergeben:

Bemessungsgrundlage des Abzugs	Abzugs-Prozentsatz	Steuersatz der X-S.A.	Abzug von der Steuerschuld der X-S.A.
155.000	100	35	54.250
155.000	50	35	27.125
			81.375

Die innerhalb eines nationalen Konzerns ausgeschütteten Gewinne unterliegen somit im Ergebnis nur bei der ausschüttenden Gesellschaft der Besteuerung.

50 Berechnungsbeispiele finden sich bei Albi Ibañez/García Ariznavarreta: (Sistema), 1987, S. 363 f.

2.2 Konzernbesteuerung nach dem "Régimen de Declaración Consolidada"

Eine spezielle rechtliche Behandlung des Phänomens der wirtschaftlichen Einheit mehrerer rechtlich selbständiger Unternehmen wurde in Spanien zuerst im Bereich des Steuerrechts vorgenommen. Während bis zur Umsetzung der 7. gesellschaftsrechtlichen EG-Richtlinie keine Vorschriften zur Konzernrechnungslegung existierten, wurden bereits in den zwanziger Jahren die speziellen Wirkungen der Besteuerung auf Unternehmensverbindungen untersucht. Steuerliche Normen zu diesem Problemkreis befaßten sich zunächst mit möglichen Doppelbesteuerungen im grenzüberschreitenden Geschäftsverkehr. Die ersten Vorschriften, die eine spezielle steuerliche Regelung für nationale Konzerne enthielten, waren zwei Real Decretos aus den Jahren 1927 und 1930.[51] Das Gesetz vom 10.11.1942 ermöglichte erstmals eine Gewinnbesteuerung für Konzerne auf der Grundlage einer konsolidierten Erfolgsrechnung. Diese Regelung wurde jedoch ebenso wie die nachfolgenden Vorschriften des Decreto-Ley vom 17.7.1947 und des Art. 22 LIS 1967 nur in sehr wenigen Fällen tatsächlich in Anspruch genommen. Die Gründe dafür lagen vor allem in dem bis zum 31.12.1977 im spanischen Steuerrecht geltenden System der "globalen" Gewinnermittlung[52], das keine exakte Buchführung und Rechnungslegung aller beteiligten Gesellschaften erforderte, und für Konzerne deshalb weitaus günstiger war als die Besteuerung auf der Grundlage einer konsolidierten Steuerbilanz.

Das derzeit gültige "Régimen de Declaración Consolidada" wurde mit dem Real Decreto-Ley 15/1977 und dem dazugehörigen Real Decreto 1.414/1977 eingeführt.[53] Sein Anwendungsbereich erstreckt sich nur auf die Körperschaftsteuer. Eine Aufnahme der Regelungen in das Körperschaftsteuergesetz erfolgte nicht;

---

51 Vgl. zur historischen Entwicklung steuerrechtlicher Konzernvorschriften Alcántara Capiscol: (grupos), 1984, S. 323 ff. und Alvarez Melcón: (Comentario), 1977, S. 162 f.

52 Bei der Methode der globalen Gewinnermittlung wurde das zu versteuernde Einkommen unabhängig von den in den Büchern ausgewiesenen Beträgen pauschal ermittelt. Zur Festlegung einer einheitlichen Besteuerungsgrundlage wurde jeweils ein "Steuervertrag" abgeschlossen, in dem die globale Steuerquote festgelegt, sowie die Aufteilung der Steuerzahllast auf die einzelnen Steuerpflichtigen vorgenommen wurde. Dieses Übereinkommen wurde in einem Ausschuß "ausgehandelt", der aus Vertretern der Steuerpflichtigen und Vertretern der Finanzverwaltung zusammengesetzt war. Vgl. Kado: (Steuern), 1974, S. 78 f.

53 Königliches Gesetz 15/1977 vom 25.2.1977 und Königliches Dekret 1.414/1977 vom 17.6.1977. Vgl. auch o.V.: (Spain), 1977, S. 139 f.

die Gültigkeit und Anwendbarkeit des "Régimen" wurde aber im Zusammenhang mit der Einführung des neuen Körperschaftsteuergesetzes 1978 von der Finanzverwaltung explizit bestätigt.[54]

Das Gesetz 18/1982[55] definiert den Konzern für Zwecke der Besteuerung als eine Gruppe von Aktiengesellschaften (sociedades anónimas, S.A.) mit Sitz in Spanien, die aus einer herrschenden und einer oder mehreren abhängigen Gesellschaften zusammengesetzt ist. Die herrschende Gesellschaft selbst darf ihrerseits nicht von einer anderen in Spanien ansässigen Gesellschaft beherrscht werden.[56] Eine Beherrschung liegt vor, wenn eine Gesellschaft direkt oder indirekt zu mehr als 90 % am Grundkapital einer anderen Gesellschaft beteiligt ist und außerdem mindestens 90 % der Stimmrechte ausüben kann.[57] Die Voraussetzungen müssen bereits ununterbrochen seit mindestens zwei Jahren vor dem Zeitpunkt der Antragstellung vorgelegen haben. Diese Anforderung gilt nicht bei der nachträglichen Einbeziehung von Tochtergesellschaften in den steuerlichen Konzernkreis. Ein Einbeziehungsverbot besteht für Gesellschaften, die von der Körperschaftsteuer befreit sind oder subjektive Steuervergünstigungen in Anspruch nehmen. Aus diesem Grund dürfen Gesellschaften, die einem Territorialbesteuerungsrecht[58] unterliegen, und Gesellschaften, die nach dem "Transparenzprinzip" besteuert werden, nicht konsolidiert werden.

Die Besteuerung nach dem "Régimen de Declaración Consolidada" ist antragsgebunden und bedarf der Zustimmung des Finanzministeriums. Der Antrag muß von der herrschenden Gesellschaft gestellt werden. Sie vertritt den Konzern in allen Angelegenheiten, die sich im Zusammenhang mit der Konzern-

---

54 Vgl. Disposición Final 3 a) des Ley 61/1978.

55 Mit dem Gesetz 18/1982 vom 26.5.1982 wurden u.a. Art. 4 Nrn. 1 und 2 des Real Decreto-Ley 15/1977 und Art. 1 Nrn. 3-5 des Real Decreto 1.414/1977 geändert.

56 Selling: (Handbuch), 1985, S. 150, spricht unzutreffend davon, daß die "herrschende Gesellschaft nicht ihrerseits von einer **im Ausland** ansässigen Gesellschaft beherrscht" sein dürfe [Hervorhebung durch den Verfasser]. Richtig dagegen Selling: (Konzernbesteuerung), 1987, S. 292.

57 Diese Einschränkung der Beteiligungsvoraussetzungen für die Inanspruchnahme des "Régimen de Declaración Consolidada" auf 90 % wurde erst mit dem Gesetz 18/1982 vorgenommen. Zuvor lag die vom Finanzministerium festgesetzte Beteiligungsgrenze bei 50 %.

58 Den baskischen Provinzen Alava, Guipuzcoa und Vizcaya sowie der Provinz Navarra wurde aufgrund eines Finanzabkommens mit dem spanischen Finanzministerium ein Territorialbesteuerungsrecht für die vom Bundesstaat zu erhebenden Steuern eingeräumt. Vgl. Selling: (Handbuch), 1985, S. 46.

Steuerbilanz ergeben.[59] Für die Genehmigung der beantragten Konzernbesteuerung ist die Zustimmung der Organe aller einzubeziehenden Gesellschaften erforderlich. Die Aufnahme von Tochtergesellschaften, die die genannten Beteiligungsvoraussetzungen erfüllen, ist nicht fakultativ. Der Bewilligungszeitraum beträgt grundsätzlich drei Jahre und kann auf Antrag verlängert werden.[60] Der Zeitraum von drei Jahren ist für steuerplanerische Überlegungen sehr knapp bemessen. Die Diskrepanz zwischen dem dreijährigen Bewilligungszeitraum und der fünfjährigen Verlustvortragsmöglichkeit führt zu einem relativ hohen steuerlichen Risiko. So können bei einem von der Finanzverwaltung abgelehnten Verlängerungsantrag erhebliche Nachteile dadurch entstehen, daß Verlustverrechnungspotentiale aufgrund der fehlenden Möglichkeit, Konzernverluste auf spätere Einzelveranlagungszeiträume vorzutragen, verlorengehen.

Art. 11 des Real Decreto 1.414/1977 bestimmt, daß die Aufstellung einer konsolidierten Steuerbilanz durch Aggregation identischer Bilanzpositionen der Einzel-Steuerbilanzen zu erfolgen hat.[61] Somit sind die Konzerngesellschaften verpflichtet, zunächst eine eigenständige Steuerbilanz nach den für alle Körperschaften geltenden Vorschriften des LIS aufzustellen. In einem zweiten Schritt werden die Steuerbilanzen auf der Ebene der Muttergesellschaft konsolidiert. Die steuerrechtlich ausschließlich zulässige Konsolidierungsmethode ist die Vollkonsolidierung.[62] Für die Konsolidierung müssen Dauer und Abschlußstichtag der Wirtschaftsjahre der einbezogenen Gesellschaften übereinstimmen.[63] Ferner müssen die Konzerngesellschaften ihre Bewertungsgrundsätze vereinheitlichen. Zur Erstellung der Konzern-Steuerbilanz sind folgende Konsolidierungsmaßnahmen durchzuführen:[64]

- Verrechnung der Anschaffungskosten der Beteiligung mit dem entsprechenden Anteil der Muttergesellschaft am Nennkapital, den Rücklagen und dem Gewinn/Verlust der Tochtergesellschaft vor Erwerb der Beteiligung (Kapitalkonsolidierung)

---

59 Vgl. Art. 26 Royal Decreto 1.414/1977.

60 Vgl. Art. 6 Abs. 3 und 4 Real Decreto 1.414/1977.

61 Erst mit dem Royal Decreto 1.815/1991 wurde ein amtlicher Standardvordruck für die Ermittlung des konsolidierten Konzernergebnisses eingeführt.

62 Vgl. Selling: (Konzernbesteuerung), 1987, S. 293.

63 Vgl. Art. 4 Abs. 2 Royal Decreto 1.414/1977.

64 Vgl. Alvarez Melcón: (grupos), 1991, S. 1070 ff.

- Verrechnung der Forderungen und Verbindlichkeiten zwischen Konzerngesellschaften (Schuldenkonsolidierung)

- Eliminierung der Zwischengewinne aus konzerninternen Lieferungen und Leistungen

Im Rahmen der Kapitalkonsolidierung stehen sich die Anschaffungskosten der Beteiligung und das (anteilige) Eigenkapital der Tochtergesellschaft in der Regel nicht in gleicher Höhe gegenüber. Ergibt sich eine positive oder negative Differenz, werden die einzelnen Bilanzpositionen zurechenbaren Beträge diesen zugeschrieben oder abgezogen. Der dadurch veränderte Bilanzansatz stellt die Abschreibungsbasis für zukünftige Wirtschaftsjahre dar. Der nicht direkt zurechenbare Teil wird in einen gesonderten Posten eingestellt, der entsprechend aktivischen oder passivischen Charakter hat.[65] Eine Abschreibung dieses Ausgleichspostens ist steuerlich nicht möglich.

Forderungen und Verbindlichkeiten, die zwischen Konzerngesellschaften bestehen, sind im Zuge der Schuldenkonsolidierung erfolgsneutral gegeneinander aufzurechnen (Art. 11 Nr. 1 b) Real Decreto 1.414/1977). Aufrechnungsdifferenzen, die sich aus Abschreibungen auf Forderungen oder aus Darlehensgewährungen ergeben, bei denen Ausgabebetrag und Rückzahlungsverpflichtung nicht kongruieren, sind auf einem besonderen Konto als "nicht realisierter Gewinn/Verlust" erfolgsneutral zu erfassen und vorzutragen.[66]

Bei der Erstellung der Einzel-Steuerbilanzen muß grundsätzlich das Dealing-at-arm's-length-Prinzip beachtet werden. Alle konzerninternen Lieferungen und Leistungen sind zunächst zu Preisen anzusetzen, wie sie unter normalen Marktbedingungen vereinbart worden wären (Art. 16 LIS i.V.m. Art. 39 RIS). Im Rahmen der Aufstellung der Konzern-Steuerbilanz erfolgt jedoch eine Neutralisierung der Zwischenergebnisse.[67] Aus Praktikabilitätsgründen werden die Vorgänge, die zu einem aus Sicht des Konzerns noch nicht realisierten Gewinn oder Verlust geführt haben, lediglich wieder rückgängig gemacht. Die Neutralisierung der Zwischenergebnisse wird nicht wie im Handelsrecht durch den An-

---

65 Der aktivische Konsolidierungsausgleichsposten wird als "Fondo de Comercio de Consolidación", der passivische als "Reserva de Consolidación" ausgewiesen.

66 Vgl. Nr. 5 des Orden (Verordnung der Finanzverwaltung) vom 13.3.1979.

67 Vgl. mit ausführlichen Berechnungsbeispielen Alvarez Melcón: (Analisis), 1989, S. 121 ff.; vgl. auch Selling: (Konzernbesteuerung), 1987, S. 294 ff.

satz neu berechneter Konzern-Herstellungskosten und die anschließende Eliminierung der Differenz zwischen konzerninternem Verkaufspreis und Konzern-Herstellungskosten vorgenommen. Im spanischen Konzern kommt es deshalb zu einer vorzeitigen Erfolgswirksamkeit von Aufwendungen, die zwar aus Sicht der einzelnen Konzerngesellschaft nicht aktivierungsfähig sind, aus Sicht der wirtschaftlichen Einheit aber Bestandteil der Herstellungskosten sein können (z. B. Transportkosten). Eine weitere Vereinfachungsregelung bezieht sich auf konzerninterne Lieferungen von Gegenständen des Vorratsvermögens. Gewinne oder Verluste aus entsprechenden Geschäften können steuerlich nicht eliminiert werden, wenn die gelieferten Güter am Abschlußstichtag beim Käufer bereits in die Produktion eingegangen sind.[68]

Mit der steuerlichen Unbeachtlichkeit von innerkonzernlichen Gewinnausschüttungen in der Konzern-Steuerbilanz wird sichergestellt, daß die im Konzern erzielten Gewinne nur einmal der Besteuerung unterliegen. Ausschüttungen, die aus Gewinnen oder Rücklagen erfolgen, die noch aus der Zeit vor der Aufnahme der Gesellschaft in den steuerlichen Konzernkreis stammen, dürfen nicht eliminiert werden. In diesen Fällen kommt das bereits dargestellte Anrechnungssystem zur Anwendung, das de facto ebenfalls zu einer Freistellung führt. Für Gewinnausschüttungen an Minderheitsaktionäre muß Quellensteuer einbehalten und abgeführt werden.[69]

Verluste, die den Konzerngesellschaften vor der Aufnahme in die gemeinsame Konzernbesteuerung nach dem "Régimen de Declaración Consolidada" entstanden sind, dürfen nur mit späteren Gewinnen der verlusterzielenden Gesellschaften verrechnet werden. In der konsolidierten Bilanz ausgewiesene Verluste sind nach den allgemeinen Vorschriften zur Verlustverrechnung fünf Jahre vortragsfähig. Nach Austritt oder Auflösung des steuerlichen Konzernkreises können Konzernverluste jedoch nicht in die Einzelveranlagungen übertragen und mit späteren Gewinnen zum Ausgleich gebracht werden.[70] Scheidet eine Konzerngesellschaft aus dem Konsolidierungskreis aus, werden die auf Sonderkonten erfassten, noch nicht realisierten Gewinne oder Verluste aus konzerninternen Geschäften, an denen die ausscheidende Gesellschaft beteiligt war, in der konsolidierten Bilanz realisiert.

---

68 Vgl. Alvarez Melcón: (Analisis), 1989, S. 123.

69 Vgl. Selling: (Konzernbesteuerung), 1987, S. 297.

70 Vgl. Art. 17 Real-Decreto 1.414/1977.

Die Muttergesellschaft ist als "Vertreter" des Konzerns auch Steuerschuldner der auf das konsolidierte Ergebnis entfallenden Körperschaftsteuer. Für die Steuerschuld des Konzerns haften die Gesellschaften solidarisch.[71] Trotz der Vorteile, die mit der Erstellung einer konsolidierten Konzern-Steuerbilanz verbunden sind, ist die tatsächliche Inanspruchnahme des "Régimen de Declaración Consolidada" gemessen an der Anzahl spanischer Unternehmensverbindungen, die eine konsolidierte Besteuerung beantragen könnten, relativ gering.[72]

2.3 Besteuerung spanisch-internationaler Konzerne

Eine internationale Schachtelfreistellung kennt das spanische Steuerrecht nicht. Mit der Umsetzung der Mutter-Tochter-Richtlinie in spanisches Recht[73] durch das Gesetz 29/1991 vom 16.12.1991 ist die Methode der indirekten Anrechnung eingeführt worden. Erträge aus der Beteiligung an ausländischen Tochtergesellschaften werden ebenso wie Gewinne und Verluste ausländischer Betriebsstätten in die Bemessungsgrundlage der spanischen Muttergesellschaft einbezogen. Sowohl die von der ausländischen Gesellschaft auf die ausgeschütteten Gewinne zu entrichtende Steuer, als auch die für Rechnung der spanischen Muttergesellschaft einbehaltene Quellensteuer, können bis zum Betrag der auf die Beteiligungserträge entfallenden spanischen Körperschaftsteuer angerechnet werden. Voraussetzung ist, daß die spanische Gesellschaft während der Periode der Ausschüttung und während des vorangegangenen Steuerjahres ununterbrochen direkt zu mindestens 25 % an der ausländischen Gesellschaft beteiligt war. Auch in den von Spanien abgeschlossenen Abkommen zur Vermeidung der Doppelbesteuerung[74] ist überwiegend die Methode der indirekten beschränkten Anrechnung ausländischer Steuern vereinbart worden.[75] Die Freistellungsmethode ist nur in wenigen DBA mit außereuropäischen Staaten vorgesehen.

---

71 Vgl. Art. 27 Real Decreto 1.414/1977.

72 Vgl. Alcántara Capiscol: (grupos), 1984.

73 Vgl. Palacios/Cortázar: (Implementation), 1992, S. 174 ff.

74 Spanien hat außer mit Griechenland und der Republik Irland mit allen Mitgliedstaaten der Europäischen Union ein DBA auf dem Gebiet der Steuern vom Einkommen und Ertrag abgeschlossen.

75 Vgl. International Bureau of Fiscal Documentation (Hrsg.): (Companies), Abschnitt Spain, Tz. 622.

Ausländische Tochtergesellschaften dürfen nicht in den steuerlichen Konsolidierungskreis aufgenommen werden. Die in einigen Veröffentlichungen vertretene Auffassung, das spanische Körperschaftsteuerrecht ermögliche eine Einbeziehung ausländischer Tochtergesellschaften in die Konzernbilanz,[76] oder zumindest eine Berücksichtigung ausländischer Verluste,[77] ist unzutreffend. Die in dieser Hinsicht mißverständliche Regelung des Art. 1 Abs. 3 Real Decreto 1.414/1977 wurde mit Ley 18/1982 klargestellt. Art. 3 Abs. 1 des Ley 18/1982 lautet:

> "A los efectos del régimen de declaración consolidada en el Impuesto sobre Sociedades, se entiende por grupo de Sociedades el conjunto de Sociedades anónimas residentes en España formado por una Sociedad dominante y todas las Sociedades que sean dependientes de aquélla."[78]

Daraus wird ersichtlich, daß nur Aktiengesellschaften mit Sitz in Spanien in die konsolidierte Steuerbilanz einbezogen werden dürfen.[79]

---

76 Vgl. Müller: (Reform), 1991, S. 99; Selling: (Konzernbesteuerung), 1987, S. 292.

77 Vgl. Knobbe-Keuk: (Behandlung), 1990, S. 439; Thömmes: (Harmonization), 1990, S. 214.

78 "Für Zwecke der Körperschaftsbesteuerung nach dem "régimen de declaración consolidada" wird als Konzern ein Verbund von in Spanien ansässigen Aktiengesellschaften verstanden, der von einer beherrschenden Gesellschaft und den von dieser Gesellschaft abhängigen Gesellschaften gebildet wird".

79 Vgl. auch Alvarez Melcón: (Analisis), 1989, S. 21; Caballero: (Spain), 1993, S. 320; o.V.: (taxation), 1991, S. 440; o.V.: (Legislation), 1982, S. 305.

3. Portugal

3.1 Grundlagen der Körperschaftsbesteuerung

Der am 1.1.1986 vollzogene Beitritt Portugals zur Europäischen Gemeinschaft hat sukzessiv zu einer grundlegenden Reformierung des portugiesischen Steuerrechts geführt. Mit Wirkung vom 1.1.1989 wurde das "kaum noch überschaubare und veraltete"[80] Schedulensteuersystem der Ertragsbesteuerung abgeschafft.[81] Körperschaften mit Sitz oder tatsächlicher Geschäftsleitung in Portugal werden seitdem auf der Grundlage des "Imposto sobre o rendimento das pessoas colectivas (IRC)" der Körperschaftsteuer unterworfen. Subjekte der Körperschaftsteuer sind Aktiengesellschaften, GmbHs, Kommanditgesellschaften auf Aktien, Genossenschaften und sonstige Personen des privaten und öffentlichen Rechts. Der Körperschaftsteuersatz beträgt einheitlich 36 % (Art. 69 IRC).

Bis zum 31.12.1990 galt für Gewinnausschüttungen an inländische Anteilseigner das klassische System der Ertragsbesteuerung. Seit dem 1.1.1991 basiert das portugiesische Körperschaftsteuerrecht auf einem Teil-Anrechnungssystem. Natürliche Personen und Kapitalgesellschaften, die zu weniger als einem Viertel am Kapital der ausschüttenden Gesellschaft beteiligt sind, erhalten zusammen mit der Dividende eine Steuergutschrift in Höhe von 35 % der bereits von der ausschüttenden Gesellschaft auf die ausgeschütteten Gewinne gezahlten Körperschaftsteuer. Unternehmen, die seit mindestens zwei Jahren eine Beteiligung von mehr als 25 % am Kapital einer anderen ebenfalls in Portugal ansässigen Gesellschaft halten, können die empfangenen Dividenden auf der Grundlage von Art. 45 IRC weitgehend steuerfrei vereinnahmen (nationale Schachtelfreistellung). Steuerpflichtig bleibt jedoch ein Betrag von 5 % der Bardividende, der als Äquivalent zu den abzugsfähigen Verwaltungskosten der Beteiligung angesehen wird.

---

80 Stieb: (Steuerrecht), 1991, S. 50.

81 Vgl. Tomás: (Reform), 1989, S. 378 ff.

3.2 Konzernbesteuerung nach dem "Regime de Tributaçâo pelo lucro consolidado"

Mit dem "Regime de tributaçâo pelo lucro consolidado" (Regime der Besteuerung nach dem konsolidierten Gewinn) wurden 1988 erstmals spezielle Vorschriften zur Konzernbesteuerung in das portugiesische Steuerrecht aufgenommen.[82] Der Neuregelung lag die Zielsetzung zugrunde, nach der Umsetzung der 7. gesellschaftsrechtlichen EG-Richtlinie die wirtschaftliche Einheit der Konzernunternehmung auch steuerrechtlich anzuerkennen.[83] Grundlage der vorbereitenden Überlegungen und Beratungen im Finanzministerium war ein Vergleich der formellen und materiellen Vor- und Nachteile der Konzernbesteuerungssysteme anderer europäischer Staaten.[84] Im Ergebnis lehnt sich die schlußendlich kodifizierte Regelung eng an die spanische Praxis der Konzernbesteuerung an.

Die konsolidierte Besteuerung muß von der Muttergesellschaft beim Finanzministerium beantragt werden. Die Genehmigung wird nach Art. 59 Abs. 2 IRC nur erteilt, wenn folgende Voraussetzungen kumulativ erfüllt sind:

(a) Alle einzubeziehenden Gesellschaften haben ihren Sitz und ihre tatsächliche Geschäftsleitung (direcçâo efectiva) in Portugal

(b) Die beherrschende Gesellschaft hat nach den Vorschriften des Handelsgesetzbuches (Código das Sociedades Comerciais) die ganze Macht (domínio total) über die anderen Gesellschaften der Gruppe

(c) Die Gesamtheit der Einkünfte der Konzerngesellschaften unterliegt den allgemeinen Besteuerungsvorschriften des IRC

Aufgrund der ad (a) aufgeführten Bestimmung können nicht alle in Portugal unbeschränkt steuerpflichtigen Gesellschaften in den steuerlichen Konzern aufgenommen werden. Während die unbeschränkte Steuerpflicht lediglich verlangt, daß entweder der Sitz oder die tatsächliche Geschäftsleitung der Gesellschaft im Inland belegen sein muß, setzt Art. 59 Abs. 2 a) IRC das Vorliegen beider Merkmale voraus.

---

82 Vgl. Decreto-Lei Nr. 414/87 vom 31.12.1987.

83 Vgl. Prazeres Lousa: (regime), 1988, S. 12.

84 Vgl. Ebenda.

Nach Auffassung der Finanzverwaltung, die in einem Rundschreiben vom 9.1.1990[85] Richtlinien zur Konkretisierung der Anwendungsvoraussetzungen des "Regime de tributaçâo pelo lucro consolidado" und der Technik der Aufstellung konsolidierter Konzern-Steuerbilanzen veröffentlicht hat, ist für die Inanspruchnahme der konzernsteuerrechtlichen Regelungen keine 100 %ige Beteiligung erforderlich. Das gesetzliche Kriterium des "domínio total"[86] wird vielmehr dahingehend ausgelegt, daß unter Rückgriff auf Art. 483 Nr. 2 des Handelsgesetzbuches eine vollkommene Beherrschung bereits angenommen wird, wenn die Muttergesellschaft direkt oder indirekt mindestens 90 % der Kapitalanteile der Tochtergesellschaft hält.[87] Zur Ermittlung der Höhe der indirekten Beteiligung sind die direkten Beteiligungen zu multiplizieren (vgl. Abbildung 2)[88]. Dabei dürfen nur die Beteiligungen der in den steuerlichen Konzernkreis einbezogenen Gesellschaften berücksichtigt werden.

---

85 Circular 4/90 zu Art. 59 IRC, veröffentlicht in dem vom Ministério daś Finanças herausgegebenen Boletim da direcçâo-geral das contribuiçôes e impostos, Série C, und in der Zeitschrift Fisco, Februar 1990, S. 14-21.

86 Zum Begriff vgl. Mateus: (contas), 1988, S. 11.

87 Vgl. Prazeres Lousa: (Notas), 1990, S. 12; Dieselbe: (regime), 1988, S. 13.

88 Vgl. Dieselbe: (tributaçâo), 1989, S. 65 f.

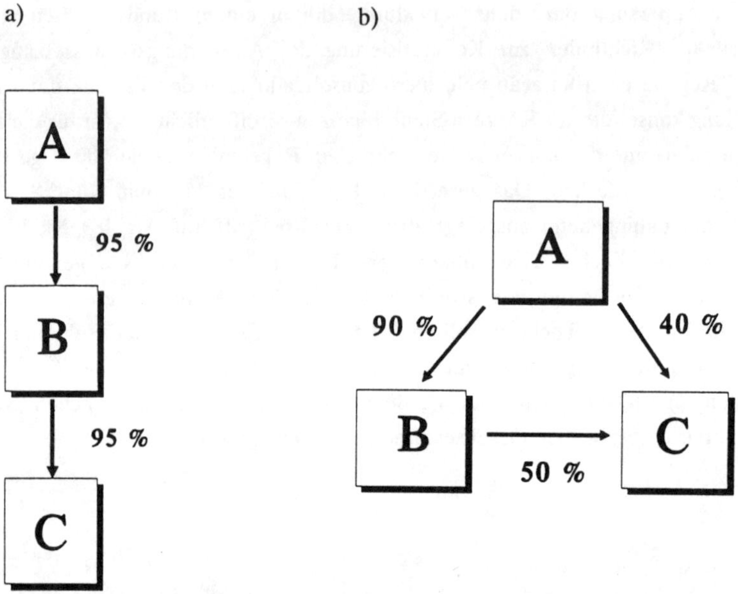

Im Fall a) erfüllen alle drei Gesellschaften die Voraussetzungen zur Einbeziehung in eine Konzern-Steuerbilanz, weil A über B an C zu (0,95 x 0,95 =) 90,25 % beteiligt ist. Dagegen kann im Beispiel b) die Gesellschaft C nicht in den steuerlichen Konzernkreis aufgenommen werden, weil die Multiplikation der direkten Beteiligungen rechnerisch nur zu einem Anteil von (0,9 x 0,5 + 0,4 =) 85 % führt, obwohl die Konzerngesellschaften A und B gemeinsam 90 % der Kapitalanteile von C besitzen.

Abb. 2: Beteiligungsstrukturen des portugiesischen "Regime de tributaçâo pelo lucro consolidado"

Gemäß Art. 59 Abs. 2 c) können nur Gesellschaften für eine gemeinsame Konzernbesteuerung optieren, die nach den allgemeinen Vorschriften des Körperschaftsteuergesetzes der Besteuerung unterliegen. Steuerbefreite oder steuerbegünstigte Gesellschaften dürfen deshalb ebensowenig einbezogen werden, wie Gesellschaften, die weder Sitz noch Geschäftsleitung im Inland haben. Außerdem ist der Kreis der zu konsolidierenden Gesellschaften damit auf Aktiengesellschaften (sociedades anónimas), Gesellschaften mit beschränkter Haftung (sociedades por quotas) und Kommanditgesellschaften auf Aktien (sociedades em comandita por acçôes) begrenzt.[89]

Der Antrag auf Genehmigung der konsolidierten Besteuerung muß von der Muttergesellschaft bis zum 30. April des Jahres, für das die Regelung erstmals in Anspruch genommen werden soll, beim Finanzministerium gestellt werden. Aus dem Antrag muß hervorgehen, welche Tochtergesellschaften in die Konzern-Steuerbilanz integriert werden. Die Aufnahme ist fakultativ. Die Genehmigung wird grundsätzlich für eine Dauer von drei Jahren unter dem Vorbehalt erteilt, daß die gesetzlichen Voraussetzungen während des bewilligten Zeitraumes durchgehend erfüllt sind. Ist der 3-Jahres-Zeitraum abgelaufen, oder soll eine Gesellschaft neu in einen bestehenden Konsolidierungskreis aufgenommen werden, ist erneut eine Genehmigung zu beantragen (Art. 59 Abs. 5 IRC).

Die steuerliche Gewinnermittlung des Konzerns wird auf der Grundlage einer Konzern-Steuerbilanz und Konzern-Erfolgsrechnung durchgeführt. Der Ergebnisermittlung "liegt ein Prinzip zugrunde, nach dem die Gesellschaften, die einen steuerlichen Konzern bilden, als wirtschaftlich einheitliches Gebilde darzustellen sind"[90]. Abschnitt II Nr. 2 des Schreibens 4/90 der Finanzverwaltung zu Art. 59 IRC qualifiziert sogar nur den nach Art. 59 IRC abgegrenzten Konzern als Steuersubjekt.[91] Entgegen dieser Verwaltungsauffassung[92] sind die einzelnen Konzerngesellschaften zunächst zur Aufstellung einer eigenen Steuerbilanz verpflichtet, in der auf der Grundlage der Fiktion der wirtschaftlichen Selbständigkeit bilanziert und bewertet werden muß. Erst in einem zweiten Schritt werden die Einzelbilanzen zur Konzern-Steuerbilanz zusammengefaßt. Zur Aufstellung der einheitlichen Erfolgsrechnung sind Konsolidierungsmaßnahmen erforderlich, mit dem Ziel, die aus der isolierenden Sicht der Einzelgesellschaften erstellten Steuerbilanzen in eine Unternehmungsbilanz zu integrie-

---

89 Vgl. Prazeres Lousa: (tributaçâo), 1989, S. 67.

90 Ebenda, S. 80: "As contas consolidadas subjaz o princípio de que as sociedades que formam o grupo constituem uma única entidade económica".

91 Vgl. Abschnitt II Nr. 2 des Circular 4/90 zu Art. 59 IRC, in dem es heißt: "Für steuerliche Zwecke bilden alle Gesellschaften eine wirtschaftliche Einheit und ein einziges Steuersubjekt. (Para efeitos fiscais todas as sociedades do grupo constituem uma unidade económica e um único sujeito passivo.)"

92 Es ist anzunehmen, daß nicht die subjektive, sondern die objektive Steuerpflicht gemeint ist.

ren, in der eine konzerndimensionale Bilanzierung und Bewertung zum Ausdruck kommt.

Im "Regime de tributaçâo pelo lucro consolidado" ist die Methode der Voll-Konsolidierung anzuwenden. Aus diesem Grund ist zunächst eine Kapitalkonsolidierung durchzuführen, bei der die Beteiligungsansätze der Muttergesellschaft gegen das Eigenkapital der Tochtergesellschaften aufzurechnen sind. Der sich in der Regel ergebende Differenzbetrag ist hinsichtlich seiner Ursachen zu analysieren und entweder den in der Einzelbilanz über- oder unterbewerteten Wirtschaftsgütern zuzurechnen, als Geschäfts- oder Firmenwert auszuweisen und über zwei Jahre abzuschreiben, als Rückstellung für zukünftige Risiken und Verluste in die Konzern-Steuerbilanz aufzunehmen oder als "reserva de consolidaçâo" zu passivieren.[93]

Neben der Kapitalkonsolidierung ist auch eine Schuldenkonsolidierung und eine Aufwands- und Ertragskonsolidierung durchzuführen.[94] Konzernintern übertragene Wirtschaftsgüter sind in der konsolidierten Steuerbilanz mit dem Wert anzusetzen, den sie im Zeitpunkt der Konsolidierung gehabt hätten, wenn die Veräußerung zwischen den Konzerngesellschaften nicht stattgefunden hätte.[95] Aus diesem Grund sind die auf der Ebene der Einzelbilanz angesetzten Abschreibungen zu korrigieren und an die konzerndimensionale Betrachtungsweise anzupassen. Zwischengewinne und -verluste gelten aus Konzernsicht erst in dem Zeitpunkt als realisiert, in dem die entsprechenden Wirtschaftsgüter den Konsoliderungskreis verlassen. Eine Realisation erfolgt auch, wenn eine der an der Transaktion beteiligten Gesellschaften aus dem steuerlichen Konzern ausscheidet. Im Rahmen der laufenden Konsolidierung sind alle innerkonzernlichen Geschäftsvorfälle zu eliminieren. In diesem Zusammenhang werden die bereits in den Einzelbilanzen ausgewiesenen Gewinne oder Verluste aus innerkonzernlichen Veräußerungsvorgängen neutralisiert. Veräußert eine Konzerngesellschaft ein Wirtschaftsgut, das sie in Vorjahren von einer anderen Gesellschaft desselben Konzernkreises erworben hat, an einen Außenstehenden, ist im Jahr der Weiterveräußerung in der Konzern-Steuerbilanz der Gewinn auszuweisen, der insgesamt im Rahmen des konzerninternen Produktions- und Ver-

93 Vgl. Prazeres Lousa: (tributaçâo), 1989, S. 76 f.

94 Vgl. Abschnitt II Nr. 2 des Circular 4/90 zu Art. 59 IRC.

95 Art. 6 Abs. 2 des Decreto-Lei Nr. 414/87 vom 31.12.1987.

arbeitungsprozesses entstanden ist.[96] Die steuerlichen Abschreibungen abnutzbarer Wirtschaftsgüter sind auf der Basis des um innerkonzernliche Transaktionen bereinigten Wertansatzes zu berechnen. Sind bei einer aus dem Konsolidierungskreis ausscheidenden Gesellschaft noch abnutzbare Wirtschaftsgüter aktiviert, die sie während der Konzernzugehörigkeit von anderen Konzerngesellschaften erworben hat, ist dem Konzernergebnis des letzten Jahres, in dem die ausscheidende Gesellschaft Mitglied des steuerlichen Konzernkreises gewesen ist, ein Betrag hinzuzurechnen, der sich aus der Differenz der auf der Grundlage der Anschaffungskosten in der Einzelbilanz der ausscheidenden Gesellschaft vorgenommenen Abschreibungen und der in der Konzernbilanz verrechneten Abschreibungen ergibt.[97]

Gewinnausschüttungen innerhalb des Konzerns sind steuerlich bereits auf der Ebene der Einzelgewinnermittlung der Konzerngesellschaften unbeachtlich. Das pauschale Verwaltungskosten-Äquivalent in Höhe von 5 % der Bardividende, das ansonsten bei Gewinnausschüttungen zwischen Konzerngesellschaften bei der empfangenden Gesellschaft steuerpflichtig ist, braucht innerhalb des steuerlichen Konzernkreises des "Regime de tributaçâo pelo lucro consolidado" nicht angesetzt zu werden.

Verlustvorträge aus der Zeit vor der Aufnahme der Gesellschaft in die Konzern-Steuerbilanz dürfen das konsolidierte Ergebnis nicht mindern (Art. 60 Buchstabe a) IRC). Der in einem Geschäftsjahr entstandene Verlust kann im Fall der Einzelveranlagung mit den positiven Ergebnissen der folgenden fünf Wirtschaftsjahre verrechnet werden. Da die Mindestkonsolidierungsdauer nur drei Jahre beträgt, besteht für Konzerngesellschaften im Einzelfall die Möglichkeit, einen Verlustvortrag über drei Jahre zu konservieren und nach dem Ausscheiden aus dem steuerlichen Konzern wieder mit eigenen Gewinnen zu verrechnen. Die in der Konzern-Steuerbilanz ausgewiesenen Verluste eines Wirtschaftsjahres können nur mit positiven konsolidierten Ergebnissen der Folgejahre verrechnet werden (Art. 60 Buchstabe b) IRC). Auch hier ist der Verlustvortrag auf fünf Jahre begrenzt. Im Zeitpunkt der durch eine nicht verlängerte Genehmigung seitens der Finanzverwaltung oder freiwillig herbeigeführten

---

96 Zur Aufwands- und Ertragskonsolidierung und zur damit verbundenen Eliminierung von Zwischenergebnissen vgl. ausführlich Prazeres Lousa: (tributaçâo), 1989, S. 82 ff. Vgl. auch Abschnitt II Nr. 4 Punkt 2.1 des Circular 4/90 zu Art. 59 IRC.

97 Vgl. Decreto-Lei 251-A/91 vom 16.7.1991.

Beendigung der konsolidierten Besteuerung verfallen die auf Konzernebene noch vorhandenen Verlustvorträge. Wenn die Voraussetzungen für die konsolidierte Besteuerung während eines Antragszeitraums entfallen, ist bei der Muttergesellschaft außerdem ein Betrag in Höhe des 1,5fachen der Differenz zwischen den Verlusten der betreffenden Tochtergesellschaft, die während ihrer Zugehörigkeit zum steuerlichen Konzern mit einem positiven Konzernergebnis ausgeglichen werden konnten, und den Verlusten, die diese Tochtergesellschaft im Fall einer Einzelveranlagung mit eigenen Gewinnen auf dem Weg des interperiodischen Verlustabzugs hätte verrechnen können, zu versteuern.

Mit einer nachträglichen Änderung des Finanzgesetzes 1993 wird das "Regime de tributaçâo pelo lucro consolidado" rückwirkend zum 1.1.1993 verschärft. Über einen Vergleich mit den Ergebnissen einer fiktiven Einzelveranlagung und besteuerung der Konzerngesellschaften soll der interpersonelle Verlustausgleich im Konzern eingeschränkt werden. Das konsolidierte Konzernergebnis wird nur dann als Bemessungsgrundlage herangezogen, wenn es nicht geringer ist als 65 % der Summe der positiven Ergebnisse der Einzelsteuerbilanzen der in die Konzern-Steuerbilanz einbezogenen Gesellschaften. Ist das konsolidierte Ergebnis niedriger, wird das im Konzern zu versteuernde Einkommen auf 65 % der Summe der bei fiktiver Einzelveranlagung auszuweisenden Gewinne der Konzerngesellschaften festgesetzt. Die aufgrund des Ansatzes dieser Mindestbemessungsgrundlage nicht ausgleichbaren Verluste eines Wirtschaftsjahres können in der Konzern-Steuerbilanz in zukünftige Veranlagungszeiträume vorgetragen werden.

3.3 Besteuerung portugiesisch-internationaler Konzerne

Auf der Grundlage des Universalitätsprinzips werden portugiesische Gesellschaften mit ihrem Welteinkommen zur Besteuerung herangezogen. Ausländische Einkünfte sind netto in die Bemessungsgrundlage einzubeziehen. Soweit die Tätigkeit über eine im Ausland belegene Betriebsstätte ausgeübt wird, und die erzielten Gewinne bereits im Ausland einer Ertragsbesteuerung unterlegen haben, ist unilateral keine Anrechnung der ausländischen Steuer möglich. Weil nur die Netto-Einkünfte in Portugal zu versteuern sind, kann die im Ausland entstandene Steuer de facto vom zu versteuernden Einkommen der portugiesischen Gesellschaft abgezogen werden.[98] Auch für Gewinnausschüttungen im internationalen Konzern kennt das portugiesische Steuerrecht keine allgemeinen Regelungen zur Vermeidung der Doppelbesteuerung. Im Zuge der Umsetzung der Mutter-Tochter-Richtlinie hat der Gesetzgeber jedoch die in Art. 45 IRC verankerte 95 %ige Freistellung nationaler Schachtelerträge auf Beteiligungen an innerhalb der Union ansässige Gesellschaften ausgeweitet.[99] In den DBA ist sowohl für Ergebnisse von Auslandsbetriebsstätten als auch für ausgeschüttete Gewinne ausländischer Tochtergesellschaften grundsätzlich die Anrechnungsmethode verankert. Innerhalb der Union sind allerdings die bilateralen Geschäftsbeziehungen mit griechischen, irischen, luxemburgischen und niederländischen Betriebsstätten oder Tochtergesellschaften nicht durch ein DBA abgesichert.[100]

Art. 5 der Mutter-Tochter-Richtlinie sieht für Portugal eine Ausnahme von der sofortigen Abschaffung der Quellenbesteuerung von Gewinnausschüttungen zwischen verbundenen Unternehmen verschiedener Mitgliedstaaten vor. Bis zum 31.12.1996 darf Portugal eine 15 %ige Quellensteuer und bis zum 31.12.1999 eine Quellensteuer in Höhe von 10 % beibehalten.

98 Der portugiesische Gesetzgeber hat im Entwurf des Haushalts- und Finanzgesetzes 1994 vorgesehen, die Abzugsmethode generell durch die Möglichkeit zur Anrechnung ausländischer Steuern zu ersetzen.

99 Vgl. Sousa da Câmara: (Implementation), 1992, S. 174; Mendonca Raimundo: (Portugal), 1992, S. 184 f.

100 Portugal hat bislang insgesamt nur 12 Abkommen abgeschlossen.

4. Frankreich

4.1 Grundlagen der Körperschaftsbesteuerung und Schachtelfreistellung

Das französische Steuerrecht orientiert sich bei der Abgrenzung der Subjekte der Körperschaftsteuer nicht ausschließlich an der rechtlichen Organisationsform der Unternehmen. Zwar sind Aktiengesellschaften (sociétés anonymes), Kommanditgesellschaften auf Aktien (sociétés en commandite par actions) und Gesellschaften mit beschränkter Haftung (sociétés à responsabilité limitée) grundsätzlich kraft Rechtsform körperschaftsteuerpflichtig (Art. 206 Abs. 1 des Code Général des Impôts, CGI). Bestimmte Körperschaften haben aber die Möglichkeit, für eine Besteuerung nach den Grundsätzen der Einkommensteuer (impôt sur le revenu) zu optieren. Dies gilt insbesondere für die GmbH mit Familiencharakter (société à responsabilité limitée de caractère familial), die dadurch gekennzeichnet ist, daß alle Gesellschafter in einem Verwandtschaftsverhältnis stehen.[101] Andererseits räumt der Gesetzgeber den nach Art. 5 des Gesetzes über die Handelsgesellschaften vollständig rechtsfähigen Personengesellschaften[102] ein Wahlrecht zur Besteuerung nach den Vorschriften des Körperschaftsteuerrechts ein. Optiert eine Personengesellschaft nicht für die Körperschaftsbesteuerung, sind nach Art. 206 Abs. 4 CGI die Gewinnanteile der beschränkt haftenden Gesellschafter (Kommanditisten, stille Gesellschafter) der Körperschaftsteuer zu unterwerfen. Diese Regelung resultiert aus der grundsätzlichen Anknüpfung der Körperschaftsteuer (impôt sur les sociétés) an die Haftungsbeschränkung der Gesellschafter.

Der allgemeine Körperschaftsteuersatz beträgt seit dem Steuerjahr 1993 33 1/3 %. Der gespaltene Steuersatz der Jahre 1986-1991 wurde bereits vom 1.1.1992 an in einen einheitlichen, proportionalen Steuersatz für thesaurierte und ausgeschüttete Gewinne zurückgeführt. Eine Kapitalertragsteuer für Dividendenzahlungen an inländische Anteilseigner existiert nicht. Ausgeschüttete Gewinne sind beim Empfänger in Höhe der Bardividende und einer pauschalen Steuergutschrift (avoir fiscal) steuerpflichtig. Die Steuergutschrift beträgt generell 50 % der Bardividende und wird bei allen Ausschüttungen an inländische Anteilseigner gewährt. Aus diesem Grund muß die ausschüttende Gesellschaft

---

101 Vgl. Gambier/Mercier: (impôts), 1991, S. 22 f.

102 Dabei handelt es sich um die OHG (société en nom collectif), die KG (société en commandite simple) und die stille Gesellschaft (société en participation).

eine Ausgleichsteuer (précompte mobilier) auf Gewinne entrichten, die nicht dem Normalsteuersatz unterlegen haben.[103] Die Ausgleichsteuer entspricht der Höhe des mit der Dividende verbundenen Anrechnungsguthabens und muß auch entrichtet werden, wenn Rücklagen oder Gewinnvorträge ausgeschüttet werden, die vor mehr als fünf Jahren gebildet wurden.[104] Das französische Steuerrecht basiert somit auf einem speziellen Anrechnungssystem. Der Anrechnungsumfang bestimmt sich nicht in Abhängigkeit von der bereits von der ausschüttenden Gesellschaft gezahlten Steuer, sondern wird isoliert auf der Grundlage der Bardividende berechnet. Mit der Absenkung des Steuersatzes auf 33 1/3 % führt das technisch auf einer Teil-Anrechnung beruhende französische Körperschaftsteuersystem aufgrund der besonderen Relation von Steuersatz und Anrechnungsbetrag zu einer vollständigen Vermeidung der Doppelbelastung ausgeschütteter Gewinne. Frankreich hat damit seit 1993 den Übergang zum Voll-Anrechnungssystem vollzogen.[105]

Alternativ zur Voll-Anrechnung können Gesellschaften, die mit mindestens 10 % an den Stimmrechten oder 150 Mio. FF am Kapital einer anderen Gesellschaft beteiligt sind, auf der Grundlage von Art. 145 Abs. 1c CGI für die Freistellung der entsprechenden Beteiligungserträge optieren. Voraussetzung der steuerfreien Vereinnahmung ist, daß die Beteiligung seit mindestens zwei Jahren besteht. Mit dem "régime des sociétés mères et filiales" (Schachtelfreistellung) war bis zum 31.12.1992 keine vollständige Freistellung der Dividenden verbunden. Ein Betrag von 5 % der Summe aus Schachtelerträgen und "avoir fiscal" blieb bei der Empfängergesellschaft steuerpflichtig (Art. 216 CGI). Intention der beschränkten Freistellung war, einen pauschalen Korrekturposten für die steuerlich abzugsfähigen Verwaltungskosten zu schaffen, die im Zusammenhang mit der Beteiligung angefallen sind. Im Zusammenhang mit der Absenkung des allgemeinen Körperschaftsteuersatzes ist die Steuerpflicht der Verwaltungskostenpauschale abgeschafft worden. Gleichwohl kommt der Schachtelfreistellung in Zukunft auf nationaler Ebene keine wesentliche Bedeutung mehr zu.

Bei einer Weiterausschüttung steuerfrei vereinnahmter Schachtelerträge wird die Ausgleichsteuer (précompte mobilier) fällig. Diese Steuer kann mit dem

---

103 Vgl. Gambier/Mercier: (impôts), 1991, S. 127 f.

104 Vgl. Viegener: (Besteuerung), 1988, S. 694.

105 Vgl. Derselbe: (Vollanrechnung), 1993, S. 933 ff.

Guthaben aus dem "avoir fiscal" verrechnet werden, das in den vorangegangenen fünf Jahren entstanden ist. Da die Ausgleichsteuer der Höhe nach mit dem "avoir fiscal" konvergiert, können die Schachtelerträge ohne zusätzliche steuerliche Belastung weiter ausgeschüttet werden.[106]

Ein Vergleich der steuerlichen Wirkungen des körperschaftsteuerlichen Anrechnungssystems und der Schachtelfreistellung in der Ausgestaltung der Jahre 1992 und 1993 führt zu folgenden Ergebnissen:

	Anrechnungs-system 1992	**Anrechnungs-system** 1993	**Schachtel-freistellung** 1992	**Schachtel-freistellung** 1993
I. Tochtergesellschaft				
Bruttodividende	100	100	100	100
./. Körperschaftsteuer	34	33,3	34	33,3
= Bardividende	66	66,7	66	66,7
II. Muttergesellschaft				
Bardividende	66	66,7	66	66,7
+ Steuergutschrift (avoir fiscal)	33	33,3	33	33,3
= Beteiligungsertrag	99	100	99	100
davon steuerpflichtig	99	100	4,95	0
Körperschaftsteuer	33,6	33,3	1,68	0
./. Steuergutschrift (avoir fiscal)	33	33,3	0	0
= Steuerzahllast	0,6	0	1,68	0

Abb. 3: Vergleich der Wirkungen des körperschaftsteuerlichen Anrechnungssystems und der nationalen Schachtelfreistellung in den Steuerjahren 1992 und 1993 in Frankreich

106 Vgl. Bonafoux: (Lamy Fiscal), 1993, S. 352 f.

4.2 "Régime du bénéfice consolidé" und "Ancien régime de l'intégration fiscale"

Mit dem Gesetz vom 12.7.1965 wurde französischen Konzernen erstmals die Möglichkeit eröffnet, die steuerlichen Ergebnisse ihrer in- und ausländischen Betriebsstätten und Tochtergesellschaften in die Bemessungsgrundlage der Körperschaftsteuer einzubeziehen.[107] Der persönliche Anwendungsbereich des "régime du bénéfice consolidé" erstreckt sich auf die in Frankreich ansässige Muttergesellschaft und alle von ihr beherrschten in- und ausländischen Tochtergesellschaften. Ein Beherrschungsverhältnis liegt nach Art. 114 Abs. 2 annexe II CGI vor, wenn eine Gesellschaft über die Mehrheit der Stimmrechte an einer anderen Gesellschaft verfügt. Die Anwendung des "bénéfice consolidé" ist an eine ministerielle Genehmigung gebunden, die bisher äußerst restriktiv gehandhabt wurde.[108] Aus diesem Grund ist die praktische Bedeutung dieser Regelung sehr begrenzt.

1972 wurde mit dem "régime de l'intégration fiscale" ein weiteres System der Konzernbesteuerung kodifiziert, das nur für nationale Konzernkreise anwendbar ist. Es wurde 1988 durch ein neues Rechtsinstitut gleichen Namens ersetzt. Aus diesem Grund wird die in Art. 209 sexies CGI verankerte, und für eine Übergangszeit noch anwendbare Regelung als "ancien régime" bezeichnet. Rechtlich selbständige Tochtergesellschaften werden hinsichtlich der Körperschaftsbesteuerung einer Betriebsstätte der Muttergesellschaft gleichgestellt. Voraussetzung ist, daß eine direkte oder indirekte Kapitalbeteiligung von mindestens 95 % besteht. Das "ancien régime" ist nur auf Industrieunternehmungen anwendbar. Außerdem müssen die Tochtergesellschaften die gewerblichen Zwecke des Mutterunternehmens in der Weise fördern oder ergänzen, daß sie mit ihr eine wirtschaftliche Einheit bilden. Jede Konzerngesellschaft hat zunächst ihr steuerliches Einkommen selbständig und unabhängig zu ermitteln. Anschließend werden die Einzelergebnisse bei der Muttergesellschaft in Form

107 Art. 22 Loi Nr. 65-566 vom 12.7.1965.

108 Andrieu: (Unity), 1988, S. 13, spricht davon, daß die Finanzverwaltung weniger als 40 Zustimmungen erteilt hat. Nach Angaben von Morgenstern: (profit), 1990, S. 17, wurde die Genehmigung bisher nur etwa 10 Konzernen erteilt. Thill sprach in einem Vortrag anläßlich des 16. Steuer-Kontakt-Seminars des Instituts für deutsche und internationale Besteuerung an der Universität Göttingen am 18.6.1993 von 12-14 Unternehmen. Vgl. auch Commission of the European Communities (Hrsg.): (Report), 1992, S. 291; Saß: (Abzug), 1991, S. 1162; Arnold: (Taxation), 1984, S. 194.

einer einfachen Addition zum Konzernergebnis zusammengefaßt. Die Anwendung des "ancien régime" war ebenfalls antrags- und genehmigungspflichtig. Unternehmungen, die noch über eine gültige Genehmigung verfügen,[109] können sich bis zu deren Ablauf weiterhin nach den Vorschriften des "ancien régime" besteuern lassen.

Sowohl das "bénéfice consolidé" als auch das "ancien régime de l'intégration" führen nicht zu einer Besteuerung des konsolidierten Gewinns. Beide Systeme ermöglichen einen Verlustausgleich, der beim "bénéfice consolidé" auch ausländische Tochtergesellschaften einbezieht. Die ausschüttungsunabhängige Zurechnung der im Ausland erzielten Ergebnisse kann aber zu einer Doppelbesteuerung führen, wenn sich der französische Teilkonzern in einer nachhaltig schlechten Ertragslage befindet, oder wenn die höhere ausländische Steuer wegen der Anrechnungsbeschränkung nicht vollständig verrechnet werden kann. Außerdem erfolgt weder national noch international eine Eliminierung von Zwischengewinnen aus dem konzerninternen Lieferungs- und Leistungsverkehr. Die wirtschaftliche Einheit wird steuerrechtlich somit nicht konsequent umgesetzt. Darüber hinaus sind beide Systeme von der Zustimmung des Finanzministeriums abhängig. Viegener spricht in diesem Zusammenhang davon, daß die Genehmigung oftmals kaum anhand der Gesetzesmaterialien nachvollzogen werden kann und deshalb in hohem Maße eine Ermessensentscheidung ist.[110]

4.3 "Nouveau régime de l'intégration fiscale"

Eine vom Finanzministerium eingesetzte Kommission, die den Einfluß des französischen Steuerrechts auf die internationale Wettbewerbsfähigkeit französischer Unternehmungen untersuchen sollte, kam 1987 unter anderem zu dem Ergebnis, daß französische Großunternehmungen aufgrund des beschränkten Anwendungsbereichs der speziellen konzernsteuerrechtlichen Vorschriften und der mangelnden Berücksichtigung wirtschaftlicher Gegebenheiten im Rahmen des "bénéfice consolidé" und des "ancien régime" gegenüber ihren ausländischen Konkurrenten benachteiligt seien. Nach Auffassung der Kommission müsse der

---

109 Bonafoux: (Lamy Fiscal), 1991, S. 330, weist darauf hin, daß derzeit noch etwa 30 Unternehmungen über diese Erlaubnis verfügen.

110 Vgl. Viegener: (Neuerungen), 1972, S. 177. Vgl. auch Arnold: (Taxation), 1984, S. 194.

französischen Konzernbesteuerung ein Konzept zugrundegelegt werden, das hinsichtlich der rechtlichen Organisationsform neutral ist und somit unter Beachtung der wirtschaftlichen Einheit von Konzernunternehmungen eine Verbesserung der Wettbewerbsfähigkeit durch angemessenere steuerliche Rahmenbedingungen schafft.[111] Mit Art. 68 des Steueränderungsgesetzes vom 30.12.1987 wurde daraufhin das "nouveau régime de l'intégration fiscale" eingeführt.

Das "nouveau régime" kann nur von französischen Gesellschaften in Anspruch genommen werden, die der Körperschaftsteuer zum Normalsteuersatz unterliegen. Dies impliziert auch Personengesellschaften, die für die Körperschaftsbesteuerung optiert haben. Muttergesellschaft (société mère) kann jede Gesellschaft sein, deren Anteile nicht zu mindestens 95 % direkt oder indirekt von einem anderen französischen Unternehmen gehalten werden.[112] Die Beteiligung einer ausländischen Gesellschaft an der französischen Muttergesellschaft steht der Qualifikation als "tête de groupe" nicht entgegen. Auch die französische Betriebsstätte einer ausländischen Gesellschaft erfüllt die Anforderungen an ein Mutterunternehmen, wenn die Anteile im Betriebsvermögen der Betriebsstätte gehalten werden, und die Gesellschaft im Ausland einer der französischen Körperschaftsteuer vergleichbaren Steuer unterliegt.[113] Die Muttergesellschaft bildet mit allen Tochtergesellschaften (sociétés filiale), mit denen sie über eine mindestens 95 %ige Beteiligung verbunden ist, den steuerlichen Konzernkreis (Art. 223 A CGI). Bei mehrstufigen Konzernverbindungen bezieht sich die Beteiligungsvoraussetzung nur auf die direkten Beteiligungsbeziehungen. Auf jeder Beteiligungsstufe ist eine 95 %ige Beteiligung ausreichend, auch wenn damit die indirekte Beteiligung der Mutter- an einer Enkelgesellschaft unter 95 %

---

111 Vgl. Stawinoga: (Handbuch), 1990, S. 164. Ein Auszug des "rapport de la commission des finances" findet sich bei Morgenstern: (profit), 1990, S. 15 f.

112 Um Unternehmenszusammenschlüsse nicht steuerlich zu benachteiligen ist ab 1994 folgende Neuregelung geplant: Für den Fall, daß mindestens 95 % der Anteile eines Mutterunternehmens während eines Wirtschaftsjahres, für das die Mutter für die Besteuerung nach dem "nouveau régime" optiert hat, von einem anderen unbeschränkt körperschaftsteuerpflichtigen Unternehmen erworben werden, soll die erwerbende Gesellschaft geräuschlos als neues Mutterunternehmen des steuerlichen Konzernkreises fungieren können, wenn die übrigen Voraussetzungen erfüllt sind.

113 Vgl. Viegener: (Besteuerung), 1988, S. 688.

sinkt.[114] Bei indirekten Beteiligungen ist jedoch erforderlich, daß jedes Unternehmen der Beteiligungskette in die Konzernbesteuerung einbezogen wird.[115] Die Beteiligungsquote von 95% bezieht sich auf Stimmrechte und Dividendenberechtigungen.[116] Die Besteuerung nach dem "nouveau régime" ist nicht antrags- oder genehmigungspflichtig.[117] Die Muttergesellschaft ist an ihre Option allerdings für fünf Jahre gebunden. Sie kann während dieses Zeitraumes neue Gesellschaften in den steuerlichen Konzernkreis aufnehmen, die ebenfalls mindestens fünf Jahre einbezogen werden müssen. Die jeweils qualifizierenden Beteiligungen müssen während des ganzen Wirtschaftsjahres, für das die Konzernbesteuerung durchgeführt werden soll, ununterbrochen bestanden haben.

Auf der Grundlage des Art. 223 P-2 CGI ist das "nouveau régime" auch auf ausländische Tochtergesellschaften anwendbar, deren Ergebnis nach den Vorschriften des Art. 209 quinquies CGI ("bénéfice consolidé") ermittelt wurde, sofern die dort konstituierten Anforderungen erfüllt sind. Somit besteht für Industrieunternehmungen grundsätzlich die Möglichkeit auch Gewinne und Verluste ausländischer Tochtergesellschaften, an denen eine Beteiligung von mindestens 95 % besteht, in die gemeinsame Konzern-Steuererklärung einzubeziehen. Der Weg über Art. 209 quinquies CGI bindet die Internationalisierung des Anwendungsbereichs des "nouveau régime" jedoch indirekt an die für den "bénéfice consolidé" erforderliche ministerielle Genehmigung. Aus diesem Grund wird eine entsprechende Konstellation in der Praxis nur äußerst selten zu finden sein.

Die Ermittlung des Konzernergebnisses vollzieht sich in einem dreistufigen Vorgang (vgl. Abbildung 4). Zunächst ist jede Konzerngesellschaft verpflichtet, eine isolierte steuerliche Ergebnisermittlung unter der Fiktion der wirtschaftlichen Selbständigkeit durchzuführen. Im Rahmen der isolierten Einzelgewinnermittlung basiert die Bewertung des innerkonzernlichen Geschäftsverkehrs auf dem Dealing-at-arm's-length-Prinzip. Anschließend werden die Einzelergebnisse aller in den steuerlichen Konzernkreis einbezogenen Gesellschaften der

---

114 Vgl. Bonafoux: (Lamy Fiscal), 1993, S. 380; Villegier: (intégration), 1992, S. 26; Gouadain: (intégration), 1989, S. 49 ff.; Andrieu: (Group), 1988, S. 165.

115 Vgl. Villegier: (intégration), 1992, S. 28.

116 Vgl. Jacobs/Spengel: (Ertragsbesteuerung), 1994, S. 102.

117 Bis zum 31.12.1991 optierten insgesamt 17.618 Gesellschaften, davon 5.092 Muttergesellschaften, für die neue französische Konzernbesteuerung. Vgl. o.V.: (Statistiques), 1990, S. 194; o.V.: (puissances), 1991.

Muttergesellschaft zugerechnet (Art. 223 B Abs. 1 CGI). Aus der additiven Verknüpfung ergibt sich das Brutto-Konzernergebnis (résultat brut d'ensemble). Auf der dritten Stufe ist das Brutto-Konzernergebnis um bestimmte erfolgswirksame innerkonzernliche Transaktionen zu korrigieren. Unter Berücksichtigung der entsprechenden Hinzurechnungen (réintégrations fiscales) und Kürzungen (déductions fiscales), die der wirtschaftlichen Einheit der Konzernunternehmung Rechnung tragen, entsteht das Netto-Konzernergebnis (résultat net d'ensemble), das als Steuerbemessungsgrundlage des Konzerns herangezogen wird.

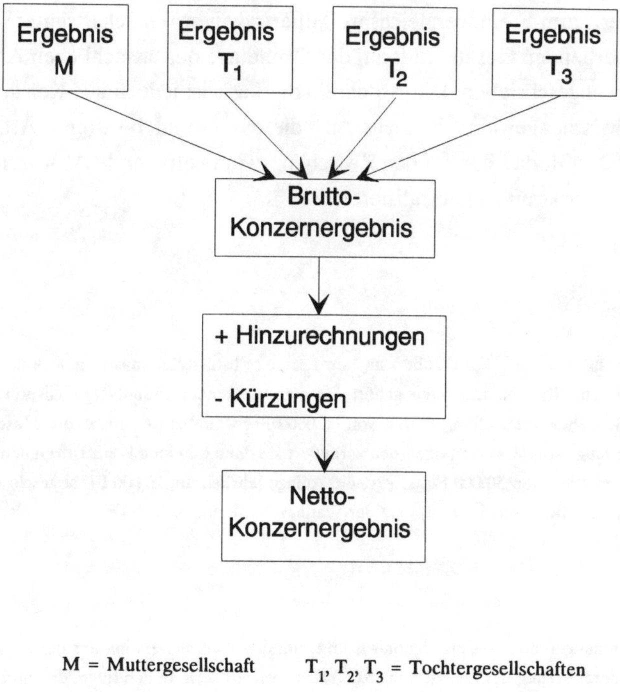

Abb. 4: Stufen der Ergebnisermittlung im französischen "nouveau régime de l'intégration fiscale"

Die materiell bedeutsamste Modifikation des Brutto-Konzernergebnisses betrifft die Neutralisierung von Zwischenergebnissen aus dem konzerninternen Lieferungs- und Leistungsverkehr. Bei konzerndimensionaler Betrachtungsweise gelten Zwischengewinne und -verluste erst im Zeitpunkt der Veräußerung eines Wirtschaftsgutes an Konzernfremde oder beim Ausscheiden einer Gesellschaft aus dem Konzernkreis als realisiert. Aus diesem Grund sind die in der Einzelbilanz der veräußernden Gesellschaft ausgewiesenen Zwischengewinne im Jahr der innerkonzernlichen Veräußerung vom Konzernergebnis abzuziehen. Zwischenverluste sind entsprechend hinzuzurechnen. Verläßt ein nichtabnutzbares, zuvor konzernintern übertragenes Wirtschaftsgut den Konzernkreis, ist das Konzernergebnis um den ursprünglich neutralisierten Zwischengewinn zu erhöhen. Eine Besonderheit ergibt sich hinsichtlich der Ergebniskorrekturen bei abnutzbaren Gegenständen des Anlagevermögens. Die konzernintern zum Fremdvergleichspreis übertragenen Wirtschaftsgüter werden bei der erwerbenden Gesellschaft auf der Grundlage der tatsächlichen Anschaffungskosten abgeschrieben. Die Abschreibungsbasis ist jedoch aus Konzernsicht um den Zwischengewinn zu hoch. Aus diesem Grund bestimmt Art. 223 F Abs. 1 Satz 2 CGI, daß der auf den Zwischengewinn entfallende Abschreibungsbetrag erfolgswirksam zu neutralisieren ist.[118]

Beispiel:[119]

Sachverhalt:

Die Konzerngesellschaft A_1 veräußert im Jahr t_1 eine selbsterstellte maschinelle Anlage an A_2, die zu demselben Konzernkreis gehört. Dem anzusetzenden Fremdvergleichspreis von 100.000 FF stehen Herstellungskosten von 75.000 FF gegenüber. A_2 nutzt die Maschine drei Jahre lang im Anlagevermögen und veräußert sie dann an einen konzernfremden Abnehmer zum Preis von 50.000 FF. Da A_2 die Anlage jährlich um 20.000 FF abgeschrieben hat, beträgt der Buchwert im Zeitpunkt der Weiterveräußerung 40.000 FF.

Ergebnis:

Das zusammengefaßte Konzernergebnis ist in t_1 um den Zwischengewinn aus der konzerninternen Veräußerung der Anlage von 25.000 FF zu vermindern. In den folgenden drei Jahren sind die auf der Grundlage des Fremdvergleichspreises bewerteten Abschreibungen um den Betrag zu korrigieren, der auf den Zwischengewinn entfällt. Somit müssen in den Jah-

118 Vgl. Gouadain: (intégration), 1989, S. 74 ff.

119 Vgl. zu Beispielrechnungen Tillmanns: (Einführung), 1988, S. 280 f., und Jacobs/Spengel: (Ertragsbesteuerung), 1994, S. 148.

ren t_2-t_4 jeweils 5.000 FF dem Konzernergebnis hinzugerechnet werden. In t_4 ist das Konzernergebnis außerdem um den in t_1 neutralisierten und nun realisierten Zwischengewinn von 25.000 FF zu erhöhen.

Eine Eliminierung von Zwischenergebnissen erfolgt aus Praktikabilitätsgründen nur bei Veräußerungen von Wirtschaftsgütern des Anlagevermögens.

Neben der Zwischenergebniseliminierung sind im Rahmen der Korrekturen des zusammengefaßten Konzernergebnisses auch die aus innerkonzernlichen Schuldverhältnissen entstandenen Erfolgsbeiträge zu neutralisieren (Art. 223 B Abs. 3 und 5 CGI). Das Brutto-Konzernergebnis ist um Wertberichtigungen auf Forderungen zu erhöhen, soweit den Aufwendungen des Gläubigers keine entsprechenden Erträge des Schuldners gegenüberstehen.[120] Verzichtet eine Konzerngesellschaft auf eine Forderung, die sie gegen eine andere Gesellschaft desselben Konzernkreises hat, ist der Forderungswert in der Konzern-Steuerbilanz wieder abzuziehen, wenn bei der begünstigten Gesellschaft ein außerordentlicher Ertrag verbucht wurde und der Forderungsverzicht beim Gläubiger nicht als abzugsfähige Betriebsausgabe anerkannt wird. Außerdem sind die Zuführungen zu Rückstellungen für ungewisse Verbindlichkeiten gegenüber anderen, in die Konzern-Steuerbilanz einbezogenen Gesellschaften dem Konzernergebnis wieder hinzuzurechnen.

Gewinnausschüttungen innerhalb des Konzerns wirken sich nicht auf das steuerliche Konzernergebnis aus. Die Gewinne der Tochtergesellschaften werden der Muttergesellschaft zugerechnet und bei dieser versteuert. Bei isolierter Betrachtung wäre die Tochtergesellschaft für die an die Muttergesellschaft ausgeschütteten Gewinne ausgleichsteuerpflichtig, weil sie selbst keine Körperschaftsteuer auf diese Gewinne entrichtet. Auf der Grundlage einer betriebswirtschaftlichen Sichtweise werden die innerkonzernlichen Dividenden gemäß Art. 223 H Abs. 1 CGI jedoch bei der ausschüttenden Gesellschaft von der Ausgleichsteuer befreit. Die ausgeschütteten Gewinne sind gleichzeitig bei der Empfängergesellschaft vom Anrechnungsverfahren ausgeschlossen und vermitteln somit kein Steuerguthaben in Form des "avoir fiscal".[121] Die innerkonzern-

---

120 Vgl. Villegier: (intégration), 1992, S. 43 f.; Andrieu: (Group), 1988, S. 166; Coudin/Le Gall: (conséquences), 1988, S. 1360.

121 Vgl. Gambier/Mercier: (impôts), 1991, S. 554; Viegener: (Besteuerung), 1988, S. 695; o.V.: (régime), 1988, S. 18.

lichen Gewinnausschüttungen werden bei der Muttergesellschaft im Rahmen der selbständigen Erfolgsrechnung der ersten Gewinnermittlungsstufe als steuerfreie Schachtelerträge qualifiziert. Schüttet die Tochtergesellschaft Rücklagen oder Gewinnvorträge aus der Zeit vor der Einbeziehung in den Konzernkreis an die Muttergesellschaft aus, ist sie für diese Beträge ausgleichsteuerpflichtig; die Steuer ist von der Muttergesellschaft zu entrichten (Art. 223 H Abs. 1 CGI). Dasselbe gilt auch für Ausschüttungen der Tochtergesellschaften an Minderheitsgesellschafter (Art. 223 H Abs. 3 CGI). Obwohl jede Konzerngesellschaft eine eigene Steuererklärung abzugeben hat (Art. 223 A Abs. 3 CGI), ist die auf das konsolidierte Ergebnis entfallende Körperschaftsteuer allein von der Muttergesellschaft zu entrichten, die damit die Konzernunternehmung gegenüber der Finanzverwaltung "vertritt". Jedes Konzernmitglied haftet jedoch solidarisch für die im Konzern geschuldete Steuer.[122]

Bei Ausschüttungen der Muttergesellschaft kommt das Anrechnungsverfahren nach den allgemeinen Vorschriften zur Anwendung. Die Dividenden sind folglich mit einem Steuerguthaben ausgestattet. Eine Ausgleichsteuer fällt nicht an, soweit die Ausschüttungen durch das Konzernergebnis nach Abzug der Körperschaftsteuer gedeckt sind.[123] Die auf der Grundlage des Handelsbilanzergebnisses der Muttergesellschaft vorgenommenen Ausschüttungen sind jedoch in dem Umfang ausgleichsteuerpflichtig, in dem sie z. B. durch Verlustzurechnungen von Tochtergesellschaften effektiv nicht der Körperschaftsteuer unterlegen haben.[124]

Wird eine Gesellschaft in den steuerlichen Konzernkreis aufgenommen, können die bestehenden Verlustvorträge aus der vorkonzernlichen Zeit nicht direkt mit dem Konzernergebnis verrechnet werden, da sie nicht durch die Geschäftstätigkeit der wirtschaftlichen Einheit verursacht worden sind. Die vorkonzernlichen Verluste bleiben jedoch auf der Ebene der Einzelgewinnermittlung fünf Jahre vortragsfähig; sie wirken sich somit über die Zurechnung der Ergebnisse indirekt auf das Konzernergebnis aus.[125] Demgegenüber mindern die während der Konzernzugehörigkeit erlittenen Verluste den Konzernerfolg direkt und können bei der verlusterzielenden Gesellschaft nicht mehr vor- oder zurückgetragen

---

122 Vgl. Stawinoga: (Handbuch), 1990, S. 172.

123 Vgl. Lefebvre: (Fiscal), 1992, S. 1071.

124 Vgl. Gambier/Mercier: (impôts), 1991, S. 554; Viegener: (Besteuerung), 1988, S. 696.

125 Zu Ausnahmen vgl. Art. 223 I Abs. 1 b) und Abs. 2 CGI.

werden. Ist das Konzernergebnis negativ, kann die Muttergesellschaft den Konzernverlust auf den Konzerngewinn der nächsten fünf Jahre vortragen, oder für einen Verlustrücktrag auf die drei vorangegangenen Wirtschaftsjahre optieren. Geht der Rücktragszeitraum über den Zeitpunkt der erstmaligen Inanspruchnahme des "nouveau régime" hinaus, können die Verluste nur mit vorkonzernlichen Gewinnen der Muttergesellschaft verrechnet werden.[126]

Scheidet eine Tochtergesellschaft vor Ablauf der Mindestdauer von fünf Jahren aus dem steuerlichen Konzernkreis aus, mußte bisher im Zeitpunkt des Ausscheidens eine 150 %ige Zurechnung der zuvor von der ausscheidenden Gesellschaft an andere Konzerngesellschaften übertragenen Netto-Verluste[127] zum Konzernergebnis vorgenommen werden.[128] Mit dieser Vorschrift hatte der Gesetzgeber eine mißbräuchliche Inanspruchnahme des "nouveau régime" verhindern wollen.[129] Mit dem Finanzgesetz 1992 wurde die Regelung dahingehend entschärft, daß nun im Zeitpunkt des Ausscheidens lediglich die übertragenen Netto-Verluste dem Konzernergebnis wieder hinzugerechnet werden. Ein "Strafzuschlag" ist nicht mehr vorgesehen. Außerdem werden alle von der vorzeitig ausscheidenden Gesellschaft verursachten Kürzungen des Konzernergebnisses (Forderungsverzichte, Zwischengewinne) rückgängig gemacht.

4.4 Besteuerung französisch-internationaler Konzerne

Im Gegensatz zur Einkommensteuer basiert die französische Körperschaftsteuer auf dem Territorialitätsprinzip. Kapitalgesellschaften sind grundsätzlich nur mit den im Inland erzielten Ergebnissen steuerpflichtig.[130] Der französische Gesetzgeber hat in Art. 209 quinquies CGI zwei Ausnahmen vom Territorialitätsprinzip zugelassen. Zum einen besteht die Möglichkeit, für eine Besteuerung nach dem Weltgewinn unter Einbeziehung der Ergebnisse ausländischer Betriebsstätten zu optieren ("bénéfice mondial"). Zum anderen können

---

126 Vgl. o.V.: (régime), 1988, S. 16; Lefebvre: (Fiscal), 1992, S. 1072 ff.

127 Zur Berechnung der Netto-Verluste, auch als Verlustüberhang (excédent de déficit) bezeichnet, vgl. Villegier: (intégration), 1992, S. 70.

128 Vgl. Morgenstern: (Modification), 1990, S. 3.

129 Vgl. Stawinoga: (Handbuch), 1990, S. 170.

130 Der sachliche Anwendungsbereich des Territorialitätsprinzips ist auf gewerbliche Einkünfte beschränkt. Aus diesem Grund sind Erträge aus ausländischem Kapitalvermögen Bestandteil des in Frankreich zu versteuernden Einkommens.

ausländische Tochtergesellschaften und Betriebsstätten unter den Voraussetzungen des "régime du bénéfice consolidé" in eine gemeinsame Konzernsteuererklärung aufgenommen werden. Die Gewinnermittlung erfolgt durch eine direkte Zurechnung der von den ausländischen Betriebsstätten und Tochtergesellschaften erzielten Ergebnisse zur französischen Muttergesellschaft. Die zuzurechnenden Gewinne oder Verluste sind zunächst nach den Vorschriften des französischen Steuerrechts zu ermitteln.[131] Die Zurechnung erfolgt anteilig in Höhe des dem Beteiligungsprozentsatz der Muttergesellschaft entsprechenden Ergebnisses auf dem Wege einer Addition der Ergebnisse ohne spezielle Konsolidierungsmaßnahmen. Mit der Zurechnung ist ein grenzüberschreitender Verlustausgleich verbunden. Die Doppelbesteuerung wird über die Anrechnung der von den Tochtergesellschaften auf die erzielten Gewinne gezahlten Steuern vermieden. Eine Anrechnung kann jedoch nur erfolgen, sofern die ausländische Steuer der französischen Körperschaftsteuer vergleichbar ist. Sie ist darüber hinaus grundsätzlich auf den Betrag der französischen Steuer beschränkt, der auf die entsprechenden ausländischen Einkünfte entfällt.[132] Werden die ausländischen Gewinne durch Verluste der französischen Muttergesellschaft überkompensiert, erfolgt keine Steuererstattung. Somit entsteht eine Steuerschuld, die nicht mit dem bei der Muttergesellschaft ausgewiesenen Konzernergebnis korrespondiert. Aus diesem Grund ermöglicht Art. 122 annexe II CGI einen fünfjährigen Vortrag des auf diese Weise entstandenen Überhangs anrechenbarer ausländischer Steuern. Die Anwendung des "bénéfice mondial" und des "régime du bénéfice consolidé" bedarf der Zustimmung des Finanzministeriums. Aufgrund der äußerst geringen Genehmigungsquote kommt beiden Regelungen in der Praxis nur eine sehr untergeordnete Bedeutung zu.[133]

Seit dem Wirtschaftsjahr 1990 können Verluste ausländischer Tochtergesellschaften, die innerhalb der ersten fünf Jahre nach dem Erwerb der Beteiligung entstehen (Anlaufverluste), den Gewinn der französischen Muttergesellschaft über die Bildung einer steuerfreien Rücklage mindern (Art. 39 octies B CGI). Die Verrechnung ist allerdings auf Verluste von Gesellschaften beschränkt, an denen die französische Gesellschaft zu mindestens 50 % beteiligt ist. In die Rücklage dürfen nur die anteilig auf die französische Gesellschaft entfallenden Verluste einfließen. Die Berücksichtigung der ausländischen Verluste ist mit ei-

131 Vgl. Bonafoux: (Lamy Fiscal), 1993, S. 376.

132 Art. 122 annexe II CGI i.V.m. Art. 111 Abs. 1. annexe II CGI.

133 Vgl. Stawinoga: (Handbuch), 1990, S. 34 f.

ner Nachversteuerungsklausel verbunden, d.h. die Rücklage ist in den folgenden Wirtschaftsjahren wieder in dem Umfang gewinnerhöhend aufzulösen, in dem die ausländische Tochtergesellschaft Gewinne erzielt. Eine Auflösung muß spätestens zehn Jahre nach der Bildung der Rücklage erfolgen.

Ausschüttungen ausländischer Tochtergesellschaften sind aufgrund des in Art. 145 CGI verankerten "régime des sociétés mères et filiales" unter denselben Voraussetzungen wie bei nationalen Unternehmensverbindungen bei der französischen Muttergesellschaft steuerfrei. Eine vollständige Vermeidung der Doppelbesteuerung wird im französisch-internationalen Konzern wegen des weiterhin pauschal anzusetzenden Verwaltungskosten-Äquivalents nicht erreicht. Schüttet die französische Gesellschaft steuerfrei vereinnahmte ausländische Beteiligungserträge weiter aus, wird Ausgleichsteuer fällig. Auf den "précompte" ist die bereits im Quellenstaat gezahlte Ertragsteuer anrechenbar. Gesellschaften, deren Tätigkeit ausschließlich in der Verwaltung von Anteilen an anderen Gesellschaften besteht, sind hinsichtlich der "Durchschüttung" steuerfreier Dividenden von der Ausgleichsteuer befreit, wenn die Holding mindestens zwei Drittel ihrer Einkünfte aus Beteiligungen an ausländischen Tochtergesellschaften erzielt. Außerdem muß der Wert des Anlagevermögens zu mindestens zwei Dritteln aus entsprechenden Beteiligungen bestehen (Art. 223 sexties CGI).[134] Die ausgleichsteuerfrei ausgeschütteten Beteiligungserträge führen beim Anteilseigner konsequenterweise nicht zu einem Anrechnungsguthaben in Form des "avoir fiscal".

Der französische Gesetzgeber nimmt eine weitere Durchbrechung des Territorialitätsprinzips vor, indem er "passive" Einkünfte aus Beteiligungen an Gesellschaften, die in einem Niedrigsteuerland ansässig sind, unabhängig von der Höhe der Ausschüttung vollständig als zu versteuerndes Einkommen der französischen Gesellschaft qualifiziert ("Bénéfices réalisés par l'intermédiaire de sociétés établies dans des pays à régime fiscal privilégié"). Voraussetzung ist, daß eine mindestens 25 %ige Kapitalbeteiligung besteht, und daß die Gesellschaft in einem Staat ansässig ist, in dem die auf die erzielten Gewinne erhobene Steuer mindestens um ein Drittel geringer ist, als der sich nach französischem Recht ergebende Steuerbetrag (Art. 209 B CGI i.V.m. Art. 102 Z Abs. 1 a) annexe II CGI). Ein der Kapitalbeteiligung der französischen Gesellschaft ent-

---

134 Vgl. Andrieu/Gastineau: (holding), 1990, S. 597 ff.; Farnschläder: (Schachtelbeteiligungen), 1992, S. 864.

sprechender Anteil am Gewinn der ausländischen Zwischengesellschaft ist in Frankreich steuerpflichtig; die "passiven" Einkünfte können nicht mit Verlusten aus "aktiver" Tätigkeit verrechnet werden.[135]

Ausschüttungen französischer Tochtergesellschaften an ihre im Ausland domizilierende Muttergesellschaft sind nicht mit einem "avoir fiscal" verbunden. Eine Erstattung der auf die Dividenden gezahlten Ausgleichsteuer oder eine Auszahlung des "avoir fiscal" ist nur bei Beteiligungen möglich, die dem ausländischen Gesellschafter keine Schachtelfreistellung oder keine indirekte Anrechnung der bereits bei der ausschüttenden Gesellschaft erhobenen Steuer gewähren.[136]

135 Vgl. Art. 102 S - 102 Z annexe II CGI; Stawinoga: (Handbuch), 1990, S 193 ff.; Tillmanns: (Steuerrecht), 1989, S. 912; Arnold: (Taxation), 1984, S. 201 ff.

136 Vgl. die Übersicht bei Bouzoraa: (Implementation), 1992, S. 137; vgl. auch Tillmanns: (Steuerrecht), 1989, S. 913 ff.

5. Großbritannien (Vereinigtes Königreich)[137]

5.1 Grundlagen der Körperschaftsbesteuerung

Rechtsgrundlagen der Ertragsbesteuerung von Kapitalgesellschaften in Großbritannien sind der Income and Corporation Taxes Act (ICTA, Einkommen- und Körperschaftsteuergesetz) und der Taxation of Chargeable Gains Act (TCGA, Veräußerungsgewinnsteuergesetz).[138] Diese Gesetze werden durch die jährlichen Finance Acts (FA, Finanzgesetze) geändert und ergänzt. Das körperschaftsteuerpflichtige Einkommen (profits) setzt sich aus den Einkünften im Sinne des ICTA (income) und den steuerpflichtigen Veräußerungsgewinnen nach dem TCGA (chargeable gains) zusammen. Im Haushaltsjahr 1994/95 beträgt der allgemeine Körperschaftsteuersatz 33 %.[139]

Dividenden, die von einer in Großbritannien ansässigen[140] Gesellschaft gezahlt werden, unterliegen zunächst bei der Ausschüttung der Advance Corporation Tax (ACT)[141]. Die ACT-Zahlungen können mit der Jahres-Körperschaftsteuer (Mainstream Corporation Tax, CT) des Jahres, in dem die Ausschüttung vorgenommen wird, verrechnet werden. Die von der Gesellschaft abgeführte ACT

---

137 Großbritannien ist zusammen mit Nordirland Bestandteil des Vereinigten Königreichs. Die im folgenden dargestellten Regelungen gelten für das gesamte Vereinigte Königreich. Aus Vereinfachungsgründen wird jedoch der in Deutschland gebräuchlichere Ausdruck Großbritannien verwendet.

138 Vgl. zur Besteuerung von Kapitalgesellschaften in Großbritannien Saunders/ Dolton: (Corporation Tax), 1993; Tiley: (Tax), 1992; Bramwell/Hardwick/ James/Oratore: (Taxation), 1991; Möllering/Mohr: (Großbritannien).

139 Dieser Satz gilt für Gesellschaften mit zu versteuerndem Einkommen von mehr als £ 1,5 Mio. Beträgt das zu versteuernde Einkommen weniger als £ 300.000, ist ein ermäßigter Steuersatz von 25 % anzuwenden (small profits relief). Wird ein Gewinn zwischen £ 0,3 und 1,5 Mio. erzielt, unterliegen die ersten 0,3 Mio dem Satz von 25 % und der Rest einem Steuersatz von 35 %; vgl. Moore: (United Kingdom), 1993, S. 447.

140 Zu den Kriterien der Ansässigkeit vgl. Revenue Statement of Practice 1/90, abgedruckt bei Tiley: (Tax), 1992, S. 912 ff. Vgl. ausführlich auch Gammie: (residence), 1988, S. 416 ff; Schmidt: (Residence), 1987, S. 35 ff.; vgl. auch Grotherr: (Steuerrechtsänderungen), 1988, S. 261 f.

141 Eine ACT-Pflicht besteht nur für "qualifying distributions" (Sec. 14 ICTA). Gemäß Sec. 14 (2) i.V.m. Sec. 209 (2)(c) ICTA sind alle Gewinnausschüttungen "qualified", die nicht auf "redeemable shares" entfallen. "Redeemable shares" sind eine in Deutschland nicht zulässige Form von Anteilspapieren, mit denen eine jederzeit einlösbare Rückkaufsverpflichtung der ausgebenden Gesellschaft in Höhe des Nennwerts verbunden ist.

kann von den Anteilseignern auf die persönliche Einkommensteuerschuld angerechnet werden. Bis zum April 1993 korrespondierte der ACT-Satz mit dem Basis-Steuersatz der Einkommensteuer von 25 %. Für Dividenden, die zwischen dem 5.4.1993 und dem 6.4.1994 gezahlt werden, beträgt die ACT 22,5 % der Brutto-Dividende. Die Anteilseigner können jedoch nur 20/80 der erhaltenen Dividende anrechnen. Für nach dem 5.4.1994 gezahlte Dividenden beträgt die ACT 20 %; bei korrespondierendem Anrechnungsanspruch des Anteilseigners in Höhe von 20/80 der Bardividende.[142] Eine vollständige Vermeidung der Doppelbelastung ausgeschütteter Gewinne wird in Großbritannien nicht erreicht, da durch die Beschränkung des Anrechnungsumfanges auf die ACT lediglich ein Teil der insgesamt auf den Dividenden lastenden Körperschaftsteuer bei den Anteilseignern angerechnet werden kann.[143]

Ist der Dividendenempfänger eine im Inland ansässige juristische Person, werden die ausgeschütteten Gewinnanteile bei der Obergesellschaft als steuerfreie Einkünfte (franked investment income, FII) behandelt (nationale Schachtelfreistellung).[144] Die von der ausschüttenden Gesellschaft auf die Brutto-Dividende gezahlte ACT kann jedoch trotz der Freistellung der Beteiligungserträge von der Obergesellschaft auf die eigene ACT-Schuld angerechnet werden (credit on FII).[145] Juristische Personen können im Gegensatz zu natürlichen Personen im Haushaltsjahr 1993/94 einen Betrag in Höhe von 22,5 % der Brutto-Dividende als ACT-Anrechnungspotential in Anspruch nehmen (= 45/155 der Bardividende). Die nationale Schachtelfreistellung führt insgesamt zu dem Ergebnis, daß von juristischen Personen erzielte Gewinne nur einmal der Advance Corporation Tax unterliegen.[146] Die Verknüpfung der Schachtelfreistellung mit der sofortigen Anrechnungsmöglichkeit der von der ausschüttenden Gesellschaft gezahlten ACT auf die ACT der dividendenempfangenden Gesellschaft führt zu

142 Änderungen eingefügt durch das Haushaltsgesetz 1993, vgl. Carson/Blum: (Changes), 1993, S. 47 ff.; Secular: (Budget), 1993, S. 185.

143 Vgl. Moore: (United Kingdom), 1993, S. 447.

144 Sec. 238 (1) ICTA 1988.

145 Eine direkte Anrechnung auf die Körperschaftsteuerschuld ist entgegen der Ansicht von Müssener: (Großbritannien), S. 31, nicht zulässig.

146 Vgl. Tiley: (Tax), 1992, S. 682 f.

einem positiven Liquiditäts- und Zinseffekt bei der Obergesellschaft.[147] Da ACT, die beispielsweise im Jahr 3 für Ausschüttungen von Gewinnen des Jahres 2 anfällt, mit der Corporation Tax des Jahres 3 verrechnet wird, kann in Höhe der Differenz zwischen ACT-Anrechnungspotential und Körperschaftsteuerschuld eines Wirtschaftsjahres ein ACT-Überschuß (Surplus ACT) entstehen. Dieses Guthaben kann grundsätzlich sechs Jahre zurück- und unbegrenzt vorgetragen werden.

Im britischen Steuerrecht ist kein spezielles Konzernsteuerrecht verankert, auf dessen Grundlage die Konzernunternehmung als fiktive rechtliche Einheit (legal entity concept) besteuert werden kann. Unabhängig davon, ob mehrere Gesellschaften in bezug auf finanzielle, organisatorische, personelle oder strukturelle Kriterien als wirtschaftliche Einheit angesehen werden können, wird jede Gesellschaft auf der Grundlage des Trennungsprinzips als unabhängige juristische Person mit eigenen Einkünften besteuert. Die einzelnen Gesellschaften bleiben eigenständige Steuerrechtssubjekte und Steuerschuldner. "Under the United Kingdom tax system, each individual company in a group is taxed on its own profits. The results of one company in a group are not pooled with those of the other group members, and the consolidated profit and loss account has no significance for corporation tax purposes."[148] Die grundsätzliche Ablehnung der Einheitstheorie wird aber durch folgende konzernspezifischen Sonderregelungen durchbrochen:

---

147 Beispiel zur Verdeutlichung des britischen Anrechnungssystems auf der Grundlage der ab dem 6.4.1994 geltenden Steuersätze:
B Ltd. schüttet im Jahr 2 £ 800 an A Ltd. aus. Bei B Ltd. entsteht somit 20/80 x 800 = £ 200 ACT. Die erhaltenen £ 800 werden bei A als franked investment income qualifiziert. Im gleichen Geschäftsjahr zahlt A Ltd. £ 4000 Dividende an C. Auf diese Ausschüttung müßte A Ltd. £ 1000 ACT zahlen. Wegen der Anrechnungsmöglichkeit der bereits von B Ltd. gezahlten ACT (credit on franked investment income), reduziert sich die ACT-Pflicht der A Ltd. auf £ 800. Im Rahmen der Ermittlung der Jahreskörperschaftsteuer für das Jahr 2 (33 % x 6000 = 1980) kann A Ltd. nur die tatsächliche ACT-Zahlung (800) anrechnen, so daß mit der Anrechnung der von B Ltd. gezahlten ACT auf die ACT von A Ltd. keine endgültige Steuerersparnis sondern lediglich ein Steueraufschub verbunden ist. Insgesamt entstehen Restzahlungen an Corporation Tax bei A Ltd. in Höhe von 1980-800 = 1180 und bei B Ltd. (Gewinn im Jahr 2 = 2000) in Höhe von 660-200 = 460, was zu einer Gesamtbelastung bei A und B in Höhe von £ 1000 ACT + £ 1640 CT führt.

148 Bramwell/Hardwick/James/Oratore: (Taxation), 1991, S. 456.

- Keine Pflicht zur Zahlung von ACT auf innerhalb des Konzerns ausgeschüttete Gewinne (Group Income)
- Übertragung von ACT-Guthaben an andere Konzerngesellschaften (Surrender of ACT)
- Innerkonzernliche Verlustverrechnung (Group Relief)
- Keine Besteuerung von Zwischengewinnen bei der konzerninternen Übertragung von Anlagegütern (intra-group transfers of capital assets)
- Übertragung der Reinvestitionsrücklage auf andere Konzerngesellschaften (roll-over-relief)

"The effect of the relieving provisions is to treat the group in certain respects as one entity for taxation purposes."[149]

Eine einheitliche Konzerndefinition kennt das britische Steuerrecht nicht. In Abhängigkeit von Regelungsinhalt und -umfang werden verschiedene Anwendungsvoraussetzungen konstituiert. Ein Konzern (group of companies) wird grundsätzlich als Verbindung von zwei oder mehreren in Großbritannien ansässigen Kapitalgesellschaften definiert, von denen eine Gesellschaft (parent company) direkt oder indirekt[150] zu mindestens 75 % am Grundkapital (ordinary share capital[151]) der anderen Gesellschaft (subsidiary) beteiligt ist (75 %-group). Für die Anwendung des "Group Income" und des "Surrender of ACT" ist es ausreichend, wenn die Muttergesellschaft mehr als 50 % der Anteile der Tochtergesellschaft besitzt (51 %-group).[152] Die Muttergesellschaft muß außerdem einen Anspruch auf mindestens 75 % (bzw. 51 %) der an die Anteilseigner

149 Holme: (Groups), 1989, S. 626.

150 Vgl. das Beispiel bei Tiley: (Tax), 1992, S. 716.

151 Als "Ordinary Share Capital" bezeichnet Sec. 832 (1) ICTA 1988 "all the issued share capital (by whatever name called) of the company, other than capital the holders of which have a right to a dividend at a fixed rate [...] but have no other right to share in the profits of the company". Deshalb werden festverzinsliche Wertpapiere (loan stock) und nicht am Gewinn teilhabende Vorzugsaktien in der Regel nicht als ordinary share capital behandelt (zu Ausnahmen vgl. Tiley: (Tax), 1992, S. 715). Anteile können auch dann zum ordinary share capital zählen, wenn sie nicht mit einem Stimmrecht verbunden sind.

152 Sec. 838 (1)(a) ICTA 1988. Treffend Holme: (Groups), 1989, S. 628: "Strangely therefore ownership of 50,1 per cent of shares can produce a "51 per cent subsidiary"."

ausschüttbaren Gewinne, und im Fall einer Abwicklung und Liquidation einen Anspruch auf mindestens 75 % (bzw. 51 %) der verfügbaren Vermögenswerte geltend machen können.[153] Im Rahmen der Ermittlung der Mindestbeteiligung dürfen Anteile, die direkt oder indirekt von einer nicht in Großbritannien ansässigen Gesellschaft gehalten werden, nicht berücksichtigt werden. Dasselbe gilt für Anteile, die dem eigenen Geschäftsbetrieb nicht dauerhaft zu dienen bestimmt sind, und somit dem Umlaufvermögen zugerechnet werden müssen. "These provisions have received a narrow but purposive construction."[154]

5.2 "Group Income" und Verrechnung von Steuer-Guthaben

Die in Sec. 247 ICTA 1988 verankerte Regelung des "Group Income" betrifft die steuerliche Behandlung innerkonzernlicher Gewinnausschüttungen. Dividenden, die innerhalb einer 51 %-group von einer Tochtergesellschaft an die Muttergesellschaft gezahlt werden, sind bei der ausschüttenden Gesellschaft nicht ACT-pflichtig. Aufgrund dieser Befreiung kann die Muttergesellschaft auch kein Anrechnungspotential (credit on FII) im Rahmen der Berechnung der eigenen ACT-Schuld geltend machen. Die Beteiligungserträge werden bei der Muttergesellschaft abweichend vom Regelungsinhalt der Schachtelfreistellung nicht als "franked investment income" sondern als "Konzern- oder Gruppeneinkünfte" (Group Income) klassifiziert.[155] Sie sind aber ebenfalls von der Körperschaftsteuer freigestellt. Die Regelung ist auch für Gewinnausschüttungen zwischen Unternehmen anwendbar, die über eine gemeinsame Muttergesellschaft Mitglieder einer 51 %-group sind.[156] Im Zusammenhang mit dem "Group Income" wird bei Veräußerungen von Wirtschaftsgütern innerhalb einer 51 %-group zu einem im Vergleich zum Marktwert zu niedrigen Preis (at an undervalue) keine Umqualifizierung des Unterschiedsbetrags in eine verdeckte Gewinnausschüttung vorgenommen.[157]

153 Sec. 99 FA 1989 in Verbindung mit Sec. 413 (7)-(10) ICTA 1988.
154 Tiley: (Tax), 1992, S. 724.
155 Sec. 247 (2) ICTA 1988.
156 Sec. 247 (1)(a) ICTA 1988.
157 Sec. 209 (5) ICTA 1988.

Die Anwendung des Sec. 247 ICTA 1988 ist fakultativ.[158] Um die Behandlung der innerkonzernlichen Gewinnausschüttungen als "Group Income" sicherzustellen, muß von den Gesellschaften vor Beginn des Jahres, für das die Regelung in Anspruch genommen werden soll, ein Antrag gestellt werden.[159] Jede beteiligte Partei kann diese Option jederzeit rückgängig machen. Im Vergleich zur Schachtelfreistellung liegen die Vorteile des "Group Income" zum einen in der Vermeidung von Steuerverwaltungskosten, die im Zusammenhang mit der ACT-Berechnung, -Erklärung und -Zahlung bei der Tochter sowie für das Geltendmachen des FII-Guthabens bei der Mutter entstehen würden. Zum anderen kann sich durch die Befreiung der innerkonzernlichen Dividenden von der ACT ein unter Umständen nicht unerheblicher Liquiditäts- und Zinsvorteil für die Tochtergesellschaft ergeben, da die ACT in der Regel vierteljährlich gezahlt werden muß und erst nach Abgabe der CT-Erklärung und der Festsetzung der Zahllast mit der Mainstream Corporation Tax verrechnet werden kann.[160]

Neben dem "Group Income" sieht das britische Steuerrecht mit dem "Surrender of ACT" eine weitere konzernsteuerrechtliche Sonderregelung für 51 %-groups vor.[161] Dabei können überschüssige und ungenutzte ACT-Guthaben von der Muttergesellschaft an andere Konzerngesellschaften übertragen werden.[162] Außerdem besteht die Möglichkeit, daß die Muttergesellschaft auf die Anrechnung von gezahlter ACT auf die eigene Jahres-Körperschaftsteuer verzichtet und das daraus entstehende ACT-Guthaben vollständig oder teilweise an Tochtergesell-

158 Sec. 247 (1) ICTA 1988 spricht deshalb auch von "election dividends".

159 Für weitergehende Detailregelungen vgl. Sec. 247 (3) ICTA 1988 und Saunders/Dolton: (Corporation Tax), 1993, S. 192 f.

160 Der folgenden Beispielrechnung liegen dieselben Prämissen zugrunde, wie dem Beispiel zur Darstellung der Wirkungsweise der Schachtelfreistellung mit ACT-Anrechnung in Fußnote 147 auf Seite 105: A Ltd. und B Ltd. sind Mitglieder einer 51 %-group. B Ltd. muß auf die Dividende an A Ltd. keine ACT entrichten und kann deshalb £ 1000 ausschütten. Bei B Ltd. entsteht eine CT-Schuld in Höhe von 33 % x 2000 = 660. A Ltd. kann die Beteiligungserträge in Höhe von £ 1000 als "Group Income" steuerfrei vereinnahmen. Es entsteht eine CT-Schuld von 33 % x 6000 = 1980. Im Vergleich mit der aus der Anwendung der Schachtelfreistellung resultierenden Gesamtbelastung wird deutlich, daß im Konzern in beiden Fällen Körperschaftsteuer in Höhe von £ 2640 anfällt. Vgl. auch das anschauliche Rechenbeispiel bei Tiley: (Tax), 1992, S. 718 f.

161 Unter Beachtung der besonderen Bestimmungen des Sec. 99 FA 1989.

162 Sec. 240 ICTA 1988.

schaften überträgt.[163] Für nach dem 13.3.1989 endende Wirtschaftsjahre ist auch die Weitergabe eines ACT-Guthabens an Schwestergesellschaften möglich.[164] Die übertragenen Steuerguthaben gelten bei der Empfängergesellschaft im Zurechnungszeitpunkt als entstanden und können gegen eigene aktuelle oder zukünftige Steuerschulden verrechnet werden. Der ACT-Betrag, der auf diese Weise von einer Konzerngesellschaft übernommen wurde, darf allerdings nicht in frühere Perioden zurückgetragen werden. Auch die Übertragung auf eine dritte Konzerngesellschaft ist nicht zulässig. Der zugewiesene ACT-Betrag kann vor den bereits vorhandenen ACT-Guthaben als Verrechnungspotential genutzt werden, so daß die Möglichkeit besteht, den verbleibenden eigenen ACT-Betrag zurückzutragen oder an eine andere Konzerngesellschaft weiterzugeben.[165] Der Anspruch auf Verrechnung von übertragenen ACT-Guthaben muß von der Empfängergesellschaft innerhalb von sechs Jahren nach dem Ende der Zurechnungsperiode geltend gemacht werden.[166]

5.3 "Group Relief"

Eine weitere konzernspezifische Regelung, der in der Besteuerungspraxis eine wesentliche Bedeutung zukommt, ist der in Sec. 403 ICTA 1988 verankerte "Group Relief". Konzerngesellschaften können unter bestimmten Voraussetzungen betriebliche Verluste (trading losses) mit Gewinnen anderer Konzerngesellschaften verrechnen. Ein konzerninterner Verlustausgleich kann nur innerhalb einer 75 %-group durchgeführt werden. Die Übertragung negativer Ergebnisse beschränkt sich nicht nur auf Mutter-Tochter-Beziehungen. Ein interpersoneller Verlustausgleich kann auch zwischen Schwestergesellschaften erfolgen, wenn beide Gesellschaften über eine im Inland ansässige Muttergesellschaft verbunden sind.[167] Betriebswirtschaftliche Kriterien, wie die tatsächliche

---

163 Holme: (Groups), 1989, S. 628, spricht ungenau nur von "Surrender of surplus ACT".

164 Sec. 240 (5) ICTA 1988 in Verbindung mit Sec. 97 FA 1989.

165 Vgl. Saunders: (Planning), 1993, S. 144.

166 Vgl. zu Besonderheiten Revenue Statement of Practice SP 7/89 vom 12.10.89. Erfüllt eine Gesellschaft die Voraussetzungen des steuerlichen Konzernkreises nicht mehr, sind alle ACT-Guthaben, die auf diese Gesellschaft übertragen und von dieser noch nicht verrechnet wurden, nicht mehr verrechnungsfähig.

167 Vgl. zur Abgrenzung der 75 %-group Squires: (Groups), 1990, S. 39 ff., mit ausführlichen und übersichtlichen Beispielen.

organisatorische Verflechtung oder die Unterordnung der Gesellschaften unter ein gemeinsames unternehmungspolitisches Ziel- und Strategiesystem, werden im britischen Steuerrecht ebensowenig vorausgesetzt wie eine gewerbliche Tätigkeit der Unternehmen.[168] Verluste dürfen nur mit Gewinnen ausgeglichen werden, die bei anderen Konzerngesellschaften in derselben Abrechnungsperiode entstanden sind.

Die Verrechnungstechnik basiert nicht auf der Methodik der Zurechnung aller Einkünfte der Tochtergesellschaften zur Muttergesellschaft. Vielmehr können Verluste einzelner Konzerngesellschaften direkt vom positiven zu versteuernden Einkommen anderer Mitglieder des steuerlichen Konzernkreises abgezogen werden, ohne daß damit eine feste, längerfristige Zurechnungsverpflichtung verbunden ist. Die verlustübertragende Gesellschaft kann in Folgejahren in Höhe des übertragenen Verlustes keinen Verlustvortrag geltend machen. Für Gesellschaften, die während eines Wirtschaftsjahres in die 75 %-group aufgenommen werden, oder aus ihr ausscheiden, ist eine zeitanteilige Verlustverrechnung durchzuführen.[169] Soweit nicht alle bei einer Gesellschaft entstandenen Verluste zum Ausgleich gebracht werden, kann der Restbetrag einer dritten Konzerngesellschaft zugerechnet werden.[170]

Tochtergesellschaften, an denen Minderheitsgesellschafter beteiligt sind, können als Gegenleistung für die Übertragung steuerlich verrechenbarer Verluste eine Ausgleichszahlung fordern. Wenn die Ausgleichszahlung auf einer rechtlich durchsetzbaren Vereinbarung beruht und den übertragenen Verlust nicht übersteigt, wird die Zahlung bei der Berechnung der steuerlichen Ergebnisse beider Unternehmen nicht berücksichtigt.[171] Ein Antrag auf Anwendung des "Group Relief" muß innerhalb von zwei Jahren nach Abschluß des Wirtschaftsjahres erfolgen, für das der Antrag gelten soll.

---

168 Vgl. Müller: (Reform), 1991, S. 111.

169 Vgl. die ausführlichen Beispiele bei Saunders/Dolton: (Corporation Tax), 1993, S. 203 f., und Holme: (Groups), 1989, S. 627.

170 Zu Besonderheiten der Verlustverrechnung vgl. mit Beispielrechnungen O'Reilly: (Planning), 1986, S. 196 ff. Die Darstellung erfolgt zwar auf der Grundlage des irischen Rechts, ist aber aufgrund der identischen historischen Wurzeln und der Parallelentwicklungen beider Rechtssysteme auf das britische Recht übertragbar.

171 Sec. 402 (6) ICTA 1988. Vgl. auch Squires: (Groups), 1990, S. 101 f.

5.4 Innerkonzernlicher Lieferungs- und Leistungsverkehr

Im Rahmen der Gewinnermittlung britischer Kapitalgesellschaften ist grundsätzlich zu prüfen, ob die erzielten Einnahmen der Einkommens- oder der Kapitalsphäre zuzuordnen sind.[172] Eine in Großbritannien ansässige Kapitalgesellschaft unterliegt zwar sowohl mit ihrem Einkommen als auch mit den der Kapitalsphäre zuzuordnenden Veräußerungsgewinnen der allgemeinen Körperschaftsteuer. Die "chargeable gains" werden jedoch auf der Grundlage der besonderen Bestimmungen des Veräußerungsgewinnsteuergesetzes (TCGA) ermittelt. Steuerobjekt sind bei betrieblichen Veräußerungen im wesentlichen die Wirtschaftsgüter des Anlagevermögens.[173]

Transaktionen zwischen verbundenen Unternehmen müssen auch im britischen Steuerrecht grundsätzlich mit dem Marktpreis auf der Basis des Dealing-at-arm's-length-Prinzips bewertet werden.[174] Unter den besonderen Voraussetzungen des Sec. 170 (2)-(7) TCGA 1992 können Wirtschaftsgüter des Anlagevermögens jedoch innerhalb eines Konzerns transferiert werden, ohne daß ein steuerpflichtiger Veräußerungsgewinn entsteht (Sec. 171 TCGA 1992).[175] Adressaten dieser Befreiungsvorschrift sind "a principal company and all its 75 per cent subsidiaries."[176] Im Gegensatz zu den Voraussetzungen des "Group Relief" muß die Muttergesellschaft nicht selbst direkt oder indirekt zu mindestens 75 % an den anderen einbezogenen Gesellschaften beteiligt sein. Eine Enkelgesellschaft gilt vielmehr bereits dann als Mitglied des Konzernkreises, wenn zwischen Mutter- und Tochtergesellschaft und zwischen Tochter- und Enkelgesellschaft jeweils eine 75 %ige Beteiligung besteht.[177] Eine Realisierung und Besteuerung der in den Wirtschaftsgütern enthaltenen stillen Reserven muß erst im Zeitpunkt der Veräußerung des Anlagegutes an Konzern-

---

172 Die Unterscheidung zwischen Einkommens- und Kapitalsphäre ist historisch bedingt, vgl. Hauser: (Steuerrecht), 1985, S. 229 f.

173 Vgl. Grotherr: (Veräußerungsgewinne), 1986, S. 233 ff., und derselbe: (Steuerrechtsänderungen), 1988, S. 264 ff.

174 Vgl. Sec. 74 (a) und (e) ICTA 1988 und Secs. 770-773 ICTA 1988 sowie Sec. 29 TCGA 1992; vgl. auch Becker: (Verrechnungspreise), 1986, S. 241.

175 Noakes/Mackley-Smith: (Gains), 1993, S. 93: "Disposals of capital assets by one member of a group to another member are treated as if made at a "no gain, no loss" disposal value". Zu Ausnahmen vgl. Tiley: (Tax), 1992, S. 728 f.

176 Vgl. Sec. 170 (4) TCGA 1992.

177 Vgl. das Beispiel bei Holme: (Groups), 1989, S. 629.

fremde vorgenommen werden.[178] Das zugrundeliegende Konzept basiert auf dem einheitstheoretischen Gedanken, daß Wirtschaftsgüter durch Übertragungen zwischen rechtlich selbständigen Teileinheiten des Konzerns die Konzernunternehmung nicht verlassen und entsprechende Transaktionen aus betriebswirtschaftlicher Sicht lediglich als "innerbetrieblicher" Lieferungs- und Leistungsverkehr anzusehen sind. Dieser Sachverhalt wird treffend mit dem Ausdruck "held in different pockets doctrin" bezeichnet. Zur Ermittlung des Veräußerungsgewinns eines Wirtschaftsgutes im Zeitpunkt des Verkaufs an fremde Dritte müssen alle steuerlichen Abschreibungen, die von Konzerngesellschaften auf das betreffende Wirtschaftsgut vorgenommen wurden, auf einem konzerneinheitlichen Konto separat erfaßt werden. Scheidet eine Gesellschaft aus der 75 %-group aus, können alle grundsätzlich steuerpflichtigen, aber vorläufig steuerbefreiten Veräußerungsvorgänge, die zwischen der ausscheidenden Gesellschaft und anderen Konzerngesellschaften während der letzten sechs Jahre vor dem Austrittszeitpunkt stattgefunden haben, nachträglich zur Besteuerung herangezogen werden.

Die Übertragung von Wirtschaftsgütern des Umlaufvermögens (trading assets) von einer Konzerngesellschaft zu einer anderen, führt grundsätzlich zu einer Erfolgsrealisierung nach dem Fremdvergleichsgrundsatz.[179] Eine Auflösung und Besteuerung von Zwischengewinnen erfolgt auch wenn ein Wirtschaftsgut aus dem Anlagevermögen einer Konzerngesellschaft in das Umlaufvermögen einer anderen Konzerngesellschaft transferiert wird et vice versa.[180] Aus Praktikabilitätsgründen wird somit im britischen Steuerrecht den Grundsätzen der Einheitstheorie hinsichtlich der Eliminierung von Zwischenergebnissen nur teilweise entsprochen.

Eine weitere Regelung zur steuerlichen Behandlung der Übertragung von Anlagegütern zwischen Konzerngesellschaften enthält Sec. 175 TCGA 1992 ("Rollover Provisions"). Der für alle britischen Unternehmen anwendbare "Rollover Relief" ermöglicht es den Steuerpflichtigen, die bei der Veräußerung betrieblich genutzter Anlagegüter entstehenden Veräußerungsgewinne auf Er-

---

178 Sec. 171 TCGA 1992 enthält keine Wahlmöglichkeit, sondern legt eine generelle Anwendung dieses der Einheitstheorie entsprechenden Grundsatzes fest.

179 Vgl. Martin: (Transfers), 1989, S. 127 ff., mit der dort angegebenen Rechtsprechung und Literatur.

180 Vgl. Noakes/Mackley-Smith: (Gains), 1993, S. 94.

satzwirtschaftsgüter zu übertragen.[181] Es tritt zwar keine endgültige Steuerfreiheit der stillen Rücklagen ein. Liquiditäts- und Zinseffekte werden aber dadurch wirksam, daß der Veräußerungsgewinn von den Anschaffungskosten der Reinvestitionen abgezogen wird und die CT-Zahlung so lange aufgeschoben werden kann, bis die Wirtschaftsgüter ersatzlos aus dem Betrieb ausscheiden.[182] Sec. 175 TCGA 1992 erweitert die Anwendung des "Rollover Relief" auf den gesamten Konzernverbund. Demnach kann der von Gesellschaft X aus dem Verkauf eines Anlagegutes erzielte Veräußerungsgewinn von den Anschaffungskosten eines Anlagegutes abgezogen werden, das die Gesellschaft Y innerhalb einer Zeitspanne von vier Jahren nach der Veräußerung bei X erwirbt. Die normalerweise zu realisierenden und zu versteuernden Veräußerungsgewinne können somit innerhalb des Konzerns übertragen werden.[183] In diesem Zusammenhang gilt: "All the trades carried on by members of a group of companies are, for the purposes of corporation tax on chargeable gains, treated as a single trade."[184] Zu beachten ist allerdings, daß der "Rollover Relief" nicht für Anschaffungen zwischen Konzerngesellschaften angewandt werden darf.

Mit Sec. 138 FA 1989 sind hinsichtlich der definitorischen Abgrenzung der 75 %-group für Zwecke der Capital Gains Tax einige Änderungen eingeführt worden, um die zunehmende Verbreitung sogenannter "Bridge-companies"[185] einzuschränken. Voraussetzung für die steuerfreie Übertragung von Anlagegütern innerhalb des Konzerns ist deshalb nunmehr, daß die Tochtergesellschaft eine "effective subsidiary company" ist, d.h. die Muttergesellschaft muß einen Anspruch auf mehr als 50 % der ausschüttbaren Gewinne und mehr als 50 % der im Rahmen einer Abwicklung verfügbaren Vermögensgegenstände der Tochtergesellschaft geltend machen können.

---

181 Der "Rollover Relief" ist nur für bestimmte Arten von Wirtschaftsgütern des Anlagevermögens zulässig, z. B. für Grund und Boden, Gebäude, festinstallierte Betriebsanlagen und Maschinen, vgl. Sec. 155, 156 (1) u. (4) TCGA 1992. Er ist im Grundsatz mit der Möglichkeit zur Übertragung stiller Reserven bei Ersatzbeschaffung nach Abschn. 35 der deutschen EStR vergleichbar.

182 Vgl. Grotherr: (Veräußerungsgewinne), 1986, S. 238 f.

183 Vgl. auch das Beispiel bei Tiley: (Tax), 1992, S. 734.

184 Noakes/Mackley-Smith: (Gains), 1993, S. 395.

185 "Bridge companies" sind Gesellschaften, die eine spezielle Art von Anteilen ausgeben, die es ermöglichen, daß die wirtschaftliche Kontrolle an eine Gesellschaft außerhalb des Konzerns abgegeben werden kann und die Konzerngesellschaft trotzdem für Zwecke der Besteuerung innerhalb des Konzerns verbleibt.

5.5 Besteuerung britisch-internationaler Konzerne

Kapitalgesellschaften mit Sitz in Großbritannien werden mit ihrem Welteinkommen zur Corporation Tax herangezogen. Sowohl unilateral (Secs. 790-806 ICTA 1988) als auch in den mit anderen Staaten abgeschlossenen DBA[186] ist die Anrechnung der im Ausland entrichteten Steuern vorgesehen.[187] Für britisch-internationale Unternehmungen ergeben sich keine wesentlichen Unterschiede in Abhängigkeit davon, ob die Anrechnung auf der Grundlage eines DBA oder auf der Grundlage des nationalen Rechts erfolgt.[188] Die Anrechnung bezieht sich grundsätzlich nur auf die für Rechnung der Muttergesellschaft an den ausländischen Fiskus abgeführten Steuern (Steuersubjektidentität). Weitere Voraussetzung ist, daß die ausländische Steuer der britischen Einkommen- oder Körperschaftsteuer entspricht.[189] Die Anrechnung kann nur bis zur Höhe der anteilig auf die Auslandseinkünfte entfallenden inländischen Steuer vorgenommen werden (Methode der beschränkten Anrechnung).[190]

Für britisch-internationale Konzerne mit "overseas subsidiaries" kann außerdem der "indirect foreign tax credit" angewandt werden, der es in Großbritannien ansässigen Gesellschaften ermöglicht, die bereits von einer ausländischen Tochtergesellschaft auf die ausgeschütteten Gewinne gezahlte Körperschaftsteuer auf die eigene Steuerschuld anzurechnen ("underlying tax on dividend")[191]. Für die indirekte Steueranrechnung sind die im entsprechenden DBA enthaltenen speziellen Voraussetzungen zu beachten. Da in vielen der von Großbritannien abgeschlossenen DBA für die Anwendung der indirekten Anrechnung eine Mindestbeteiligung von 25 % gefordert wird, kann in der Regel Sec. 790 (6)

---

186 Großbritannien hat zur Zeit mit allen EU-Mitgliedstaaten und weiteren 74 Ländern Abkommen zur Vermeidung der Doppelbesteuerung auf dem Gebiet der Einkommen- und Körperschaftsteuer abgeschlossen. Vgl. die Aufstellung bei Müssener: (Großbritannien), S. 51 ff.

187 Die Anrechnung ausländischer Steuern ist die im anglo-amerikanisch-internationalen Steuerrecht übliche Methode zur Vermeidung der Doppelbesteuerung, vgl. Kramer: (Systematik), 1988, S. 255.

188 Zu den Abweichungen vgl. Tiley: (Tax), 1992, S. 999.

189 Es ist für diese Qualifikation nicht schädlich, wenn die ausländische Steuer von einer nachgeordneten ausländischen Gebietskörperschaft (Bundesstaat, Bundesland, Gemeinde, Provinz, Kanton, etc.) erhoben wird, vgl. Sec. 790 (12) ICTA 1988; unzutreffend Müssener: (Großbritannien), S. 24.

190 Sec. 797 (1) ICTA 1988.

191 Sec. 790 (5)(c) - (10) ICTA 1988.

ICTA 1988 herangezogen werden, der lediglich eine Beteiligung in Höhe von 10 % der stimmberechtigten Anteile voraussetzt. Für die Anrechnung ist erforderlich, daß die Brutto-Dividende vor Abzug der ausländischen Körperschaftsteuer und der ausländischen Quellensteuer in die Bemessungsgrundlage der Corporation Tax einbezogen wird. Der Anrechnungshöchstbetrag ergibt sich dann aus der Anwendung des britischen Körperschaftsteuersatzes von 33 % auf die Brutto-Dividende.[192] Die ausländische Steuer, die aufgrund dieser Anrechnungsbeschränkung nicht verrechnet werden kann, darf nicht im Rahmen des "Group Relief" an andere Konzerngesellschaften weitergegeben werden.

Das ACT-System des britischen Steuerrechts kann sich für in Großbritannien ansässige Holdinggesellschaften multinationaler Konzerne und für britische Muttergesellschaften mit überwiegend ausländischen Einkünften nachteilig auswirken. Die Anrechnung ausländischer Steuern auf die Corporation Tax führt dazu, daß die Jahressteuerschuld vermindert wird. Bei der Weiterausschüttung ausländischer Beteiligungserträge an inländische Anteilseigner kann ein "ACT mountain"[193] entstehen, weil sich mit der Anrechnung ausländischer Steuern die Anrechnungsbasis für die bei einer Weiterausschüttung entstehende ACT reduziert. Der übersteigende ACT-Betrag verursacht eine zusätzliche Steuerbelastung ausländischer Einkünfte.[194] Das britische Finanzministerium hat 1993 ein "Consultative Document" vorgelegt, das ein Konzept vorsieht, mit dem die Doppelbesteuerung bei Weiterausschüttungen ausländischer Einkünfte vermieden werden soll. Demnach soll die ACT zunächst weiterhin auf dem normalen Wege erhoben werden. Entsteht bei der weiterausschüttenden Gesellschaft im Rahmen der Jahresveranlagung ein nicht verrechenbarer ACT-Überschuß, soll der auf die ausländischen Einkünfte (foreign income dividends) entfallende ACT-Überschuß erstattet werden (FID-scheme).[195]

In Großbritannien ansässige Muttergesellschaften haben alternativ die Möglichkeit, einen Abzug der ausländischen Steuern von der Bemessungsgrundlage

---

192 Vgl. die übersichtlichen Beispiele bei Tiley: (Tax), 1992, S. 995 und Squires: (Groups), 1990, S. 255 f.

193 Vgl. McMellon/Hicks: (Surplus), 1993, S. 16 ff.; Moore: (United Kingdom), 1993, S. 448.

194 Vgl. die Beispielrechnungen bei International Bureau of Fiscal Documentation (Hrsg.): (Companies) Abschnitt United Kingdom, Tz. 521 f.

195 Vgl. Secular: (Budget), 1993, S. 185. Die Regelung soll frühestens ab dem Wirtschaftsjahr 1994/95 eingeführt werden.

der Corporation Tax vorzunehmen (Sec. 805 ICTA 1988). Dieser Abzug ist der Anrechnung vorzuziehen, wenn die Muttergesellschaft Verluste erzielt und somit keine Anrechnung ausländischer Steuern möglich ist.[196]

Seit 1984 enthält das britische Steuerrecht eine Regelung, die die Hinzurechnung des Einkommens von Tochtergesellschaften in Niedrigsteuerländern zum Gesamteinkommen der britischen Muttergesellschaft für Zwecke der Körperschaftsbesteuerung vorschreibt.[197] Eine Hinzurechnung ist vorzunehmen, wenn die ausländische Gesellschaft ("controlled foreign company") in einem Staat ansässig ist, in dem die Ertragsteuerbelastung 75 %[198] der britischen Corporation Tax nicht übersteigt, und mehrheitlich von in Großbritannien ansässigen juristischen und natürlichen Personen beherrscht wird. Die Beteiligungsvoraussetzung bezieht sich auf die Gesamtheit der britischen Anteilseigner; die einzelne Gesellschaft muß lediglich mindestens 10 % der "chargeable profits" der ausländischen Zwischengesellschaft erzielen können. Sec. 748 ICTA 1988 enthält einen Katalog von Ausnahmen von der Hinzurechnungsbesteuerung. Demnach ist eine ausländische Tochtergesellschaft nicht als controlled foreign company zu klassifizieren, wenn folgende Voraussetzungen alternativ erfüllt sind:[199]

- The acceptable distribution policy test: Die ausländische Gesellschaft schüttet mindestens 50 % der ausschüttbaren Gewinne an britische Gesellschafter aus (handelt es sich um eine nicht gewerblich tätige Gesellschaft, erhöht sich der Prozentsatz auf 90 %)

- The exempt activities test: Die Gesellschaft führt überwiegend aktive Tätigkeiten aus[200]

- The motive test: Die Gesellschaft ist nicht primär mit dem Ziel der Steuervermeidung durch Gewinnverlagerung gegründet worden

- The de minimis test: Die Gesellschaft erzielt in dem betrachteten Geschäftsjahr weniger als £ 20.000 Gewinn

---

196 Vgl. auch Squires: (Groups), 1990, S. 257 f.

197 Vgl. Sec. 91 (4) FA 1984, übernommen in Secs. 747 - 756 des ICTA 1988.

198 Mit dem Haushaltsgesetz 1993 wurde die Hinzurechnungsbesteuerung verschärft, indem der Prozentsatz von 50 auf 75 % heraufgesetzt wurde.

199 Vgl. auch Bramwell/Hardwick/James/Oratore: (Taxation), 1991, S. 351 ff.

200 Vgl. detailliert zu den aktiven Tätigkeiten Squires: (Groups), 1990, S. 260 ff.

Das Inland Revenue hat zur Abgrenzung der "low-tax-countries" eine Liste der ausreichend hoch besteuernden Staaten (Negativliste) veröffentlicht.[201]

Gewinne, die eine britische Gesellschaft an ihre ausländische Muttergesellschaft ausschüttet, werden in Großbritannien der Corporation Tax unterworfen. Eine Quellensteuer (withholding tax) auf Dividenden wird grundsätzlich nicht erhoben. Die britische Tochtergesellschaft muß jedoch im Zeitpunkt der Ausschüttung ACT in Höhe von 20/80 der Bardividende abführen. Die Abkommen zur Vermeidung der Doppelbesteuerung enthalten besondere Regelungen zur Freistellung der in Großbritannien erzielten Einkunftsteile bzw. zur Anrechnung der gezahlten Steuern. Ausländische Muttergesellschaften mit Sitz in Dänemark, Luxemburg oder den Niederlanden können darüber hinaus einen Anspruch gegenüber dem Inland Revenue auf Erstattung von Teilen der von der britischen Tochtergesellschaft gezahlten ACT geltend machen.[202]

---

201 Vgl. Inland Revenue vom 20.10.1988: Excluded countries list. Controlled foreign companies: TA 1988 Part XVII, Chapter IV. Abgedruckt in Simon's Tax Intelligence 1988, S. 771-776. Vgl. auch Price Waterhouse: (United Kingdom), 1991, S. 281 ff. Zu den jüngsten Änderungen vgl. Tax News Service vom 1.6.1993, S. 202 f.

202 Gesellschaften mit Sitz in Dänemark, Luxemburg oder den Niederlanden, die mehr als 10 % der Stimmrechte an der ausschüttenden britischen Gesellschaft halten, haben Anspruch auf Erstattung der Hälfte der gezahlten ACT abzüglich einer 5 %igen Quellensteuer (Bemessungsgrundlage: Bardividende + 50 % der ACT).

6. Republik Irland

6.1 Besteuerung nationaler Konzerne

Das Steuerrecht der Republik Irland hat sich aus den Steuergesetzen und der Steuerrechtsprechung des Vereinigten Königreichs entwickelt. Mit einigen Ausnahmen wurden die britischen Steuergesetze durch den Finance Act von 1922 in das irische Recht übernommen und im Bereich der Ertragsteuern durch den Finance Act (FA) 1974 und den Corporation Tax Act (CTA) 1976 ergänzt.[203] In der Republik Irland ansässige Körperschaften unterliegen mit ihrem Einkommen (income) und den Einkünften aus Kapitalvermögen (capital gains) der irischen Körperschaftsteuer. Der einheitliche Steuersatz beträgt 40 %. Dieser Standardsatz ermäßigt sich für gewerbliche Einkünfte, die aus der Produktion von Wirtschaftsgütern (manufacturing)[204] erzielt wurden, auf 10 % ("ten per cent scheme" oder "manufacturing relief").[205] Der "manufacturing relief" kann von jeder Gesellschaft für die steuerbegünstigten Einkünfte in Anspruch ge-

---

203 Vgl. Saunders/Savory: (Taxation), 1992, S. 1; Briner: (Vereinigtes Königreich), 1981, S. 180; vgl. auch Albach/Klein: (Entwicklung), 1990, S. 7, die im Zusammenhang mit der Umsetzung der 7. gesellschaftsrechtlichen EG-Richtlinie ausführen, daß die Transformation der Richtlinie in irisches Recht "entsprechend der Tradition verläuft. Das bedeutet eine wörtliche Übernahme des britischen Companies Act."

204 Der Begriff "manufacture" und der Begriff der begünstigten Einkünfte sind in verschiedenen Finance Acts beispielhaft umschrieben worden, vgl. dazu ausführlich Saunders/Savory: (Taxation), 1992, S. 95 ff.; Cooney/McLaughlin/Taggart: (Taxation), 1992, S. 135 ff.; Price Waterhouse (Hrsg.): (Ireland), 1989, S. 149 ff.; KPMG (Hrsg.): (Irland), 1990, S. 19 f. Neben der Herstellung und Verarbeitung von Waren zählen auch bestimmte Instandsetzungs- und Reparaturarbeiten, Transportleistungen sowie spezielle Leistungen im Bereich der Datenverarbeitung und Softwareentwicklung zu den steuerbegünstigten Tätigkeiten.

205 Vgl. Revenue Commissioners: (Outline), 1990.

nommen werden.[206] Begünstigt sind auch Vertriebsgesellschaften, die über eine mindestens 90 %ige Beteiligung mit einem Produktionsunternehmen verbunden sind (Sec. 39 FA 1980). Die Steuerermäßigung gilt unabhängig davon, ob die Produkte auf dem irischen Markt abgesetzt, oder exportiert werden.

Das irische Körperschaftsteuerrecht kennt ebenso wie das britische ein System der Teilanrechnung für die von Kapitalgesellschaften auf ausgeschüttete Gewinne gezahlten Steuern (ACT-System).[207] Zunächst muß die ausschüttende Gesellschaft Advance Corporation Tax (ACT) in Höhe von 25/75 der Bardividende abführen. Bei der empfangenden Gesellschaft werden die Beteiligungserträge als "franked investment income" qualifiziert. Erfolgt eine Weiterausschüttung der erhaltenen Dividenden, kann die Gesellschaft eine Steuergutschrift in Höhe der auf die steuerfrei vereinnahmten Dividenden entfallenden ACT auf die eigene ACT-Schuld anrechnen, so daß die "durchgeleiteten" Erträge keine zusätzliche ACT-Pflicht verursachen.

Das irische Steuerrecht kennt kein eigenständiges Konzernsteuerrecht. Jede juristische Person ist selbständiges Steuersubjekt der Corporation Tax. "There are no fiscal unity or other consolidation provisions."[208] Daneben hat der Gesetzgeber jedoch Vorschriften konstituiert, die die wirtschaftliche Einheit der Konzernunternehmung berücksichtigen. Ausschüttungen an Gesellschaften, die zu mehr als 50 % an der ausschüttenden Gesellschaft beteiligt sind (51 %-group)[209], sind von der ACT befreit (group payments).[210] Darüber hinaus ist für Unternehmensgruppen, die auf einer qualifizierten Beteiligung basieren (75 %-

---

206 Die Steuervergünstigungen im Rahmen des "manufacturing reliefs" werden von der irischen Finanzverwaltung bis zum 31.12.2010 gewährt (für einige Tätigkeiten gilt eine Frist bis zum 31.12.2000). Durch diese langfristige Zusage erhalten ausländische Investoren im Gegensatz zu der im allgemeinen zunehmenden Änderungsgeschwindigkeit der Steuergesetzgebung und -rechtsprechung (vgl. Wacker: (Änderungsgeschwindigkeit), 1987, S. 287 ff.) ein erfreulich hohes Maß an steuerplanerischer Sicherheit. Der "manufacturing relief" ist ein wesentliches Instrument der irischen Steuer- und Wirtschaftspolitik zur Förderung ausländischer industrieller Investitionen in einem überwiegend agrarwirtschaftlich geprägten Strukturraum.

207 Vgl. zu den Grundsätzen der Unternehmensbesteuerung in Irland Brennan/ Moore: (Corporation Tax), 1985, mit vielen Beispielen; Cooney/McLaughlin/ Taggart: (Taxation), 1992. Vgl. auch Grotherr: (Unternehmensbesteuerung), 1989, S. 33 ff.

208 Moore: (Ireland), 1993, S. 196.

209 Sec. 105 CTA i.V.m. Sec. 156 (1)(a) CTA.

210 Sec. 44 FA 1983.

group)[211], eine interpersonelle Verlustverrechnung (group relief)[212], die steuerfreie Übertragung von Vermögensgegenständen des Anlagevermögens[213] und die Verrechnung von Steuer-Guthaben einer Konzerngesellschaft mit der ACT-Schuld eines anderen Konzernmitglieds (Surrender of ACT)[214] möglich.[215] Aus historischen Gründung entsprechen die Regelungsinhalte weitgehend den konzernspezifischen Vorschriften des britischen Steuerrechts. Eine Besonderheit der irischen Konzernbesteuerung ergibt sich allerdings hinsichtlich des "group relief". Grundsätzlich kann eine Verrechnung von Verlusten innerhalb einer 75 %-group "upwards, downwards or sideways"[216] erfolgen. Verluste, die aus dem Verkauf von Gütern im Rahmen des Anwendungsbereiches des "manufacturing reliefs" entstanden sind, dürfen jedoch nur mit entsprechend steuerbegünstigten Einkünften anderer Konzerngesellschaften verrechnet werden (Sec. 116 A CTA).[217]

Die Veräußerung von Anlagegütern innerhalb einer 75 %-group führt nicht zu einem steuerlichen Veräußerungsgewinn oder -verlust bei der übertragenden Gesellschaft (Sec. 129 ff. CTA). "Transfers within a 75 percent group generally are treated as a single person and the tax is payable only when an asset is disposed of to an outside person."[218] Die Steuerbefreiung wird aufgehoben, wenn die Übertragung von Wirtschaftsgütern zum Zweck der Begleichung von Verbindlichkeiten oder als Sach-Ausschüttung erfolgt. Außerdem kann eine nachträgliche Besteuerung der Veräußerungsgewinne entstehen, wenn eine Gesellschaft innerhalb von zehn Jahren nachdem sie ein Wirtschaftsgut steuerfrei von einer anderen Konzerngesellschaft erworben hat, aus dem Konzernverbund ausscheidet.[219]

---

211 Sec. 156 (1)(b) CTA.

212 Sec. 105-125 CTA.

213 Sec. 129-139 CTA.

214 Sec. 45 FA 1983.

215 Obwohl es sich hierbei um umfangreiche, konzernspezifische steuerliche Sonderregelungen handelt, kann nicht mit Groos: (Irland), 1990, S. 21, von einer "Einheitsbesteuerung" irischer Konzerne gesprochen werden.

216 Moore: (Ireland), 1993, S. 196.

217 Zur Konzernbesteuerung in Irland vgl. umfassend Saunders/Savory: (Taxation), 1992, S. 90 ff., und Brennan/Moore: (Corporation Tax), 1985, S. 305 ff.

218 Price Waterhouse (Hrsg.): (Ireland), 1989, S. 120.

219 Vgl. zur Konzernsteuerplanung in der Republik Irland O'Reilly: (Planning), 1986, S. 188 ff.

6.2 Besteuerung irisch-internationaler Konzerne

Die konzernsteuerrechtlichen Vorschriften des irischen Steuerrechts gelten grundsätzlich nur für nationale Konzerne oder Teilkonzerne. Eine Einbeziehung ausländischer Tochtergesellschaften in eine 75 %-group für Zwecke des "group relief" oder der steuerfreien Übertragung von Anlagegütern ist nicht möglich.

Eine irische Gesellschaft ist mit ihrem Welteinkommen im Inland steuerpflichtig. Einkünfte aus ausländischen Betriebsstätten sind grundsätzlich Bestandteil der Bemessungsgrundlage des irischen Stammhauses und müssen nach den Vorschriften des irischen Steuerrechts ermittelt werden. Unilateral ist lediglich ein Abzug der im Ausland auf die Betriebsstättengewinne erhobenen Steuer vom zu versteuernden Einkommen vorgesehen. Ist die Betriebsstätte in einem DBA-Staat belegen,[220] kann die ausländische Steuer maximal in Höhe der auf die ausländischen Einkünfte entfallenden irischen Steuer angerechnet werden. Der nicht anrechenbare Steuerbetrag kann von der Steuerschuld abgezogen werden. Aufgrund der Anwendung der Anrechnungsmethode vermindern Verluste ausländischer Betriebsstätten sofort und uneingeschränkt das steuerliche Ergebnis des Stammhauses.

Erhält ein irisches Unternehmen Dividenden von einer ausländischen Tochtergesellschaft, die in einem Staat ansässig ist mit dem kein DBA abgeschlossen worden ist, kann die im Ausland gezahlte Quellensteuer nur vom zu versteuernden Einkommen der irischen Muttergesellschaft abgezogen werden. Eine Anrechnung der im Ausland gezahlten Steuern oder eine Freistellung der erzielten Einkünfte ist unilateral nicht vorgesehen. Domiziliert die Tochtergesellschaft in einem DBA-Staat kann auch die bereits bei der Tochtergesellschaft im Ausland erhobene Körperschaftsteuer auf die Steuerschuld der irischen Gesellschaft angerechnet werden. Eine Steuerbefreiung ist für Erträge aus der Beteiligung an einer DBA-Tochtergesellschaft vorgesehen, wenn die übertragenen Gewinne in der Republik Irland direkt für spezielle Maßnahmen zur Schaffung und Erhal-

---

220 Die Republik Irland hat bisher lediglich 24 Abkommen zur Vermeidung der Doppelbesteuerung im Bereich der Einkommen- und Körperschaftsteuer abgeschlossen, vgl. die Aufstellung bei Moore: (Ireland), 1993, S. 197. Innerhalb der EU bestehen keine Abkommen mit Spanien (nur für Einkünfte im Bereich der See- und Luftschiffahrt), Griechenland und Portugal.

tung von Arbeitsplätzen verwendet werden.[221] Seit der Umsetzung der Mutter-Tochter-Richtlinie in irisches Recht, ist die Methode der beschränkten Anrechnung auch für Erträge aus mindestens 25 %igen Beteiligungen an griechischen, portugiesischen und spanischen Tochtergesellschaften anwendbar, obwohl mit diesen Staaten kein DBA besteht (Sec. 36 (2)(a) FA 1991).[222]

Auf Gewinne, die eine ansässige Tochtergesellschaft an eine ausländische Muttergesellschaft ausschüttet, wird in Irland keine Quellensteuer erhoben. Die ausschüttende Gesellschaft muß aber im Zeitpunkt der Ausschüttung ACT abführen. Eine Quellensteuer fällt allerdings für in das Ausland gezahlte Zinsen und Lizenzgebühren an. Gemäß Sec. 47 FA 1983 entsteht keine ACT-Pflicht und keine Quellensteuer auf Zinsen, wenn die empfangende Gesellschaft in einem DBA-Staat ansässig ist und eine Beteiligung von mindestens 75 % an der irischen Gesellschaft hält.[223]

---

221 Ein entsprechender Investitionsplan muß zuvor vom Minister of Finance genehmigt werden.

222 Vgl. Moore: (Implementation), 1992, S. 148 f.

223 Die Befreiung von der Quellensteuer auf Zinsen wird dadurch erreicht, daß entsprechende Kapitaltransfers zwischen Gesellschaften einer grenzüberschreitenden 75 %-group steuerlich in Ausschüttungen umqualifiziert werden.

II. Besteuerung des addierten Konzernergebnisses ohne Eliminierung der Zwischengewinne

1. Deutschland

1.1 Grundlagen der Ertragsbesteuerung von Kapitalgesellschaften

Grundlage der Ertragsbesteuerung juristischer Personen ist das Körperschaftsteuergesetz 1991. Die Körperschaftsteuer baut als Einkommensteuer für nicht-natürliche Personen auf den Grundlagen des Einkommensteuergesetzes auf (§ 8 Abs. 1 KStG). Unbeschränkt steuerpflichtig sind alle in § 1 Abs. 1 KStG aufgeführten Körperschaften, Personenvereinigungen und Vermögensmassen, die Geschäftsleitung oder Sitz im Inland haben (§ 1 Abs. 1 KStG i.V.m. §§ 10, 11 AO).[224]

Mit der Körperschaftsteuer-Reform 1977 wurde das bis dahin geltende klassische System durch ein Voll-Anrechnungssystem ersetzt. Kapitalgesellschaften unterliegen mit ihrem zu versteuernden Einkommen zunächst einem Steuersatz von 45 % (Tarifbelastung). Im Zeitpunkt der Ausschüttung ist eine Ausschüttungsbelastung in Höhe von 30 % herzustellen. Die Ausschüttungsbelastung wird auf der Grundlage einer besonderen Gliederungsrechnung durch Minderung oder Erhöhung der Körperschaftsteuer ermittelt (§ 27 Abs. 1 KStG).[225] Die von der Gesellschaft auf die ausgeschütteten Gewinne gezahlte Körperschaftsteuer kann vollständig bei den Gesellschaftern auf die persönliche Einkommen- oder Körperschaftsteuerschuld angerechnet werden. Beim Empfänger muß deshalb die Brutto-Dividende der Besteuerung zugrundegelegt werden. Die vollständige Anrechnung der auf Gesellschaftsebene erhobenen Steuern führt dazu, daß bei innerkonzernlichen Ausschüttungen keine wirtschaftliche Doppelbelastung der Gewinne entstehen kann. Die bis 1977 geltende körper-

---

224 Zum deutschen Körperschaftsteuerrecht vgl. Rose: (Ertragsteuern), 1992, S. 135-188; Wöhe: (Steuern), 1991, S. 127-189; Kießling/Pelikan: (Körperschaftsteuer), 1992.

225 Die Pflicht zur Darlegung der Entwicklung des nach § 30 KStG zu gliedernden verwendbaren Eigenkapitals ergibt sich aus der Notwendigkeit, die genaue Belastung der ausschüttungsfähigen Gewinnteile im Zeitpunkt der Ausschüttung festzustellen, um die unterschiedlich belasteten Eigenkapitalteile über eine Erhöhung oder Minderung der Körperschaftsteuer einheitlich mit 36 % belastet an die Anteilseigner auszuschütten.

schaftsteuerliche Schachtelfreistellung ist seit der Einführung des Voll-Anrechnungssystems im Prinzip entbehrlich.

Die Ertragsbesteuerung deutscher Kapitalgesellschaften erstreckt sich nicht nur auf die Körperschaftsteuer. Die von Gewerbebetrieben erzielten Gewinne werden darüber hinaus auch mit Gewerbeertragsteuer belastet.[226] Besteuerungsgrundlage ist der nach den Vorschriften des KStG ermittelte Gewinn, modifiziert um die spezifischen gewerbesteuerlichen Hinzurechnungen und Kürzungen (§ 7 GewStG). Der Gewerbeertrag wird zunächst mit einer Steuermeßzahl von 5 % multipliziert und unterliegt in einem zweiten Schritt den Hebesätzen der einzelnen Gemeinden. Die Streuung der Hebesätze zeigt eine Konzentration auf den Bereich zwischen 300 und 450 %.[227]

1.2 Voraussetzungen der Organschaft

Das deutsche Steuerrecht kennt kein spezielles Konzernsteuerrecht, das den Konzern als wirtschaftliche Einheit behandelt.[228] Mit dem Rechtsinstitut der Organschaft wurde jedoch eine Regelung geschaffen, die von dem Grundsatz abweicht, daß jedes rechtlich selbständige Unternehmen in vollem Umfang selbständig steuerpflichtig ist. Eine Organschaft ist im Körperschaftsteuer-, Gewerbeertragsteuer- und Umsatzsteuerrecht vorgesehen (Voll-Organschaft).[229] Wegen der für diese Arbeit getroffenen Eingrenzung auf die Behandlung ertragsteuerlicher Probleme, sollen im folgenden die körperschaftsteuerliche und die gewerbesteuerliche Organschaft im Vordergrund stehen.

Der RFH hatte mit Urteil vom 31.3.1922[230] erstmals eine spezielle Besteuerung des Konzerns als wirtschaftliche Einheit für den Bereich der Körperschaftsteuer vorgesehen. Die Vorstellungen des RFH zur Konzernbesteuerung basierten zu

---

226 Es wird vielfach behauptet, die Gewerbesteuer sei eine Spezifität des deutschen Steuerrechts. Wie Zitzelsberger: (Gewerbesteuer), 1990, S. 72-98, nachgewiesen hat, finden sich jedoch in anderen EU-Mitgliedstaaten funktional vergleichbare Real(Objekt-)Steuern, die oft ebenfalls als Lokalsteuern ausgestaltet sind. Vgl. auch Institut "Finanzen und Steuern" e.V. (Hrsg.): (Gewerbesteuer), 1992.

227 Vgl. o.V.: (Gewerbesteuer-Hebesatz), 1992, S. 7.

228 Vgl. Wöhe: (Konzernbesteuerung), 1989, S. 191.

229 Vgl. die sehr detaillierte Darstellung von Schmidt/Müller/Stöcker: (Organschaft), 1993; vgl. auch Prinz: (Entwicklung), 1993, S. 725 ff.

230 Vgl. RFHE Band 9, S. 167 ff.

diesem Zeitpunkt auf den Grundsätzen der Angestelltentheorie. In der Zeit von 1922 bis 1969 führte die körperschaftsteuerliche Organschaft ein Rechtsprechungsdasein. RFH und BFH legten ihren Urteilen dabei verschiedene Konzernbesteuerungstheorien zugrunde. Im Zeitablauf ist eine Entwicklung von der Angestelltentheorie zur Zurechnungstheorie mit kurzen Einblendungen von Grundsätzen der Bilanzierungstheorie erkennbar[231]. Erst 1969 sah sich der deutsche Gesetzgeber aufgrund der durch die ausufernde Kasuistik entstandenen Rechtsunsicherheit veranlaßt, eine gesetzliche Grundlage für die Organschaft in § 7a KStG zu schaffen. Die Grundlagen des § 7a KStG wurden in die §§ 14 bis 19 des KStG von 1984 und 1991 übernommen.

Die körperschaftsteuerliche Organschaft kann von Gesellschaften in Anspruch genommen werden, die Sitz und Geschäftsleitung in Deutschland haben.[232] Muttergesellschaft (Organträger) kann jedes inländische gewerbliche Unternehmen sein (§ 14 KStG i.V.m. § 2 GewStG). Die Tochtergesellschaft (Organgesellschaft) muß in der Rechtsform der AG oder KGaA organisiert sein; andere Kapitalgesellschaften müssen zusätzliche, in § 17 KStG aufgeführte Voraussetzungen für die Anerkennung als Organgesellschaft erfüllen. Personengesellschaften oder Einzelunternehmungen kommen als Organgesellschaften grundsätzlich nicht in Betracht.[233] Eine Organgesellschaft muß nicht notwendigerweise ein gewerbliches Unternehmen im Sinne des § 2 GewStG sein. Sie kann auch reine Hilfstätigkeiten ausüben.

---

231 Grundlegende Rechtsprechung zur Angestelltentheorie: RFH mit Urteilen vom 31.3.1922, RFHE Band 9, S. 167; 11.11.1927, RFHE Band 22, S. 183; 11.10.1928, RStBl 1928, S. 360; 11.6.1929, RStBl 1929, S. 557. Den Übergang zur Zurechnungstheorie vollzog der RFH mit Urteilen vom 18.2.1933, RStBl 1933, S. 647, und vom 25.9.1934/22.1.1935, RStBl 1935, S. 517. Vgl. auch Herrmann/Heuer/Raupach (Hrsg.): (Kommentar), Rz. 9 ff. vor § 14 KStG.

232 Zu beachten ist, daß nur Konzerngesellschaften mit Sitz **und** Geschäftsleitung im Inland einen Organkreis bilden können (§ 14 KStG), während zur Bestimmung der unbeschränkten Steuerpflicht im Inland lediglich Sitz **oder** Geschäftsleitung im Inland vorliegen müssen (§ 1 Abs. 1 KStG). Somit kann nicht jede unbeschränkt steuerpflichtige Gesellschaft auch Mitglied des Organkreises sein.

233 Eine körperschaftsteuerliche Organschaft hätte für Personen-Tochtergesellschaften auch nur geringe Bedeutung, weil die im Rahmen einer Mitunternehmerschaft erzielten Einkünfte den an ihr beteiligten Mitunternehmern ohnehin im Wege der einheitlichen und gesonderten Gewinnfeststellung als steuerpflichtiges Einkommen zugerechnet werden, vgl. § 15 Abs. 1 Nr. 2 EStG i.V.m. § 180 Abs. 1 Nr. 2a AO.

Ein Organverhältnis liegt vor, wenn eine Organgesellschaft nach dem Gesamtbild der tatsächlichen Verhältnisse finanziell, wirtschaftlich und organisatorisch in ein anderes Unternehmen eingegliedert ist.[234] Außerdem bedarf es für das Vorliegen einer körperschaftsteuerlichen Organschaft eines auf mindestens fünf Jahre abgeschlossenen und während dieser Zeit auch tatsächlich durchgeführten Gewinnabführungsvertrags im Sinne des § 291 Abs. 1 AktG, in dem sich die Organgesellschaft verpflichtet, ihren ganzen Gewinn an den Organträger abzuführen.[235] Die Kriterien der finanziellen, wirtschaftlichen und organisatorischen Eingliederung sind in Literatur und Rechtsprechung zum Teil konträr diskutiert und interpretiert worden; sie sollen deshalb als wesentliche Voraussetzungen zur Abgrenzung des steuerlichen Konzernkreises erläutert werden.

Die finanzielle Eingliederung der Organgesellschaft in den Organträger ist in § 14 Nr. 1 KStG eindeutig geregelt und deshalb auch kaum strittig. Der Organträger muß an der Organgesellschaft vom Beginn des Wirtschaftsjahres an, für das eine Organschaft erstmals angestrebt wird, ununterbrochen zu mehr als 50 % beteiligt sein. Der Gesetzgeber orientiert sich an den tatsächlichen Möglichkeiten der Beeinflussung der Tochtergesellschaft und zieht deshalb das Kriterium der Stimmrechtsmehrheit für die Beurteilung der finanziellen Eingliederung heran.[236] Die finanzielle Eingliederung setzt grundsätzlich eine unmittelbare Beteiligung voraus. Eine mittelbare Beteiligung ist jedoch gemäß § 14 Nr. 1 Satz 2 KStG ausreichend, wenn "jede der Beteiligungen, auf denen die mittelbare Beteiligung beruht, die Mehrheit der Stimmrechte gewährt." Sind die Gesellschaften A, B, C und D jeweils durch Beteiligungen miteinander verbun-

---

234 Die Festlegung der drei Eingliederungsmerkmale geht auf Rosendorff: (Organisation), 1927, S. 109, zurück, der ausführt: "Die Herrschaft der einen Gesellschaft über die andere muß vielmehr finanziell, wirtschaftlich und organisatorisch soweit gehen, daß eine eigene selbstverantwortliche Entscheidung der Untergesellschaft ausgeschlossen ist." Die Rechtsprechung des RFH hat in der Folgezeit diese Kriterien als Organschaftsvoraussetzungen übernommen, vgl. erstmals RFH vom 11.11.1927, RFHE Band 22, S. 183 ff. (187).

235 § 14 fordert den Abschluß eines "Gewinnabführungsvertrages". Zutreffender und eindeutiger ist der Terminus "Ergebnisabführungsvertrag", weil die Muttergesellschaft auch zur Übernahme der der Tochtergesellschaft entstehenden Verluste verpflichtet ist.

236 Vgl. Klempt/Winter: (Organschaft), 1970, S. 54, die in dem Erfordernis der einfachen Stimmrechtsmehrheit eine Gesetzeslücke für die Fälle sehen, in denen der Gesellschaftsvertrag bei Abstimmungen generell eine größere Stimmenmehrheit vorschreibt. Sie schlagen vor, eine finanzielle Eingliederung nur dann anzunehmen, wenn die "satzungsmäßig erforderliche Mehrheit" gegeben ist.

den, denen ein Stimmrechtsanteil von mehr als 50 % zugrunde liegt, gehören alle vier Gesellschaften einem Organkreis an (vgl. Abbildung 5).

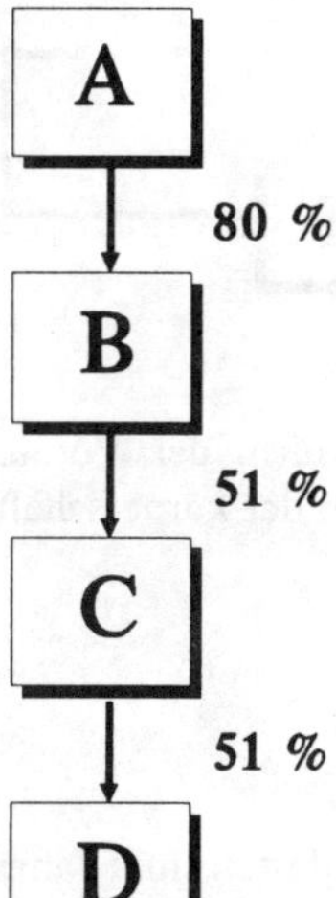

Abb. 5: Finanzielle Eingliederung im Rahmen der körperschaftsteuerlichen Organschaft

Hat die Muttergesellschaft E zwei 100 %ige Tochtergesellschaften F und G, die beide die Hälfte der Stimmrechte an einer Enkelgesellschaft H besitzen, sind nur die direkten Tochtergesellschaften Organgesellschaften im Sinne des § 14 Nr. 1 Satz 2 KStG. Gesellschaft H wird nicht als Mitglied des steuerlichen Konzernkreises klassifiziert, obwohl alle Anteile an dieser Gesellschaft von Konzerngesellschaften gehalten werden (vgl. Abbildung 6).[237]

237 Die Einschränkung des § 14 Nr. 1 Satz 2 KStG führt somit zu sachlich höchst unbefriedigenden Ergebnissen, vgl. Bauer: (Konzerne), 1987, S. 68 ff.

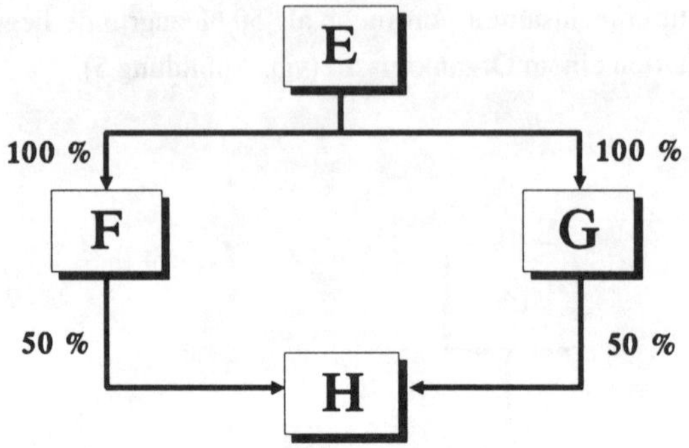

Abb. 6: Beteiligungsstruktur, die nicht der Voraussetzung der finanziellen Eingliederung im Rahmen der körperschaftsteuerlichen Organschaft entspricht

Mit der Voraussetzung eines auf mindestens fünf Jahre abgeschlossenen Ergebnisabführungsvertrags wird das Kriterium der finanziellen Eingliederung ausgehöhlt. Während in § 14 KStG explizit auf die einfache Stimmrechtsmehrheit abgestellt wird, kann ein entsprechender Unternehmensvertrag nur durch Zustimmung von mindestens 75 % der Hauptversammlung der abhängigen Gesellschaft abgeschlossen werden (§ 293 Abs. 1 AktG).

Im Gegensatz zur finanziellen Eingliederung ist die organisatorische Eingliederung nicht im Gesetz definiert. § 14 Nr. 2 KStG enthält lediglich eine Fiktion, nach der eine unwiderlegbare Vermutung der organisatorischen Eingliederung begründet wird, wenn

(1) die Organgesellschaft die Leitung ihres Unternehmens durch einen Beherrschungsvertrag im Sinne des § 291 Abs. 1 AktG dem Organträger unterstellt, oder

(2) die Organgesellschaft eine nach den Vorschriften der §§ 319 - 327 AktG eingegliederte Gesellschaft ist.

Der Abschluß eines Beherrschungsvertrags berechtigt die Obergesellschaft stets dazu, dem Vorstand der abhängigen Gesellschaft Weisungen in allen für die

Geschäftsführung wichtigen Bereichen zu erteilen. Die aktienrechtliche Eingliederung kann nur durchgeführt werden, wenn sich alle Anteile der abhängigen Gesellschaft in der Hand der zukünftigen Hauptgesellschaft befinden. Beide Instrumente sind in § 14 KStG nur beispielhaft genannt. Der Abschluß eines Beherrschungsvertrags und die aktienrechtliche Eingliederung stellen sicher, daß die Geschäftsführungsorgane des Organträgers die Geschäftspolitik der Organgesellschaft(en) tatsächlich beeinflussen können, und die Funktion der abhängigen Organgesellschaft wirtschaftlich betrachtet lediglich die einer unselbständigen Abteilung der Konzernunternehmung ist.[238] Liegt keine aktienrechtliche Eingliederung und kein Beherrschungsvertrag vor, ist nach dem Gesamtbild der tatsächlichen Verhältnisse zu beurteilen, ob die Machtverhältnisse im Unternehmensverbund den Voraussetzungen für eine organisatorische Eingliederung genügen. Die engsten organisatorischen Bindungen werden durch personelle Verflechtungen erreicht. Während die finanzielle Eingliederung primär bei den über die Stimmrechtsmehrheit gegebenen Möglichkeiten der Beherrschung ansetzt, wird mit dem Kriterium der organisatorischen Eingliederung die tatsächliche Ausübung der Beherrschungsmacht überprüft.[239]

Als drittes Eingliederungsmerkmal verlangt § 14 KStG eine wirtschaftliche Eingliederung der Organgesellschaft in den Geschäftsbetrieb des Organträgers. Für eine nähere Konkretisierung des Begriffs "wirtschaftliche Eingliederung" muß auf die umfangreiche Rechtsprechung[240] zurückgegriffen werden, da keine gesetzliche Definition oder Erläuterung existiert. Wirtschaftliche Eingliederung bedeutet mehr als wirtschaftliche Abhängigkeit der Organgesellschaft vom Organträger als Ergebnis der sich aus der Gesellschafterstellung ergebenden Gesellschaftermacht. Gefordert wird, daß die Organgesellschaft nach Art einer unselbständigen Geschäftsabteilung in den Unternehmensaufbau des Konzerns eingeordnet ist und in dieser Funktion die gewerblichen Zwecke der herrschenden Gesellschaft wirtschaftlich fördert und ergänzt. Die unselbständige Geschäftsabteilung ist Modell für die wirtschaftlich eingegliederte Organgesellschaft.[241] In der Literatur ist die wirtschaftliche Eingliederung neben der finanziellen und der organisatorischen Eingliederung zum Teil als Leerformel inter-

---

238 Vgl. Wöhe: (Konzernbesteuerung), 1989, S. 210.

239 Vgl. Rupp: (Ertragsbesteuerung), 1983, S. 225.

240 Vgl. dazu in jüngster Zeit BFH vom 13.9.1989, BStBl II 1990, S. 24 ff.; BFH vom 26.4.1989, BStBl II 1989, S. 668 ff.

241 Vgl. Herrmann/Heuer/Raupach: (Kommentar), Rz. 133 zu § 14.

pretiert und als entbehrlich angesehen worden.[242] Diese Ansicht stützte sich unter anderem auf das BFH-Urteil vom 21.1.1976,[243] in dem ausgeführt wurde, daß der wirtschaftliche Zusammenhang sich nicht unbedingt auf technische oder marktstrategische Faktoren beziehen müsse. Die Förderung der wirtschaftlichen Unternehmensziele könne vielmehr bereits in der Zusammenfassung mehrerer Gesellschaften zum Zwecke der Gewinnmaximierung und des Risikoausgleichs - wie im Fall der Diversifikation - gesehen werden. Die Voraussetzungen der wirtschaftlichen Eingliederung sind jedoch nicht immer grundsätzlich dann erfüllt, wenn die abhängige Gesellschaft über einen Beherrschungsvertrag oder durch faktische Beherrschung auch organisatorisch in die herrschende Gesellschaft eingegliedert ist. Die wirtschaftliche Eingliederung wird zwar als "Ausfluß der organisatorischen Eingliederung"[244] angesehen; die Kriterien der Eingliederungsvoraussetzungen sind jedoch nicht kongruent. Im Rahmen der wirtschaftlichen Eingliederung wird zusätzlich zu den Voraussetzungen der organisatorischen Verknüpfung gefordert, daß die abhängige Gesellschaft die gewerblichen Zwecke des herrschenden Unternehmens fördern oder ergänzen muß. Das impliziert nach Auffassung der Rechtsprechung eine selbständige gewerbliche Tätigkeit des Organträgers.[245] Die wirtschaftliche Eingliederung ist somit eine unabhängig neben den anderen Merkmalen stehende Voraussetzung für die Anerkennung eines Organschaftsverhältnisses.[246]

Die Einengung des Konzernkreises durch die Bedingungen der organisatorischen und wirtschaftlichen Eingliederung hat zur Folge, daß Holdinggesell-

---

242 Vgl. Dornfeld/Telkamp: (Konzernunternehmung), 1971, S. 67 ff.; Jurkat: (Organschaft), 1975, S. 145 ff.; Stender: (Grundlagen), 1980, S. 49. Rose: (Probleme), 1972, S. 215, vertritt die Auffassung, daß die wirtschaftliche Eingliederung lediglich als Oberbegriff für die finanzielle und die organisatorische Eingliederung zu sehen ist. Rupp: (Ertragsbesteuerung), 1983, S. 227 ff., fordert eine ersatzlose Streichung der Voraussetzung der wirtschaftlichen Eingliederung.

243 BStBl II 1976, S. 389 ff.

244 Danelsing in Blümich (Hrsg.): (Einkommensteuergesetz), Rz. 61 zu § 14.

245 BFH vom 13.9.1989, BStBl II 1990, S. 24 ff.; BFH vom 18.4.1973, BStBl II 1973, S. 740 ff. Demnach ist es für Zwecke der wirtschaftlichen Eingliederung nicht ausreichend, wenn das herrschende Unternehmen nur Gewerbebetrieb kraft Rechtsform ist.

246 Diese Auffassung scheint auch die Finanzverwaltung zu teilen, die den in Abschn. 50 Abs. 1 Satz 6 KStR 1985 noch enthaltenen Passus, "Bei der Beurteilung, ob die Voraussetzung der wirtschaftlichen Eingliederung erfüllt ist, sind keine engen Maßstäbe anzulegen", ersatzlos gestrichen hat.

schaften, die lediglich Beteiligungen an Konzerngesellschaften halten und daneben keine eigene gewerbliche Tätigkeit entfalten (vermögensverwaltende Holding), nicht in den Organkreis einbezogen werden dürfen. Holdinggesellschaften, die die einheitliche Leitung über mehrere abhängige Gesellschaften in einer durch äußere Merkmale erkennbaren Form ausüben (geschäftsleitende Holding), können jedoch als Organträger fungieren. Die nicht nur aus steuerökonomischen Gründen für Familienunternehmungen interessante Organisationsform der "klassischen" Betriebsaufspaltung in eine ausschließlich vermögensverwaltende Besitzunternehmung (Personengesellschaft oder Einzelunternehmung) und eine gewerblich tätige Betriebsgesellschaft kann die Vergünstigungen der körperschaftsteuerlichen Organschaft ebenfalls nicht in Anspruch nehmen, weil die herrschende Gesellschaft in der Regel nicht gewerblich tätig ist.[247]

Der Gesetzgeber hat bei den Kriterien der wirtschaftlichen und organisatorischen Eingliederung auf eine Betrachtung des Gesamtbildes der tatsächlichen Verhältnisse abgestellt. Dadurch sollen möglichst alle in der Praxis existenten Gestaltungsformen eines Konzernverbundes in den Organkreis eingebunden werden können. Außerdem wird mit dem Rekurrieren auf das Gesamtbild der tatsächlichen Verhältnisse die Anknüpfung an formale Kriterien im Rahmen der Abgrenzung des Organkreises zurückgedrängt und eine betriebswirtschaftlich geprägte Sichtweise zum Ausdruck gebracht. Die Eingliederungskriterien können in verschiedenem Umfang und unterschiedlicher Intensität erfüllt sein, wobei das formal eindeutige Kriterium der Stimmrechtsmehrheit im Rahmen der finanziellen Eingliederung in Verbindung mit der Notwendigkeit eines abgeschlossenen Ergebnisabführungsvertrags nur eingeschränkt flexibel ist.

Trotz der expliziten Betonung der ganzheitlichen Betrachtung bei der Abgrenzung des Organkreises führen vor allem die Kriterien, die die Rechtsprechung an das Merkmal der wirtschaftlichen Eingliederung knüpft, dazu, daß sich die Behandlung von Konzernen im deutschen Steuerrecht immer mehr von der ursprünglichen Intention der Rechtsprechung und des Gesetzgebers entfernt. RFH und BFH hatten der Konzernbesteuerung mit dem Rechtsinstitut der Organschaft eine theoretische Grundlage verschaffen wollen, die als

---

247 Zur Problematik Betriebsaufspaltung und Organschaft vgl. Schneeloch: (Betriebsaufspaltung), 1991, S. 808 ff., und derselbe: (Überlegungen), 1991, S. 993 ff.

"steuerrechtliche Lehre von der wirtschaftlichen Einheit rechtlich selbständiger Wirtschaftsobjekte"[248] bezeichnet wurde. Dieses Ziel wird mit der derzeitigen Regelung im deutschen Steuerrecht schon bei der Abgrenzung des Organkreises nicht erreicht. Die auf jahrzehntelanger Rechtsprechung basierende Ausgrenzung von Konzernorganisationsformen, die auf einem Finanzholding-Konzept oder auf dezentralen Führungs- und Leitungsstrukturen beruhen, entspricht nicht den modernen, in der Praxis zunehmend angewandten Modellen der Unternehmensorganisation.[249] Auch mit dem Erfordernis "Vorliegen eines Ergebnisabführungsvertrags zwischen Organgesellschaft und Organträger" rückt der Gesetzgeber für die körperschaftsteuerliche Organschaft von einer betriebswirtschaftlich orientierten Sichtweise ab und macht ein formales Kriterium zur unabdingbaren Voraussetzung für die Inanspruchnahme der Organschaftsregelungen.[250] Damit werden Konzerne bei gleicher finanzieller und organisatorischer Bindungsstärke in Abhängigkeit vom Vorliegen eines Unternehmensvertrags steuerlich zum einen als Konzernverbund und zum anderen als Einzelgesellschaften behandelt. Die Voraussetzung des Ergebnisabführungsvertrags wird auch als Organschaftswahlrecht bezeichnet, weil mit dem Vertragsabschluß eine steuerliche Organschaft wahlweise begründet werden kann.[251]

Die Voraussetzungen der finanziellen, organisatorischen und wirtschaftlichen Eingliederung gelten mit weitgehend identischen Begriffsinhalten auch für die gewerbesteuerliche Organschaft (§ 2 Abs. 2 Satz 2 GewStG). Der Abschluß eines Ergebnisabführungsvertrags wird im Gewerbesteuerrecht jedoch nicht gefordert.

---

248 Vgl. RFH vom 30.1.1930, RStBl. 1930, S. 151, und BFH vom 17.7.1952, BStBl III 1952, S. 235.

249 Vgl. Müller: (Reform), 1991, S. 26 ff.; Werdich: (Konzern), 1993, S. 79 ff.

250 Vgl. Bauer: (Besteuerung), 1987, S. 79; Rupp: (Ertragsbesteuerung), 1983, S. 244 ff.

251 Vgl. Göth: (Organschaft), 1991, S. 38 f. Für die Konzernunternehmung ist diese Option andererseits auch eine steuerpolitisch einsetzbare Gestaltungsmaßnahme. Knepper: (Bedeutung), 1982, S. 2063, sieht darin einen "unübersehbaren Vorteil des deutschen Systems".

1.3 Einkommensermittlung im nationalen Konzern

Die Ermittlung des steuerlichen Ergebnisses kann nicht auf der Grundlage einer konsolidierten Konzern-Steuerbilanz erfolgen. Ausgangsbasis ist vielmehr die separate Einkommensermittlung der Konzerngesellschaften. Im Rahmen der isolierten Veranlagung ist der von der Organgesellschaft an den Organträger aufgrund des Ergebnisabführungsvertrags tatsächlich abgeführte Gewinn, bzw. der vom Organträger übernommene Verlust, bei der Ermittlung des zu versteuernden Einkommens von Organgesellschaft und Organträger nicht zu berücksichtigen. Die wirtschaftliche Einheit des Konzerns kommt erst auf einer zweiten Stufe zum Tragen. § 14 KStG bestimmt, daß das zunächst unabhängig ermittelte Einkommen der Organgesellschaft(en) dem Organträger zugerechnet wird. Die außerhalb der Bilanz vorzunehmende Einkommenszurechnung bewirkt, daß das zuzurechnende Einkommen nicht bei der Organgesellschaft, sondern beim Organträger der Besteuerung unterliegt. Eine objektive Steuerpflicht der Organgesellschaft besteht nur für an Minderheitsgesellschafter zu leistende Ausgleichszahlungen (§ 16 KStG).[252] Das steuerlich zuzurechnende Einkommen der Organgesellschaft ist deshalb um die Ausgleichszahlungen zuzüglich der darauf entfallenden Ausschüttungsbelastung zu kürzen. Dabei ist es unbeachtlich, ob die Zahlungen von der Organgesellschaft, oder direkt von der Muttergesellschaft geleistet worden sind. Da die Vorschriften zur körperschaftsteuerlichen Organschaft (§§ 14 - 19 KStG) gegenüber den Vorschriften des körperschaftsteuerlichen Anrechnungsverfahrens lex specialis sind, muß für die zugerechneten Beträge bei der Organgesellschaft keine Ausschüttungsbelastung hergestellt werden.[253]

Verlustvorträge aus der Zeit vor dem Eintritt in den Organkreis dürfen im Rahmen der Einkommensermittlung der Organgesellschaft nicht berücksichtigt

---

252 Ein Gewinnabführungsvertrag muß nach § 304 Abs. 1 AktG eine Verpflichtung zur Zahlung eines angemessenen Ausgleichs an außenstehende Aktionäre vorsehen.

253 Zu den speziellen Problemen, die sich insbesondere im Zusammenhang mit der Gliederung des verwendbaren Eigenkapitals der Konzerngesellschaften und hinsichtlich der Differenzen zwischen abgeführtem und zugerechnetem Gewinn ergeben, vgl. die ausführliche und kritische Darstellung von Bauer: (Besteuerung), 1987, S. 133 ff.

werden (§ 15 Nr. 1 KStG).[254] Der innerkonzernliche Verlustausgleich ist somit auf Verluste begrenzt, die während der Zugehörigkeit zum steuerlichen Konzern entstanden sind. Die vororganschaftlichen Verlustvorträge verfallen nicht, sondern können aufgrund der in § 10d EStG verankerten unbeschränkten Vortragsfähigkeit nach Austritt aus dem Organkreis wieder mit eigenen Einkünften ausgeglichen werden. Im Gegensatz zu den "eingefrorenen" Verlustvorträgen der Organgesellschaft bleiben vororganschaftliche Verlustvorträge des Organträgers unbeschränkt verrechnungsfähig. Eine ähnlich strenge Abgrenzung vorvertraglicher Erfolgskomponenten wie bei der Behandlung von Verlustvorträgen wird in bezug auf die Auflösung stiller Rücklagen, die in den steuerlichen Wertansätzen der Wirtschaftsgüter einer in den Organkreis aufgenommenen Gesellschaft enthalten sind, nicht vorgenommen. Stille Rücklagen, die während der Zugehörigkeit zum Organkreis aufgelöst werden, gelten als Bestandteil des dem Organträger zuzurechnenden Einkommens.

Eine Besonderheit ergibt sich im Zusammenhang mit der gewerbesteuerlichen Organschaft. Die abhängigen Organgesellschaften werden in § 2 Abs. 2 Satz 2 GewStG als Betriebsstätten des Organträgers qualifiziert, und sind somit weder subjektiv noch objektiv steuerpflichtig. Die Betriebsstättenfiktion ist jedoch ausschließlich für die Frage der Bestimmung der Steuerpflicht bedeutsam. Auch im Gewerbesteuerrecht erfolgt die Ermittlung des Konzernergebnisses über die Methodik der getrennten Einkommensermittlung mit anschließender Zurechnung. Da die Gewerbesteuer eine Gemeindesteuer ist, ist der beim Organträger zentral errechnete Steuermeßbetrag auf die in verschiedenen Gemeinden ansässigen Gesellschaften aufzuteilen. Diese "Zerlegung" erfolgt mit Hilfe des in § 29 GewStG festgelegten Zerlegungsmaßstabs, der sich jeweils aus dem Verhältnis der Summe der in einer "Organ-Betriebsstätte" gezahlten Arbeitslöhne zur Gesamtsumme der innerhalb des Organkreises gezahlten Arbeitslöhne ergibt. Bei Wareneinzelhandelsunternehmen wird anstatt der Summe der Arbeitslöhne die Summe der Betriebseinnahmen zugrundegelegt. Auf die entsprechend aufgeteilten Steuermeßbeträge wird der jeweilige Gewerbesteuer-Hebesatz der einzelnen Gemeinden angewandt.

---

254 Für den Konzern besteht die Möglichkeit, den Ergebnisabführungsvertrag erst dann abzuschließen und damit die körperschaftsteuerliche Organschaft erst zu dem Zeitpunkt wirksam werden zu lassen, wenn die bei einer erworbenen Tochtergesellschaft bestehenden Verlustvorträge mit eigenen Einkünften der Tochter verrechnet worden sind. Vgl. Bauer: (Besteuerung), 1987, S. 127; Brönner: (Besteuerung), 1988, S. 699.

Die Einkommensermittlung im Rahmen der gewerbesteuerlichen Organschaft basiert auf einer Kombination der im zweiten Kapitel dargestellten, grundsätzlichen steuerlichen Gewinnermittlungsmethoden im internationalen Konzern. Die erste Stufe entspricht dem Konzept der direkten Einzelgewinnermittlung. Auf der zweiten Stufe wird mit der Zurechnung der Teilergebnisse zum Organträger additiv eine einheitliche Steuerbemessungsgrundlage für den gesamten Organkreis ermittelt. Damit wird die Basis für die indirekte Gewinnermittlungsmethode geschaffen, deren Anwendung notwendig wird, weil mehrere steuerliche Hoheitsträger einen Anspruch auf den Gewerbeertrag des interkommunalen Organkreises erheben.

1.4 Besteuerung deutsch-internationaler Konzerne

Eine Organschaft über die Grenze ist nur möglich, wenn eine ausländische Muttergesellschaft in Deutschland eine in das Handelsregister eingetragene Zweigniederlassung unterhält und die inländische Tochtergesellschaft sich verpflichtet, ihren ganzen Gewinn an diese Betriebsstätte abzuführen (§ 18 KStG). Nur unter der Voraussetzung, daß die allgemein für die Konstituierung eines Organkreises geltenden Eingliederungstatbestände gegenüber der inländischen Zweigniederlassung erfüllt sind, kann eine Zurechnung des steuerlichen Einkommens der deutschen Tochtergesellschaft zu den in Deutschland beschränkt steuerpflichtigen Einkünften der Zweigniederlassung erfolgen. Außerdem muß die für die finanzielle Eingliederung erforderliche Mehrheitsbeteiligung an der Tochtergesellschaft zum Betriebsvermögen der Betriebsstätte gehören. Die ausländische Muttergesellschaft kann nicht direkt, sondern nur über die inländische Zweigniederlassung in den Organkreis einbezogen werden. Sie ist zwar Organträger der deutschen Tochtergesellschaft; Gewinne oder Verluste, die die Muttergesellschaft in ihrem Sitzstaat erzielt, können aber nicht mit den Ergebnissen der deutschen Tochtergesellschaft verrechnet werden.

Hat eine deutsche Muttergesellschaft eine oder mehrere Tochtergesellschaften mit Sitz oder Geschäftsleitung im Ausland, können die ausländischen Gesellschaften nicht in den Organkreis einbezogen werden. Für Ausschüttungen ausländischer Tochtergesellschaften an eine deutsche Konzernmuttergesellschaft ist bis auf das DBA mit Griechenland[255] in allen Abkommen mit EU-Staaten eine Freistellung der im Ausland erzielten Einkünfte von der deutschen Steuerpflicht (internationale Schachtelfreistellung[256]) vereinbart worden. Bei der deutschen Muttergesellschaft werden die Gewinnausschüttungen ausländischer Tochtergesellschaften im Rahmen der Gliederung des verwendbaren Eigenkapitals als steuerfreie Einkünfte dem unbelasteten Eigenkapital zugeordnet (§ 30 Abs. 2 Nr. 1 KStG). Erfolgt eine Weiterausschüttung dieser Beträge, muß vom 1.1.1994 an auf der Ebene der ausschüttenden Gesellschaft grundsätzlich keine Ausschüttungsbelastung von 30 % mehr hergestellt werden (§ 8b Abs. 1 KStG). Die steuerliche Behandlung der im Inland weiterausgeschütteten ausländischen Erträge ist unterschiedlich: Ist der Dividendenempfänger eine Körperschaft, werden die Vermögensmehrungen weiterhin steuerfrei gestellt und ebenfalls dem unbelasteten Eigenkapital EK 01 zugeordnet. Ist der Anteilseigner dagegen eine natürliche Person, ist sie mit der empfangenen Dividende steuerpflichtig, ohne eine Körperschaftsteueranrechnung geltend machen zu können. Auch Gewinne aus der Veräußerung von Beteiligungen an ausländischen Schachtelgesellschaften und Gewinne, die bei deren Auflösung oder bei der Herabsetzung ihres Kapitals erzielt werden, können vom 1.1.1994 an in Deutschland steuerfrei vereinnahmt werden (§ 8b Abs. 2 KStG). Verluste ausländischer Tochtergesellschaften können in Deutschland unabhängig von der Beteiligungshöhe nur über eine Teilwertabschreibung auf den Buchwert der Beteiligung wirksam werden.[257]

Für Einkünfte einer Auslandsbetriebsstätte sehen die DBA grundsätzlich die Freistellungsmethode vor. Eine Ausnahme vom Betriebsstättenprinzip gilt für Verluste aus aktiven Tätigkeiten. Nach § 2a Abs. 3 EStG kann ein nach den

255 Das DBA-Griechenland sieht die Anrechnung der in Griechenland auf Gewinnausschüttungen an deutsche Unternehmen gezahlten Steuern vor (Art. VI i.V.m. Art. XVII Abs. 2 Nr. 2a DBA-Griechenland).

256 Die meisten Abkommen enthalten eine Beteiligungsvoraussetzung von 25 %. § 26 Abs. 7 KStG ermöglicht die Freistellung ausländischer Beteiligungserträge unilateral jedoch bereits bei einer Beteiligung von 10 %.

257 Eine Teilwertabschreibung kann jedoch nur vorgenommen werden, wenn unter Berücksichtigung der zukünftigen wirtschaftlichen Entwicklung der ausländischen Gesellschaft von nachhaltigen Verlusten auszugehen ist; ihr Anwendungsbereich ist daher begrenzt, vgl. Baranowski: (Bewertung), 1993, S. 1033 ff.; Jacobs: (Unternehmensbesteuerung), 1991, S. 352 f.; Rose: (Grundzüge), 1991, S. 127 f. Zur Beschränkung ausschüttungsbedingter Teilwertabschreibungen auf Beteiligungen an ausländischen Gesellschaften vgl. § 8b Abs. 6 KStG.

Vorschriften des deutschen Steuerrechts berechneter Verlust der ausländischen Betriebsstätte vom Gesamtbetrag der Einkünfte des Stammhauses abgezogen werden. Übersteigt der abzugsfähige Verlust die inländische Abzugsbasis, kann eine interperiodische Verlustverrechnung nach § 10d EStG erfolgen. Der grenzüberschreitende Verlustausgleich ist mit einer Nachversteuerungsklausel verbunden. Sobald die ausländische Betriebsstätte wieder positive Einkünfte erzielt, ist der Gesamtbetrag der Einkünfte des Stammhauses bis zur Höhe der in Vorjahren abgezogenen Verluste zu erhöhen.[258]

Schüttet eine deutsche Tochtergesellschaft Gewinnanteile an ihre ausländische Muttergesellschaft aus, so wird für diese Dividenden die Ausschüttungsbelastung von 30 % hergestellt. Außerdem kann in Deutschland auch nach der Umsetzung der Mutter-Tochter-Richtlinie eine Kapitalertragsteuer als Quellenabzugsteuer in Höhe von 5 % erhoben werden.[259]

Eine Besonderheit im Rahmen der Besteuerung deutsch-internationaler Konzerne ist die Hinzurechnungsbesteuerung nach den §§ 7-14 AStG.[260] Die Einkünfte ausländischer Zwischengesellschaften werden der in Deutschland unbeschränkt steuerpflichtigen Muttergesellschaft vollständig als fiktive Ausschüttungen zugerechnet, unabhängig davon, ob tatsächlich eine Ausschüttung erfolgt ist. Die rechtliche Selbständigkeit der ausländischen Gesellschaft bleibt unberührt; mit der steuerlichen Durchbrechung der Abschirmwirkung entsteht aber eine erweiterte Steuerpflicht der inländischen Muttergesellschaft.[261] Eine ausländische Gesellschaft ist Zwischengesellschaft, wenn folgende Voraussetzungen kumulativ erfüllt sind:

(1) Die ausländische Gesellschaft wird von einem im Inland unbeschränkt steuerpflichtigen Gesellschafter beherrscht, dem mehr als die Hälfte der Kapitalanteile oder Stimmrechte zuzurechnen sind (§ 7 Abs. 2 AStG)

---

258 Vgl. Jacobs: (Unternehmensbesteuerung), 1991, S. 249 ff.

259 § 44d KStG. Diese Ausnahmeregelung wurde aufgrund des gespaltenen Körperschaftsteuersatzes bis zum 30.6.1996 gewährt (Art. 5 Abs. 3 der Richtlinie).

260 Vgl. Flick/Wassermeyer/Becker: (Außensteuergesetz); Wöhrle/Schelle/Groß: (Außensteuergesetz); Brezing et al.: (Außensteuerrecht), 1991; Wettlaufer: (Hinzurechnungsbilanz), 1984.

261 Vgl. Jacobs: (Unternehmensbesteuerung), 1991, S. 317.

(2) Die ausländische Gesellschaft ist in einem Staat ansässig, in dem ihre Einkünfte einer Ertragsteuerbelastung von weniger als 30 % unterliegen (§ 8 Abs. 3 AStG)

(3) Die ausländische Gesellschaft erzielt "passive Einkünfte" im Sinne des § 8 Abs. 1 AStG

2. Luxemburg

2.1 Grundlagen des Körperschaftsteuersystems und Schachtelfreistellung

Juristische Personen mit Sitz oder Geschäftsleitung in Luxemburg sind im Großherzogtum unbeschränkt steuerpflichtig. Die Körperschaftsteuer (Impôt sur le revenu des collectivités) wird auf der Grundlage der Art. 158-174 des Einkommensteuergesetzes (L'impôt sur le revenu, L.I.R.) erhoben. Jede rechtlich selbständige Wirtschaftseinheit ist Steuersubjekt der Körperschaftsteuer (Art. 159 L.I.R.). Körperschaften, Personenvereinigungen und Vermögensmassen unterliegen einem Steuersatz von 33 %.[262]

Das luxemburgische Körperschaftsteuerrecht basiert auf dem klassischen System.[263] Die von einer Kapitalgesellschaft erzielten Gewinne werden nach ihrer Ausschüttung auf der Ebene der Gesellschafter nochmals der Einkommen- oder Körperschaftsteuer unterworfen, ohne daß eine Anrechnung der bereits von der Kapitalgesellschaft entrichteten Steuern vorgenommen werden kann. Beteiligungserträge, die eine in Luxemburg ansässige Gesellschaft von einer anderen inländischen Gesellschaft erhält, an der sie unmittelbar zu mindestens 10 %[264] beteiligt ist, bleiben jedoch gemäß Art. 166 L.I.R. bei der Empfänger-Gesellschaft steuerfrei (Privilège des sociétés mère et filiales; Schachtelfreistellung). Die Schachtelfreistellung kann ungeachtet des Beteiligungsprozentsatzes auch angewandt werden, wenn die Anschaffungskosten der Beteiligung mehr als 50 Mio. lfr betragen haben. Die Steuerbefreiung gilt nur insoweit die Einkünfte aus Beteiligungspapieren stammen, die der Gesellschaft ununterbrochen seit mindestens 12 Monaten gehören (Art. 166 Abs. 3 L.I.R.). Für Divi-

---

262 Der Satz von 33 % kommt zur Anwendung, wenn die steuerpflichtigen Einkünfte 1.312.000 lfr übersteigen. Es gelten ermäßigte Eingangssätze von 20 und 30 %. Außerdem wird zur Zeit ein Zuschlag zur Körperschaftsteuer von einem Prozent erhoben, der dem Arbeitslosenfonds zufließt. Die Belastung erhöht sich dadurch auf 33,33 %.

263 Zur Körperschaftsbesteuerung in Luxemburg vgl. Winandy: (Impôts), 1992; Urbin: (Handbuch), 1992; Borggreve: (Steuern), 1988.

264 Art. 166 Abs. 1 L.I.R. schreibt eine Beteiligung von mindestens 25 % am Gesamtkapital vor. Das luxemburgische Finanzministerium machte aber mit dem großherzoglichen Erlaß vom 22.4.1986 von der in Art. 166 Abs. 5 a) L.I.R. verankerten Befugnis Gebrauch und setzte die Beteiligungsgrenze auf 10 % herab; vgl. Règlement grand-ducal vom 22.4.1986, abgedruckt in Code fiscal, Vol. 2, Anhang zu Art. 166, S. 4.

denden, die bei der empfangenden Gesellschaft aufgrund der Schachtelfreistellung nicht körperschaftsteuerpflichtig sind, muß auch keine Kapitalertragsteuer entrichtet werden. Seit dem Inkrafttreten des Erlasses vom 24.12.1990[265] fallen auch Gewinne aus der Veräußerung von Beteiligungen unter die Regelung der Schachtelfreistellung, wenn die veräußernde Gesellschaft mindestens seit einem Jahr vor dem Veräußerungszeitpunkt direkt zu mindestens 25 % am Kapital der anderen Gesellschaft beteiligt ist.[266] Aufwendungen, die im Zusammenhang mit Schachtelbeteiligungen entstanden sind, können das steuerliche Ergebnis der Obergesellschaft nur in Höhe des die Schachtelerträge übersteigenden Betrages mindern.[267]

Neben der Einkommensteuer und der Körperschaftsteuer wird in Luxemburg noch eine weitere Ertragsteuer erhoben, die den Gewinn von Gewerbebetrieben belastet. Die "Impôt commercial communal au bénéfice" basiert auf dem deutschen Gewerbesteuergesetz von 1936. Sie wurde 1940 von der deutschen Besatzungsmacht als Gemeindesteuer eingeführt und nach der wiedererlangten Souveränität auf der Grundlage der großherzoglichen Verfügung vom 26.10.1944 für weiterhin rechtsgültig erklärt.[268] Steuerpflichtig ist der um Hinzurechnungen und Kürzungen modifizierte körperschaftsteuerliche Gewinn. Der Steuersatz wird durch Multiplikation der einheitlichen Steuermeßzahl von 4 % mit dem Gewerbesteuerhebesatz ermittelt, der von den Gemeinden festgelegt wird und zwischen 180 und 300 % liegt.[269]

---

265 Règlement grand-ducal vom 24.12.1990 zur Durchführung des Art. 166 Abs. 5 b) L.I.R., abgedruckt in Code fiscal, Vol. 2, Anhang zu Art. 166, S. 7.

266 Die Veräußerungsgewinne sind unabhängig von der Höhe der Beteiligung auch steuerfrei, wenn die ursprünglichen Anschaffungskosten der Anteile mehr als 250 Mio lfr betragen haben.

267 Vgl. Bruin: (Company), 1991, S. 102 ff.; International Bureau of Fiscal Documentation: (Companies), Abschnitt Luxembourg, Tz. 563.

268 Vgl. Winandy: (Impôts), 1992, S. 468. Das luxemburgische Steuerrecht ist stark durch das deutsche Steuerrecht geprägt. Mit der Besetzung wurden 1940 fast alle deutschen Steuerbestimmungen übernommen und nach der Beendigung der Besatzungszeit weiterhin angewandt. Aus diesem Grund wird die deutsche Steuerrechtsprechung auch heute noch partiell zur Auslegung der luxemburgischen Steuergesetze herangezogen.

269 Vgl. Fuks: (Luxembourg), 1993, S. 238.

2.2 Anwendungsvoraussetzungen und Rechtsfolgen der "Intégration fiscale"

Grundsätzlich kennt das luxemburgische Steuerrecht den Begriff "groupe de sociétés" nicht. Jede juristische Person ist selbständig steuerpflichtig.[270] Seit 1981 können luxemburgische Konzerne jedoch für eine einheitliche Konzernbesteuerung nach dem Regime der "intégration fiscale" optieren, das der deutschen Organschaftsregelung nachgebildet ist. Mit dieser Regelung sollen die aus der separaten Besteuerung juristischer Personen entstehenden Wettbewerbsnachteile für Konzernunternehmungen beseitigt und steuerneutrale Umstrukturierungen und Reorganisationen innerhalb des Konzerns ermöglicht werden.[271] Gemäß Art. 164bis L.I.R. wird eine unbeschränkt steuerpflichtige Kapitalgesellschaft, die finanziell, wirtschaftlich und organisatorisch in eine andere in Luxemburg ansässige, gewerblich tätige Kapitalgesellschaft (entreprise commerciale) eingegliedert ist, im Rahmen der Körperschaftsbesteuerung einer Betriebsstätte der Muttergesellschaft gleichgestellt. Die Voraussetzung der gewerblichen Tätigkeit der Muttergesellschaft wird anhand der Anforderungen des § 2 des deutschen Gewerbesteuergesetzes geprüft.

Eine finanzielle Eingliederung liegt vor, wenn die Muttergesellschaft direkt oder indirekt mindestens 99 % der Kapitalanteile der Tochtergesellschaft besitzt. Im Fall einer mittelbaren Beteiligung müssen die Gesellschaften über die die Muttergesellschaft die Anteile hält, ebenfalls unbeschränkt steuerpflichtige Kapitalgesellschaften sein. Der mit Wirkung vom 1.1.1991 neu in Art. 164bis L.I.R. eingefügte Abs. 1a qualifiziert auch eine 75 %ige Beteiligung "ausnahmsweise" als ausreichend, wenn die Beteiligung der Förderung des Wachstums und der strukturellen Verbesserung der nationalen Wirtschaft besonders dient.[272] Außerdem müssen die Minderheitsgesellschafter der Tochtergesellschaft der Einbeziehung der Gesellschaft in den steuerlichen Konzernkreis mit einer Mehrheit zustimmen, die mindestens 75 % des nicht von der Muttergesellschaft gehaltenen Kapitals ausmacht. Zur Anwendung der Regelung des Abs. 1a ist eine zustimmende Stellungnahme des Finanz- und des Wirtschaftsministers erforderlich.

---

270 Vgl. Winandy: (Impôts), 1992, S. 383.

271 Vgl. Circulaire L.I.R. Nr. 86 vom 17.2.1982, abgedruckt in Code fiscal, Anhang zu Art. 164bis L.I.R., S. 5.

Die Begriffsinhalte der wirtschaftlichen und organisatorischen Eingliederung sind nicht gesetzlich definiert. Die luxemburgische Finanzverwaltung orientiert sich im Hinblick auf die Konkretisierung der Tatbestandsvoraussetzungen an der deutschen höchstrichterlichen Rechtsprechung zur Eingliederung im Rahmen der körperschaftsteuerlichen Organschaft.[273] Eine wirtschaftliche Eingliederung ist demnach gegeben, wenn die Tochtergesellschaft nach Art einer unselbständigen Geschäftsabteilung in den Geschäftsbetrieb der Muttergesellschaft eingegliedert ist. Die Geschäftstätigkeit der Tochtergesellschaft muß ausschließlich oder überwiegend den gewerblichen Zwecken der Muttergesellschaft dienen. Als organisatorisch eingegliedert gilt eine Tochtergesellschaft, wenn die Muttergesellschaft in der Lage ist, ihren Willen gegenüber den Geschäftsführungsorganen der Tochtergesellschaft durchzusetzen, und sie somit die grundsätzlichen Fragen der Geschäftspolitik tatsächlich beeinflussen kann. Entgegen der Regelung der deutschen Organschaft ist in Luxemburg kein Gewinnabführungsvertrag zwischen den für die Konzernbesteuerung optierenden Gesellschaften erforderlich.

Die Konzernbesteuerung ist antragsgebunden und bedarf der Zustimmung des Finanzministers. Die Genehmigung gilt für einen Zeitraum von mindestens fünf Wirtschaftsjahren und wird in der Mehrzahl der Fälle erteilt.[274] Der Antrag muß vor Ablauf des ersten Wirtschaftsjahrs, für das die gemeinsame Veranlagung in Anspruch genommen werden soll, gleichzeitig von der Muttergesellschaft und den einzubeziehenden Tochtergesellschaften gestellt werden. Die Aufnahme von Tochtergesellschaften ist fakultativ.

Die Gewinnermittlung im steuerlichen Konzern erfolgt nicht auf der Grundlage einer originären oder derivativen Konzern-Steuerbilanz. Art. 164bis L.I.R. enthält zwar den Passus, daß eine Tochtergesellschaft, die die Voraussetzungen der finanziellen, wirtschaftlichen und organisatorischen Eingliederung erfüllt, steuerlich einer Betriebsstätte der Muttergesellschaft gleichgestellt wird.[275] Daraus

---

272 "exceptionnellement [...] lorsque [...] ladite participation est reconnue comme particulièrement apte à promouvoir l'expansion et l'amélioration structurelle de l'économie nationale."

273 Vgl. Winandy: (Impôts), 1992, S. 386.

274 Vgl. Règlement grand-ducal vom 1.7.1981, abgedruckt in Code fiscal, Anhang zu Art. 164bis L.I.R., S. 6.

275 "Une société de capitaux résidente [...] être assimilée en matière d'impôt sur le revenu des collectivités à un établissement stable de la société mère."

kann jedoch nicht abgeleitet werden, daß der luxemburgische Konzern tatsächlich wie eine Einheitsunternehmung besteuert wird und eine einheitliche steuerliche Gewinnermittlung für den Kreis der einbezogenen Gesellschaften möglich ist.[276] Maßgebend ist die auf der Grundlage des Art. 164bis Abs. 5 L.I.R.[277] erlassene Verordnung vom 1.7.1981, die spezielle Regelungen zur Durchführung der "intégration fiscale" festlegt. Gemäß Abschnitt II dieser Verordnung müssen alle Konzerngesellschaften zunächst eine eigene Steuerbilanz erstellen und einreichen. Innerkonzernliche Geschäftsvorfälle sind auf der Grundlage des Dealing-at-arm's-length-Prinzips abzurechnen. Die separate Erfolgsrechnung soll es der Finanzverwaltung ermöglichen, die Steuerschuld zu berechnen, die entstehen würde, wenn die einzelne Gesellschaft nicht Mitglied des steuerlichen Konzerns wäre.

Im zweiten Schritt ermittelt die Muttergesellschaft das Konzernergebnis, das sich aus der Zurechnung der Ergebnisse aller eingegliederten Gesellschaften ergibt.[278] Das addierte Ergebnis ist dann um erfolgswirksame Vorgänge zu korrigieren, die zu Doppel- oder Minderbelastungen im Konzern führen. So sind z. B. Abschreibungen, die die Muttergesellschaft auf den Beteiligungsbuchwert der Tochtergesellschaft vorgenommen hat, dem Konzernergebnis wieder hinzuzurechnen, weil die negativen Ergebnisse der Tochtergesellschaft bereits über die Zurechnung das steuerpflichtige Konzernergebnis gemindert haben.[279] Die Muttergesellschaft muß auch Wertberichtigungen, die von Tochtergesellschaften für Anteile an Enkelgesellschaften vorgenommen worden sind, wieder hinzurechnen, um zu gewährleisten, daß beide Gesellschaften in den steuerlichen Konzern aufgenommen werden können. Eine Neutralisierung von Zwischengewinnen ist nicht vorgesehen.

Die Muttergesellschaft ist für den ermittelten Konzerngewinn steuerpflichtig. Verluste, die eine Tochtergesellschaft vor der Einbeziehung in die "intégration" erlitten hat, können nicht mit den Gewinnen der Muttergesellschaft verrechnet werden. Art. 114 Nr. 3 L.I.R. bestimmt grundsätzlich, daß vorgetragene

---

276 Dies bestätigte Herr Winandy dem Verfasser in einem Schreiben vom 7.1.1993.

277 Art. 164bis Abs. 5 L.I.R. lautet: "Un règlement grand-ducal fixera les modalités d'application du régime spécial susvisé. [Eine großherzogliche Verordnung wird die Ausführungsbestimmungen der vorgenannten besonderen Regelung festsetzen.]"

278 Vgl. Winandy: (Impôts), 1992, S. 387.

279 Vgl. Art. 1 Abs. 1 des Règlement grand-ducal vom 1.7.1981.

Verluste nur mit zukünftigen positiven Einkünften desselben Steuersubjekts verrechnet werden dürfen. Diese Vorschrift ist über Art. 1 Abs. 2 des Règlement grand-ducal vom 1.7.1981 auch für den Konzern anzuwenden. Die Verrechnung von vorkonzernlichen Verlusten der Tochtergesellschaften ist somit nur bis zu der Höhe möglich, in der die Gesellschaft, die den Verlustvortrag mitbringt, in den folgenden fünf Wirtschaftsjahren ein positives Ergebnis erzielt.[280] Entsprechende Verluste der Muttergesellschaft können dagegen vollständig mit dem Konzernergebnis verrechnet werden, weil in diesem Fall Subjektidentität vorliegt.

Auch im Gewerbesteuerrecht ist eine einheitliche Konzernbesteuerung vorgesehen, die in Luxemburg wegen derselben historischen Wurzel direkt mit dem deutschen Begriff "Organschaft" umschrieben wird. Der Anwendungsbereich der luxemburgischen Organschaft ergibt sich aus § 2 Abs. 2 Nr. 2 Impôt commercial communal (ICC). Die körperschaftsteuerliche "intégration fiscale" und die gewerbesteuerliche Organschaft basieren auf derselben Konzeption. Die beiden Regelungen unterscheiden sich dennoch in einigen wesentlichen Punkten:[281]

Im Gegensatz zur Körperschaftsteuer liegt eine finanzielle Eingliederung in Anlehnung an die deutsche Rechtspraxis bereits dann vor, wenn die Muttergesellschaft über die Stimmrechtsmehrheit bei der Tochtergesellschaft verfügt und sie dadurch die Geschäftsführung der abhängigen Gesellschaft beeinflussen kann. Zum anderen ist die Organschaft nicht antrags- und zustimmungsgebunden. Sind die gesetzlichen Eingliederungs- und Unterordnungskriterien erfüllt, werden die Gewinne oder Verluste der Tochtergesellschaften automatisch als Betriebsstättenergebnisse in die Gewinnermittlung der Muttergesellschaft einbezogen. Ein Wahlrecht zur Festlegung des Konzernkreises besteht für die Muttergesellschaft insoweit nicht. Ein weiterer Unterschied besteht darin, daß die fünfjährige Mindestdauer der "intégration" für die gewerbesteuerliche Organschaft nicht gilt. Zusammenfassend kann festgestellt werden, daß die körperschaftsteuerliche "intégration" restriktivere Anwendungsvoraussetzungen konstituiert als die gewerbesteuerliche Organschaft, wobei den Konzernunterneh-

280 Vgl. das Beispiel im Règlement grand-ducal vom 1.7.1981, abgedruckt in Code fiscal, Anhang zu Art. 164bis L.I.R., S. 6.

281 Vgl. Abschnitt III des Circulaire L.I.R. Nr. 86 vom 17.2.1982, abgedruckt in Code fiscal, Vol. 2, Anhang zu Art. 164bis L.I.R., S. 8. Vgl. auch Winandy: (Impôts), 1992, S. 388.

mungen allerdings wegen des fakultativen Charakters der "intégration" ein größerer Gestaltungsspielraum eingeräumt wird.

2.3 Besteuerung luxemburgisch-internationaler Konzerne

Der Anwendungsbereich der "intégration fiscale" und der gewerbesteuerlichen "Organschaft" ist auf Kapitalgesellschaften mit Sitz oder Geschäftsleitung in Luxemburg beschränkt. Es besteht somit keine Möglichkeit, negative Ergebnisse ausländischer Tochtergesellschaften zu berücksichtigen. Das luxemburgische Steuerrecht sieht aber eine vollständige Freistellung ausländischer Beteiligungserträge von der inländischen Körperschafts- und Gewerbeertragsbesteuerung vor (internationale Schachtelfreistellung). Die Steuerbefreiung wird gemäß Art. 166 Abs. 1 L.I.R. gewährt, wenn die inländische Gesellschaft mindestens 10 % der Kapitalanteile an einer ausländischen Gesellschaft hält, die in ihrem Sitzstaat einer vergleichbaren Steuer unterliegt. Die luxemburgische Finanzverwaltung stellt im Rahmen der Prüfung der Vergleichbarkeit lediglich die Bedingung, daß der ausländische Steuersatz mindestens 15 % beträgt.[282] Die Schachtelfreistellung ist auch anwendbar, wenn mehrere Gesellschaften zusammen eine mindestens 10 %ige Beteiligung an einer Kapitalgesellschaft mit Sitz im Ausland halten und eine dieser Gesellschaften zu mehr als 50 % an den anderen inländischen Gesellschaften beteiligt ist (Art. 166 Abs. 4 L.I.R.). Für Wirtschaftsjahre, die nach dem 31.12.1989 enden, ist die Freistellung auf Gewinne ausgeweitet worden, die aus der Veräußerung von Aktien und Gesellschaftsanteilen entstehen, wenn die veräußernde Gesellschaft unbeschränkt steuerpflichtig ist und mindestens 25 % der Kapitalanteile an der ausländischen Gesellschaft hält.[283]

Ausländische Betriebsstättenergebnisse werden in die Bemessungsgrundlage des luxemburgischen Stammhauses einbezogen, wenn die Betriebsstätte in einem Staat belegen ist, mit dem kein DBA besteht. Die im Ausland entstandene

---

282 Vgl. International Bureau of Fiscal Documentation: (Companies), Abschnitt Luxembourg, Tz. 559.

283 Vgl. Règlement grand-ducal vom 24.12.1990, abgedruckt in Code fiscal, Vol. 2, Anhang zu Art. 166 L.I.R., S. 7. Vgl. auch Bruin: (Company), 1991, S. 99 ff. Alternativ zur Beteiligungsvoraussetzung können auch die Anschaffungskosten der Beteiligung als Kriterium herangezogen werden. Dabei gelten dieselben Grenzwerte wie im Rahmen der nationalen Schachtelfreistellung.

Steuer ist bis zur Höhe der auf die ausländischen Einkünfte entfallenden luxemburgischen Steuer anrechenbar. Der übersteigende Betrag kann vom zu versteuernden Einkommen abgezogen werden. Über die Anrechnungsmethode werden Verluste ausländischer Betriebsstätten automatisch mit Gewinnen der inländischen Unternehmenseinheiten ausgeglichen. In der Union ist der Verlustausgleich nur mit griechischen und portugiesischen Betriebsstätten möglich. Für alle anderen grenzüberschreitenden Operationen gelten bilaterale Abkommen, die die Besteuerung der Betriebsstättenergebnisse ausschließlich dem Belegenheitsstaat zuweisen.

3. Dänemark

3.1 Besteuerung nationaler Konzerne

Kapitalgesellschaften[284] mit Sitz in Dänemark sind mit ihrem Welteinkommen körperschaftsteuerpflichtig.[285] Der Sitz wird mit der Eintragung ins dänische Register für Handelsgesellschaften begründet. Der allgemeine dänische Körperschaftsteuersatz beträgt seit dem Haushaltsjahr 1992/93 34 % (§ 17 SEL[286]).[287] Zum 1.4.1991 wurde das zuvor praktizierte Teil-Anrechnungssystem durch ein klassisches System der Körperschaftsbesteuerung ersetzt.[288] Das klassische System wird um das Rechtsinstitut der Schachtelfreistellung ergänzt. Dividenden, die eine dänische Gesellschaft von einer anderen in Dänemark eingetragenen Gesellschaft erhält, an der sie während des gesamten Wirtschaftsjahres, für das die Gewinne ausgeschüttet werden, direkt zu mindestens 25 % beteiligt war, sind bei der Empfängergesellschaft steuerfrei (§ 13 Abs. 1 SEL). Wenn die Muttergesellschaft die Beteiligung erst während des Wirtschaftsjahres erworben hat, sind die für diesen Zeitraum ausgeschütteten Gewinne bei der Muttergesellschaft nochmals der Besteuerung zu unterwerfen. In die Bemessungsgrundlage sind dann allerdings nur 66 % der erhaltenen Gewinne einzubeziehen.[289]

Neben der Schachtelfreistellung enthält das dänische Körperschaftsteuerrecht eine weitere spezielle Regelung zur Konzernbesteuerung. Bereits 1915 wurde eine Vorschrift zur einheitlichen Besteuerung von Unternehmensverbindungen

---

284 Im Vordergrund stehen die Aktiengesellschaft (aktieselskaber, A/S) und die Gesellschaft mit beschränkter Haftung (anpartsselskaber, ApS).

285 Vgl. grundlegend zur Körperschaftsbesteuerung in Dänemark Jacobsen/Pedersen/Siggaard: (Skatteretten), 1991; Hemmingsen: (Skatteret), 1990; Foighel/Drejer/Hemmingsen/Taarnhoj: (Skat), 1990.

286 SEL = Selskabsskatteloven = Körperschaftsteuergesetz.

287 Der Körperschaftsteuersatz betrug 1989 noch 50 % und wurde über 40 % (1990) und 38 % (1991) ab 1993 auf 34 % für alle Gesellschaften abgesenkt. Im Haushaltsjahr 1992 hatten die Unternehmen ein Wahlrecht: Unternehmen, die an der bis 1991 üblichen Regelung, die Körperschaftsteuer in einem Betrag am 1.11. eines jeden Jahres zu zahlen, festhielten, unterlagen weiterhin dem Steuersatz von 38 %, während Unternehmen, die bereits während des Wirtschaftsjahrs Vorauszahlungen auf die Körperschaftsteuer leisten, bereits mit 34 % besteuert wurden.

288 Vgl. Strobel: (Denmark), 1991, S. 21.

289 Dieselbe Regelung gilt grundsätzlich auch für Beteiligungen < 25 %.

in die Verwaltungsrichtlinien aufgenommen. Diese Regelung fand jedoch in erheblich modifizierter Form erst 1960 Eingang in das Körperschaftsteuergesetz.[290] Die heutige Fassung des § 31 Abs. 1 SEL ermöglicht eine Zusammenfassung der steuerlichen Ergebnisse konzernverbundener dänischer Aktiengesellschaften. Der Zugang zur Konzernbesteuerung wird in § 31 Abs. 3 SEL außerdem allen juristischen Personen ermöglicht, die der Körperschaftsteuer unterliegen. Grundsätzliche Voraussetzung ist, daß alle Anteile an der Tochtergesellschaft direkt oder indirekt von der Muttergesellschaft gehalten werden. Eine indirekte Beteiligung ist nur zulässig, wenn die Gesellschaft, über die die indirekten Anteile gehalten werden, ebenfalls in die gemeinsame Veranlagung einbezogen wird. Die Beteiligung muß außerdem während des gesamten Geschäftsjahrs der Muttergesellschaft bestanden haben. Diese Voraussetzung gilt nicht für die Jahre der Gründung und der Liquidation von Tochtergesellschaften. Grundsätzlich müssen die in den steuerlichen Konzernkreis einbezogenen Gesellschaften ein übereinstimmendes Wirtschaftsjahr haben.

§ 31 Abs. 2 SEL enthält eine Ausnahmeregelung, nach der Tochtergesellschaften auch dann in die gemeinsame Veranlagung einbezogen werden können, wenn sich nicht alle Anteile in der Hand der Muttergesellschaft befinden. Voraussetzung ist, daß die Tochtergesellschaft die nicht von der Muttergesellschaft gehaltenen Anteile als Belegschaftsaktien im Sinne von § 7a LL[291] ausgegeben hat. Außerdem muß sichergestellt sein, daß diese Anteile im Zeitpunkt des Ausscheidens der Mitarbeiter wieder an die Gesellschaft zurückverkauft werden, die in diesem Fall zum Erwerb verpflichtet ist.

Die Finanzverwaltung ist befugt, generelle und sachbezogene Richtlinien hinsichtlich des Beginns, der Durchführung und der Beendigung einer Zusammenveranlagung von Konzerngesellschaften zu erlassen. Diese Richtlinien dürfen jedoch keine zusätzlichen Steueransprüche begründen und nicht steuerverschärfend wirken. Auf dieser Grundlage hat die dänische Finanzverwaltung detaillierte Anmerkungen zu den Voraussetzungen und zur Durchführung der Kon-

290 Vgl. Joseph: (Consolidation), 1989, S. 63.
291 LL = Ligningsloven = Veranlagungsgesetz.

zernbesteuerung nach § 31 SEL in einem "Erlaß zur gemeinsamen Veranlagung von Konzerngesellschaften" zusammengefaßt und veröffentlicht.[292]

Die Anwendung der speziellen Konzernbesteuerungsregelung des § 31 SEL setzt einen Antrag der Muttergesellschaft beim Ligningsråd[293] voraus. Dabei ist es der Muttergesellschaft freigestellt, die gemeinsame Veranlagung für alle und nur für einen ausgewählten Teil der Tochtergesellschaften, die die gesetzlichen Voraussetzungen erfüllen, zu beantragen. Im Rahmen der Antragsbearbeitung wird die Erfüllung der kodifizierten und im "Erlaß zur gemeinsamen Veranlagung von Konzerngesellschaften" konkretisierten Voraussetzungen überprüft. Die Bewilligung ist an Bedingungen formalen Charakters gebunden und erfolgt ohne zeitliche Beschränkung. Die Finanzverwaltung kann einen Antrag auf gemeinsame Besteuerung nicht allein deshalb ablehnen, weil sie keinen wirtschaftlichen Grund für eine Zusammenveranlagung erkennt und Steuerumgehungsmotive als Grund für die Antragstellung vermutet.[294] Wenn die im Gesetz und in den Verwaltungsrichtlinien niedergelegten Voraussetzungen erfüllt sind, kann die Anwendung der Konzernbesteuerung de facto nicht verwehrt werden. Für dänische Konzerne besteht somit ein grundsätzliches und ein individuell-selektives Wahlrecht zur Inanspruchnahme der Vorschriften zur gemeinsamen Besteuerung.[295]

§ 31 SEL sieht keine Konsolidierung der Einzelbilanzen der Konzerngesellschaften vor.[296] Die einzelnen Gesellschaften sind weiterhin verpflichtet, das von ihnen erzielte Ergebnis selbständig zu ermitteln. Konzerninterne Transak-

---

292 Vgl. Rundschreiben des Zoll- und Steuerkontroll-Rates Nr. 6 vom 30.4.1992 zur Gesamtveranlagung von Gesellschaften [Told- og Skattestyrelsen-cirkulære nr. 6 af 30.4.1992 om sambeskatning of selskaber].

293 "Ligningsråd" bedeutet wörtlich übersetzt "Veranlagungsrat". Dieses Gremium setzt sich aus 19 Mitgliedern zusammen, die vom dänischen Parlament (6) und dem dänischen Finanzminister (13) ernannt werden. Eine der Aufgaben des Ligningsråds ist die Erarbeitung allgemeiner Richtlinien zur Durchführung der Besteuerung. Vgl. §§ 17-19 des Skattestyrelsesloven.

294 Vgl. Strobel: (Rules), 1989, S. 31, i.V.m. derselbe: (Consolidation), 1987, S. 9 ff.

295 Vgl. Jacobsen/Pedersen/Siggaard: (Skatteretten), 1991, S. 111; Minne: (groupes), 1989, S. 207.

296 Zum Teil wird terminologisch ungenau von einer steuerlichen Konsolidierung in Dänemark gesprochen, so z. B. EG-Kommission, KOM (90) 595 endg. vom 28.11.1990, S. 28; Strobel: (Rules), 1989, S. 31; Müller: (Reform), 1991, S. 103 f.; Laule: (Besteuerung), 1982, Teil III, S. 4. Joseph: (Consolidation), 1989, S. 67, bemerkt in diesem Zusammenhang: "this terminology is not always correct to describe the group taxation rules".

tionen sind wie Beziehungen zwischen unabhängigen Unternehmen zu bewerten und mit dem Fremdvergleichspreis anzusetzen. Auf der zweiten Stufe der Einkommensermittlung werden die Ergebnisse der in die Konzernbesteuerung einbezogenen Gesellschaften zusammengerechnet. In diesem Zusammenhang ist keine Kapital- oder Schuldenkonsolidierung vorgesehen. Auch die aus konzerninternen Lieferungen und Leistungen entstandenen Zwischengewinne können nicht eliminiert werden. Mit der "sambeskatning" wird somit lediglich die Summe der steuerlichen Ergebnisse der einzelnen Konzerngesellschaften als Bemessungsgrundlage für die Körperschaftsteuer des Konzerns ermittelt. In der Praxis geschieht dies dadurch, daß eine Konzern-Steuererklärung im Namen der Muttergesellschaft zusammen mit den Steuererklärungen der in die gemeinsame Erklärung einbezogenen Gesellschaften abgegeben wird. Für die bei der Muttergesellschaft eingeforderte Steuerschuld haftet jede Gesellschaft gesamtschuldnerisch.[297] Die gemeinsame Veranlagung bewirkt somit nicht, daß die subjektive Steuerpflicht der Einzelgesellschaften aufgehoben wird. Die Konzerngesellschaften bleiben selbständige Steuersubjekte.[298] Die dänische "sambeskatning" ist kein Rechtsinstitut zur Ermittlung und Besteuerung eines konsolidierten Konzernergebnisses. Sie ermöglicht dänischen Konzernen, die die genannten Voraussetzungen erfüllen und die gemeinsame Veranlagung beantragen, lediglich den sofortigen Ausgleich von Gewinnen und Verlusten zwischen den Konzerngesellschaften. Dadurch kann unter anderem vermieden werden, daß Verluste aufgrund der in § 15 LL verankerten allgemeinen Begrenzung des Verlustvortrags auf fünf Jahre nicht mehr verrechnet werden können.[299]

Der "Erlaß zur gemeinsamen Veranlagung von Konzerngesellschaften" enthält einige Besonderheiten zur steuerlichen Verlustverrechnung im Konzern, die von wesentlicher praktischer Bedeutung sind.[300] Nach Punkt 2.4.1 des Erlasses kann ein Verlust, den eine Gesellschaft vor dem Beginn oder vor der Aufnahme in die gemeinsame Veranlagung erlitten hat, nur mit den Gewinnen verrechnet werden, die die Gesellschaft innerhalb der nächsten fünf Jahre in ihrer Einzel-Steuererklärung ausweist. Der Ausgleich vorkonzernlicher Verluste ist darüber

297 Im "Erlaß zur gemeinsamen Veranlagung von Konzerngesellschaften" sind detaillierte Bestimmungen zur Aufteilung und Verbuchung der Steuer enthalten.

298 Vgl. Jacobsen/Pedersen/Siggaard: (Skatteretten), 1991, S. 90.

299 Ein Verlustrücktrag ist in Dänemark nicht möglich.

300 Vgl. Foighel/Drejer/Hemmingsen/Taarnhoj: (Skat), 1990, S. 434 ff.

hinaus in jedem dieser fünf Wirtschaftsjahre nur in Höhe des Gewinns möglich, der nicht bereits im Rahmen der Ermittlung des Konzernergebnisses zum Ausgleich von Verlusten anderer Konzerngesellschaften herangezogen worden ist. Die Verluste der übrigen zusammenveranlagten Gesellschaften müssen somit vor den noch verrechenbaren vorkonzernlichen Verlusten der einzelnen Gesellschaft ausgeglichen werden.

In Punkt 2.4.2 des Erlasses wird eine weitere Beschränkung im Hinblick auf die im Konzern verrechenbaren Verluste konstituiert. Erzielt eine dänische Muttergesellschaft einen Verlust, dürfen die im Zusammenhang mit dem Erwerb einer Beteiligung an einer Tochtergesellschaft entstandenen Finanzierungskosten nicht mit Gewinnen ausgeglichen werden, die diese Tochtergesellschaft erzielt. Mit dieser Regelung soll eine steuerlich motivierte Unterkapitalisierung (thin capitalization) der dänischen Muttergesellschaft durch ausländische Anteilseigner verhindert werden.[301] Die Finanzierungskosten werden als "Nettofinanzierungsaufwand [nettofinansieringsudgift]" bezeichnet und wie folgt berechnet: Summe aus Zinsaufwendungen, steuerlichen Abschreibungen auf den Beteiligungsbuchwert, Devisenkursverlusten (bei ausländischen Tochtergesellschaften) und sonstigen laufenden Zuschüssen der Muttergesellschaft abzüglich der Summe aus Zinserträgen, steuerpflichtigen Erhöhungen des Beteiligungsbuchwerts und Devisenkursgewinnen.[302] Zur Vereinfachung der Ermittlung der nicht verrechenbaren Nettofinanzierungsaufwendungen kann alternativ auch der entgangene Gewinn aus der im Vergleich zum Anteilserwerb besten Alternativanlage angesetzt werden. Dazu wird pauschal eine "marktübliche" Verzinsung der Anschaffungskosten der Beteiligung herangezogen.[303] Die Bemessungsgrundlage der Verzinsung wird jährlich um 1/7 der Anschaffungs-

---

301 Vgl. Rasmussen: (Sambeskatningsvilkår), 1991, S. 124.

302 An Stelle der Summe aus Zinserträgen und Kursgewinnen kann auch eine auf der Grundlage des Mindestzinses des § 7 Kursgevinstlov berechnete fiktive Verzinsung des Eigenkapitals der Muttergesellschaft abgezogen werden. Für die Mehrzahl der Konzernunternehmungen ist diese Alternative vorteilhaft, da sich der Betrag des nicht verrechenbaren Verlustes mit dem Ansatz der fiktiven Eigenkapitalverzinsung in der Regel vermindern läßt, vgl. das Berechnungsbeispiel bei Rasmussen: (Sambeskatningsvilkår), 1991, S. 125. Börsennotierte Gesellschaften können anstatt des steuerlichen Eigenkapitals das Aktienkapital, bewertet mit dem am Beginn des Geschäftsjahres geltenden Börsenkurs, ansetzen.

303 Zur Objektivierung einer "normalen" Verzinsung wird für diese Zwecke der zum Beginn des Geschäftsjahrs von der Danish National Bank festgelegte Diskontsatz um vier Prozentpunkte erhöht, vgl. International Bureau of Fiscal Documentation (Hrsg.): (Companies), Abschnitt Denmark, Tz. 613.

kosten reduziert - erstmals für das Wirtschaftsjahr, das dem Anschaffungsjahr folgt -, so daß sich das Verlustverrechnungspotential stetig erhöht. Der Betrag der "üblichen" Verzinsung legt gleichzeitig den Höchstbetrag des nicht verrechenbaren Verlustes fest. Somit gilt die Einschränkung, daß Verluste einer Muttergesellschaft im Rahmen der gemeinsamen Veranlagung nur bis maximal zur Höhe des Betrages mit Gewinnen einer Tochtergesellschaft ausgeglichen werden dürfen, der einer durchschnittlichen Verzinsung der Anschaffungskosten für die Anteile an dieser Tochtergesellschaft entspricht. Verluste, die aufgrund dieser Regelung nicht in der gemeinsamen Konzernsteuererklärung ausgeglichen werden können, bleiben in der Einzelsteuererklärung fünf Jahre vortragsfähig und können darüber hinaus mit Gewinnen anderer Konzerngesellschaften verrechnet werden, an denen die verlusterzielende Gesellschaft keine direkte oder indirekte Beteiligung hält.[304]

Erfüllt eine Gesellschaft die genannten Voraussetzungen der Zusammenveranlagung nicht mehr, scheidet sie automatisch aus dem steuerlichen Konzernkreis aus. Die Muttergesellschaft kann außerdem festlegen, daß einzelne Tochtergesellschaften von einem bestimmten Zeitpunkt an nicht mehr in die "sambeskatning" aufgenommen werden sollen. Für den freiwilligen Austritt ist kein Antrag beim Ligningsråd erforderlich.[305] Eine erneute Einbeziehung von zuvor freiwillig ausgeschiedenen Gesellschaften wird von der dänischen Finanz-

---

304 Beispiel: Die Gesellschaft A ist im Geschäftsjahr 1993 (= Steuerjahr vom 1.4.1993 bis 31.3.1994) an den Gesellschaften B und C zu 100 % beteiligt. B hält außerdem 100 %-Beteiligungen an D und E. Die steuerlichen Ergebnisse betragen für das Steuerjahr 1993/94 bei A +500.000, bei B -1,5 Mio., bei C +200.000 und bei D und E jeweils +500.000 DKr. B hat die Anteile an D im Januar 1992 für 7 Mio. und die Anteile an E im Januar 1993 für 3,5 Mio. DKr erworben.

Im Rahmen der Ermittlung der Steuerbemessungsgrundlage des Konzerns für das Steuerjahr 1993/94 darf B nicht den vollen Verlust von 1,5 Millionen Dkr mit den Gewinnen der anderen Gesellschaften verrechnen. Der nicht verrechenbare Betrag ergibt sich unter Berücksichtigung eines Diskontsatzes von 9,5 % (Diskontsatz am 1.4.1993) aus: 13,5 % von (5/7 x 7 Mio + 6/7 x 3,5 Mio) = 1.080.000. Somit dürfen lediglich 420.000 Dkr mit den Gewinnen von D und E zum Ausgleich gebracht werden, obwohl beide zusammen einen Gewinn von einer Million erzielt haben. Die zunächst nicht verrechenbaren 1.080.000 DKr können aber mit den Gewinnen von A und C ausgeglichen werden, weil B keine Beteiligungen an diesen Gesellschaften hält. Da A und C zusammen nur 700.000 Dkr Gewinn erzielt haben, müssen 380.000 Dkr Verlust bei B als Verlustvortrag verbucht werden. Obwohl im Konzern 1993/94 insgesamt ein positives Ergebnis von 200.000 Dkr entstanden ist, sind 580.000 Dkr zu versteuern.

305 Insoweit ungenau Minne: (groupes), 1989, S. 207.

verwaltung in der Regel abgelehnt, so daß kein ständiger Wechsel zwischen Einzel- und Gesamtveranlagung möglich ist.[306]

3.2 Besteuerung dänisch-internationaler Konzerne

Erträge, die eine dänische Kapitalgesellschaft aus einer mindestens 25 %igen Beteiligung an einer im Ausland ansässigen juristischen Person erzielt, werden als steuerfreie Einnahmen qualifiziert (internationale Schachtelfreistellung). Die Freistellung ist nach § 13 Abs. 3 SEL nur möglich, wenn die dänische Gesellschaft die Anteile während des ganzen Wirtschaftsjahres gehalten hat, für das die Ausschüttung erfolgt, und sichergestellt ist, daß die Einkünfte im Ausland einer Steuer unterlegen haben, die der dänischen Körperschaftsteuer vergleichbar ist.[307] Ergebnisse ausländischer Betriebsstätten werden in Abhängigkeit von der in dem jeweiligen DBA vereinbarten Regelung von der dänischen Besteuerung freigestellt[308], oder unter Anrechnung der im Ausland erhobenen Steuern in die Bemessungsgrundlage des dänischen Stammhauses einbezogen[309].

Gemäß § 31 Abs. 1 SEL können auch ausländische Tochtergesellschaften in die von der dänischen Muttergesellschaft aufzustellende gemeinsame Konzern-Steuererklärung einbezogen werden.[310] Voraussetzung ist, daß die Muttergesellschaft während des ganzen Wirtschaftsjahrs direkt oder indirekt alle Anteile hält. Soweit das Gesellschaftsrecht des Sitzstaates der Tochtergesellschaft einen

306 Vgl. Centralanstalten for Revision (Hrsg.): (Denmark), 1989, S. 13; Jacobsen/Pedersen/Siggaard: (Skatteretten), 1991, S. 112; Minne: (groupes), 1989, S. 207; Löwenstein: (Strategies), 1988, S. 11.

307 Die dänische Finanzverwaltung erkennt z. B. die belgische, französische, irische und portugiesische Körperschaftsbesteuerung nur mit leichten Modifikationen als vergleichbar an, vgl. Stenholdt: (koncerner), 1990, S. 37; Hansen: (Skattefrit), 1990, S. 207 ff.; Johnsen: (kommentar), 1990, S. 211 f.; Shelton/de Petter: (Companies), 1991, S. 115 ff.

308 Die Freistellungsmethode ist u.a. in den Abkommen mit Deutschland, Frankreich, Griechenland, Irland, Portugal und Spanien verankert.

309 Die Abkommen mit Belgien, Großbritannien, Italien, Luxemburg und den Niederlanden legen die Anrechnungsmethode zugrunde.

310 Minne: (groupes), 1989, S. 206, spricht von einer der bemerkenswertesten Regelungen des dänischen Steuerrechts ["Une des caractéristiques les plus remarquables du droit fiscal danois"]. Vgl. auch ausführlich Kessler: (Organschaft), 1993, S. 303 ff.

vollständigen Anteilsbesitz nicht-ansässiger Personen nicht erlaubt, kann die gemeinsame Veranlagung auch durchgeführt werden, wenn die dänische Muttergesellschaft die nach nationalem Recht maximal möglichen Anteile besitzt. Für die Einbeziehung einer ausländischen Gesellschaft in die Konzern-Steuererklärung ist das steuerliche Ergebnis der Gesellschaft nach den Vorschriften des dänischen Körperschaftsteuerrechts zu ermitteln (Schattenveranlagung). Die Währungsumrechnung in dänische Kronen kann entweder zum Wechselkurs am Ende des Wirtschaftsjahrs oder zum durchschnittlichen Wechselkurs des abgelaufenen Wirtschaftsjahrs vorgenommen werden. Grundsätzlich gelten für die Durchführung der grenzüberschreitenden gemeinsamen Veranlagung dieselben Regeln wie für einen nationalen dänischen Konzernkreis. Eine Besonderheit besteht hinsichtlich Verrechnung von Verlusten, die vor der Aufnahme der ausländischen Gesellschaft in den steuerlichen Konzernkreis entstanden sind. Während vorkonzernliche Verluste dänischer Gesellschaften mit Gewinnen ausgeglichen werden können, die die Konzerngesellschaft während der Zeit der gemeinsamen Veranlagung erzielt, besteht keine entsprechende Verrechnungsmöglichkeit für vorkonzernliche Verluste ausländischer Tochtergesellschaften. Demgegenüber gilt die Beschränkung des Verlustabzugs von Finanzierungskosten, die im Zusammenhang mit dem Erwerb einer Beteiligung entstehen, auch für Beteiligungen an ausländischen Tochtergesellschaften (Punkt 2.4.2 des Erlasses zur gemeinsamen Veranlagung von Konzerngesellschaften).

Die Verrechnung von Verlusten ausländischer Tochtergesellschaften mit Gewinnen dänischer Gesellschaften et vice versa ist der primäre Vorteil der grenzüberschreitenden steuerlichen Gewinnermittlung im Konzern. Das dänische Steuerrecht ermöglicht jedoch sowohl für den nationalen als auch für den dänisch-internationalen Konzern lediglich eine Addition der erzielten Ergebnisse. Die im innerkonzernlichen Lieferungs- und Leistungsverkehr erzielten Zwischengewinne sind der Besteuerung zu unterwerfen, weil das grundsätzlich über § 12 SEL geltende Dealing-at-arm's-length-Prinzip auch für die in die Gesamtveranlagung einbezogenen Gesellschaften nicht durchbrochen wird.[311] Mit Wirkung für Wirtschaftsjahre, die nach dem 31.3.1992 enden, hat der dänische Gesetzgeber die Verrechnung von Verlusten ausländischer Tochtergesellschaf-

311 Vgl. Jacobsen/Pedersen/Siggaard: (Skatteretten), 1991, S. 95 ff.; Weizman: (Pricing), 1990, S. 38 ff.

ten mit einer Nachversteuerungsklausel verbunden.[312] Damit wird eine für dänisch-internationale Konzerne sehr vorteilhafte Regelungslücke geschlossen, die aus der Normenkonkurrenz von bilateralen DBA und nationalem dänischen Recht entstanden war. Zuvor war es möglich, die Bemessungsgrundlage der dänischen Muttergesellschaft um Verluste ausländischer Tochtergesellschaften zu mindern, ohne eine Hinzurechnung von Gewinnen derselben Tochtergesellschaft in späteren Jahren vornehmen zu müssen, wenn die Tochtergesellschaft in einem Staat domizilierte, mit dem Dänemark ein DBA mit Freistellungsmethode vereinbart hatte. Ähnliche Auswirkungen konnten entstehen, wenn die Tochtergesellschaft, deren Verluste zunächst im Rahmen der "sambeskatning" einkommensmindernd berücksichtigt wurden, aus dem Konzernkreis ausschied. In § 33 E LL hat der dänische Gesetzgeber nunmehr eine Verpflichtung zur Nachversteuerung von Gewinnen konstituiert, die in Vorjahren mit Verlusten ausländischer Tochtergesellschaften verrechnet worden sind. Eine Nachversteuerung muß in dem Zeitpunkt erfolgen, in dem die ausländische Tochtergesellschaft wieder Gewinn erzielt oder aus dem steuerlichen Konzernkreis ausscheidet.[313]

Mit der dänischen "sambeskatning" wird de facto ein Durchgriff durch die Rechtspersönlichkeit der ausländischen Tochtergesellschaft vorgenommen. Die grundsätzliche Abschirmwirkung der juristischen Person besteht steuerlich insoweit nicht. Unabhängig von der Gewinnverwendung ist das steuerliche Ergebnis der ausländischen Gesellschaft vollständig in die dänische Bemessungsgrundlage einzubeziehen. "With respect to foreign subsidiaries, the main consequences are that the subsidiaries are generally treated as permanent establishments of the Danish parent"[314]. Zur Vermeidung der Doppelbesteuerung sind die von der ausländischen Tochtergesellschaft an eine dänische Konzerngesellschaft ausgeschütteten Gewinne über die Schachtelfreistellung bereits im Rahmen der Ergebnisermittlung des nationalen Konzerns unbeachtlich. Die Freistellung ausländischer Beteiligungserträge erfolgt jedoch nur, wenn die Regelungen zur Ermittlung der Bemessungsgrundlage und der anzuwendende Steuersatz im Sitzstaat der Tochtergesellschaft nicht wesentlich von den Regelungen des dänischen Steuerrechts abweichen.[315]

---

312 Vgl. Kessler: (Organschaft), 1993, S. 308 f.

313 Zu Wahlrechten und Gestaltungsmöglichkeiten vgl. ebenda.

314 Dik: (Denmark), 1993, S. 79.

315 Vgl. Kessler: (Organschaft), 1993, S. 305.

Das dänische Steuerrecht beschränkt die Maßnahmen zur Vermeidung der Doppelbesteuerung im Rahmen der "sambeskatning" nicht auf die unilaterale Freistellung der Beteiligungserträge bei der Muttergesellschaft. In § 17 Abs. 2 SEL ist ein zweistufiges Verfahren vorgesehen, das eine Kombination aus pauschaler Steuersatzsenkung und partieller Freistellung ausländischer Gewinne oder Anrechnung ausländischer Steuern darstellt. Auf der ersten Stufe wird die anteilig auf die Summe der Einkünfte aller ausländischen Tochtergesellschaften entfallende dänische Körperschaftsteuer pauschal halbiert (udlandslempelse[316]). Auf der zweiten Stufe erfolgt eine gesonderte Behandlung der Einkünfte ausländischer Tochtergesellschaften in Abhängigkeit von der in dem entsprechenden DBA mit dem Sitzstaat vereinbarten Methode zur Vermeidung der Doppelbesteuerung bei ausländischen Betriebsstätten. Ist im DBA die Freistellungsmethode vereinbart worden, wird die Steuerschuld des dänischen Konzerns um den Teil der dänischen KSt gemindert, der nach Berücksichtigung der KSt-Ermäßigung im Rahmen der "udlandslempelse" anteilig auf die ausländischen Einkünfte entfällt (exemptionlempelse[317]). Sieht das DBA die Anrechnungsmethode vor, oder liegt kein DBA mit dem Sitzstaat der Tochtergesellschaft vor[318], steht die auf die ausländischen Einkünfte entfallende dänische Steuer als Anrechnungspotential für die bereits im Sitzstaat der Tochtergesellschaft gezahlte Körperschaftsteuer zur Verfügung (creditlempelse[319]). Andererseits kann nur die tatsächlich im Ausland gezahlte Steuer angerechnet werden. Damit wird eine doppelte Höchstbetragsregelung für den Anrechnungsbetrag konstituiert. Die im Sitzstaat der Tochtergesellschaft gezahlte Steuer bleibt bei beiden Methoden unberührt.

Beispiel:[320]

Die dänische A A/S hält eine 100 %-Beteiligung an einer Tochtergesellschaft B mit Sitz in Spanien (Steuersatz 35 %). 1993 erzielt A einen Gewinn von 2 Mio Dkr und B einen (nach dänischem Recht berechneten) Gewinn von 4 Mio Dkr. Der nach spanischem Recht ermittelte Gewinn beträgt umgerechnet 3,6 Mio Dkr.

---

316 Udlandslempelse = Auslandsvergünstigung.

317 Exemptionlempelse = Freistellungsvergünstigung.

318 In diesem Fall greift unilateral der § 33 LL.

319 Creditlempelse = Anrechnungsvergünstigung.

320 Vgl. zu Beispielrechnungen Kessler: (Organschaft), 1993, S. 306 f.; Stenholdt: (koncerner), 1990, S. 1-38; Minne: (groupes), 1989, S. 208 ff.; Dik: (Taxation), 1985, S. 190.

Die internationale Konzernbesteuerung in Dänemark ("sambeskatning") führt zu folgendem Ergebnis:

Spanische KSt (0,35 x 3,6 Mio)	1,26 Mio
Vorläufige dänische KSt (0,34 x 6 Mio)	2,04 Mio

<u>1. Stufe der Ermittlung der Steuerschuld des dänischen Konzerns bei der internationalen "sambeskatning":</u>

Vorläufige dänische KSt	2,04 Mio
KSt-Ermäßigung in Höhe der Hälfte der auf die ausländischen Einkünfte entfallenden dänischen KSt 0,5 x (2,04 Mio x 4 Mio/6 Mio)	0,68 Mio
Dänische KSt nach Berücksichtigung der KSt-Ermäßigung (udlandslempelse)	1,36 Mio

<u>2. Stufe der Ermittlung der Steuerschuld des dänischen Konzerns bei der internationalen "sambeskatning":</u>

-> Im DBA mit Spanien ist für die Ergebnisse spanischer Betriebsstätten die Freistellungsmethode vereinbart

Dänische KSt nach Berücksichtigung der KSt-Ermäßigung (udlandslempelse)	1,36 Mio
Minderung um den Teil der dänischen KSt, der nach Berücksichtigung der KSt-Ermäßigung anteilig auf die ausländischen Einkünfte entfällt 1,36 Mio x 4 Mio/6 Mio	0,91 Mio
Verbleibende dänische KSt (1,36 Mio - 0,91 Mio)	0,45 Mio

Im Vergleich zur Einzelveranlagung (Spanien: 1,26 Mio, Dänemark: 2 Mio x 0,34 = 0,68 Mio, Summe = 1,94 Mio) muß der Konzern bei der Zusammenveranlagung eine um 0,23 Mio DKr geringere KSt entrichten (Spanien: 1,26 Mio, Dänemark: 0,45 Mio, Summe = 1,71 Mio).

Die Regelung der internationalen "sambeskatning" ist somit nicht nur aufgrund des Ausgleichs von Verlusten ausländischer Tochtergesellschaften mit Gewinnen dänischer Konzerngesellschaften vorteilhaft. Auch bei positiven Ergebnissen der ausländischen Tochtergesellschaften kann eine Minderung der von der dänischen Muttergesellschaft zu entrichtenden Körperschaftsteuer eintreten. Dieser Effekt wird dadurch begründet, daß die internationale "sambeskatning" nicht ausschließlich die Freistellung der Gewinne ausländischer Tochtergesellschaften oder die Anrechnung der im Ausland bereits gezahlten Steuern vorsieht; sie führt wegen der Kombination aus der Halbierung der auf die ausländischen Einkünfte entfallenden dänischen Steuer und der anschließenden Freistellung der Einkünfte der ausländischen Tochtergesellschaft zur einer Steuervergünstigung für den dänisch-internationalen Konzern, die über die Anwendung der Freistellungs- oder Anrechnungsmethode hinausgeht. Eine dänische Muttergesellschaft, die die Ergebnisse ihrer im Ausland ansässigen Tochtergesellschaften in die gemeinsame Steuererklärung einbezieht, wird geringer besteuert als eine rein national tätige Unternehmung, wenn auf der Grundlage des DBA auf der zweiten Stufe der Ergebnisermittlung die Freistellungsmethode angewandt werden kann.[321] Soweit die Anrechnungsmethode herangezogen wird, ist dieser Wettbewerbsvorteil wegen der Anrechnungsbeschränkung auf den tatsächlich im Ausland gezahlten Steuerbetrag nur dann gegeben, wenn die ausländische Steuerbelastung 17 % des nach den Vorschriften des dänischen Steuerrechts ermittelten ausländischen Gewinns übersteigt.[322] Die Einbeziehung ausländischer Tochtergesellschaften in die "sambeskatning" macht den Standort Dänemark aus steuerlicher Sicht insbesondere für Holdinggesellschaften multinationaler Konzerne attraktiv.[323] Dieser Effekt wird noch dadurch verstärkt, daß das dänische Steuerrecht weder hinsichtlich der dänischen Muttergesellschaft noch in bezug auf die ausländischen Tochtergesellschaften eine Aktivitätsklausel kennt. Aus diesem Grund bezeichnet Minne die "sambeskatning" als "sehr offene und liberale Regelung".[324] Kessler spricht von "zahlreichen interessanten Ansatzpunkten für die Steuergestaltung international tätiger Unternehmungen"[325].

---

321 Vgl. Dik: (Taxation), 1985, S. 190.

322 Vgl. Stenholdt: (koncerner), 1990, S. 5 f., der auf der Grundlage des 1990 geltenden Steuersatzes noch eine Vorteilhaftigkeitsgrenze von 20 % berechnet.

323 Vgl. auch die umfassende Untersuchung von Shelton/de Petter: (Companies), 1991, S. 115 ff., die aber einschränkend auf die Änderungsgeschwindigkeit des dänischen Steuerrechts hinweisen und "the relatively unencouraging attitude of the Danish tax administrators and politicians" with respect to "the use of Denmark in international tax planning" (S. 115) bemängeln. Zu steuerplanerischen Überlegungen im Zusammenhang mit der "sambeskatning" vgl. Kessler: (Organschaft), 1993, S. 303 ff., und Stenholdt: (koncerner), 1990, S. 1-15, mit vielen Beispielen und Synopsen.

324 Minne: (groupes), 1989, S. 210: "le régime de la consolidation mondiale au Danemark est [...] un régime fort libéral et public".

325 Kessler: (Organschaft), 1993, S. 310.

III. Besteuerung der Konzerngesellschaften auf der Grundlage der Trennungstheorie (Vermeidung der Doppelbelastung, kein Verlustausgleich, keine Zwischengewinneliminierung)

1. Belgien

Die belgische Körperschaftsteuer (impôt des sociétés; vennootschapsbelasting) wird auf der Grundlage der Art. 180 bis 218 des Wetboek van den Inkomstenbelasting 1992 (W.I.B.) erhoben.[326] Sowohl Kapitalgesellschaften als auch Personengesellschaften haben nach belgischem Gesellschaftsrecht eine eigene Rechtspersönlichkeit und unterliegen der Körperschaftsteuer. Der allgemeine Körperschaftsteuersatz beträgt 39 % (Art. 215 W.I.B.).[327]

Das belgische Steuerrecht orientiert sich für Zwecke der Körperschaftsbesteuerung ausschließlich an dem Kriterium der rechtlichen Selbständigkeit der juristischen Person. Spezielle Regelungen, die eine Konzernbesteuerung auf der Grundlage der Einheitstheorie ermöglichen, existieren nicht.[328] Konzerngesellschaften werden somit grundsätzlich als selbständige Rechtssubjekte auf der Basis der Fiktion der wirtschaftlichen Selbständigkeit besteuert. Eine Verrechnung von Gewinnen und Verlusten innerhalb des Konzerns ist ebensowenig möglich wie die Eliminierung von im konzerninternen Lieferungs- und Leistungsverkehr entstandenen Zwischenergebnissen.

> "In Belgie bestaat er geen systeem van fiscale eenheid tussen de vennootschappen van een zelf de groep: elke vennootschap met eigen rechtspersoonlijkheid wordt dus belast zonder dat rekening wordt

---

326 Die französische Bezeichnung des belgischen Einkommensteuergesetzes lautet: Code des Impôts sur les Revenus (CIR). Zum belgischen Steuerrecht vgl. Tiberghien: (Handboek), 1992; Defoort et al.: (Vennootschap); Dassesse/Minne: (Droit), 1990.

327 Für Gesellschaften, die weniger als 13 % ihres Eigenkapitals ausschütten, und deren Anteile nicht zu mehr als 50 % von anderen Gesellschaften gehalten werden, sind ermäßigte Steuersätze anzuwenden.

328 Vgl. Hinnekens: (groepen), 1989, S. 121-127; Joseph: (Consolidation), 1989, S. 61; Haelterman: (consolidatie), 1985, S. 213.

gehouden met de resultaten van de andere vennootschappen van de groep."[329]

Zur Vermeidung der Doppelbelastung und Doppelbesteuerung ausgeschütteter Gewinne ist im belgischen Steuerrecht ein System des Abzugs nationaler und internationaler Beteiligungserträge ("La Déduction des Dividendes recueillis au titre de Revenus Définitivement Taxés") verankert. Das Abzugssystem ist methodisch nicht mit der in anderen Staaten praktizierten Freistellung von Schachtelerträgen, oder der Anrechnung der bereits von der Tochtergesellschaft gezahlten Steuern vergleichbar, obwohl es in der überwiegenden Zahl der Fälle zu demselben Ergebnis führt. Es kommt zur Anwendung, wenn eine belgische Gesellschaft an einer in Belgien oder im Ausland ansässigen Gesellschaft beteiligt ist, und aus dieser Beteiligung Erträge erzielt.[330] Seit dem 1.1.1993 ist als Voraussetzung für die Anwendung des Abzugssystems eine Mindestbeteiligung von 5 % oder ein Anschaffungswert der Beteiligung von mindestens 50 Mio. bfr vorgeschrieben. Die Beteiligungserträge sind zunächst in Höhe der Bardividende Bestandteil des Gewinns der empfangenden Gesellschaft. In einem zweiten Schritt können 95 % der Erträge wieder von der Bemessungsgrundlage abgezogen werden.[331] Somit bleiben lediglich 95 % der Dividenden beim Empfänger steuerfrei.[332] Bei Gewinnausschüttungen von Tochtergesellschaften, die in Niedrigsteuerländern domizilieren, kann kein Abzug vorgenommen werden.[333] Ist eine in Belgien unbeschränkt körperschaftsteuerpflichtige Gesellschaft an einer anderen belgischen Kapitalgesellschaft während des ganzen Geschäftsjah-

329 Tiberghien: (Handboek), 1992, S. 260: [In Belgien besteht kein System der steuerlichen Einheit für Gesellschaften desselben Konzerns: jede Gesellschaft mit eigener Rechtspersönlichkeit wird folglich besteuert, ohne daß die Ergebnisse anderer Konzerngesellschaften berücksichtigt werden.]

330 Zu Ausnahmen vgl. Art. 203 W.I.B.

331 Die verbleibenden 5 % sollen einen Korrekturposten für die zum Abzug gebrachten Managementkosten der Muttergesellschaft darstellen, die im Zusammenhang mit der Beteiligung angefallen sind, vgl. Vanderhoydonck/Verjans: (Implementation), 1992, S. 132.

332 Mit Wirkung vom 1.1.1992 wurde die zuvor in Art. 113 § 2 W.I.B. enthaltene Sonderregelung für sog. financial corporations aufgehoben. Gesellschaften, die Beteiligungen an anderen Gesellschaften hielten, deren Buchwerte insgesamt 50 % des eigenen Reinvermögens am Bilanzstichtag überstiegen, durften demnach nur 90 % der Bardividende von der Bemessungsgrundlage abziehen, vgl. Kirkpatrick: (groupes), 1989, S. 45 f.

333 Für diesen Zweck hat das belgische Finanzministerium eine Liste der Staaten und Gesellschaften veröffentlicht, die vom Steuerabzug ausgenommen sind. Vgl. Vanderhoydonck/Verjans: (Implementation), 1991, S. 287 ff.

res zu mindestens 25 % beteiligt, sind die von dieser Gesellschaft ausgeschütteten Gewinne seit 1992 von der allgemeinen Quellensteuer auf Dividenden in Höhe von 25 % befreit.

Zur Verdeutlichung des Dividenden-Abzugs-Systems bei Gewinnausschüttungen im Konzern wird folgendes Beispiel konstruiert:[334]

Tochtergesellschaft:	bfr
Gewinn	100.00
abzüglich Körperschaftsteuer (39 %)	39.00
Bardividende	61.00
Muttergesellschaft:	
Bardividende	61.00
abzüglich 95 % (Dividendenabzug)	57.95
Steuerbemessungsgrundlage	3.05
Körperschaftsteuer (39 %)	1.19
Maximaler Ausschüttungsbetrag an Anteilseigner	59.81

Das belgische Abzugssystem führt bei Ausschüttungen innerhalb eines mehrstufigen Konzerns auf jeder Stufe zu einer Doppelbelastung in Höhe von 1,19 % des ursprünglich erzielten Gewinns (= 1,95 % der jeweiligen Bardividende). Es kommt zu einer definitiven Mehrfachbelastung von Konzernen gegenüber rechtlich einheitlich organisierten Unternehmungen. Dieser Effekt wird noch dadurch verstärkt, daß der Abzug auf die Höhe des steuerpflichtigen Gewinns der empfangenden Gesellschaft beschränkt ist. Erzielt die Muttergesellschaft einen Verlust, mindern die Beteiligungserträge den vortragsfähigen Verlust in voller Höhe, ohne daß der 95 %ige Abzug vorgenommen werden kann.[335]

334 Vgl. Tiberghien: (Handboek), 1992, S. 373 f.; Price Waterhouse: (Belgium), 1990, S. 139 f., und Haelterman: (consolidatie), 1985, S. 216. Zum Abzugssystem bei ausländischen Tochtergesellschaften vgl. Malherbe: (groepen), 1989, S. 154 ff., und das Berechnungsbeispiel auf S. 175.

335 Vgl. Vanderhoydonck/Verjans: (Implementation), 1992, S. 132.

Beispiel zur Abzugsbeschränkung auf der Ebene der Muttergesellschaft:

Fall 1

	bfr
Zu versteuerndes Einkommen vor Berücksichtigung der Beteiligungserträge	2000
Bardividende	300
abzgl. 95 % der Bardividende	285
Zu versteuerndes Einkommen	2015

Fall 2

Zu versteuerndes Einkommen vor Berücksichtigung der Beteiligungserträge	-2000
Barividende	300
Kein Abzug wegen des negativen zu versteuernden Einkommens	
Zu versteuerndes Einkommen (Verlustvortrag)	-1700

Somit wird im Rahmen der Besteuerung nationaler und belgisch-internationaler Konzerne keine der grundsätzlich aus betriebswirtschaftlicher Sicht an eine Konzernbesteuerung gestellten Anforderungen erfüllt. Aus diesem Grund beschäftigen sich in Belgien Vertreter aus Wissenschaft, Finanzverwaltung, Unternehmens- und Beratungspraxis seit einigen Jahren damit, Vorschläge für eine grundlegende Reformierung der Besteuerung nationaler und internationaler Konzerne zu erarbeiten.[336] Bereits im Juni 1986 führte diese intensive Diskussion zu einem Gesetzentwurf, dem sogenannten Vorschlag Dupré.[337] Dieser bis heute nicht verwirklichte Entwurf beschränkte sich auf die Einführung eines Verlustausgleichs zwischen nationalen Konzerngesellschaften, der methodisch dem britischen "group relief" vergleichbar ist. Eine innerkonzernliche Verlustverrechnung sollte bei Kapitalbeteiligungen von mehr als 50 % ermöglicht werden. Für den Fall, daß die verlustübertragende Gesellschaft in späteren Wirtschaftsjahren wieder Gewinne erzielt, wurde vorgeschlagen, in diesem Zeitpunkt die zuvor verrechneten Verluste zurückzuübertragen und den Gewinn der zunächst verlustübernehmenden Gesellschaft entsprechend zu erhöhen.

---

336 Vgl. Biron/Dauw (Hrsg.): (vennootschapsgroepen), 1989; Haelterman: (consolidatie), 1985, insbesondere S. 221-230, und van Crombrugge: (eenheidsbehandeling), 1984.

337 Vgl. die Darstellung bei Haelterman/Autenne: (consolidatiemodellen), 1989, S. 271-276.

Die Methodik des Verlustausgleichs mit Nachversteuerungsklausel findet bereits im Rahmen der Besteuerung ausländischer Betriebsstättenergebnisse Anwendung. Gewinne von Betriebsstätten, die in einem DBA-Staat[338] belegen sind, werden von der Besteuerung im Sitzstaat des Stammhauses freigestellt. Unilateral ermöglicht das belgische Steuerrecht trotz der grundsätzlichen Freistellung der Betriebsstättengewinne den Abzug ausländischer Betriebsstättenverluste von der Bemessungsgrundlage der belgischen Körperschaftsteuer. Sobald die ausländische Betriebsstätte wieder Gewinn erzielt, ist das steuerliche Ergebnis des Stammhauses wieder um den zuvor durch den Verlustübertrag abgezogenen Betrag zu erhöhen.

338 Belgien hat mit allen EU-Staaten ein Abkommen zur Vermeidung der Doppelbesteuerung auf dem Gebiet der Steuern vom Einkommen und Ertrag abgeschlossen.

2. Italien

Das italienische Steuerrecht enthält nur im Umsatzsteuerrecht spezielle Vorschriften zur Konzernbesteuerung.[339] Im Bereich der Ertragsteuern wird jede juristische Person unabhängig davon, ob sie in eine übergeordnete wirtschaftliche Einheit eingebunden ist, als selbständiges Steuersubjekt behandelt.[340] "Consolidated balance sheets are not taken into consideration by the tax authorities."[341] Nachfolgend wird deshalb nur kurz auf die Regelungen eingegangen, die grundsätzlich zur Vermeidung der nationalen Doppelbelastung und der internationalen Doppelbesteuerung vorgesehen sind.

Das Einkommen der im Inland ansässigen juristischen Personen unterliegt der Körperschaftsteuer (Imposta sul reddito delle persone giuridiche), die in den Art. 86-114 des Ertragsteuergesetzes (Testo unico delle imposte sui redditi, TU) geregelt ist. Der Körperschaftsteuersatz beträgt 36 % für thesaurierte und ausgeschüttete Gewinne (Art. 91 TU). Außerdem wird der Gewinn italienischer Unternehmen einer lokalen Ertragsteuer (Imposta locale sui redditi, Art. 115-121 TU) unterworfen, die als Objektsteuer ausgestaltet ist und deren Bemessungsgrundlage aus dem körperschaftsteuerlichen Einkommen abgeleitet wird. Gewinne, die bei der ausschüttenden Gesellschaft bereits der Körperschaftsteuer unterlegen haben, sind bei der empfangenden Gesellschaft von der lokalen Ertragsteuer befreit (Art. 115 TU). Da sich die lokale Ertragsteuer ausschließlich auf inländische Einkünfte bezieht, gilt die Freistellung auch für ausländische Beteiligungserträge. Die Steuerschuld ergibt sich aus der Anwendung eines einheitlichen Steuersatzes von 16,2 %. Da die lokale Ertragsteuer, die erhebungstechnisch inzwischen im wesentlichen eine Staatssteuer ist,[342] im Rahmen der Ermittlung des körperschaftsteuerlichen Gewinns nicht als Betriebsausgabe abzugsfähig ist (Art. 101 TU), ergibt sich unter Vernachlässigung der

---

339 Vgl. Vanetti: (Diskussion), 1989, S. 397, Fußnote 4. Vgl. auch Tremonti: (fiscalita), 1988.

340 Vgl. Di Stefano: (gruppo), 1986, S. 3956 ff.; La Rosa: (gruppi), 1982, S. 203 ff.

341 Manganelli: (Italy), 1993, S. 214.

342 Vgl. Mayr: (Steuern), 1990, S. 320.

individuellen Modifikationen der Bemessungsgrundlage eine Ertragsteuerbelastung italienischer Kapitalgesellschaften von 52,2 %.[343]

Neben der Bundesrepublik Deutschland ist Italien der einzige Mitgliedstaat, der ein körperschaftsteuerliches Voll-Anrechnungssystem für Gewinnausschüttungen ansässiger Kapitalgesellschaften vorsieht. Art. 14 TU, der über Art. 92 TU auch für Kapitalgesellschaften gilt, ermöglicht die Anrechnung einer Steuergutschrift von 9/16 der Beteiligungserträge, wenn die Brutto-Dividende Bestandteil des steuerpflichtigen Einkommens der Empfängergesellschaft ist.[344] Übersteigt die Steuergutschrift die Jahres-Körperschaftsteuerschuld, hat die Muttergesellschaft einen Anspruch auf Erstattung des Differenzbetrags. Gemäß Art. 105 Abs. 7 TU ist bei Kapitalgesellschaften eine Eigenkapitalgliederung aufzustellen, die wegen des einheitlichen Steuersatzes nur unbelastetes und mit 36 % belastetes Eigenkapital enthält.[345] Für den Fall, daß unbelastetes Eigenkapital ausgeschüttet wird, entsteht eine zusätzliche Steuer in Höhe von 9/16 des ausgeschütteten Gewinns ("Maggiorazione dell'imposta a titolo di conguaglio"; Art. 105 Abs. 1 TU). Diese Steuer ist funktional dem französischen "précompte mobilier" vergleichbar. Aufgrund der Befreiung der erhaltenen Gewinne von der lokalen Ertragsteuer entsteht keine zusätzliche Steuerbelastung aus der Übertragung von Gewinnen einer Tochtergesellschaft an die im Inland ansässige Muttergesellschaft.[346] Eine juristische und wirtschaftliche Doppelbelastung innerkonzernlicher Gewinnausschüttungen wird mit dem Voll-Anrechnungssystem vermieden. Das in anderen Mitgliedstaaten kodifizierte Rechtsinstitut der nationalen Schachtelfreistellung ist in Italien deshalb nicht erforderlich.

Dividenden, die eine italienische Kapitalgesellschaft von einer ausländischen Tochtergesellschaft erhält, werden im Grundsatz nur zu 60 % von der italieni-

---

343 Vgl. Lobis: (Neuerungen), 1993, S. 4. Bis 1992 durften 75 % der lokalen Ertragsteuer von der Bemessungsgrundlage der Körperschaftsteuer abgezogen werden, vgl. Bundesministerium der Finanzen (Hrsg.): (Steueränderungen), 1992, S. 11; Mayr: (Steuern), 1990, S. 313; Price Waterhouse (Hrsg.): (Italy), 1988, S. 181.

344 Vgl. Fantozzi: (Körperschaftsteuer), 1992, S. 262 f.

345 Zu Details der Eigenkapitalgliederung vgl. Mayr: (Steuern), 1990, S. 318 f.

346 Vgl. zum italienischen Anrechnungssystem Mayr: (Steuern), 1990, S. 315 ff.; Lovisolo: (Imputation), 1979, S. 10 ff.; Wilcke: (Überblick), 1978, S. 516 ff.

schen Körperschaftsteuer freigestellt (Art. 96 TU).[347] Seit der Umsetzung der Mutter-Tochter-Richtlinie sind Erträge aus einer mindestens 25 %igen Beteiligung an einer in einem anderen Mitgliedstaat ansässigen Tochtergesellschaft bei der italienischen Gesellschaft zu 95 % steuerfrei, wenn die Beteiligung ununterbrochen seit mindestens einem Jahr besteht.[348] Die restlichen 5 % sind zum Regelsteuersatz von 36 % zu versteuern. Bei einer Weiterausschüttung der aus einer innergemeinschaftlichen Quelle erzielten Beteiligungserträge fällt bei der ausschüttenden Gesellschaft keine zusätzliche Steuerbelastung an. Der italienische Anteilseigner kann aber trotzdem eine Steuergutschrift in Höhe von 9/16 der Dividende geltend machen, soweit sie nicht zu einer Steuererstattung führt.[349] Einkünfte, die eine italienische Gesellschaft aus einer im Ausland belegenen Betriebsstätte erzielt, sind in die Bemessungsgrundlage der italienischen Körperschaftsteuer einzubeziehen. Die Abkommen zur Vermeidung der Doppelbesteuerung sehen in der Regel eine Anrechnung der im Ausland gezahlten Steuern vor.[350]

347 Vgl. das Beispiel bei Manganelli: (Implementation), 1992, S. 155, Fußnote 20. Die Teil-Freistellung kann nur für Gesellschaften in Anspruch genommen werden, die nicht in einem Niedrigsteuerland ansässig sind (Art. 11 Abs. 14 Steueränderungsgesetz 1992).

348 Vgl. Mayr: (Umsetzung), 1993, S. 351.

349 Vgl. ebenda, S. 351 f.

350 Italien hat mit allen Mitgliedstaaten ein DBA abgeschlossen.

3. Griechenland

Mit dem am 19.6.1992 vom Parlament verabschiedeten Haushaltsgesetz ist eine grundlegende Reform der griechischen Körperschaftsbesteuerung durchgeführt worden.[351] Das griechische Steuerrecht sieht eine spezielle Form der Körperschaftsbesteuerung vor, die in der Europäischen Union eine Sonderstellung einnimmt und nicht mit den überwiegend praktizierten Systemen der Voll- oder Teilanrechnung oder dem klassischen System vergleichbar ist. Subjekte der Körperschaftsteuer (Forologia Nomikon Prosopon) sind unabhängig von der Rechtsform alle Gesellschaften mit Sitz oder Betriebsstätte im Inland. Somit unterliegen grundsätzlich auch die griechischen Personengesellschaften der Körperschaftsteuer. Der allgemeine Steuersatz für thesaurierte und ausgeschüttete Gewinne beträgt 35 %. Die Doppelbelastung ausgeschütteter Gewinne wird dadurch vermieden, daß Dividenden aus versteuertem Gewinn beim Gesellschafter grundsätzlich steuerfrei gestellt werden. Die Steuerfreiheit gilt sowohl für natürliche als auch für juristische Personen und ist nicht an eine Beteiligungsquote gebunden. Daneben wird auf Gewinnausschüttungen zukünftig grundsätzlich keine Kapitalertragsteuer mehr erhoben. Spezielle Regelungen zur Konzernbesteuerung kennt das griechische Steuerrecht nicht.[352] "The consolidated balance sheet is an unknown concept in Greek tax law. All entities are taxed separately and profits and losses may not be shifted between affiliated companies."[353]

Dividenden, die eine griechische Muttergesellschaft von einer ausländischen Tochtergesellschaft erhält, sind unter (beschränkter) Anrechnung der im Ausland gezahlten Steuern in das zu versteuernde Einkommen der griechischen Gesellschaft einzubeziehen. In der überwiegenden Zahl der von Griechenland abgeschlossenen DBA gilt für ausländische Beteiligungserträge die Freistellungsmethode. Vereinzelt wird auch die Anrechnungsmethode angewandt.[354]

---

351 Vgl. International Bureau of Fiscal Documentation (Hrsg.): (Companies), Abschnitt Greece, Tz. 221 ff.; Kypris: (Greece), 1993, S. 30 ff.

352 Vgl. Kesti: (Greece), 1993, S. 158.

353 International Bureau of Fiscal Documentation (Hrsg.): (Companies), Abschnitt Greece, Tz. 727.

354 Griechenland hat bislang keine DBA mit der Republik Irland, Luxemburg, Portugal und Spanien abgeschlossen. Mit Irland, Portugal und Spanien laufen jedoch Verhandlungen.

VIERTES KAPITEL

Perspektiven der europäischen Konzernbesteuerung

I. Reformbedarf aus betriebswirtschaftlicher und unionsrechtlicher Sicht

1. Auswertung der Länderberichte vor dem Hintergrund der betriebswirtschaftlichen Anforderungen an eine Konzernbesteuerung

1.1 Besteuerung nationaler Konzerne

1.1.1 Methoden zur Vermeidung der Doppelbelastung konzernintern ausgeschütteter Gewinne

Die Steuersysteme aller Mitgliedstaaten enthalten Regelungen zur Vermeidung der Doppelbelastung konzernintern ausgeschütteter Gewinne. Der Anwendungsbereich dieser Vorschriften ist nicht auf Konzernunternehmungen begrenzt. In den einzelnen Staaten werden unterschiedliche Beteiligungsvoraussetzungen konstituiert, deren Spektrum von dem Besitz einer Aktie, oder eines Geschäftsanteils, bis zu Kapitalbeteiligungen von mindestens 25 % reicht. Intention der Festsetzung einer Mindestbeteiligungsgrenze ist, die Doppelbelastung nur bei unternehmerisch motivierten Beteiligungsstrukturen zu vermeiden. Unternehmensverbindungen, bei denen eine Gesellschaft über ihre Beteiligung einen gewissen Einfluß auf eine andere Gesellschaft ausüben will, sollen vor dem Hintergrund einer betriebswirtschaftlichen Sichtweise gegenüber Beteiligungen, die ausschließlich zum Zweck der Kapitalanlage gehalten werden, steuerlich besser gestellt werden.

Zur Vermeidung der Doppelbelastung werden unterschiedliche Methoden herangezogen. Mit Ausnahme von Belgien, Deutschland, Italien und Spanien können Beteiligungserträge unter bestimmten Voraussetzungen in allen Mitgliedstaaten steuerfrei vereinnahmt werden. Die Schachtelfreistellung wird zum einen in den Staaten angewandt, in denen die Körperschaftsteuer auf der Grundlage eines klassischen Systems erhoben wird. Die Körperschaftsteuer-Systeme Dänemarks, Luxemburgs und der Niederlande basieren auf dieser strengen Ausprägung der Trennungstheorie. Während in den Niederlanden eine steuerfreie Vereinnahmung von Beteiligungserträgen bereits möglich ist, wenn die Obergesellschaft 5 % der Kapitalanteile an der ausschüttenden Gesellschaft hält, ist in Luxemburg eine Mindestbeteiligung von 10 % und in Dänemark von 25 % erforderlich. Unabhängig von der Beteiligungsgrenze sind die erhaltenen Dividenden bei einer luxemburgischen Gesellschaft auch dann steuerfrei, wenn die Anschaffungskosten der Beteiligung 50 Mio lfr überstiegen haben. Weitere Voraussetzungen konstituieren das luxemburgische und das dänische Steuerrecht im Hinblick auf die Dauer der Beteiligung. In Luxemburg sind Beteiligungserträge nur steuerfrei, wenn die Beteiligung seit mindestens zwölf Monaten vor dem Abschluß des Wirtschaftsjahres, in dem die Erträge zugeflossen sind, im Besitz der Obergesellschaft ist. § 13 Abs. 1 des dänischen Körperschaftsteuergesetzes verlangt, daß die Beteiligung während des ganzen Jahres, für das die Ausschüttung erfolgt ist, bestanden haben muß. Allen drei Staaten gemeinsam ist eine vollständige Freistellung der Schachtelerträge von der Besteuerung bei der Obergesellschaft.

Die Freistellungsmethode ist auch in Staaten vorgesehen, die grundsätzlich für Ausschüttungen an natürliche Personen oder unwesentlich beteiligte Kapitalgesellschaften ein Teil-Anrechnungssystem verwenden. Großbritannien und die Republik Irland qualifizieren die an juristische Personen ausgeschütteten Gewinne bei der Empfängergesellschaft unabhängig von der Höhe der Beteiligung als "franked investment income". Gleichzeitig kann die von der ausschüttenden Gesellschaft gezahlte Advance Corporation Tax auf die ACT-Schuld der Obergesellschaft angerechnet werden, was dazu führt, daß auch eine doppelte oder mehrfache Belastung konzernintern ausgeschütteter Gewinne mit Advance Corporation Tax vermieden wird. Das System der Teil-Anrechnung in Höhe von 25/75 der Bardividende gilt im britischen und irischen Steuerrecht somit nur für Ausschüttungen an natürliche Personen. Das portugiesische Steuerrecht kennt ebenfalls die Kombination aus Teil-Anrechnungssystem und Freistellung von Schachtelerträgen. Eine Freistellung ist allerdings nur möglich, wenn die beteiligte Gesellschaft seit mehr als zwei Jahren mindestens 25 % der Anteile an der ausschüttenden Gesellschaft hält. Außerdem ist die Schachtelfreistellung auf 95 % der Bardividende begrenzt. Der Restbetrag ist Bestandteil des zu versteuernden Einkommens, um ein pauschales Äquivalent für die im Zusammenhang mit der Beteiligung angefallenen abzugsfähigen Verwaltungskosten zu schaffen. Somit kann die Doppelbelastung nicht vollständig vermieden werden.

Eine generelle Freistellung von Beteiligungserträgen ist im griechischen Steuerrecht vorgesehen. Natürliche und juristische Personen können Gewinnausschüttungen ansässiger Unternehmen unabhängig von der Beteiligungsquote grundsätzlich steuerfrei vereinnahmen.

Im deutschen und italienischen Steuerrecht wird die Doppelbelastung ausgeschütteter Gewinne auf der Grundlage eines Voll-Anrechnungssystems vermieden. Auch im französischen Steuerrecht ist seit der Senkung des allgemeinen Körperschaftsteuersatzes auf 33,33 % aufgrund der besonderen Relation aus Steuersatz und Anrechnungsbetrag (50 % der Bardividende) eine Vollanrechnung möglich, obwohl die französische Regelung methodisch nicht mit dem deutschen und italienischen Anrechnungssystem vergleichbar ist. Zwischen der deutschen und der italienischen Regelung sind mehrere Parallelen erkennbar. In beiden Staaten kann die von der ausschüttenden Gesellschaft auf die Dividenden entrichtete Körperschaftsteuer sowohl von natürlichen als auch von juristischen Personen unabhängig von der Höhe der Beteiligung vollständig auf die eigene Steuerschuld angerechnet werden. Übersteigt das Steuer-Guthaben den individuellen Steuerbetrag vor Anrechnung, hat die Empfänger-Gesellschaft gegenüber der Finanzverwaltung einen Anspruch auf Erstattung. Darüber hinaus ist in beiden Staaten eine Gliederung des verwendbaren Eigenkapitals erforderlich. Eine weitere Parallele ergibt sich aus der Existenz von Gemeindesteuern, die auf den Ertrag von Gewerbebetrieben erhoben werden. Sowohl bei der deutschen Gewerbesteuer als auch bei der italienischen "Imposta locale sui redditi" werden Erträge aus Beteiligungen an anderen Gesellschaften, die bereits bei der ausschüttenden Gesellschaft der entsprechenden Steuer unterlegen haben, von der Besteuerung freigestellt. § 9 Nr. 2a GewStG setzt dafür allerdings eine Mindestbeteiligung von 10 % voraus. Somit werden das deutsche und das italienische Voll-Anrechnungssystem hinsichtlich der Gemeinde-Ertragsteuern durch die Methode der Schachtelfreistellung ergänzt.

Verbundene Unternehmen, die in Belgien ansässig sind, können zur Verminderung der Doppelbelastung ausgeschütteter Gewinne ein Abzugssystem in Anspruch nehmen, das methodisch nicht mit dem Anrechnungsverfahren oder der Freistellung von Schachtelerträgen vergleichbar ist. Unabhängig von der Höhe der Beteiligung wird auf der Ebene der Obergesellschaft zunächst die Bardividende in das zu versteuernde Einkommen einbezogen. Anschließend können

95 % der steuerpflichtigen Beteiligungserträge wieder von der Bemessungsgrundlage abgezogen werden. Der maximale Abzugsbetrag ist allerdings durch die Höhe des steuerlichen Gewinns der Obergesellschaft begrenzt. Im Unterschied zum Anrechnungsverfahren hat die empfangende Gesellschaft bei fehlendem Verrechnungspotential keinen Anspruch auf Erstattung der bereits von der ausschüttenden Gesellschaft gezahlten Steuer. Die in der Regel entstehende Doppelbelastung in Höhe der auf 5 % der Bardividende entfallenden Körperschaftsteuer, kann sich bis auf 100 % erhöhen, wenn die Obergesellschaft vor Berücksichtigung der Beteiligungserträge ein negatives Ergebnis ausweist.

Eine Sonderstellung nimmt die spanische Regelung ein. Obwohl in Spanien grundsätzlich eine Teil-Anrechnung vorgesehen ist, wird die Doppelbelastung von Ausschüttungen zwischen Unternehmen, die über eine Kapitalbeteiligung von mindestens 25 % verbunden sind, vollständig vermieden. Weitere Voraussetzung ist, daß die Beteiligung in dem Jahr, für das die Ausschüttung erfolgt, und in dem vorangegangenen Wirtschaftsjahr bestanden hat. Die Obergesellschaft muß nur die Bardividende in die eigene Bemessungsgrundlage einbeziehen. Die den Beteiligungen direkt zurechenbaren Verwaltungskosten bleiben als Betriebsausgaben abzugsfähig. Der Anrechnungsbetrag ergibt sich aus der Anwendung des allgemeinen Steuersatzes der Körperschaftsteuer auf die um die direkt zurechenbaren Verwaltungskosten geminderte Bardividende. Somit wird im Ergebnis nicht die von der Untergesellschaft auf die ausgeschütteten Gewinne gezahlte Steuer angerechnet. Vielmehr kann der zunächst bei der Obergesellschaft (fiktiv) auf die Bardividende entfallende Steuerbetrag in einem zweiten Rechenschritt sofort wieder von der Steuerzahllast abgezogen werden. Die Obergesellschaft kann ihre Steuerschuld somit um einen Betrag mindern, der der auf die steuerpflichtigen Erträge entfallenden eigenen Körperschaftsteuerschuld entspricht. Methodisch verwendet das spanische Steuerrecht weder eine reine Anrechnungsmethode, noch werden die Beteiligungserträge von vornherein von der Besteuerung auf der Ebene der beteiligten Gesellschaft freigestellt. In der Gewinnermittlungstechnik sind zwar Elemente der Abzugsmethode zu erkennen. Weil keine Begrenzung des Abzugs auf die Steuerschuld der Obergesellschaft vorgesehen ist, wird die Doppelbelastung de facto über eine "Methode der nachträglichen Freistellung" vermieden. Aus diesem Grund wird die spanische Regelung in der zusammenfassenden Synopsis (vgl. Abbildung 7) der Freistellungsmethode zugeordnet.

Obwohl mit der vollständigen und der beschränkten Schachtelfreistellung, der nachträglichen Freistellung, der Abzugsmethode und der Vollanrechnung fünf verschiedene Verfahren angewandt werden, wird die Doppelbelastung konzern-intern ausgeschütteter Gewinne innerhalb der Europäischen Union weitgehend vermieden. Lediglich in Belgien und Portugal ist eine zusätzliche steuerliche Belastung bereits versteuerter Gewinne auf der Ebene der Muttergesellschaft möglich.

Abb. 7: Körperschaftsteuer-Systeme und Besteuerung national-verbundener Unternehmen

Kriterien	KSt-System		Besteuerung verbundener Unternehmen					
			Schachtelfreistellung		Anrechnung		Abzug	
Staaten	Art des Systems	Tarif	Beteiligungs-voraussetzung	Umfang der Freistellung	Beteiligungs-voraussetzung	Umfang der Anrechnung	Beteiligungs-voraussetzung	Umfang des Abzugs
Belgien	klassisch	39%[1]	-	-	-	-	keine	95%[2]
Dänemark	klassisch	34%	25%[3]	100%	-	-	-	-
Deutschland	Voll-Anrechnung	45%[4]	-[5]	-	keine	100%	-	-
Frankreich	Voll-Anrechnung	33,33%	10%[6]	100%	-	-	-	-

(Fortsetzung auf den nächsten Seiten)

---

1 Für Gesellschaften, die weniger als 13 Mio bfr Gewinn erzielen, und deren Anteile nicht zu mehr als 50% von anderen Gesellschaften gehalten werden, ist ein progressiver Teilmengentarif mit ermäßigten Steuersätzen anzuwenden.

2 Der Abzug ist auf den Betrag des positiven steuerlichen Ergebnisses begrenzt.

3 Die Beteiligung muß während des ganzen Wirtschaftsjahres, für das die Ausschüttung vorgenommen wird, bestanden haben.

4 Der Steuersatz für ausgeschüttete Gewinne beträgt 30%.

5 Im Rahmen der deutschen Gewerbesteuer und der italienischen "Imposta locale sui redditi" werden Beteiligungserträge, die bereits bei der ausschüttenden Gesellschaft der entsprechenden Steuer unterlegen haben, von der Besteuerung bei der Empfänger-Gesellschaft freigestellt. In Deutschland ist dafür eine 10%ige Beteiligung Voraussetzung.

6 Bei Beteiligungen < 10% können die Beteiligungserträge steuerfrei vereinnahmt werden, wenn die Anschaffungskosten der Beteiligung > 150 Mio. FF. Die Beteiligung muß seit mindestens zwei Jahren im Besitz der Obergesellschaft sein.

Körperschaftsteuer-Systeme und Besteuerung national-verbundener Unternehmen (Fortsetzung)

Kriterien	KSt-System		Besteuerung verbundener Unternehmen					
			Schachtelfreistellung		Anrechnung		Abzug	
Staaten	Art des Systems	Tarif	Beteiligungs-voraussetzung	Umfang der Freistellung	Beteiligungs-voraussetzung	Umfang der Anrechnung	Beteiligungs-voraussetzung	Umfang des Abzugs
Griechenland	Freistellung[7]	35%	keine	100%	-	-	-	-
Großbritannien	Teil-Anrechnung	33%[8]	keine	100%	-	-	-	-
Rep. Irland	Teil-Anrechnung	40%[9]	keine	100%	-	-	-	-
Italien	Voll-Anrechnung	36%[10]	-[5]	-	keine	100%	-	-

(Fortsetzung auf der nächsten Seite)

7 Dividenden aus versteuertem Gewinn sind grundsätzlich beim Gesellschafter steuerfrei.

8 Beträgt das zu versteuernde Einkommen weniger als £ 300.000 ist ein ermäßigter Steuersatz von 25% anzuwenden (small profits relief). Wird ein Gewinn zwischen £ 0,3 und 1,5 Mio. erzielt, unterliegen die ersten 0,3 Mio dem Satz von 25% und der übersteigende Betrag einem Steuersatz von 35%.

9 Ermäßigung auf 10% für Einkünfte aus der Produktion von Wirtschaftsgütern im Rahmen des "manufacturing reliefs".

10 36% Staatssteuer, 16,2% lokale Steuer, die nicht von der Bemessungsgrundlage der Staatssteuer abgezogen werden kann.

Körperschaftsteuer-Systeme und Besteuerung national-verbundener Unternehmen (Fortsetzung)

Kriterien	KSt-System		Besteuerung verbundener Unternehmen					
			Schachtelfreistellung		Anrechnung		Abzug	
Staaten	Art des Systems	Tarif	Beteiligungs-voraussetzung	Umfang der Freistellung	Beteiligungs-voraussetzung	Umfang der Anrechnung	Beteiligungs-voraussetzung	Umfang des Abzugs
Luxemburg	klassisch	33%[11]	10%[12]	100%	-	-	-	-
Niederlande	klassisch	35%[13]	5%	100%	-	-	-	-
Portugal	Teil-Anrechnung	36%	25%[14]	95%	-	-	-	-
Spanien	Teil-Anrechnung	35%	-	-	25%[15]	100%	-	-

11 33% auf Einkommen über 1,312 Mio. lfr. Ermäßigte Eingangssätze von 20% (0 lfr < Gewinn < 0,6 Mio lfr) und 30% (0,6 Mio. < Gewinn < 1,312 Mio. lfr).

12 Bei Beteiligungen < 10% können die Beteiligungserträge steuerfrei vereinnahmt werden, wenn die Anschaffungskosten der Beteiligung > 50 Mio. lfr. Mindestbeteiligungsdauer: Ein Jahr.

13 40% auf Gewinne bis 250.000 hfl.

14 Die Beteiligung muß seit mindestens zwei Jahren im Besitz der Obergesellschaft sein.

15 Die spanische Regelung basiert auf einem Verfahren der "nachträglichen Freistellung".

1.1.2 Abgrenzung des steuerlichen Konzernkreises im Hinblick auf spezielle Regelungen zum Verlustausgleich und zur Zwischengewinneliminierung

Neben den Maßnahmen zur Vermeidung der Doppel- oder Mehrfachbelastung von Gewinnausschüttungen zwischen verbundenen Unternehmen sehen neun der zwölf Mitgliedstaaten spezielle Rechtsinstitute vor, die die wirtschaftliche Einheit des Konzerns in unterschiedlichem Umfang steuerrechtlich berücksichtigen. Lediglich die Steuersysteme Belgiens, Griechenlands und Italiens kennen keine konzernsteuerrechtlichen Sondervorschriften im Bereich der Ertragsbesteuerung. In diesen Staaten werden Konzerngesellschaften unabhängig von ihrer Einbindung in ein übergeordnetes, unternehmerisches Gefüge zur Besteuerung herangezogen. Die wirtschaftliche Einheit als konstituierendes Merkmal des Konzernbegriffs und elementarer Bestandteil des Wesens des Konzerns wird steuerrechtlich negiert. Im Vordergrund steht mit der Trennungstheorie eine rein rechtlich orientierte Betrachtungsweise.

Die Regelungen zur Besteuerung von Konzernunternehmungen in den anderen neun Mitgliedstaaten basieren auf sehr unterschiedlichen Abgrenzungen des steuerlichen Konzernkreises. Schon aus den gesetzlichen Umschreibungen der Wirtschaftssubjekte, die als Adressaten der nationalen konzernsteuerrechtlichen Vorschriften genannt werden, lassen sich die Divergenzen der Anwendungsbereiche erkennen. Im romanischen Rechtskreis wird der Konzern im Steuerrecht durchgehend als "Gruppe von Gesellschaften" bezeichnet. So verwendet das französische[1], ebenso wie das portugiesische[2] und das spanische[3] Steuerrecht den Begriff "groupes de sociétés" bzw. "grupo de sociedades".[4] In Art. 164bis des luxemburgischen Einkommensteuergesetzes wird zwar nicht explizit von einer "Unternehmensgruppe" gesprochen. Der Gesetzestext umschreibt lediglich das für die Anwendung der "intégration fiscale" erforderliche Abhängigkeitsverhältnis. Gleichwohl verwenden die ergänzenden Durchführungsbestimmungen den Begriff "groupes de sociétés". Auch im anglo-amerika-

---

1 Überschrift von Abschnitt VIII, zweites Kapitel, erster Titel, erster Teil des CGI.

2 Art. 59 Abs. 1 IRC.

3 Art. 1 Abs. 1 des Real Decreto 1.414/1977 vom 17.6.1977.

4 Bei Ausführungen zur französischen Konzernbesteuerung wird im folgenden aufgrund der im Vergleich zum "régime du bénéfice consolidé" wesentlich größeren praktischen Bedeutung des "nouveau régime de l'intégration fiscale" auf diese Regelung abgestellt, wenn nicht explizit auf das "régime du bénéfice consolidé" verwiesen wird.

nischen Rechtskreis, zu dem aus dem Bereich der EU Großbritannien und die Republik Irland zu zählen sind, steht der Begriff der "group of companies" im Mittelpunkt.[5] Im Gegensatz zu den Regelungen des romanischen Rechtskreises enthalten das britische und das irische Steuerrecht allerdings keine einheitliche Konzerndefinition. Während für einen Teil der konzernsteuerrechtlichen Vorschriften eine Kapitalbeteiligung von mehr als 50 % ausreichend ist (51 %-group), können andere Regelungen nur von "75 %-groups" in Anspruch genommen werden. Das dänische "Selskabsskatteloven", das deutsche "Körperschaftsteuergesetz" und das niederländische "Wet op de vennootschapsbelasting" verwenden weder den Begriff des Konzerns, noch den der Gruppe von Gesellschaften. § 31 SEL umschreibt ebenso wie Art. 13 Wet Vpb lediglich die erforderlichen Abhängigkeitsverhältnisse. In den Richtlinien der niederländischen Finanzverwaltung wird der Konzern mit dem Terminus der "steuerlichen Einheit" (fiscale eenheid) gekennzeichnet. Der deutsche Gesetzgeber benutzt den "Kunstbegriff" der Organschaft, der vom RFH in Anlehnung an die wirtschaftliche und organisatorische Einbindung der abhängigen Gesellschaft in den Unternehmensaufbau der herrschenden Gesellschaft geschaffen wurde.

Die Voraussetzungen für die Inanspruchnahme der spezifischen konzernsteuerrechtlichen Regelungen beziehen sich zum einen auf Rechtsform und Sitz der Konzerngesellschaften und zum anderen auf die Beteiligungsstrukturen. Im Bereich der Rechtsformen bestehen keine wesentlichen Unterschiede zwischen den einzelnen nationalen Rechtsinstituten. In fast allen Staaten ist die Anwendung auf Kapitalgesellschaften beschränkt. In Frankreich wird der steuerliche Konzernkreis darüber hinaus auf alle Gesellschaften ausgeweitet, die der Körperschaftsteuer unterliegen. Da für Personengesellschaften eine Option für die Besteuerung als Körperschaft besteht, ist somit ein wesentlich größerer Adressatenkreis angesprochen. Auch bei der deutschen Organschaft können alle gewerblichen Unternehmen als Organträger fungieren. Dagegen dürfen nach spanischem Recht nur Aktiengesellschaften in eine konsolidierte Konzern-Steuerbilanz einbezogen werden. Mit Ausnahme des dänischen und des französischen Steuerrechts ist der steuerliche Konzernkreis jeweils auf nationale Konzerne oder Teilkonzerne begrenzt. § 31 des dänischen Körperschaftsteuergesetzes ermöglicht eine Einbeziehung ausländischer Tochtergesellschaften in die gemein-

---

5 Vgl. Secs. 413 (7)-(10) und 838 (1)(a) des britischen ICTA 1988, sowie Sec. 108 (1) des irischen CTA 1976.

same Veranlagung auf der Ebene der dänischen Muttergesellschaft ("sambeskatning"). In Frankreich ist die Berücksichtigung der Verluste ausländischer Tochtergesellschaften im Rahmen der Ermittlung des steuerlichen Konzernergebnisses nur im "régime du bénéfice consolidé" möglich.

Erhebliche Abweichungen ergeben sich hinsichtlich der zugrundeliegenden Beteiligungsstrukturen. In allen Staaten sind finanzielle Mindestbeteiligungen erforderlich. Die restriktivsten Voraussetzungen sind im dänischen und niederländischen Steuerrecht konstituiert. In beiden Staaten können nur 100 %ige Tochtergesellschaften in den steuerlichen Konzernkreis aufgenommen werden. In den Niederlanden ist trotz der eindeutigen gesetzlichen Regelung allerdings eine Toleranz von einem Prozent üblich. Frankreich, Portugal und Spanien ermöglichen die Zusammenfassung der Ergebnisse der Konzerngesellschaften nur, wenn diese über eine Kapitalbeteiligung von 95 % (Frankreich), bzw. 90 % verbunden sind. In Spanien muß die Muttergesellschaft auch über eine 90 %ige Stimmrechtsmehrheit verfügen. Das luxemburgische Steuerrecht enthält eine gespaltene Mindestbeteiligung. Die "intégration fiscale" kann im Grundsatz nur von Konzerngesellschaften angewandt werden, die zu mindestens 99 % verbunden sind. Seit dem Steuerjahr 1991 ist die Beteiligungsgrenze für Beteiligungen, die als zur Förderung des Wachstums und der strukturellen Verbesserung der nationalen Wirtschaft besonders geeignet anerkannt werden, jedoch auf 75 % abgesenkt worden. Da zu erwarten ist, daß das luxemburgische Finanz- und Wirtschaftsministerium seine Zustimmung nur bei passiven Tätigkeiten oder offensichtlich rein steuerlich motivierten Konstruktionen verweigert, ist die 75 %-Grenze somit für die Mehrzahl der Konzernunternehmungen relevant. Im britischen und irischen Steuerrecht ist die Mindestbeteiligung in Abhängigkeit von der anzuwendenden Regelung festgesetzt. Die Befreiung von der Advance Corporation Tax bei innerkonzernlichen Gewinnausschüttungen (Group Income) und die Übertragung von ACT-Guthaben ist bereits bei Beteiligungen von mehr als 50 % möglich (51 %-group). Der Verlustausgleich (Group Relief) und die steuerfreie Übertragung von Wirtschaftsgütern des Anlagevermögens können nur innerhalb einer 75 %-group vorgenommen werden. Die finanzielle Eingliederung der deutschen Organschaftsregelung ist bereits bei einer Beteiligung von mehr als 50 % an den Stimmrechten der abhängigen Gesellschaft gegeben. Andererseits ist für den Abschluß eines Gewinnabführungsvertrags nach § 291 Abs. 1 AktG, der als weitere Organschaftsvoraussetzung im Körperschaftsteuerrecht vorgesehen ist, eine qualifizierte Mehrheit der Stimmrechte erforderlich.

Neben der finanziellen Beteiligungsstruktur müssen in einigen Mitgliedstaaten weitere Voraussetzungen erfüllt sein. Das deutsche und das luxemburgische Steuerrecht fordern eine wirtschaftliche und organisatorische Eingliederung der abhängigen Gesellschaft in den Unternehmensaufbau der herrschenden Gesellschaft. Die luxemburgische Regelung orientiert sich historisch bedingt eng an den von der deutschen Finanzrechtsprechung konkretisierten Tatbestandsmerkmalen. Mit der Forderung nach wirtschaftlicher und organisatorischer Eingliederung soll sichergestellt sein, daß tatsächlich eine wirtschaftliche Einheit der rechtlich selbständigen und finanziell verbundenen Gesellschaften gegeben ist. Obwohl Deutschland und Luxemburg die einzigen Staaten sind, in denen entsprechende Eingliederungsmerkmale gesetzlich festgelegt sind, ist nicht auszuschließen, daß die Finanzverwaltungen anderer Staaten im Rahmen der Genehmigungsverfahren vergleichbare Kriterien heranziehen.[6] In Frankreich und Spanien ist Voraussetzung, daß die Muttergesellschaft nicht ihrerseits Tochtergesellschaft einer anderen im Inland ansässigen Gesellschaft ist. Das bedeutet, daß jede Gesellschaft Muttergesellschaft sein kann, deren Anteile nicht selbst zu mindestens 95 % (90 %) im Besitz eines inländischen Unternehmens sind. Die Beteiligung einer ausländischen Gesellschaft an der Muttergesellschaft ist in diesem Zusammenhang unschädlich.

Mit Ausnahme von Deutschland und Spanien haben die Muttergesellschaften in allen Staaten ein Wahlrecht hinsichtlich der Einbeziehung einzelner Tochtergesellschaften in den steuerlichen Konzernkreis. Dagegen sind im Rahmen der deutschen Organschaft und des spanischen "Régimen de Declaración Consolidada" alle Gesellschaften, die die genannten Voraussetzungen erfüllen, automatisch Mitglieder des steuerlichen Konzerns.

Die Anwendung der Organschaft und des französischen "nouveau régime de l'intégration fiscale" ist im Gegensatz zu den anderen nationalen Regelungen nicht antragspflichtig. In Dänemark, Großbritannien, der Republik Irland, den Niederlanden und Portugal haben die beantragenden Gesellschaften allerdings einen Rechtsanspruch auf Genehmigung der Konzernbesteuerung seitens des Finanzministeriums, wenn alle normierten Voraussetzungen erfüllt sind. Der Antrag soll der Finanzverwaltung eine vorlaufende Prüfung des Sachverhalts ermöglichen und hat in diesen Staaten lediglich formale Bedeutung. In Luxemburg und Spanien besteht dieser Rechtsanspruch ebenso wie im französischen

6 Vgl. Joseph: (Consolidation), 1989, S. 67.

"régime du bénéfice consolidé" nicht. Die Genehmigung liegt weitgehend im Ermessen der Finanzverwaltung. Aus diesem Grund haben weder die spanische noch diese französische Regelung jemals eine besondere praktische Bedeutung erlangt.

Abb. 8: Rechtsinstitute und Regelungskomplexe zur Konzernbesteuerung

Teil 1: Anwendungsvoraussetzungen

Kriterien / Staaten	Spezielle konzernsteuerrechtliche Regelung	Jahr der Einführung	Rechtsform Mutter/ Tochter	Beteiligungs- und Eingliederungsvoraussetzungen	Wahlrecht zur Einbeziehung von Tochterges.	Antrag (Zeitraum)	Rechtsanspruch auf Genehmigung	Einbeziehung ausländischer Tochterges.
Belgien	Nein	-	-	-	-	-	-	-
Dänemark	Sambeskatning	1915/1960[1]	KapGes	100%	Ja	Ja (unbegrenzt)	Ja	Ja[2]
Deutschland	Organschaft	1922/1936/ 1969[3]	Gewerbliches Unternehmen/ KapGes	Finanzielle, wirtschaftliche und organisatorische Eingliederung[4]	Nein	Nein	-	Nein

(Fortsetzung auf den nächsten Seiten)

1 1915 erste Regelung zur einheitlichen Konzernbesteuerung in den dänischen Verwaltungsrichtlinien; 1960 Kodifizierung im Körperschaftsteuergesetz.

2 Voraussetzung: 100%ige Beteiligung, oder der nach ausländischem Recht maximal mögliche Anteilsbesitz.

3 Besteuerung des Konzerns als wirtschaftliche Einheit erstmals durch das RFH-Urteil vom 13.03.1922 für das Körperschaftsteuerrecht. 1936 Kodifizierung der Organschaft im GewStG, 1969 Kodifizierung im KStG.

4 Zusätzlich muß für die körperschaftsteuerliche Organschaft ein für mindestens fünf Jahre abgeschlossener Gewinnabführungsvertrag bestehen.

Rechtsinstitute und Regelungskomplexe zur Konzernbesteuerung

Teil 1: Anwendungsvoraussetzungen (Fortsetzung)

Kriterien / Staaten	Spezielle konzernsteuer-rechtliche Regelung	Jahr der Einführung	Rechtsform Mutter/ Tochter	Beteiligungs- und Eingliede-rungsvoraus-setzungen	Wahlrecht zur Einbezie-hung von Tochterges.	Antrag (Zeit-raum)	Rechtsan-spruch auf Genehmigung	Einbeziehung ausländischer Tochterges.
Frankreich	Régime du bénéfice consolidé	1965	KStpflichtige Gesellschaft	> 50% Stimmrechte	Ja	Ja (unbegrenzt)	Nein	Ja
	Régime de l'intégration fiscale	1988	KStpflichtige Gesellschaft	95%	Ja	Nein[5]	-	Nein
Griechenland	Nein	-	-	-	-	-	-	-
Großbritannien	Group relief Group income	1937	KapGes	75%[6]	Ja	Ja (unbegrenzt)	Ja	Nein
Rep. Irland	Group relief	1976	KapGes	75%[7]	Ja	Ja (unbegrenzt)	Ja	Nein
Italien	Nein	-	-	-	-	-	-	-

5 Die Muttergesellschaft muß allerdings eine Erklärung einreichen, aus der die Zustimmung aller einzubeziehenden Tochtergesellschaften hervorgeht.

6 Die ACT-Befreiung bei Gewinnausschüttungen und die Übertragung von ACT-Guthaben ist bereits bei Kapitalbeteiligungen > 50% anwendbar.

7 Die Befreiung von der ACT bei innerkonzernlichen Gewinnausschüttungen ist bereits bei Kapitalbeteiligungen > 50% anwendbar.

Rechtsinstitute und Regelungskomplexe zur Konzernbesteuerung

Teil 1: Anwendungsvoraussetzungen (Fortsetzung)

Kriterien / Staaten	Spezielle konzernsteuerrechtliche Regelung	Jahr der Einführung	Rechtsform Mutter/ Tochter	Beteiligungs- und Eingliederungsvoraussetzungen	Wahlrecht zur Einbeziehung von Tochterges.	Antrag (Zeitraum)	Rechtsanspruch auf Genehmigung	Einbeziehung ausländischer Tochterges.
Luxemburg	Intégration fiscale	1981	KapGes	75%[8], wirtschaftl. und organisatorische Eingliederung	Ja[9]	Ja[10] (5 Jahre)	Nein	Nein
Niederlande	Fiscale eenheid	1940	AG,GmbH,VVaG/ AG, GmbH	100%	Ja	Ja (unbegrenzt)	Ja	Nein
Portugal	Regime de tributaçâo pelo lu‹ ro consolidado	1988	KapGes	90%	Ja	Ja (3 Jahre)	Ja	Nein
Spanien	Régimen de Declaración Consolidada	1927/1942/ 1977[11]	AG	90% Kapitalanteile und 90% Stimmr.	Nein	Ja (3 Jahre)	Nein	Nein

8 Eine Beteiligung von 75% ist ausreichend, wenn die Beteiligung der Förderung des Wachstums und der strukturellen Verbesserung der nationalen Wirtschaft besonders dient. Ansonsten ist eine 99%ige Beteiligung erforderlich. Für die gewerbesteuerliche Organschaft genügt eine Mehrheit der Stimmrechte an der abhängigen Gesellschaft.

9 Bei der gewerbesteuerlichen Organschaft besteht kein Einbeziehungswahlrecht.

10 Im Bereich der gewerbesteuerlichen Organschaft ist kein Antrag erforderlich.

11 1927 erste Regelungen zur Besteuerung nationaler Konzerne; 1942 Möglichkeit der Aufstellung einer konsolidierten Konzern-Steuerbilanz; 1977 Einführung des Régimen de Declaración Consolidada.

1.1.3 Steuerliche Gewinnermittlung und zugrundeliegende Theorien

Hinsichtlich der Methodik der steuerlichen Gewinnermittlung im nationalen Konzern können in den Mitgliedstaaten drei Hauptgruppen unterschieden werden:

(1) Die Zurechnungsmethode mit den Ausprägungen der Zurechnung der Ergebnisse der Tochtergesellschaften zur Muttergesellschaft und der Zurechnung der Ergebnisse der Tochtergesellschaften zur Muttergesellschaft mit anschließender Modifizierung (Hinzurechnungen und Kürzungen) des addierten Ergebnisses

(2) Die Verrechnungsmethode, die dadurch gekennzeichnet ist, daß eine Verrechnung von Verlusten einer Konzerngesellschaft mit einer beliebigen gewinnerzielenden Konzerngesellschaft erfolgen kann; es ist keine feste Zurechnung und Zusammenfassung der Ergebnisse bei der Muttergesellschaft vorgesehen

(3) die Konsolidierungsmethode mit der Erstellung einer originären oder derivativen Konzern-Steuerbilanz.

Die Methode der Zurechnung der zunächst isoliert ermittelten Ergebnisse der Tochtergesellschaften zur Muttergesellschaft ist im dänischen, deutschen, französischen und luxemburgischen Steuerrecht vorgesehen. In Dänemark wird der Gewinn oder Verlust in- und ausländischer Tochtergesellschaften wegen der 100 %igen Beteiligungsvoraussetzung vollständig der Muttergesellschaft zugerechnet. In den drei anderen Staaten bleiben die abhängigen Gesellschaften für die an Minderheitsgesellschafter ausgeschütteten Gewinne steuerpflichtig. Die Zurechnung ist somit auf die Höhe des um die an Minderheitsgesellschafter gezahlten Beträge und die darauf entfallende Körperschaftsteuer geminderten Gewinns begrenzt. An die Stelle der Ausschüttungen treten in Deutschland die im Zusammenhang mit einem bestehenden Gewinnabführungsvertrag zu leistenden Ausgleichszahlungen (§ 304 AktG).

Die bei der Muttergesellschaft zusammengefaßten Einzelergebnisse bilden in Dänemark und Deutschland das zu versteuernde Einkommen des Konzernkreises. Die Muttergesellschaft und nicht die Konzernunternehmung ist für das addierte Ergebnis subjektiv steuerpflichtig. Mit der Zurechnung der Ergebnisse zur Muttergesellschaft soll der wirtschaftlichen Einheit der Konzernunternehmung steuerrechtlich Rechnung getragen werden. Die Zurechnung bewirkt zwar einen Ausgleich der Verluste einzelner Konzerngesellschaften mit Gewinnen anderer Konzernmitglieder. Da sie aber lediglich zu einer additiven Verknüpfung der zunächst isoliert ermittelten Einzelergebnisse führt, sind in dem von der Muttergesellschaft zu versteuernden "Konzernergebnis" Erfolgsbestandteile enthalten, die bei einer konsequenten Betrachtung der Konzernunternehmung als wirtschaftliche Einheit nicht erfolgswirksam sind. Weil keine Aufwands- und Ertragskonsolidierung und keine Eliminierung der Zwischenergebnisse vorgenommen wird, müssen die im konzerninternen Lieferungs- und Leistungsverkehr entstandenen Zwischenergebnisse realisiert werden. Andernfalls wird von der Finanzverwaltung eine verdeckte Gewinnausschüttung bzw. verdeckte Einlage angenommen. Die deutsche Rechtsprechung hat die Einheitstheorie in verschiedenen Urteilen eindeutig abgelehnt.[7] Unter Rückgriff auf die grundsätzliche Anknüpfung der Körperschaftsbesteuerung an die zivilrechtliche Qualifikation der Wirtschaftssubjekte als juristische Person führt der BFH aus: "Die durch die Konzernzugehörigkeit einer Kapitalgesellschaft begründete wirtschaftliche Abhängigkeit läßt deren rechtliche Selbständigkeit in allen Punkten unberührt"[8]. Die in Deutschland und Dänemark praktizierte Methodik der reinen Zurechnung kann somit nicht als umfassende und konsequente Regelung für die steuerliche Behandlung der Konzernunter-nehmung als wirtschaftliche Einheit angesehen werden.[9]

Die luxemburgische und die französische "intégration fiscale" gehen über die reine Zurechnung hinaus. Das addierte Konzernergebnis wird bei der Muttergesellschaft um Hinzurechnungen und Kürzungen modifiziert (Methodik der Zurechnung mit Modifizierung des addierten Ergebnisses). Im luxemburgischen Steuerrecht ist nur eine Korrektur zur Vermeidung von Doppel- und Minderbelastungen im Konzern vorgesehen. Als Beispiel wird die Hinzurechnung der bei der Muttergesellschaft vorgenommenen Abschreibungen auf den Beteiligungsbuchwert der Tochtergesellschaft genannt. Eine umfassende Neutralisierung aller erfolgswirksamen konzerninternen Geschäftsvorfälle wird nicht durchgeführt. Ebenso wie in Dänemark und Deutschland sind die Zwischengewinne und -verluste Bestandteil des bei der Muttergesellschaft zu versteuernden

7 Vgl. BFH vom 8.3.1955, BStBl. III, S. 187, BFH vom 26.7.1967, BStBl. III, S. 734.

8 BFH vom 30.4.1968, BStBl. II, S. 722.

9 So auch Küting: (Umbruch), 1991, S. 8.

Ergebnisses. Die französische Regelung geht im Hinblick auf den Modifizierungsumfang erheblich weiter und ermöglicht die Neutralisierung der aus dem konzerninternen Lieferungs- und Leistungsverkehr entstandenen Zwischenergebnisse. Unter Abwägung der materiell-steuerlichen Wirkungen und der zu erwartenden mittelbaren Steuerbelastung in Form von Steuerverwaltungskosten, die mit einer Eliminierung von Zwischengewinnen und -verlusten aus der Übertragung von Gegenständen des Umlaufvermögens verbunden wären, wurde der sachliche Anwendungsbereich der Eliminierung erfolgswirksamer Lieferungsbeziehungen auf die Übertragung von Wirtschaftsgütern des Anlagevermögens begrenzt. Mit der vollständigen Freistellung von Beteiligungserträgen im Konzern, der Neutralisierung von Zwischenergebnissen aus der konzerninternen Übertragung von Wirtschaftsgütern des Anlagevermögens und der Eliminierung der Erfolgswirksamkeit innerkonzernlicher schuldrechtlicher Beziehungen, wird im französischen Steuerrecht im Ergebnis die Einheitstheorie im wesentlichen verwirklicht. Das "régime de l'intégration fiscale" geht zwar methodisch von der Zurechnung der Ergebnisse und nicht von einer konsolidierten Steuerbilanz aus; es führt aber zu einer Besteuerung des aus der Sicht der Konzernunternehmung erzielten Gewinns. Geschäftsbeziehungen zwischen Konzerngesellschaften werden implizit als innerbetriebliche Geschäftsvorfälle qualifiziert, die sich nicht auf das steuerliche Konzernergebnis auswirken dürfen. Mit der Annäherung an die Einheitstheorie geht der Regelungsinhalt der "intégration fiscale" somit weit über den der Organschaft, der "sambeskatning" und der luxemburgischen "intégration" hinaus.[10]

Die Technik der Konzernerfolgsermittlung erfolgt in Großbritannien und der Republik Irland auf der Grundlage einer Verrechnungsmethodik. Es ist keine institutionalisierte Zurechnung der Ergebnisse zur Muttergesellschaft vorgesehen. Grundsätzlich ist jede Konzerngesellschaft ein selbständiges Steuersubjekt. Auf dieser Basis kann aber sowohl ein innerkonzernlicher Verlustausgleich (Group relief) als auch eine Neutralisierung der Erfolgswirksamkeit des innerkonzernlichen Lieferungs- und Leistungsverkehrs durchgeführt werden. Bei diesen Regelungen ist ebenso wie bei der konzerninternen Übertragung von Steuerguthaben (Surrender of ACT) und von Ersatzbeschaffungs-Rücklagen (Rollover-relief), keine Einbahnstraßenregelung von den Tochtergesellschaften zur

10 Vgl. Tillmanns: (Einführung), 1988, S. 275, der vor einer undifferenzierten Anwendung des deutschen terminus technicus "Organschaft" auf die französische Regelung warnt.

Muttergesellschaft vorgeschrieben. Die verlusterzielenden Gesellschaften können die negativen Ergebnisse einem beliebigen gewinnerzielenden Gruppenmitglied zurechnen. Es muß sich dabei nicht notwendigerweise um Mutter-Tochter-Beziehungen handeln. Sind die verrechenbaren Verluste größer als der bei der empfangenden Gesellschaft ermittelte steuerliche Gewinn, kann der Differenzbetrag mit dem Gewinn einer dritten Konzerngesellschaft verrechnet werden. Diese flexible Regelung schafft erhebliche Gestaltungsspielräume im Rahmen der Konzernsteuerplanung.[11] Mit den zwischengesellschaftlichen Übertragungs- und Verrechnungsmöglichkeiten wird weitgehend sichergestellt, daß insgesamt nur der Gewinn der wirtschaftlichen Einheit zur Besteuerung herangezogen wird.

Die dritte in der EU anzutreffende Variante der steuerlichen Gewinnermittlung im Konzern ist die Konsolidierungsmethode. Niederländische, portugiesische und spanische Konzerne können eine konsolidierte Steuerbilanz erstellen und das so ermittelte Konzernergebnis der Besteuerung zugrunde legen. In Portugal und Spanien ist jede Gesellschaft zunächst zur Aufstellung einer eigenständigen Steuerbilanz verpflichtet. Anschließend werden die Einzelbilanzen über die Methode der Voll-Konsolidierung zur Konzern-Steuerbilanz integriert. Die Konzerngesellschaften bleiben als selbständige Steuersubjekte bestehen und gehen steuerrechtlich nicht in der Konzernunternehmung auf. Aus diesem Grund kann lediglich eine derivative Konzern-Steuerbilanz erstellt werden. Die auf der Grundlage der Regelungen des "Regime de Tributaçâo pelo lucro consolidado" und des "Régimen de Declaración Consolidada" ermittelten Ergebnisse entsprechen jedoch im wesentlichen dem Gewinn der wirtschaftlichen Einheit. Alvarez Melcón sieht in den Regelungen der spanischen Konzernbesteuerung insgesamt eine realistische Betrachtungsweise des Konzerns, in der der wirtschaftlich-finanzielle Faktor die Pluralität der einzelnen Rechtspersönlichkeiten überlagert.[12]

Die einzige konzernsteuerrechtliche Regelung, die auch im Hinblick auf die Technik der Gewinnermittlung der Einheitstheorie entspricht, ist das niederländische Rechtsinstitut der "fiscale eenheid". Der Gesetzgeber verwirklicht die betriebswirtschaftliche Sichtweise der Konzernunternehmung mit der Unterstellung einer Fusion von Mutter- und Tochtergesellschaft(en) im Zeitpunkt des

11 Vgl. Squires: (Groups), 1990; O'Reilly: (Planning), 1986.

12 Vgl. Alvarez Melcón: (Comentario), 1977, S. 202.

Beginns der gemeinsamen Veranlagung. Während die Tochtergesellschaften fiktiv in der Muttergesellschaft aufgehen, verbleibt allein die Konzernmuttergesellschaft als subjektiv steuerpflichtige Person. Für Zwecke der Besteuerung verkörpert sie auf der Basis dieser Fiktion den gesamten Konzern. Die Tochtergesellschaften sind steuerrechtlich nicht zu einer selbständigen Gewinnermittlung verpflichtet. Das zu versteuernde Ergebnis wird von vornherein im Rahmen einer originären Konzern-Steuerbilanz ermittelt. Die Dimension der wirtschaftlichen Einheit determiniert die Steuerermittlung und -erhebung und somit auch die Steuerbelastung der Konzernunternehmung. Die restriktive Beteiligungsvoraussetzung von 100 % schließt spezielle Probleme der steuerlichen Behandlung von Minderheitsgesellschaftern aus. Einschränkungen der Umsetzung der "reinen" Einheitstheorie ergeben sich aus den Vorschriften zur Verrechnung von Verlusten, die eine Konzerngesellschaft vor ihrer Aufnahme in den steuerlichen Konzernkreis erlitten hat. Desweiteren ist die für die Ermittlung der maximal verrechenbaren vorkonzernlichen Verluste erforderliche Schattenveranlagung der "unselbständigen Betriebsabteilungen" nicht mit der Annahme einer Fusion der zivilrechtlich selbständigen Gesellschaften vereinbar. Deshalb kann nicht uneingeschränkt von einer steuerrechtlichen Selbständigkeit der Konzernunternehmung gesprochen werden.[13] Die in den steuerlichen Konzernkreis aufgenommenen Tochtergesellschaften bleiben, wenn auch in stark beschränktem Umfang, subjektiv steuerpflichtig.[14]

---

13 Vgl. Verburg: (vennootschapsbelasting), 1984, S. 228 ff.

14 Über die Rechtssubjektivität der Tochtergesellschaft besteht in der niederländischen Literatur keine Einigkeit. Während die Auffassung, daß die Tochter als subjektiv steuerpflichtige Person nicht mehr existiert, u.a. von Verburg: (vennootschapsbelasting), 1984, S. 232, und Bavinck: (eenheid), 1989, S. 308, vertreten wird, ist die herrschende Meinung der Ansicht, daß die subjektive Steuerpflicht der Tochter bestehen bleibt, während das Besteuerungsobjekt vollständig der Mutter zugerechnet wird. Vgl. zu dieser Auffassung u.a. Haelterman/Autenne: (consolidatiemodellen), 1989, S. 259; Rijks: (instituut), 1988, S. 13, und van Soest: (regeling), 1983, S. 28 f., mit weiteren Nachweisen in den Fußnoten 48 und 49.

Abb. 9: Rechtsinstitute und Regelungskomplexe zur Konzernbesteuerung

Teil 2: Durchführung der Besteuerung

Kriterien / Staaten	Besondere konzernsteuerrechtliche Regelung	Verlust-ausgleich	Zwischengewinn-eliminierung	Verrechnung vorkonzernlicher Verluste	Methodik der Gewinnermittlung
Belgien	Nein	-	-	-	-
Dänemark	Sambeskatning	Ja	Nein	mit Gewinnen der Einzelgesellschaft	Zurechnung
Deutschland	Organschaft	Ja	Nein	Ja[1]	Zurechnung
Frankreich	Régime du bénéfice consolidé	Ja	Nein		Zurechnung
	Régime de l'inté-gration fiscale	Ja	Ja	mit Gewinnen der Einzelgesellschaft	Zurechnung mit Modi-fizierung des addierten Ergebnisses
Griechenland	Nein	-	-	-	-
Großbritannien	Group relief Group income	Ja	Ja	Nein	Verrechnung

(Fortsetzung auf der nächsten Seite)

1 Eine Verrechnungsmöglichkeit besteht nur für vorkonzernliche Verluste der Muttergesellschaft.

Rechtsinstitute und Regelungskomplexe zur Konzernbesteuerung

Teil 2: Durchführung der Besteuerung (Fortsetzung)

Kriterien / Staaten	Besondere konzernsteuerrechtliche Regelung	Verlust-ausgleich	Zwischengewinn-eliminierung	Verrechnung vorkonzernlicher Verluste	Methodik der Gewinnermittlung
Rep. Irland	Group relief	Ja	Ja	Nein	Verrechnung
Italien	Nein	-	-	-	-
Luxemburg	Intégration fiscale	Ja	Nein	mit Gewinnen der Einzelgesellschaft[2]	Zurechnung mit Modifizierung des addierten Ergebnisses
Niederlande	Fiscale eenheid	Ja	Ja	mit Gewinnen der Einzelgesellschaft	Originäre Konzern-Steuerbilanz
Portugal	Regime de tributaçâo pelo lucro consolidado	Ja	Ja	Nein	Derivative Konzern-Steuerbilanz
Spanien	Régimen de Declaración Consolidada	Ja	Ja	mit Gewinnen der Einzelgesellschaft	Derivative Konzern-Steuerbilanz

2 Vorkonzernliche Verluste der Muttergesellschaft können unbegrenzt mit den bei der Muttergesellschaft zusammengefaßten positiven Ergebnissen verrechnet werden. Für Tochtergesellschaften ist die Verrechnung vorkonzernlicher Verluste auf spätere Gewinne der entsprechenden Gesellschaft begrenzt.

1.2 Besteuerung internationaler Konzerne

Die Mehrzahl der Mitgliedstaaten vermeidet die Doppelbesteuerung grenzüberschreitend ausgeschütteter innerkonzernlicher Gewinne auf der Grundlage der Freistellungsmethode. In Dänemark, Deutschland, Frankreich, Italien, Luxemburg, den Niederlanden und Portugal werden Erträge aus der Beteiligung an im Ausland ansässigen Tochtergesellschaften aufgrund uni- oder bilateraler Vorschriften von der Besteuerung bei der Muttergesellschaft freigestellt. Die Freistellung ist von einer Mindestbeteiligung abhängig, die sich innerhalb einer Bandbreite von 5 % in den Niederlanden und 25 % in Dänemark, Italien und Portugal bewegt. Der Umfang der Freistellung divergiert ebenfalls. Während die meisten Staaten die ausländischen Beteiligungserträge vollständig von der inländischen Besteuerung freistellen, sind in Frankreich 5 % der Summe aus Bardividende und "avoir fiscal" und in Portugal 5 % der Bardividende wieder in die Bemessungsgrundlage der Muttergesellschaft einzubeziehen.

In Griechenland, Großbritannien, der Republik Irland und Spanien ist dagegen die Methode der beschränkten Anrechnung die vorwiegend praktizierte Technik zur Vermeidung der Doppelbesteuerung. In diesen Staaten sind die ausländischen Einkünfte Bestandteil des zu versteuernden Welteinkommens. Neben der Anrechnung der Quellensteuern können auch die von der Tochtergesellschaft im Ausland gezahlten, der inländischen Steuer vergleichbaren Ertragsteuern angerechnet werden (indirekte Anrechnung). Während das britische und das spanische Steuerrecht die indirekte Anrechnung nur bei Beteiligungen von mindestens 10 bzw. 25 % gewähren, enthält das irische Körperschaftsteuerrecht keine dementsprechende unilaterale Regelung. Irische Gesellschaften können die ausländischen Steuern nur unter den in den Doppelbesteuerungsabkommen vereinbarten Voraussetzungen auf die eigene Steuerschuld anrechnen. Mit der Umsetzung der Mutter-Tochter-Richtlinie in irisches Recht ist die bisher für Gewinnausschüttungen griechischer, spanischer und portugiesischer Tochtergesellschaften bestehende Lücke geschlossen worden.

Im belgischen Steuerrecht ist weder eine Anrechnung ausländischer Steuern noch eine Freistellung der entsprechenden Beteiligungserträge vorgesehen. Unabhängig von der Höhe der Beteiligung können belgische Muttergesellschaften 95 % der zunächst in die Bemessungsgrundlage einbezogenen Bardividende in einem zweiten Schritt wieder abziehen. Neben der verbleibenden Mehrfachbelastung hat das System den Nachteil, daß der Abzug auf den Betrag des steuerlichen Gewinns der belgischen Muttergesellschaft beschränkt ist, und somit im Verlustfall der vortragsfähige Verlust gemindert wird.

Hinsichtlich der Besteuerung ausländischer Betriebsstättenergebnisse ergibt sich eine andere Situation als bei der steuerlichen Behandlung von Gewinnen und Verlusten ausländischer Tochtergesellschaften. In Dänemark, Griechenland, Großbritannien, der Republik Irland, Italien, Portugal und Spanien wird die Doppelbesteuerung primär mit Hilfe der Anrechnungsmethode vermieden. Die ausländischen Betriebsstättenergebnisse sind Bestandteil des Welteinkommens des inländischen Stammhauses. Auf diesem Weg erfolgt automatisch auch ein Ausgleich von Verlusten der Auslandsbetriebsstätten mit positiven Ergebnissen des Stammhauses. Die Verrechnung ausländischer Betriebsstättenverluste gestaltet sich in den Staaten, die hauptsächlich nach der Freistellungsmethode auf der Grundlage des Betriebsstättenprinzips verfahren, wesentlich schwieriger. Die mitteleuropäischen Mitgliedstaaten stellen aufgrund bilateraler Vereinbarungen die im Ausland erzielten Gewinne überwiegend von der inländischen Besteuerung frei. In Frankreich ist das Territorialitätsprinzip sogar unilateral verankert. Belgien, Deutschland, Frankreich und die Niederlande gewähren allerdings trotz der grundsätzlichen Freistellung ausländischer Gewinne unter unterschiedlichen Voraussetzungen einen Abzug ausländischer Betriebsstättenverluste vom inländischen Gewinn des Stammhauses. Dieser Abzug ist in der Regel mit einer Nachversteuerungsklausel verbunden. Auch das dänische Steuerrecht kennt eine ähnliche Regelung für die Fälle, in denen bilateral die Freistellungsmethode vereinbart worden ist.[15] Somit können die Verluste ausländischer Betriebsstätten mit Ausnahme von Luxemburg in allen Mitgliedstaaten berücksichtigt werden.

Nur die dänische "sambeskatning" und das antragsgebundene französische "régime du bénéfice consolidé" ermöglichen die Einbeziehung der Ergebnisse ausländischer Tochtergesellschaften in die auf der Ebene der Muttergesellschaft aufzustellende Konzern-Steuererklärung. In beiden Staaten können die nach den Vorschriften des Sitzstaates ermittelten steuerlichen Gewinne oder Verluste der ausländischen Tochtergesellschaften nicht direkt in die inländische Bemessungsgrundlage einbezogen werden. Als Ausdruck eines ermittlungstech-

15 Vgl. Saß: (Abzug), 1991, S. 1161; Price Waterhouse (Hrsg.): (Denmark), 1989, S. 138.

nischen Bestimmungslandprinzips ist zunächst eine vollständig neue Ermittlung der Ergebnisse auf der Grundlage der Rechtsvorschriften des für die Muttergesellschaft anzuwendenden Steuersystems vorzunehmen. Unabhängig von den tatsächlich erfolgten Gewinnausschüttungen erhöhen auch die im Ausland thesaurierten Gewinne die inländische Bemessungsgrundlage. Der damit verbundenen Gefahr der Doppelbesteuerung wird in Dänemark durch eine für die Steuerpflichtigen in der Regel vorteilhafte Kombination aus Steuersatzsenkung und Anwendung der Freistellungs- oder Anrechnungsmethode begegnet. In Frankeich können die bereits im Ausland gezahlten, der französischen Körperschaftsteuer vergleichbaren Steuern auf die Steuerschuld der Muttergesellschaft angerechnet werden. Die Anrechnung ist auf den Betrag der französischen Steuer begrenzt, der auf die ausländischen Gewinne entfällt. Das dänische und das französische Steuerrecht ermöglichen einen grenzüberschreitenden Verlustausgleich im Konzern und treffen Regelungen zur Vermeidung der Doppelbesteuerung der ausländischen Gewinne. Eine mehrfache Belastung ist jedoch immer dann nicht auszuschliessen, wenn der nationale Konzernkreis über einen längeren Zeitraum Verluste erleidet. In diesen Fällen ist kein Verrechnungspotential für die im Ausland gezahlten Steuern vorhanden. Art. 122 annexe II CGI ermöglicht allerdings einen fünfjährigen Vortrag des auf diese Weise entstandenen Überhangs anrechenbarer ausländischer Steuern. Zu Mehrsteuerwirkungen kann außerdem die nach den Vorschriften des ausländischen und des inländischen Steuerrechts durchzuführende "doppelte" Gewinnermittlung führen, weil daraus bezogen auf die ausländischen Ergebnisse divergierende Bemessungsgrundlagen im In- und Ausland entstehen. Auch Probleme der Währungsumrechnung können Mehr- oder Minderbelastungen verursachen. Konzerninterne Geschäftsvorfälle sind auf der Grundlage des Dealing-at-arm's-length-Prinzips zu bewerten. Eine nachträgliche Neutralisierung der Zwischenergebnisse ist weder im dänischen noch im französischen Steuerrecht vorgesehen. Darüber hinaus ist der Anwendungsbereich beider Regelungen stark begrenzt. Das dänische Steuerrecht setzt eine Beteiligung von 100 %, oder die maximal im Sitzstaat der Tochtergesellschaft zulässige Anteilshöhe voraus, und in Frankreich ist die Genehmigung zur Besteuerung nach den Vorschriften des "régime du bénéfice consolidé" nach Angaben von Morgenstern bisher nur etwa zehn Konzernen erteilt worden.[16]

16 Vgl. Morgenstern: (profit), 1990, S. 17.

Das französische Steuerrecht enthält eine weitere spezielle Regelung zur Berücksichtigung von Verlusten ausländischer Tochtergesellschaften im Rahmen der Gewinnermittlung der französischen Mutter. Verluste, die eine ausländische Gesellschaft innerhalb von fünf Jahren nach dem Erwerb der Beteiligung durch die französische Gesellschaft erleidet, können anteilig in eine steuerfreie Rücklage eingestellt werden, wenn die Muttergesellschaft eine mindestens 50 %ige Beteiligung hält. Die Rücklage ist aufzulösen, wenn die ausländische Gesellschaft wieder Gewinn erzielt, oder wenn seit der Bildung der Rücklage zehn Jahre verstrichen sind.

Im deutschen, französischen und britischen Steuerrecht sind außerdem Vorschriften verankert, die Steuerumgehungen über die Einschaltung von Zwischengesellschaften in Niedrigsteuerländern verhindern sollen. Den Regelungen ist neben unterschiedlichen Voraussetzungen und Gewinnermittlungs- und -zurechnungsmethoden gemeinsam, daß ein Zugriff auf die im niedrigbesteuernden Ausland erzielten Ergebnisse einer Zwischengesellschaft erfolgt und somit auch die thesaurierten Gewinne vollständig dem Steuerniveau des Sitzstaates der Muttergesellschaft unterworfen werden.[17]

---

17 Eine rechtsvergleichende Untersuchung zur Hinzurechnungsbesteuerung findet sich bei Arnold: (Taxation), 1984.

Abb. 10: Besteuerung internationaler Konzerne in den Staaten der Europäischen Union

Kriterien / Staaten	Vermeidung der Doppelbesteuerung		Berücksichtigung ausländischer Verluste		Zwischen-ergebnis-eliminierung	Hinzurechn.-besteuerung
	Betriebsstätte	Tochterges.	Betriebsstätte	Tochterges.		
Belgien	Freistellung	Abzug (95%)	Verlustabzug mit Nachversteuerung	-	-	-
Dänemark	Anrechnung/ Freistellung	Freistellung (100%)	zum Teil	Bei Einbeziehung in "sambeskatning"	-	-
Deutschland	Freistellung	Freistellung[1] (100%)	Verlustabzug mit Nachversteuerung[2]	Teilwert-abschreibung	-	Ja
Frankreich	Territorialitäts-prinzip[3]	Freistellung (95%)	-[3]	Rücklage für Anlaufverluste[4]	-	Ja
Griechenland	Anrechnung	Anrechnung	Ja[5]	-	-	-
Großbritannien	Anrechnung	Anrechnung	Ja[5]	-	-	Ja

(Fortsetzung auf der nächsten Seite)

1 Das deutsch-griechische DBA sieht die Anrechnungsmethode vor.

2 Voraussetzung: Aktive Tätigkeit der Auslandsbetriebsstätte (Aktivitätsklausel).

3 Ausnahmen: Besteuerung nach dem "bénéfice mondiale" und dem "bénéfice consolidé": Anrechnung ausländischer Steuern.

4 Rücklagenbildung mit Nachversteuerungsklausel. Verlustberücksichtigung auch über den "bénéfice mondiale" und den "bénéfice consolidé".

5 Ermittlung des Welteinkommens ohne Anwendung des Betriebsstättenprinzips.

Besteuerung internationaler Konzerne in den Staaten der Europäischen Union (Fortsetzung)

Kriterien / **Staaten**	**Vermeidung der Doppelbesteuerung** Betriebsstätte	Tochterges.	**Berücksichtigung ausländischer Verluste** Betriebsstätte	Tochterges.	**Zwischen-ergebnis-eliminierung**	**Hinzurechn.-besteuerung**
Rep. Irland	Anrechnung	Anrechnung	Ja[5]	-	-	-
Italien	Anrechnung	Freistellung (100%)	Ja[5]	-	-	-
Luxemburg	Freistellung[6]	Freistellung (100%)	-[6]	-	-	-
Niederlande	Freistellung[7]	Freistellung (100%)	Verlustabzug mit Nachversteuerung	-	-	-
Portugal	Anrechnung[8]	Freistellung (95%)	Ja[5, 8]	-	-	-
Spanien	Anrechnung	Anrechnung	Ja[5]	-	-	-

---

6 Ausnahme: Die Ergebnisse griechischer und portugiesischer Betriebsstätten (Nicht-DBA-Fall) werden unter Anrechnung der ausländischen Steuern in die Bemessungsgrundlage des luxemburgischen Stammhauses einbezogen.

7 Die Betriebsstättenergebnisse werden nicht von vornherein freigestellt. Nach der Ermittlung des Weltgewinns wird die auf die ausländischen Einkünfte entfallende niederländische Steuer wieder von der Steuerschuld abgezogen.

8 Die Anrechnungsmethode ist nur in den DBA verankert. Unilateral besteht die Regelung, daß nur die Netto-Einkünfte steuerpflichtig sind, so daß die ausländische Steuer de facto vom zu versteuernden Einkommen abgezogen werden kann.

1.3 Analyse der Besteuerungsunterschiede und Notwendigkeit einer Rechtsangleichung

Die Ergebnisse der Rechtsvergleichung sind zusammenfassend vor dem Hintergrund der einleitend aufgestellten Forderung nach einer Besteuerung der Konzernunternehmung als wirtschaftliche Einheit und der daraus abgeleiteten Ziele zu beleuchten, um den Handlungsbedarf für die nationalen Gesetzgeber und die Organe der Europäischen Gemeinschaft im Hinblick auf die Angleichung der nationalen konzernsteuerrechtlichen Vorschriften ermitteln und beschreiben zu können. Als wesentliche Zielsetzungen aus betriebswirtschaftlicher Sicht wurden die Vermeidung der Mehrfachbelastung und Mehrfachbesteuerung konzernintern ausgeschütteter Gewinne, der interpersonelle Verlustausgleich und die Vermeidung der Besteuerung von Zwischengewinnen aus dem Lieferungs- und Leistungsverkehr zwischen den rechtlich selbständigen Teileinheiten der Konzernunternehmung herausgearbeitet. Im Hinblick auf die Verwirklichung der genannten betriebswirtschaftlichen Zielsetzungen in den nationalen Steuersystemen bestehen erhebliche Divergenzen zwischen den Mitgliedstaaten. Unabhängig von den unterschiedlichen sachlichen und formalen Kriterien zur Abgrenzung der steuerlichen Konzernkreise und den differierenden Methodiken der steuerlichen Gewinnermittlung im Konzern können die materiellrechtlich bedeutsamen Ergebnisse der Rechtsvergleichung zusammenfassend mit Hilfe einer skizzierten Positionierung der nationalen Regelungskomplexe im Spannungsfeld zwischen der rein juristisch orientierten Betrachtungsweise, die in der Trennungstheorie zum Ausdruck kommt, und der betriebswirtschaftlichen Sichtweise, die mit der Einheitstheorie gleichgesetzt werden kann, illustriert werden (vgl. Abbildungen 11 und 12). Maßstab für die Anordnung der einzelnen Staaten ist der jeweilige Grad der Realisierung der genannten betriebswirtschaftlichen Anforderungen an eine Konzernbesteuerung. Die einzelnen Positionierungen stellen ebenso wie die gesamte Abbildung nur eine grobe Einordnung dar.

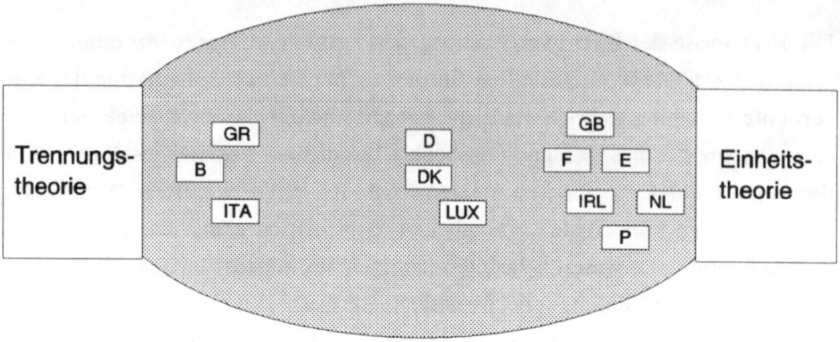

Abb. 11: Nationale konzernsteuerrechtliche Regelungskomplexe im Spannungsfeld zwischen Trennungstheorie und Einheitstheorie

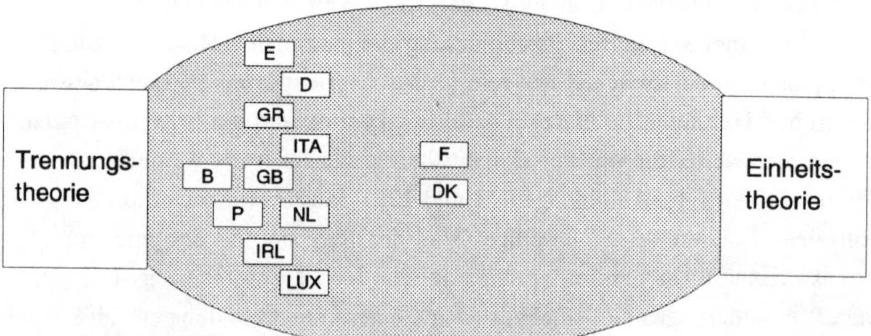

Abb. 12: Besteuerung internationaler Konzerne im Spannungsfeld zwischen Trennungstheorie und Einheitstheorie

In Belgien, Griechenland und Italien werden nationale Konzerne oder Teilkonzerne auf der Grundlage einer stark rechtlich orientierten Betrachtungsweise besteuert, die die wirtschaftliche Einheit als wesentliches konstitutives Merkmal des Konzerns ignoriert. Die Steuersysteme der drei Staaten enthalten keine konzernsteuerrechtlichen Regelungen, die für nationale Konzernunternehmungen einen Verlustausgleich oder die Neutralisierung von Zwischenergebnissen ermöglichen. Im belgischen Steuerrecht ist darüberhinaus keine vollständige Vermeidung der Doppelbelastung konzerninterner Gewinne sichergestellt. Dänemark, Deutschland und Luxemburg berücksichtigen die wirtschaftliche Einheit nur über die additive Verknüpfung der Ergebnisse der nationalen Konzerngesellschaften. Sie bleiben wegen der fehlenden Möglichkeit der Neutralisierung von Zwischengewinnen auf dem Wege zu einer betriebswirtschaftlich konsequenten Besteuerung des Konzerns "auf halbem Wege stehen"[18], wobei das luxemburgische Steuerrecht den Weg zur wirtschaftlichen Einheit wegen der vorgeschriebenen Korrekturen des addierten Ergebnisses einige Schritte weiter geht als die dänische und deutsche Regelung. In Frankreich, Großbritannien, der Republik Irland, den Niederlanden, Portugal und Spanien ist sowohl ein innerkonzernlicher Verlustausgleich als auch die Vermeidung der Besteuerung von Zwischengewinnen für den nationalen Konzernkreis sichergestellt. Das niederländische Steuerrecht nimmt im Hinblick auf die Besteuerung nationaler Konzerne innerhalb der Europäischen Union eine Sonderstellung ein,[19] weil es als einziges die Grundlagen der Einheitstheorie auch im Bereich der Methodik der Gewinnermittlung verwirklicht und von einer fiktiven Fusion der Konzerngesellschaften und somit implizit auch von einer fiktiven rechtlichen Einheit der Konzernunternehmung ausgeht.

Nur in sechs der zwölf Mitgliedstaaten werden somit die drei primären betriebswirtschaftlichen Anforderungen an die Konzernbesteuerung hinsichtlich der Besteuerung nationaler Konzerne im wesentlichen erfüllt. In den anderen sechs Staaten führt die Besteuerung von Zwischengewinnen aus dem innerkonzernlichen Lieferungs- und Leistungsverkehr und in drei Staaten auch die fehlende Möglichkeit der interpersonellen Verlustkompensation zu einer steuerlich induzierten Beeinträchtigung der Wettbewerbssituation von Konzernen

18 Vgl. Wöhe: (Steuerlehre II/2), 1982, S. 81; gleicher Ansicht auch Göth: (Organschaft), 1991, S. 42.

19 Joseph: (Consolidation), 1989, S. 70, spricht im Zusammenhang mit der niederländischen Methodik der Konzernbesteuerung von einer "extreme solution".

gegenüber Einheitsunternehmungen, die auf der Grundlage einer gesamtunternehmerischen Ermittlung des steuerlichen Ergebnisses veranlagt werden.

Im Vergleich zur Besteuerung nationaler Konzerne sind internationale Unternehmensverbindungen im "einheitlichen Wirtschaftsraum" des Europäischen Binnenmarktes insbesondere dadurch benachteiligt, daß die speziellen konzernsteuerrechtlichen Regelungen und Rechtsinstitute überwiegend nur für nationale Konzerne anwendbar sind. Der Geschäftsverkehr zwischen inländischer Mutter- und ausländischer Tochtergesellschaft muß auf der Grundlage des Dealing-at-arm's-length-Prinzips abgerechnet werden. Die daraus entstehenden Zwischengewinne unterliegen bei der liefernden Gesellschaft im Zeitpunkt der innerkonzernlichen Lieferung der Besteuerung, obwohl die in den Wirtschaftsgütern enthaltenen stillen Reserven aus betriebswirtschaftlicher Sicht noch nicht durch Marktbeziehungen mit fremden Dritten realisiert worden sind. Verluste ausländischer Tochtergesellschaften können nur in Dänemark und Frankreich den steuerlichen Gewinn der im Inland ansässigen Muttergesellschaft mindern. Darüber hinaus existiert weiterhin nur ein lückenhaftes DBA-Netz.[20]

Die divergierende Besteuerung nationaler Konzerne, die erheblichen Defizite und Regelungslücken im Rahmen der Besteuerung internationaler Konzerne und die mit dem auf den Europäischen Binnenmarkt bezogenen Prinzip relativen Wettbewerbsneutralität der Besteuerung nicht vereinbare ungleiche steuerliche Behandlung nationaler und internationaler Konzerne veranschaulichen die Notwendigkeit einer Harmonisierung der konzernsteuerrechtlichen Vorschriften in der Europäischen Union. Vor diesem Hintergrund sind im folgenden Modelle und Ansätze zur Besteuerung internationaler Konzerne zu diskutieren, um ausgehend von den Ergebnissen dieser Analyse ein Besteuerungsmodell zu entwickeln, das unabhängig von den unterschiedlichen Körperschaftsteuersystemen eine europäisch-einheitliche steuerliche Behandlung nationaler und internationaler Konzernunternehmungen vorsieht. Grundlage dieser Untersuchung ist der im EG-Vertrag enthaltene Auftrag zur Angleichung steuerrechtlicher Vorschriften innerhalb der Europäischen Union unter beson-

---

20 Folgende bilateralen Beziehungen sind nicht durch ein DBA abgesichert:

Griechenland	- Republik Irland	Spanien	- Republik Irland
Griechenland	- Portugal	Portugal	- Luxemburg
Griechenland	- Spanien	Portugal	- Niederlande

derer Berücksichtigung der rechtlichen und praktischen Grenzen der Steuerharmonisierung.

2. Konzernbesteuerung im Kontext der EU-Harmonisierung

2.1 Unionsrechtliche Rahmenbedingungen für die Rechtsangleichung im Bereich der Konzernbesteuerung

Ziel der Europäischen Union war und ist die Schaffung eines Europäischen Binnenmarktes. Art. 7a des Vertrags zur Gründung der Europäischen Gemeinschaft (EGV)[21] beschreibt den Binnenmarkt als einen Raum ohne Binnengrenzen, in dem der freie Verkehr von Waren, Personen, Dienstleistungen und Kapital gewährleistet ist. Obwohl in Art. 7a EGV der 31.12.1992 als Stichtag für die Errichtung festgeschrieben wurde, ist der Integrationsprozeß mit diesem Datum nicht abgeschlossen. Aufgabe der Union ist es weiterhin, die zur schrittweisen Verwirklichung des Binnenmarktes noch erforderlichen Maßnahmen zu treffen.

Die Rechtsangleichung wird als "Kernstück"[22] und "Eckpfeiler"[23] der Unionstätigkeit zum Aufbau und zur Sicherung eines funktionierenden Binnenmarktes angesehen.[24] Die Europäische Kommission hat die Notwendigkeit der Rechtsangleichung bereits 1957 in Art. 3 Buchstabe h EGV verdeutlicht. Dem-

21 Vgl. BGBl. II 1957, S. 766 ff. (als EWGV), zuletzt geändert und ergänzt durch den Vertrag über die Europäische Union vom 7.2.1992, BGBl. II 1992, S. 1253 ff.

22 Taschner in von der Groeben/Thiesing/Ehlermann: (Kommentar), 1991, Vorbemerkungen zu den Artikeln 100 bis 102, Tz. 1.

23 Langeheine in Grabitz: (Kommentar), Tz. 53 zu Art. 100.

24 Taschner in von der Groeben/Thiesing/Ehlermann: (Kommentar), 1991, Vorbemerkungen zu den Artikeln 100 bis 102, Tz. 1, spricht von der Notwendigkeit, durch "Schaffung gemeinsamer Rechtsstrukturen, die Gemeinschaft wirtschaftlich und institutionell zu festigen".

nach soll die Angleichung[25] der innerstaatlichen Rechtsvorschriften erfolgen, "soweit dies für das ordnungsgemäße Funktionieren des Gemeinsamen Marktes erforderlich ist". Der EGV enthält aus diesem Grund generelle und spezielle Angleichungsnormen zur Konkretisierung des Harmonisierungsauftrags des Art. 3 Buchstabe h. Im dritten Teil des EGV sind mit den Artikeln 100-102 generelle Leitlinien zur Angleichung der Rechtsvorschriften verankert. Für bestimmte Regelungsbereiche (z. B. Harmonisierung der indirekten Steuern [Art. 99], des Gesellschaftsrechts [Art. 54 Abs. 3 Buchstabe g] und des Berufs- und Gewerberechts [Art. 57 Abs. 1]) sieht der Vertrag darüber hinaus speziellere, sachlich konkreter gefaßte Angleichungsaufträge vor.

Die Harmonisierung der direkten Steuern wird im EGV nicht explizit angesprochen. Gemäß Art. 100 EGV hat der Ministerrat aber die Aufgabe, Richtlinien für die Angleichung derjenigen Rechtsvorschriften zu erlassen, die sich unmittelbar auf die Errichtung oder das Funktionieren des Gemeinsamen Marktes auswirken.[26] Art. 100 EGV ist somit die Generalklausel für die Harmonisierung

---

25 Der Begriff "Angleichung" wird im folgenden synonym mit dem Begriff "Harmonisierung" verwandt. Diese Gleichsetzung ergibt sich aus der Tatsache, daß in allen vier authentischen Fassungen des EGV, die gleichen Begriffe einer Sprache in anderen Sprachen jeweils unterschiedlich übersetzt wurden. Vgl. in diesem Zusammenhang Lochner: (Begriffe), 1962, S. 35 ff.; Ficker: (Angleichung), 1973, S. 161; Taschner in von der Groeben/Thiesing/Ehlermann: (Kommentar), 1991, Tz. 1 zu Art. 100; Langeheine in Grabitz: (Kommentar), Tz. 8 zu Art. 100.

26 Über die Abgrenzung der Begriffe "Binnenmarkt" und "Gemeinsamer Markt" bestehen in der Literatur sehr unterschiedliche Auffassungen; vgl. die Darstellung der differierenden Meinungen bei Müller-Graff: (Rechtsangleichung), 1989, S. 123 ff.; Pipkorn in von der Groeben/Thiesing/Ehlermann: (Kommentar), 1991, Tz. 6 ff. zu Art. 8a, und Zacker: (Binnenmarkt), 1989, S. 489. Im Grundsatz ist der Auffassung zuzustimmen, daß mit der Schaffung eines Binnenmarktes die Ziele des Gemeinsamen Marktes partiell präzisiert und dynamisiert werden sollen, und der Binnenmarkt insofern lediglich eine "Teilmenge des Gemeinsamen Marktes" (Zacker: (Binnenmarkt), 1989, S. 490) ausmacht. Ungeachtet dieser Diskussion sollen die Begriffe in dieser Arbeit synonym verwendet werden, weil sich im Hinblick auf Fragen der Steuerharmonisierung keine wesentlichen Folgen aus einer Differenzierung der Begriffsinhalte ergeben.

der direkten Steuern.[27] Vor dem Hintergrund des Auftrags des Art. 100 EGV ist im Hinblick auf die Zielsetzung dieser Arbeit zu prüfen, ob sich die divergierenden Regelungsinhalte zur Besteuerung nationaler und internationaler Konzerne unmittelbar auf die Errichtung oder das Funktionieren des Gemeinsamen Marktes auswirken, und ob deshalb aus unionsrechtlicher Sicht eine Angleichung der konzernsteuerrechtlichen Vorschriften erforderlich ist. Primär ist der Frage nachzugehen, ob eine "unmittelbare Auswirkung" konzernsteuerrechtlicher Vorschriften auf das Funktionieren des Gemeinsamen Marktes im Sinne des Art. 100 i.V.m. Art. 7a EGV vorliegt. Eine Auswirkung bestimmter einzelstaatlicher Rechtsvorschriften auf das Funktionieren des Gemeinsamen Marktes ist grundsätzlich gegeben, wenn ein Kausalzusammenhang zwischen beiden Kriterien besteht. Demzufolge ist eine Harmonisierung erforderlich, wenn das betrachtete Rechtsgebiet oder einzelne Rechtsnormen mit den Zielen des Gemeinsamen Marktes nicht im Einklang stehen und als Beeinträchtigung oder Störung der Funktionsmechanismen dieses Marktes eingestuft werden müssen.[28] Mit dem Erfordernis der Unmittelbarkeit der Auswirkung soll die Rechtsangleichung auf die tatsächlich für die Wettbewerbsneutralität bedeutsamen Vorschriften begrenzt werden. Es hat sich jedoch gezeigt, daß mit dem Terminus der "unmittelbaren Auswirkung" keine zufriedenstellende Konkretisierung des Tatbestands erreicht werden kann.[29] Je nachdem, ob eine extensive[30] oder restriktive[31] Auslegung vorgenommen wird, sind stark divergierende

---

27 Vgl. Taschner in von der Groeben/Thiesing/Ehlermann: (Kommentar), 1991, Tz. 28 zu Art. 100; Voß: (Europa), 1991, S. 931; Krebs: (Harmonisierung), 1990, S. 1945; Thömmes: (Harmonisierung), 1990, S. 449; Kreile: (Vorentwurf), 1988, S. 3; Grasmann: (Besteuerung), 1973, S. 229; Debatin: (Steuerharmonisierung), 1969, S. 147. Anderer Auffassung Wingert: (Steuerplanung), 1989, S. 316, und Förschle: (Vorschriften), 1969, S. 22.

Zu beachten ist, daß im Gegensatz zu anderen Rechtsgebieten aufgrund der Ausnahmebestimmung in Art. 100a Abs. 2 EGV für steuerrechtliche Harmonisierungsmaßnahmen eine einstimmige Beschlußfassung erforderlich ist. Diese Vorschrift ist eines der Haupthindernisse für eine zügige Harmonisierung der direkten Steuern; vgl. Thömmes: (Harmonization), 1990, S. 208 f.

28 Vgl. Taschner in von der Groeben/Thiesing/Ehlermann: (Kommentar), 1991, Tz. 29 zu Art. 100.

29 Vgl. Langeheine in Grabitz: (Kommentar), Tz. 31 zu Art. 100; Zweigert: (Grundsatzfragen), 1963, S. 406 f.

30 Vgl. Ipsen: (Gemeinschaftsrecht), 1972, S. 690.

31 Vgl. Marx: (Funktion), 1976, S. 160 ff.; Seidl-Hohenveldern: (Rechtsakte), 1971, S. 170 ff.

Ergebnisse zu erwarten.[32] Art. 100 EGV legt somit nicht eindeutig fest, in welchen Fällen Harmonisierungsmaßnahmen notwendig sind. Den Organen der Gemeinschaft wird mit dem unbestimmten Anwendungsbereich der Regelung ein weiter Entscheidungsspielraum bei der Festlegung der Harmonisierungsphilosophie und der zu treffenden Einzelmaßnahmen eingeräumt.[33]

Der Harmonisierungsumfang wird maßgeblich vom Grad der wirtschaftlichen Integration auf dem europäischen Markt bestimmt. Das Paket der anzugleichenden Regelungsbereiche wird, parallel zum Prozeß des Zusammenwachsens der nationalen Märkte zu einem homogenen europäischen Markt, mit zunehmender Internationalisierung und sich verstärkender grenzüberschreitender Zusammenarbeit und Kooperation in Europa immer umfangreicher. Die wirtschaftliche Integration läßt sich nicht zeitpunktbezogen realisieren, sondern ist das Produkt einer dynamischen Entwicklung, deren Geschwindigkeit nicht prognostiziert werden kann, da sie von einer Vielzahl ökonomischer und metaökonomischer Faktoren abhängig ist.[34] In Abhängigkeit von den einzelnen, nicht klar voneinander abgrenzbaren Phasen dieses Integrationsprozesses ergeben sich unterschiedlich stark ausgeprägte "unmittelbare Auswirkungen"[35] der nationalen Rechtsvorschriften auf den Funktionsmechanismus des Gemeinsamen Marktes.[36] Der Tatbestand "unmittelbare Auswirkung" hat somit dynamischen

---

32 Die Unmittelbarkeit der Auswirkung der einzelstaatlichen Regelungsunterschiede im Bereich der direkten Steuern auf das Funktionieren des Gemeinsamen Marktes wird beispielsweise von Zeitler/Jüptner: (Steuerharmonisierung), 1988, S. 3 ff., angezweifelt, während Haug-Adrion: (Harmonisierung), 1989, S. 268, davon ausgeht, "daß der angestrebte Binnenmarkt nur unzureichend funktionieren kann, wenn steuerliche Hindernisse der Zusammenarbeit von Unternehmen verschiedener Mitgliedstaaten entgegenstehen und wenn Besteuerungsunterschiede die Wettbewerbsbedingungen verfälschen". Vgl. auch Pipkorn in Beutler/Bieber/Pipkorn/Streil: (Gemeinschaft), 1987, S. 376.

33 Vgl. Langeheine in Grabitz: (Kommentar), Tz. 36 zu Art. 100; Pipkorn in Beutler/Bieber/Pipkorn/Streil: (Gemeinschaft), 1987, S. 376. Seidl-Hohenveldern: (Rechtsakte), 1971, S. 190 ff., weist auf die Grenzen dieser Ermessensspielräume hin.

34 Vgl. Ritter: (Steuerharmonisierung), 1989, S. 80: "Ein Raum ohne Binnengrenzen ist noch lange kein Gemeinsamer Markt."

35 Gemäß Art. 100 EGV.

36 Van Themaat: (Rechtsangleichung), 1965, S. 245, weist darauf hin, daß eine unmittelbare Auswirkung vieler Rechtsvorschriften auf das Funktionieren des Binnenmarktes und damit verbunden eine umfassende Harmonisierungsnotwendigkeit erst dann entsteht, wenn der Gemeinsame Markt errichtet ist und die wirtschaftliche Integration vollzogen wurde.

Charakter.[37] Eine Konkretisierung dieses Begriffs kann nur unter Berücksichtigung des jeweiligen Standes der wirtschaftlichen Integration vorgenommen werden,[38] so daß sich auch der Prozeß der Angleichung der Steuerrechtsnormen und -systeme innerhalb der Europäischen Union parallel zur Entwicklung der nationalen Märkte und Wirtschaftssysteme zu einem einheitlichen europäischen Markt vollziehen muß.[39]

Die Ergebnisse der Rechtsvergleichung haben gezeigt, daß nationale und internationale Konzerne innerhalb der Union sehr unterschiedlich besteuert werden. Dabei sind für die weitere Untersuchung zwei Ursachenebenen zu differenzieren. Die erste Ebene betrifft die unterschiedliche Ausgestaltung der nationalen Steuersysteme. Zu nennen sind zum einen die Divergenzen in den Körperschaftsteuersystemen, in den Steuersätzen, in der Ermittlung der Bemessungsgrundlagen und im Umfang der nationalen oder regionalen Steuervergünstigungen. In diesem Zusammenhang sind auch die Existenz und die unterschiedlichen Regelungsinhalte konzernspezifischer Sondervorschriften zu nennen. Im Vordergrund stehen der interpersonelle Verlustausgleich und die steuerliche Neutralisierung von Zwischenergebnissen im Konzern. Die zweite Ursachenebene bezieht sich auf eine Gegenüberstellung der steuerlichen Behandlung nationaler im Vergleich zu internationalen Konzernen. Im Gegensatz zu Gewinnausschüttungen zwischen national verbundenen Unternehmen, wird die mehrfache Belastung grenzüberschreitend[40] ausgeschütteter Gewinne innerhalb der Union nicht in allen Fällen vollständig vermieden. Außerdem können Verluste ausländischer Tochtergesellschaften auch in den Staaten, die einen nationalen konzerninternen Verlustausgleich ermöglichen, überwiegend nicht mit positiven Ergebnissen der inländischen Muttergesellschaft verrechnet werden.

---

37 Vgl. Langeheine in Grabitz: (Kommentar), Tz. 31 zu Art. 100.

38 Vgl. BR-Drs. 360/90 vom 18.5.1990, S. 1, wo von einer "den Erfordernissen der wirtschaftlichen Integration entsprechenden Strategie auf steuerlichem Gebiet" gesprochen wird.

39 Vgl. Vogelaar: (Steuerharmonisierung), 1970, S. 200; Pipkorn in Beutler/Bieber/Pipkorn/Streil: (Gemeinschaft), 1987, S. 374. Förschle: (Vorschriften), 1969, S. 146, ist der Auffassung, "daß die Steuerharmonisierung etappenweise zu erfolgen hat". Er fordert deshalb die "kontinuierliche Einführung eines harmonisierten Systems" im Sinne einer Angleichung der Steuersysteme mit dem Ziel der Vermeidung der wesentlichen Wettbewerbsverzerrungen.

40 Der Terminus "grenzüberschreitend" bezieht sich in diesem Zusammenhang und im folgenden auf die aus der Sicht des einheitlichen europäischen Marktes nur noch als "europäische Binnengrenzen" zu bezeichnenden politischen Grenzen der Unionsstaaten.

Ebenso besteht keine Möglichkeit zur Eliminierung von Zwischengewinnen aus dem grenzüberschreitenden Lieferungs- und Leistungsverkehr im Konzern, obwohl entsprechende Regelungen für nationale Konzerne in sechs Ländern existieren.

Die unterschiedlichen Regelungsinhalte der konzernspezifischen Rechtsinstitute der nationalen Steuersysteme führen, soweit nur die steuerliche Belastung nationaler Konzerne in verschiedenen Mitgliedstaaten verglichen wird, bei restriktiver Auslegung des Art. 100 EGV nicht direkt zu einer Beeinträchtigung der Wettbewerbsbedingungen auf dem Binnenmarkt. Die innerhalb des Hoheitsgebietes ihres Sitzstaates verbundenen Konzerngesellschaften treten nicht direkt in ein Konkurrenzverhältnis mit ebenfalls rein national tätigen Konzernunternehmungen anderer Mitgliedstaaten. Wettbewerbsnachteile durch die in einigen Mitgliedstaaten nicht gegebene Möglichkeit, einen innerkonzernlichen Verlustausgleich im nationalen Konzern durchführen zu können und durch die Besteuerung von Zwischengewinnen, entstehen nur gegenüber national tätigen Einheitsunternehmungen. Eine unmittelbare Auswirkung auf das Funktionieren des Gemeinsamen Marktes kann aus diesen Divergenzen erst abgeleitet werden, wenn die wirtschaftliche Integration der nationalen Märkte weiter vorangeschritten ist und bereits eine umfassende Harmonisierung im Bereich der Unternehmensbesteuerung (Körperschaftsteuersysteme, Ansatz- und Bewertungsvorschriften, Steuersätze) vorgenommen wurde.[41] Aufgabe der Europäischen Kommission ist zunächst die Beseitigung der steuerlich induzierten Benachteiligungen grenzüberschreitender Sachverhalte. Eine offensichtliche "unmittelbare Auswirkung" im Sinne des Art. 100 EGV ergibt sich deshalb primär aus den steuerlichen Wirkungen der zweiten Ursachenebene. Die aufgezeigten Unterschiede in der steuerlichen Behandlung nationaler und internationaler Konzerne führen zu Wettbewerbsnachteilen für grenzüberschreitend operierende Unternehmungen. Investitionen in ausländische Tochtergesellschaften werden in der Regel höher belastet als vergleichbare Inlandsinvestitionen.[42] Die steu-

41 Diese Auffassung vertritt auch die Europäische Kommission in ihrer Mitteilung an den Rat und das Europäische Parlament im Anschluß an den Bericht des von Onno H. Ruding geleiteten Sachverständigenausschusses über die Leitlinien für die Unternehmensbesteuerung im Rahmen der Vertiefung des Binnenmarktes, SEK (92), 1118 endg., Ratsdok. 7021/92, BR-Drs. 540/92 vom 20.7.1992, Tz. 38.

42 Vgl. auch die Ergebnisse des von der Europäischen Kommission eingesetzten Sachverständigenausschusses, Commission of the European Communities (Hrsg.): (Report), 1992, S. 67 ff.

erlich induzierten Wettbewerbsnachteile führen zu einer Beeinträchtigung des freien Verkehrs von Waren, Dienstleistungen und Kapital auf dem Gemeinsamen Markt. Der in Art. 7a EGV angestrebte Raum ohne Binnengrenzen kann somit nur realisiert werden, wenn das Prinzip der Gleichmäßigkeit der Besteuerung von der bisherigen nationalen, auf die europäisch-supranationale Ebene transformiert wird. Die in Art. 7a EGV und im Harmonisierungsauftrag des Art. 100 EGV implizit enthaltene Europäisierung des Gleichmäßigkeitsgrundsatzes hat zur Folge, daß die Mitgliedstaaten weder Auslandsinvestitionen von Gesellschaften mit Sitz im Inland noch ausländische Anteilseigner inländischer Gesellschaften steuerlich gegenüber rein nationalen Unternehmen und Gesellschafterkreisen benachteiligen dürfen. Insoweit enthält Art. 100 EGV den Auftrag zur Beseitigung der steuerlich induzierten Wettbewerbsnachteile internationaler Konzernunternehmungen auf dem Gemeinsamen Markt. Darüber hinaus werden die Gesetzgeber der Mitgliedstaaten, die bisher keine oder nur unvollständige Regelungen zur Besteuerung nationaler Konzerne vorsehen, entsprechende Anpassungen im nationalen Recht vorzunehmen haben, um sicherzustellen, daß nach einer erfolgten Rechtsangleichung nationale nicht gegenüber internationalen Konzernen steuerlich benachteiligt sind.

2.2 Konzernbesteuerung und Harmonisierungsphilosophie

Die Europäische Kommission präferiert derzeit im Bereich der Harmonisierung der direkten Steuern das Konzept der "Harmonisierung durch Beseitigung der wesentlichen steuerlichen Hemmnisse für die grenzüberschreitende Unternehmenstätigkeit". In ihren im April 1990 veröffentlichten Leitlinien zur Unternehmensbesteuerung[43] setzt sich die Kommission das Ziel, eine "den Erfordernissen der wirtschaftlichen Integration entsprechende Strategie auf steuerlichem Gebiet" zu entwickeln und umzusetzen. Unter Berücksichtigung des gegenwärtigen Grades der wirtschaftlichen Integration der europäischen Volkswirtschaften soll eine umfassende Harmonisierung der Vorschriften zur

---

43 Vgl. die "Mitteilung der Kommission der Europäischen Gemeinschaften an das Parlament und den Rat über Leitlinien zur Unternehmensbesteuerung", SEK (90) 601 endg.; Ratsdok. 6128/90 vom 20.4.1990, BR-Drs. 360/90 vom 18.5.1990.

Unternehmensbesteuerung zunächst nicht angestrebt werden.[44] Die aktuelle Harmonisierungsphilosophie basiert auf dem Grundsatz der Subsidiarität[45], der besagt, daß übergeordnete Einrichtungen (hier: EU) grundsätzlich nur solche Aufgaben wahrnehmen sollen, die von untergeordneten Einheiten (hier: nationale Gesetzgeber) nicht oder nur unzureichend erfüllt werden können.[46] Die Mitgliedstaaten sind solange in der Gestaltung ihrer Besteuerungsgrundlagen frei, wie "meßbare Verzerrungen nicht eindeutig nachweisbar sind"[47]. Die von der Union zu treffenden Maßnahmen sollen sich zunächst auf diejenigen beschränken, die zur Vollendung des Binnenmarktes unerläßlich sind. Dieses Konzept basiert auf einer Kombination aus richtliniengeleiteter Rechtsangleichung und "stiller" Harmonisierung[48]. Mit dem Vertrag über die Europäische Union ist der Grundsatz der Subsidiarität in den EG-Vertrag aufgenommen worden (Art. 3b EGV).

Die bislang auf dem Gebiet der direkten Steuern verabschiedeten supranationalen Maßnahmen betrafen ausschließlich die Besteuerungsprobleme interna-

---

44 Aus diesem Grund ist auch der 1975 vorgebrachte Vorschlag zur Harmonisierung der Körperschaftsteuersysteme von der Europäischen Kommission zurückgezogen worden, vgl. Mitteilung der Kommission, BR-Drs. 360/90 vom 18.5.1990, S. 2.

45 Vgl. Debatin: (Unternehmensorganisationsstrukturen), 1991, S. 947.

46 Vgl. Art. 3b EGV. Zum Begriff der Subsidiarität vgl. Schelter: (Subsidiarität), 1990, S. 217 ff.; Stewing: (Subsidiarität), 1992.

47 Mitteilung der Kommission, Ratsdok. 6128/90, BR-Drs. 360/90 vom 18.5.1990, Tz. 5.

48 Die "stille" Harmonisierung, die die Angleichung der steuerrechtlichen Rahmenbedingungen im wesentlichen dem aus der Standortkonkurrenz der Mitgliedstaaten resultierenden "Wettbewerb der Steuersysteme" (vgl. Schwartz: (Rechtsangleichung), 1987, S. 333 ff.; Ritter: (Steuerharmonisierung), 1989, S. 83; Driesen: (Unternehmensbesteuerung), 1990, S. R 81; Knobbe-Keuk: (Behandlung), 1990, S. 440; o.V.: (Konkurrenz), 1991, S. 9; Vgl. auch das Jahresgutachten 1988/89 des Sachverständigenrates zur Begutachtung der gesamtwirtschaftlichen Entwicklung, BT-Drs. 11/13478 vom 24.11.1988, Tz. 175.) überläßt, wird gegenwärtig inbesondere von Großbritannien präferiert. Es wird die Auffassung vertreten, "that harmonization regarding enterprise taxation will come along automatically as a result of a natural adaptation reaction by the individual Member States once the economic frontiers between them have been torn down", Thömmes: (Harmonization), 1990, S. 209. Mit einer "stillen" Harmonisierung kann eine vertragskonforme Angleichung der Steuersysteme nicht realisiert werden, weil eine einheitliche Lösung der aus dem grenzüberschreitenden Geschäftsverkehr resultierenden Besteuerungsfragen nicht ausschließlich durch unilaterale Maßnahmen erreicht werden kann; vgl. das sehr zutreffende Beispiel von Thömmes: (Unternehmensbesteuerung), 1990, S. 452.

tional verbundener Unternehmungen. Die Verabschiedung und Umsetzung der Mutter-Tochter-Richtlinie[49] und der Fusions-Richtlinie[50] hat bereits dazu beigetragen, steuerliche Grenzen im Bereich der direkten Besteuerung abzubauen. Wenn in Verbindung mit Art. 100 EGV jedoch das Ziel verfolgt werden soll, wettbewerbsneutrale rechtliche Rahmenbedingungen für den Binnenmarkt zu schaffen, sind weitere supranationale Maßnahmen erforderlich[51], die über das Streben nach Beseitigung der internationalen Mehrfachbesteuerung hinausgehen. Als nächster Schritt auf dem Weg zur Beseitigung der wesentlichen steuerlichen Hemmnisse der grenzüberschreitenden Unternehmenstätigkeit ist deshalb eine weitere Koordinierung der Vorschriften zur Besteuerung internationaler Konzerne anzustreben, um die Wettbewerbsbedingungen für die vorrangig auf dem Binnenmarkt agierenden Unternehmungen aus steuerlicher Sicht gegenüber rein national tätigen Unternehmungen neutral zu gestalten.

---

49 Richtlinie des Rates über das gemeinsame Steuersystem der Mutter- und Tochtergesellschaften verschiedener Mitgliedstaaten, vgl. Abl. EG Nr. L 225 vom 20.8.1990, S. 6 ff. Vgl. auch Gliederungspunkt 3.1 des vierten Kapitels.

50 Richtlinie des Rates über das gemeinsame Steuersystem für Fusionen, Spaltungen, die Einbringung von Unternehmensteilen und den Austausch von Anteilen, die Gesellschaften verschiedener Mitgliedstaaten betreffen, vgl. Abl. EG Nr. L 225 vom 20.8.1990, S. 1 ff.

51 Vgl. Thömmes: (Unternehmensbesteuerung), 1990, S. 452; Darolles/Tucci: (view), 1992, S. 39.

II. Analyse von Modellen zur internationalen Konzernbesteuerung

1. Untersuchungskriterien und nicht-steuerliche Nebenbedingungen

1.1 Kriterien und Schwerpunkte der Untersuchung

Vor dem Hintergrund des Auftrags des EGV zur Angleichung derjenigen Rechtsvorschriften, die sich unmittelbar auf die Errichtung oder das Funktionieren des Gemeinsamen Marktes auswirken, sind im folgenden Ansätze und Modelle zur Besteuerung internationaler Konzerne im Hinblick auf ihre Verwendbarkeit als Konzept für eine europäische Konzernbesteuerung zu diskutieren. Untersucht werden zum einen die unterschiedlichen Modelle zur Aufstellung einer internationalen Konzern-Steuerbilanz. Den zweiten Schwerpunkt der Analyse bilden die Vorschläge und Modelle, die die Europäische Kommission bislang zur Besteuerung grenzüberschreitender Unternehmenstätigkeit und speziell zur Konzernbesteuerung erarbeitet hat.

Grundlage der Untersuchung ist die Forderung nach einer steuerrechtlichen Regelung, die die wirtschaftliche Einheit der Konzernunternehmung auch auf europäischer Ebene berücksichtigt. Dabei ist sicherzustellen, daß eine mehrfache Besteuerung konzernintern ausgeschütteter Gewinne vermieden wird und ein interpersoneller Verlustausgleich sowie eine Neutralisierung von Zwischenergebnissen durchgeführt werden kann. Im Hinblick auf die Entwicklung eines Besteuerungskonzepts de lege ferenda darf jedoch nicht ausschließlich aus betriebswirtschaftlicher Sicht argumentiert werden.[52] Als Nebenbedingungen sind insbesondere zu beachten:

- Die zivilrechtliche Qualifikation der Rechtssubjekte und die daran anknüpfenden Rechtsfolgen
- Der aus dem Souveränitätsprinzip resultierende und fiskalisch motivierte Anspruch der nationalen Hoheitsträger auf eine Besteuerung der innerhalb ihres Hoheitsgebietes erzielten Gewinne
- Die verwaltungstechnische Durchführbarkeit und die Wirtschaftlichkeit des Verfahrens für Unternehmungen und Finanzverwaltungen

---

52 Vgl. Rupp: (Ertragsbesteuerung), 1983, S. 106.

1.2 Zivilrechtliche Nebenbedingungen

In den nationalen europäischen Rechtsordnungen ist die Konzernunternehmung zivilrechtlich grundsätzlich kein selbständiges Rechtssubjekt.[53] Seit der Verabschiedung und Umsetzung der 7. gesellschaftsrechtlichen EG-Richtlinie sind zwar die Muttergesellschaften eines Konzerns zur Rechnungslegung für den gesamten Unternehmungskomplex verpflichtet. Außerdem knüpfen an den Sachverhalt des Konzerns in einigen Mitgliedstaaten spezielle Gläubiger- und Gesellschafter-Schutzrechte an.[54] Die einzelnen Konzerngesellschaften bleiben aber in allen Mitgliedstaaten selbständige Rechtsträger mit eigenen Rechten und Pflichten[55] und nehmen als solche am allgemeinen Geschäftsverkehr teil. Im rechtswissenschaftlichen Schrifttum wurde die zivilrechtliche Einheit des Konzerns zwar wiederholt diskutiert.[56] Die in diesem Zusammenhang gewonnenen Erkenntnisse haben jedoch in keinem Mitgliedstaat dauerhaft Eingang in Gesetz oder Rechtsprechung gefunden. Im Zusammenhang mit der Entwicklung eines Konzepts zur europäischen Konzernbesteuerung sind die zivilrechtlichen Rechtssetzungen als Datum hinzunehmen. Zentrale Fragestellung ist vielmehr, ob steuerrechtlich eine vom Zivilrecht, insbesondere vom Gesellschaftsrecht abweichende Qualifikation der Rechtssubjekte möglich ist, oder ob die Übernahme der zivilrechtlichen Normsetzungen eine Relativierung oder sogar eine Ablehnung der Anwendung der Einheitstheorie im Steuerrecht bedingt.

---

53 Vgl. Druey: (Recht), 1992; Geens: (Belgien), 1992, S. 142 ff.; Slagter: (Stand), 1992, S. 1 ff.; Béjot: (Elemente), 1991, S. 173; Pinto Ribeiro: (Gesellschaften), 1991, S. 203 ff.; Hadden: (Regelung), 1991, S. 329 ff.; Rescigno: (Konzern), 1991, S. 339 ff.; Embid Irujo: (Rechtslage), 1991, S. 289 ff.

54 Vgl. die Beiträge in Wymeersch (Hrsg.): (Groups), 1993, und in Mestmäcker/Behrens (Hrsg.): (Vergleich), 1991.

55 Vgl. Wiedemann: (Gesellschaftsrecht), 1980, S. 769; Rasch: (Konzernrecht), 1974, S. 105.

56 Vgl. u.a. Schneider: (Konzern), 1991, S. 568 ff.; Schmidt: (Handelsrecht), 1985, S. 249 ff.; Hommelhoff: (Konzernleitungspflicht), 1982, S. 214 ff.; Wiedemann: (Gesellschaftsrecht), 1980, S. 769 f.; Bälz: (Einheit), 1974, S. 287 ff.; Rehbinder: (Konzernaußenrecht), 1969, S. 80 f.; Raiser: (Unternehmen), 1969, S. 166 ff.; Isay: (Recht), 1910, S. 104 ff. Zu der in den Niederlanden geführten Diskussion vgl. Slagter: (Stand), 1992, S. 14 ff. Vgl. aus betriebswirtschaftlicher und steuerlicher Sicht insbesondere Harms/Küting: (Konzernbesteuerung), 1982, S. 445 ff., und Küting: (Einheitsbesteuerung), 1990, S. 489 ff.

Im Zusammenhang mit der Frage nach der Intensität der Anbindung des Steuerrechts an die Grundwertungen des Zivilrechts kommt dem Postulat der Einheit der Rechtsordnung Bedeutung zu. Der Gesetzgeber muß bei der Beurteilung von Gerechtigkeitsaspekten innerhalb einzelner Teilrechtsordnungen die Grundwertungen der anderen Teilrechtsordnungen berücksichtigen, so daß die Gesamtrechtsordnung keine Wertungswidersprüche enthält.[57] Vereinzelt wird die Interpretation des Postulats der Einheit der Rechtsordnung dahingehend ausgedehnt, daß das (Unternehmens-)Steuerrecht als weitgehend an die Wertungen des Zivilrechts gebunden und somit als Annexrecht des Zivilrechts angesehen wird.[58] Aus der Forderung nach grundsätzlicher Einheit der Rechtsordnung kann jedoch keine allgemeine Maßgeblichkeit der zivilrechtlichen Begriffsinhalte für steuerliche Zwecke abgeleitet werden.[59] Es sollen lediglich Wertungswidersprüche hinsichtlich der elementaren Gerechtigkeitspostulate und der rechtspolitischen Zielsetzungen der Teilrechtsordnungen vermieden werden.[60]

Ziel des allgemeinen Gesellschaftsrechts ist der Schutz der berechtigten Interessen der Gesellschafter und Gläubiger von Personenvereinigungen des privaten und öffentlichen Rechts. Die speziellen Vorschriften des Konzernrechts erfüllen ebenfalls primär eine Schutzfunktion. Im Vordergrund steht der Schutz der Gläubiger und Minderheitsgesellschafter abhängiger Unternehmen vor dem Mißbrauch der aus dem Unterordnungsverhältnis resultierenden Konzernmacht seitens der herrschenden Gesellschaft. Daneben sind auch die Vermögensinteressen der Gesellschafter der herrschenden Gesellschaft zu berücksichtigen.[61] Demgegenüber ist es das Hauptanliegen des Steuerrechts, auf der Basis des Gleichmäßigkeitsgrundsatzes Steuern primär zum Zweck der Einnahmeerzielung der öffentlichen Haushalte zu erheben, ohne daß mit der Besteuerung spezielle Informations- oder Schutzzwecke verbunden sind. Gesellschaftsrecht und Steuerrecht verfolgen somit unterschiedliche Zielsetzungen. Aus diesem Grund kann keine uneingeschränkte Anbindung der steuerrechtlichen Rechtssetzun-

---

57 Vgl. Tipke/Lang: (Steuerrecht), 1991, S. 9 f.

58 Vgl. z. B. Crezelius: (Rechtsordnung), 1983, S. 178 ff.

59 Vgl. Mohr: (Konsumbesteuerung), 1992, S. 48 ff.; Wagner: (Neutralität), 1992, S. 8; Tipke/Lang: (Steuerrecht), 1991, S. 7 f.; Westermann: (Gesellschaftsrecht), 1987, S. 711 f.; Walz: (Steuergerechtigkeit), 1980, S. 208.

60 Vgl. Graß: (Besteuerung), 1992, S. 144.

61 Vgl. Emmerich/Sonnenschein: (Konzernrecht), 1992, S. 21 f.; Lutter: (Aufgabe), 1988, S. 228 ff.

gen an die Grundwertungen des Gesellschaftsrechts gefordert werden. Die besonderen Schutzfunktionen des Gesellschaftsrechts müssen jedoch neben den allgemeinen Besteuerungsprinzipien auch im Rahmen von Modellüberlegungen zur Besteuerung de lege ferenda berücksichtigt werden.[62]

Mit der Anwendung der Einheitstheorie im Steuerrecht würden keine elementaren Wertungswidersprüche zum Gesellschaftsrecht entstehen, wenn der zivilrechtliche Gläubiger- und Minderheitenschutz aufgrund einer zwischen Mutter- und Tochtergesellschaft abgeschlossenen Verlustübernahmevereinbarung oder aufgrund unbeschränkter Haftungszusagen der Muttergesellschaft gewährleistet ist und die Konzerngesellschaften somit eine Haftungseinheit gegenüber Gesellschaftern und Gläubigern der abhängigen Gesellschaften bilden.[63] In diesen Fällen hat die Zuordnung der Vermögensgegenstände auf die einzelnen Gesellschaften "nur noch organisatorische Bedeutung"[64]. Soweit die Konzerngesellschaften jedoch nicht auf der Grundlage vertraglicher Beziehungen verbunden sind, die eine umfassende Haftung der Muttergesellschaft für das Vermögen der Tochtergesellschaft konstituieren, sieht das Gesellschaftsrecht spezielle Schutzvorschriften vor.[65] Aus der Aufgabe des Gesellschafter- und Gläubigerschutzes resultiert ein Verbot des Mißbrauchs der Mehrheitsmacht zu Lasten der Vermögensinteressen von Minderheitsgesellschaftern und außenstehenden Kapitalgebern. Das herrschende Unternehmen darf seinen Einfluß nicht dazu benutzen, die abhängige Gesellschaft zu nachteiligen Rechtsgeschäften zu veranlassen. Das bedingt unter anderem auch, daß der innerkonzernliche Geschäftsverkehr grundsätzlich wie unter fremden Dritten abgerechnet werden muß. Mit der Anwendung der Einheitstheorie ist dagegen keine Verpflichtung zur fremdvergleichsorientierten Bewertung der innerkonzernlichen Lieferungs- und Leistungsbeziehungen verbunden. Die Minderheitsgesellschafter der Tochtergesellschaften werden im Konzept der Einheitstheorie zu Gesellschaftern der Konzernunternehmung, obwohl sie zivilrechtlich nur am Vermögen der Einzelgesellschaft beteiligt sind und die aus ihrer Gesellschafterstellung entstehenden Rechte nur gegenüber diesem Rechtsträger geltend machen können. Auf dieser Basis sind Vermögensverlagerungen im Konzern möglich, die die Vermögens-

---

62 Vgl. Scheffler: (Grundzüge), 1991, S. 712; Rasch: (Gutachten), 1972, S. 37.

63 Vgl. Flume: (Vorschriften), 1972, S. 17; Beusch: (Vorschriften), 1972, S. 41.

64 Flume: (Vorschriften), 1972, S. 17.

65 Vgl. §§ 311 ff. AktG und ähnliche Regelungen in anderen Staaten, vgl. dazu die Hinweise von Druey: (Recht), 1992, S. 5 ff.

substanz einzelner Gesellschaften und somit auch den Wert der Anteile der Minderheitsgesellschafter an diesem Vermögen nachhaltig verringern können. Die einheitstheoretische Qualifikation der Konzernunternehmung als selbständiges Steuersubjekt führt somit zu Zielkonflikten mit den grundlegenden Wertungen des Gesellschaftsrechts. Aus Gründen der Einheit der Rechtsordnung muß die zivilrechtliche Selbständigkeit der Konzerngesellschaften deshalb auch im Bereich der steuerlichen Gewinnermittlung beachtet werden.[66] Soweit Minderheitsgesellschafter und Gläubiger nicht durch umfassende Haftungszusagen geschützt sind, ist steuerrechtlich eine Erfolgslokalisation erforderlich, "um den einzelnen steuerrelevanten Sphären des Konzerns das zutreffende Ergebnis zuzuweisen"[67]. Die betriebswirtschaftlich-ganzheitliche Sichtweise des Konzerns als gegenüber dem Markt abgegrenzte Unternehmung muß im Hinblick auf die Besteuerung in ein Gesamtkonzept integriert werden, in dem die zivilrechtlichen Implikationen als Nebenbedingung berücksichtigt werden. Rupp spricht in diesem Zusammenhang von der Notwendigkeit zur Entwicklung eines Konzepts, "das dem dualistischen Wesen des Konzerns gerecht wird"[68]. Im Ergebnis resultiert daraus zumindest im Hinblick auf die Methodik der Gewinnermittlung im Konzern eine Einschränkung der Anwendbarkeit der Einheitstheorie.

1.3 Steuerliche Souveränität und fiskalische Interessen der Mitgliedstaaten

Das Prinzip der steuerlichen Souveränität ist Ausdruck der nach innen gerichteten, verfassungsrechtlich verankerten Souveränität eines Staates.[69] Es besagt, daß jeder Staat in der Ausübung seines Besteuerungsrechts grundsätzlich autonom ist. Diese Freiheit wird aber durch das völkerrechtliche Willkürverbot begrenzt, das inländische Anknüpfungsmomente für die Erhebung einer Steuer voraussetzt. Mit dem Souveränitätsprinzip ist eine uneingeschränkte Gesetzgebungs-, Verwaltungs- und Ertragshoheit für den territorialen Machtbereich der nationalen Verfassungsorgane verbunden.

---

66 Vgl. Scheffler: (Grundzüge), 1991, S. 712; Bleicher: (Forderungen), 1988, S. 56 f.; Hermann: (Konzernsteuerrecht), 1973, S. 43.

67 Rupp: (Ertragsbesteuerung), 1983, S. 104. Vgl. auch Jacobs/Spengel: (Ertragsbesteuerung), 1994, S. 101.

68 Rupp: (Ertragsbesteuerung), 1983, S. 106.

69 Vgl. Weber-Fas: (Staatsverträge), 1982, S. 32; Wacker: (Prinzipien), 1990, S. 576.

Im Rahmen dieser Besteuerungskompetenz sind die steuerlichen Hoheitsträger im Hinblick auf die Ertragsbesteuerung international tätiger Unternehmungen bestrebt, sowohl die von ausländischen Unternehmen im Inland als auch die von inländischen Unternehmen im Ausland erzielten Gewinne der inländischen Besteuerung zu unterwerfen. Zur Vermeidung der aus der parallelen Anwendung des Territorialprinzips und des Universalprinzips entstehenden mehrfachen steuerlichen Belastung für internationale Unternehmungen haben die nationalen Gesetzgeber uni- und bilaterale Maßnahmen ergriffen, die in der Regel einen partiellen Verzicht auf Besteuerungsrechte zum Inhalt haben. Die primäre Zielsetzung der nationalen Hoheitsträger besteht jedoch weiterhin in der Besteuerung der innerhalb ihres Hoheitsgebietes erzielten Gewinne und des dort belegenen Vermögens. Das Modell der europäischen Konzernbesteuerung muß deshalb auch den fiskalischen Interessen der Mitgliedstaaten gerecht werden, und eine verursachungsgerechte Aufteilung und Zuordnung des Erfolgs der europäischen Konzernunternehmung auf den Staat der Erfolgsentstehung gewährleisten.[70]

2. Modelle einer internationalen Konzern-Steuerbilanz

Von Betriebswirten wird bereits seit Jahrzehnten die Notwendigkeit der Konzernbesteuerung auf der Grundlage einer einheitlichen Konzern-Steuerbilanz hervorgehoben.[71] Dabei stehen folgende Modelle im Vordergrund:[72]

(1) Aufstellung einer originären Konzern-Steuerbilanz

(2) Aufstellung einer derivativen Konzern-Steuerbilanz mit Hilfe folgender Methoden:

  (a) Maßgeblichkeit der Konzern-Handelsbilanz

  (b) Konsolidierung der Einzel-Steuerbilanzen

---

70 Vgl. allgemein zur Problematik der steuerlichen Souveränität der Mitgliedstaaten für die Steuerharmonisierung Hamaekers: (Sovereignty), 1993, S. 25 ff.

71 Vgl. die Hinweise in Fußnote 24 auf Seite 5.

72 Vgl. Rupp: (Ertragsbesteuerung), 1983, S. 43.

Die Modelle der Besteuerung von Konzernunternehmungen auf der Grundlage einer einheitlichen Konzern-Steuerbilanz sind bisher fast ausschließlich für den Bereich der Besteuerung nationaler Konzerne diskutiert worden.[73] Die Internationalisierung der Betrachtungsweise im Rahmen dieser Untersuchung erlaubt zunächst eine gemeinsame Analyse der genannten Modelle im Hinblick auf die zentrale Fragestellung, ob eine an der Einheitstheorie orientierte einheitliche Konzern-Erfolgsermittlung die zivilrechtlichen und fiskalischen Nebenbedingungen berücksichtigt. Erst anschließend wird gegebenenfalls geprüft, welches der drei Modelle als Basis eines Konzepts zur europäischen Konzernbesteuerung de lege ferenda herangezogen werden kann.

Die Besteuerung internationaler Konzerne auf der Grundlage einer Konzern-Steuerbilanz geht auf der ersten Stufe von der Ermittlung des Konzernergebnisses bei der Muttergesellschaft aus. Dazu sind die Ergebnisse der in- und ausländischen Tochtergesellschaften in die Bemessungsgrundlage einzubeziehen. Die Konzeption der Einheitsbesteuerung hat gegenüber dem im internationalen Steuerrecht vorherrschenden Konzept der Einzelgewinnermittlung der Konzerngesellschaften insbesondere aus betriebswirtschaftlicher Sicht eine Reihe von Vorteilen.[74] Zum einen wird mit der Zusammenfassung der Ergebnisse eine Verrechnung der Verluste einzelner Konzerngesellschaften mit den Gewinnen anderer Mitglieder des Konzernkreises durchgeführt. Mit Hilfe des innerperiodischen interpersonellen Verlustausgleichs kann eine Besteuerung von Gewinnen vermieden werden, die aus der Sicht der Konzernunternehmung nur von einzelnen Betriebsabteilungen erzielt worden sind, während die Unternehmung einen Velust erleidet.

Beispiel:
Die Muttergesellschaft erzielt einen steuerlichen Gewinn von 100 GE. Sie hat zwei ausländische Tochtergesellschaften, die im selben Wirtschaftsjahr einen Gewinn von 20 GE bzw. einen Verlust von 80 GE ausweisen. Im Konzept der Einzelgewinnermittlung müssen die Muttergesellschaft und die gewinnerzielende Tochtergesellschaft ihren Gewinn versteuern, während die verlusterzielende Tochtergesellschaft einen Verlustvor- oder -rücktrag vornehmen kann. Könnte eine Konzern-Steuerbilanz aufgestellt werden, wäre lediglich der tatsächlich im Konzernverbund erzielte Gewinn von 40 GE zu versteuern.

---

73 Eine Ausnahme bilden die Untersuchungen von Bähr: (Gewinnermittlung), 1971, Strobl: (Gewinnabgrenzung), 1975, und Kumpf: (Verrechnungspreise), 1976.

74 Vgl. Engel: (Konzerntransferpreise), 1986, S. 71 ff.

Ein weiterer Vorteil von Konzern-Steuerbilanzen besteht darin, daß grundsätzlich die Besteuerung von Gewinnen vermieden werden kann, die aus Konzernsicht noch nicht durch Transaktionen mit anderen Marktteilnehmern realisiert sind. Im Fall der Aufstellung einer derivativen Konzern-Steuerbilanz werden die in einer Summenbilanz und -erfolgsrechnung zusammengefaßten Einzelpositionen über einen Konsolidierungsvorgang um alle erfolgswirksamen innerbetrieblichen Lieferungs- und Leistungsbeziehungen bereinigt. Wird eine originäre Konzern-Steuerbilanz aufgestellt, werden die innerkonzernlichen Transaktionen unmittelbar als innerbetriebliche Vorgänge klassifiziert und haben keinen Einfluß auf den ausgewiesenen Konzernerfolg.

Drittens werden mit der Aufstellung einer Konzern-Steuerbilanz die aus der Anwendung der Dealing-at-arm's-length-Regel resultierenden Probleme gelöst. Die zentrale Ermittlung der Bemessungsgrundlage führt dazu, daß die Unternehmen mit Hilfe der Preisfestsetzungen im konzerninternen Lieferungs- und Leistungsverkehr keine steuerwirksamen Gewinnverlagerungen vornehmen können, weil im originären oder konsolidierten Konzernergebnis keine Zwischenergebnisse enthalten sind und höhere und niedrigere Einzelbilanzergebnisse im Rahmen der Konsolidierung ausgeglichen werden. Gleichzeitig kann die Gefahr der Doppelbesteuerung vermieden werden, die bei der Anwendung des Fremdvergleichs aus der Unbestimmtheit des Vergleichsmaßstabs und der divergierenden Festlegung von Verrechnungspreisen durch die beteiligten Finanzverwaltungen resultiert.[75]

Der konsequenten Umsetzung der Einheitstheorie mit der Besteuerung internationaler Konzerne auf der Grundlage von Konzern-Steuerbilanzen stehen insbesondere im Hinblick auf die praktische Anwendbarkeit einige gewichtige Nachteile gegenüber. Ein grundsätzliches Problem betrifft die Frage nach der Art und Weise der Durchführung der Veranlagung. Der vereinzelt geäußerte Gedanke, eine Weltsteuerbehörde könne den Konzerngewinn nach einheitlichen Grundsätzen ermitteln, die zu entrichtende Steuer erheben und anschließend auf die Sitzstaaten der Konzerngesellschaften aufteilen,[76] entbehrt gegenwärtig jeglicher realistischer Grundlage. Die Einrichtung einer mit entsprechenden hoheitsrechtlichen Aufgaben und Kompetenzen ausgestatteten supranationalen Institution in der Europäischen Union ist nur unter Einbeziehung

---

75 Vgl. Seidel: (Gewinnverschiebungen), 1971, S. 89 f.

76 Vgl. die Nachweise bei Kumpf: (Verrechnungspreise), 1976, S. 31 f.

der zentral erhobenen Steuerbeträge in einen europäischen Finanzausgleich denkbar. Erste Ansatzpunkte eines unionsweiten Finanzausgleichs sind bereits mit der Schaffung von Strukturfonds zur Unterstützung und Weiterentwicklung strukturschwacher Regionen erkennbar. Die umfassende Übertragung der Steuererhebungskompetenz von den Unionsstaaten an die Organe der Europäischen Union und die Einbeziehung der originären Steuereinnahmen der Union in einen umfassenden und komplexen Ausgleichsmechanismus ist unter Berücksichtigung des weiterhin bestehenden Bestrebens der Unionsstaaten nach Erhaltung ihrer finanz- und wirtschaftspolitischen Souveränität und des in Art. 3b EGV verankerten Grundsatzes der Subsidiarität in absehbarer Zeit nicht durchsetzbar.

Die Ermittlung des Ergebnisses der Konzernunternehmung muß somit zentral im Sitzstaat der Muttergesellschaft vorgenommen werden, was zur Folge hat, daß auch die Ergebnisse der ausländischen Tochtergesellschaften auf der Grundlage der steuerrechtlichen Ansatz- und Bewertungsvorschriften ermittelt werden müssen, die im Steuersystem des Sitzstaates der Muttergesellschaft vorgeschrieben sind. Eine entsprechende Schattenveranlagung wäre auch bei einer Anwendung innerhalb der Europäischen Union erforderlich, da im Bereich der Körperschaftsteuer, abgesehen von unkoordinierten Annäherungstendenzen der nationalen Steuersysteme, die auf der Grundlage verschiedener Steuerreformen in den Mitgliedstaaten[77] zu beobachten sind, bisher keine umfassende Harmonisierung erfolgt ist. Die steuerliche Gewinnermittlung der einzelnen Gesellschaften basiert auf zum Teil sehr unterschiedlichen Ansatz- und Bewertungsvorschriften der nationalen Steuersysteme.[78] Mit der Einbeziehung der zunächst separat ermittelten Ergebnisse ausländischer Tochtergesellschaften in eine einheitliche Erfolgsrechnung auf der Ebene der Muttergesellschaft wären demzufolge erhebliche Korrekturen der Einzelergebnisse erforderlich, um eine einheitliche Bilanzierung und Bewertung in der konsolidierten Konzern-Steuerbilanz zu gewährleisten. Für die internationalen Konzerne würden daraus erhebliche zusätzliche Steuerverwaltungskosten entstehen. Das bedeutendere Hindernis für die Realisierung der zentralen Ermittlung des Konzernergebnisses ist aber, daß die Sitzstaaten der abhängigen Gesellschaften zwar weiterhin

77 Vgl. Fischer: (Reform), 1991, S. 9 ff.; derselbe: (Unternehmenssteuerrecht), 1991, S. 218 ff.; Mellwig/Moxter/Ordelheide (Hrsg.): (Steuerreform), 1991.

78 Vgl. Commission of the European Communities (Hrsg.): (Report), 1992; DIW (Besteuerung), 1989; Boss: (Unternehmensbesteuerung), 1988; Fuest/Kroker: (Vergleich), 1989; Leibfritz/Parsche: (Steuerbelastung), 1988.

das Recht hätten, die korrekte Aufstellung der Einzel-Steuerbilanzen zu prüfen, materielle Konsequenzen daran jedoch nicht mehr gebunden wären. Die Übertragung des Veranlagungsrechts auf den Sitzstaat der Muttergesellschaft würde somit zu einem erheblichen Eingriff in die Besteuerungshoheit der einzelnen Staaten führen. Eine internationale Verständigung der Finanzverwaltungen auf eine Konzernbesteuerung auf der Grundlage einer Konzern-Steuerbilanz bleibt deshalb unter den gegenwärtigen Rahmenbedingungen Utopie.

Ein weiteres Problem der Einbeziehung ausländischer Tochtergesellschaften in die Konzern-Steuerbilanz entsteht auf der zweiten Stufe der Gewinnermittlung. Im Anschluß an die zentrale Ermittlung des Konzernergebnisses ist eine verursachungsgerechte Aufteilung auf die Staaten der Erfolgsentstehung erforderlich. Das Konzernergebnis ist wieder in "nationale Einzelteile" zu zerlegen, um den Finanzverwaltungen den Erfolgsbeitrag der innerhalb ihres Hoheitsbereichs ansässigen Konzerngesellschaften zur Besteuerung zuzuweisen. Das Hauptproblem liegt dabei in der Wahl angemessener Schlüsselgrößen.[79] Die diskutierten Aufteilungsmaßstäbe reichen von einfachen Kennzahlen, wie Umsatz, Lohnsumme, eingesetztes Kapital oder notwendiges Betriebsvermögen, bis hin zu komplexen Formeln, die mehrere Faktoren kombinieren.[80] Besondere Probleme ergeben sich bei der Aufteilung des Konzernergebnisses auf der Grundlage pauschaler Kennzahlen, wenn eine Gesellschaft dauerhaft Verlust erzielt, während der Gesamtkonzern einen Gewinn ausweist. Mit Hilfe von Schlüsselgrößen ist es nicht möglich, einzelnen Gesellschaften einen Verlust und anderen für dasselbe Wirtschaftsjahr einen Gewinn zuzuordnen. Darüber hinaus ist das erzielte Ergebnis das Resultat einer Vielzahl von Gewinnbildungsfaktoren. Jede "künstliche" Verteilung des konsolidierten Ergebnisses ist deshalb in einem bestimmten Umfang willkürlich, weil sie unterstellt, daß der wirtschaftliche Erfolg der Konzerngesellschaften funktional von einer extern festgelegten Maßgröße abhängig ist.[81] Insbesondere die verursachungsgerechte Aufteilung der aus dem Konzernverbund entstehenden Synergieeffekte kann nicht zufriedenstellend gelöst werden.[82] Eine verursachungsgerechte Erfolgslokalisation der im

---

79 Vgl. Engel: (Konzerntransferpreise), 1986, S. 77; Strobl: (Gewinnabgrenzung), 1975, S. 347.

80 Vgl. Bähr: (Gewinnermittlung), 1971, S. 151 ff.; Kumpf: (Verrechnungspreise), 1976, S. 39 ff.; Schieber: (Besteuerung), 1979, S. 87 ff.

81 Vgl. Bähr: (Gewinnermittlung), 1971, S. 152.

82 Vgl. Kumpf: (Verrechnungspreise), 1976, S. 28.

Konzern erzielten Ergebnisse ist mit pauschalen Kennzahlen somit grundsätzlich nicht durchführbar.

In der Europäischen Union ist die Erstellung originärer oder konsolidierter Konzern-Steuerbilanzen nur in den Niederlanden, Portugal und Spanien möglich.[83] In allen drei Staaten können jedoch nur nationale Tochtergesellschaften in die gemeinsame Veranlagung einbezogen werden. Im Rahmen des französischen "régime du bénéfice consolidé" und der dänischen "sambeskatning" ist zwar ein Ausgleich der Ergebnisse ausländischer Tochtergesellschaften mit dem Gewinn oder Verlust der inländischen Muttergesellschaft vorgesehen. Die Verrechnung erfolgt aber nicht auf der Basis der Aufstellung einer originären oder konsolidierten Konzern-Steuerbilanzen sondern mit Hilfe einer Addition der Ergebnisse ohne Eliminierung von Zwischenergebnissen.

Die einzige tatsächlich praktizierte konsolidierte Besteuerung internationaler Konzerne wird von einigen Bundesstaaten der USA durchgeführt. Das Konzept der "Worldwide Unitary Taxation"[84] verfolgt das Ziel, das zu versteuernde Einkommen einer ansässigen Gesellschaft zu ermitteln, die in einen internationalen Konzern eingebunden ist. Das "Unitary Tax"-Modell basiert somit auf einer anderen Vorgehensweise als das Modell der zentralen Aufstellung einer Konzern-Steuerbilanz im Sitzstaat der Muttergesellschaft. Jeder Sitzstaat einer Konzerngesellschaft ermittelt den Anteil dieser Gesellschaft am Erfolg der Konzernunternehmung auf der Grundlage einer konsolidierten Konzern-Steuerbilanz, in die alle in- und ausländischen Konzerngesellschaften einbezogen werden und die nach den Vorschriften des Steuerrechts dieses Sitzstaates erstellt wird. Engel spricht in diesem Zusammenhang von einer "dezentralen Veranlagung"[85], weil modelltheoretisch in jedem Sitzstaat einer Konzerngesellschaft eine Konzern-Steuerbilanz nach den jeweils geltenden steuerrechtlichen Vorschriften aufgestellt werden müßte. Der so ermittelte Welterfolg wird dann

---

83 Die Einführung einer konsolidierten steuerlichen Erfolgsermittlung wird auch in anderen Mitgliedstaaten diskutiert. Vgl. für Deutschland in jüngerer Zeit insbesondere Bauer: (Besteuerung), 1987. Zur Diskussion in Belgien vgl. Haelterman: (consolidatie), 1985, S. 209 ff., und derselbe/Autenne: (consolidatiemodellen), 1989, S. 255 ff.

84 Zum Unitary-Taxation-Konzept vgl. grundlegend Fischer: (Gewinnermittlung), 1986; Plant/Miller/Crawford: (Unitary Taxation), 1989, S. 211 ff.; Jacob: (Besteuerung), 1987, S. 467 ff.; Qureshi: (Unitary Taxation), 1987, S. 56 ff.; Kooijman: (Unitary Taxation), 1984, S. 412 ff.

85 Vgl. Engel: (Konzerntransferpreise), 1986, S. 76.

in einem zweiten Schritt auf der Grundlage einer Formel aufgeteilt, die die Komponenten "Wert des Anlagevermögens", "Lohnsumme" und "Umsatz" paritätisch berücksichtigt[86]:

$$\frac{A + B + C}{3} \times 100 = D$$

A = Wert des Anlagevermögens der Gesellschaft im Verhältnis zum Wert des gesamten Anlagevermögens des Konzerns
B = Lohnsumme der Gesellschaft im Verhältnis zur gesamten Lohnsumme des Konzerns
C = Umsatz der Gesellschaft im Verhältnis zum Gesamtumsatz des Konzerns
D = Anteil der Gesellschaft am Ergebnis der Konzernunternehmung in %

Das Konzept der "Worldwide Unitary Taxation" hat sich international nicht durchsetzen können und verliert auch in den USA an Bedeutung.[87] Wesentlicher Kritikpunkt ist, daß das Ergebnis der Erfolgsaufteilung nicht der Forderung nach verursachungsgerechter Erfolgszuordnung auf die Einzelgesellschaften entspricht. Mit Hilfe einer festen Aufteilungsrelation kann der Konzernerfolg nicht in der zutreffenden Höhe den einzelnen Gesellschaften zugeordnet werden, weil die Gewinnerzielungsfaktoren in der Praxis so vielfältig, komplex und interdependent sind, daß sie sich nicht anhand einer Formel zutreffend abbilden lassen. Es besteht darüber hinaus kein Kausalzusammenhang zwischen den Größen "Wert des Anlagevermögens", "Lohnsumme" und "Umsatz" auf der einen Seite und dem Beitrag einer Gesellschaft zum Konzernergebnis auf der anderen Seite. Zum anderen sind insbesondere die im internationalen Bereich

86 Die Aufteilungsformel unterscheiden sich zwischen den einzelnen Bundesstaaten der USA geringfügig. Die hier angegebene Formel wird in Kalifornien zugrunde gelegt; vgl. Plant/Miller/Crawford: (Unitary Taxation), 1989, S. 211.

87 1987 wurde die Worldwide Unitary Taxation nur noch von Alaska, Montana und North Dakota praktiziert. Mit einem Urteil des California Superior Court of Sacramento wurde die Worldwide Unitary Taxation inzwischen für verfassungswidrig erklärt, weil die Besteuerung der Welteinkünfte in die Zuständigkeit des Bundesrechts fällt, vgl. Kochinke/May: (Unitary Taxation), 1987, S. 639 f. In einigen anderen Staaten, wie Kalifornien, wurde die Unitary Taxation bereits vor diesem Urteil durch das Water's-Edge-Prinzip modifiziert, das die konsolidierte Erfolgsermittlung auf die in den USA erzielten Gewinne beschränkt. Inzwischen ist die Anwendung der Methode mit einem Wahlrecht versehen und damit in die Entscheidung der Steuerpflichtigen gestellt worden.

erheblich differierenden, erfolgsbestimmenden Faktoren "Produktivität", "Lohnniveau", "Kosten der Infrastruktur", etc. nicht berücksichtigt. Ein weiteres Problem der Anwendung der Unitary Tax-Methode ist, daß keine einheitliche konsolidierte Erfolgsrechnung im Staat der Muttergesellschaft erstellt wird, die als Basis für die Aufteilung des Konzernergebnisses auf die Konzerngesellschaften herangezogen werden könnte. Weil nach dem Modell der Unitary Taxation jeder Staat dezentral den Welterfolg auf der Grundlage der nationalen steuerrechtlichen Vorschriften ermittelt, wird in jedem Staat eine andere steuerliche Bemessungsgrundlage ermittelt und der Gewinnaufteilung zugrunde gelegt. Die unkoordinierte dezentrale Ermittlung und Besteuerung von "(Teil-)Ergebnissen der Konzernunternehmung" kann somit zu einer erheblichen Mehrfachbesteuerung internationaler Konzerne führen. Es ist keine Orientierung an der wirtschaftlichen Einheit der Konzernunternehmung und an der Einheitstheorie mehr erkennbar.[88]

Die Besteuerung von Konzernunternehmungen auf der Basis einer internationalen Konzern-Steuerbilanz entspricht den grundlegenden betriebswirtschaftlichen Anforderungen. Die Aufstellung einer konsolidierten Steuerbilanz ist wegen der Anwendung des Fremdvergleichsgrundsatzes auf der der Konsolidierung vorlagerten Stufe der Einzel-Gewinnermittlung der Konzerngesellschaften außerdem mit den speziellen gesellschaftsrechtlichen Schutzvorschriften für Minderheitsgesellschafter und Gläubiger der Tochtergesellschaften vereinbar. Die Internationalisierung des Konsolidierungskreises ist jedoch wegen des Eingriffs in die steuerliche Souveränität der nationalen Hoheitsträger nicht durchführbar. Zum einen werden die Finanzverwaltungen der Mitgliedstaaten nicht bereit sein, die mit der Aufstellung konsolidierter Steuerbilanzen verbundenen Einschränkungen nationaler Steuererhebungs- und kontrollbefugnisse zu akzeptieren. Zum anderen verhindert das Fehlen adäquater Aufteilungsmechanismen der zentral ermittelten Konzernergebnisse die Realisierung des Konzepts. Mit Kumpf ist festzustellen: "Skeptisch müssen die Chancen beurteilt werden, zu einer internationalen Einigung über die anzuwendenden Aufteilungsmaßstäbe zu gelangen. Jeder Staat wird die Verwendung des Maßstabes oder der Kombination von Maßstäben verlangen, von denen er hofft, daß sie für ihn die höchsten Gewinnzuweisungen ergeben"[89]. Auch innerhalb der Europäischen Union sind

---

88 Vgl. Kumpf: (Verrechnungspreise), 1976, S. 39 ff.; Fischer: (Gewinnermittlung), 1986, S. 185 ff.

89 Kumpf: (Verrechnungspreise), 1976, S. 49.

ausgehend vom Stand der wirtschaftlichen und politischen Integration auf dem Gemeinsamen Markt mittelfristig keine Tendenzen erkennbar, eine Besteuerung internationaler Konzerne auf der Ebene einer Konzern-Steuerbilanz umsetzen zu können. Dies ist erst dann denkbar, wenn die Einzelstaaten bereit sind, eine Neuordnung fiskalpolitischer Kompetenzen innerhalb der Union vorzunehmen. Deshalb ist Saß zuzustimmen, wenn er in diesem Zusammenhang zu dem Ergebnis kommt: "Eine solche Lösung dürfte daher leider in einem überschaubaren Zeitraum nicht zu erwarten sein"[90].

3. Besteuerungsmodelle der Europäischen Kommission

3.1 Konzernrichtlinie 1969, Mutter-Tochter-Richtlinie 1990 und Entwurf einer steuerlichen Verlust-Richtlinie

Bereits 1969 hat die Europäische Kommission einen Vorschlag zur grenzüberschreitenden Konzernbesteuerung vorgelegt. Der Entwurf der sogenannten Konzern-Richtlinie[91] enthält zwei Regelungskomplexe: Der erste Teil der Konzern-Richtlinie wurde mit leichten Modifikationen am 23.7.1990 vom Ministerrat als Mutter-Tochter-Richtlinie verabschiedet.[92] Darüber hinaus wurde ein "System des konsolidierten Gewinns" für europäische Konzerne vorgeschlagen, das nicht umgesetzt worden ist.

Der Anwendungsbereich der inzwischen von allen Mitgliedstaaten in nationales Recht umgesetzten Mutter-Tochter-Richtlinie[93] geht über den Konzernsachverhalt hinaus und umfaßt den weiten Bereich der international verbundenen Unternehmen.[94] Art. 3 der Richtlinie definiert in Verbindung mit Art. 2 als

---

90 Saß: (Abzug), 1991, S. 1165.

91 "Richtlinie des Rates über das gemeinsame Steuersystem für Mutter- und Tochtergesellschaften verschiedener Mitgliedstaaten", Abl. EG Nr. C 39 vom 22.3.1969, vgl. BT-Drs. V/3774 vom 31.1.1969.

92 "Richtlinie des Rates über das gemeinsame Steuersystem der Mutter- und Tochtergesellschaften verschiedener Mitgliedstaaten", vgl. Abl. EG Nr. L 225 vom 20.8.1990, S. 6 ff.

93 Vgl. Narraina et al.: (Umsetzung), 1993, S. 903 ff., und die Beiträge in European Taxation 1992, S. 130-178; vgl. auch die Ausführungen im Rahmen der Länderberichte.

94 Vgl. zusammenfassend Krebs: (Harmonisierung), 1990, S. 1945; Thömmes: (Maßnahmen), 1990, S. 473 ff.

Muttergesellschaft jede Kapitalgesellschaft, die in einem Mitgliedstaat unbeschränkt steuerpflichtig und nicht steuerbefreit ist, und einen Anteil von wenigstens 25 % am Kapital einer ebenfalls unbeschränkt steuerpflichtigen und nicht steuerbefreiten Gesellschaft eines anderen Mitgliedstaates besitzt. Zielsetzung der Mutter-Tochter-Richtlinie war die Vermeidung der (wirtschaftlichen) Doppelbesteuerung bei Gewinnausschüttungen zwischen verbundenen Unternehmen innerhalb der Union. Dieses Ziel wurde durch zwei zentrale Regelungsinhalte erreicht: Zum einen war die unionsweite Anwendung der Freistellungsmethode oder der Methode der beschränkten indirekten Anrechnung für Beteiligungserträge zwischen Mutter- und Tochtergesellschaften im Staat der Muttergesellschaft vorgesehen (Art. 4). Zum anderen wurden die von einer Tochtergesellschaft an ihre Muttergesellschaft ausgeschütteten Gewinne generell vom Steuerabzug an der Quelle befreit (Art. 5).[95] Die Verabschiedung und Umsetzung der Mutter-Tochter-Richtlinie ist zusammen mit der gleichzeitig verabschiedeten Fusions-Richtlinie nach vielen Richtlinienentwürfen und Harmonisierungsvorschlägen die erste tatsächlich realisierte materiell-rechtliche Maßnahme der Europäischen Kommission zur Rechtsangleichung im Bereich der direkten Steuern. Mit der unionsweiten Abschaffung der Mehrfachbesteuerung von grenzüberschreitend zwischen Mutter- und Tochtergesellschaften ausgeschütteten Gewinnen wurde bereits eine der drei herausgearbeiteten wesentlichen Anforderungen an eine Konzernbesteuerung aus betriebswirtschaftlicher Sicht erfüllt und gleichzeitig die Grundlage geschaffen für weitere Harmonisierungsschritte.

Das in Art. 7 der ursprünglichen Fassung der Konzern-Richtlinie vorgeschlagene "System des konsolidierten Gewinns" verfolgte das Ziel, ungeachtet der rechtlichen Selbständigkeit der Gesellschaften, nur die Konzernunternehmung als Steuersubjekt heranzuziehen.[96] Gesellschaften, die über eine mindestens 50 %ige Kapitalbeteiligung mit einer in einem anderen Mitgliedstaat unbeschränkt steuerpflichtigen und nicht steuerbefreiten Tochtergesellschaft ver-

95 In Art. 5 Abs. 2-4 der Richtlinie wurden zeitlich befristete Ausnahmeregelungen für Deutschland, Griechenland und Portugal zugelassen.

96 Vgl. Begründung zur "Richtlinie des Rates über das gemeinsame Steuersystem für Mutter- und Tochtergesellschaften verschiedener Mitgliedstaaten", BT-Drs. V/3774 vom 31.1.1969, S. 6: "Das System des konsolidierten Gewinns setzt an die Stelle des engen juristischen Begriffs des Steuerpflichtigen einen umfassenderen, modernen Wirtschaftsbegriff, die "Gruppe von Unternehmen", die zwar rechtlich unabhängig ist, jedoch eine wirtschaftliche Einheit bildet, die als einziger Steuerpflichtiger gilt".

bunden sind, sollten für einen Zeitraum von mindestens fünf Jahren für eine gemeinsame Veranlagung optieren können. Es war vorgesehen, das zu versteuernde Ergebnis des nach diesen Kriterien abgegrenzten europäischen Konzerns zentral auf der Ebene der Muttergesellschaft zu ermitteln. Dazu sollten die Gewinne oder Verluste der ausländischen Tochtergesellschaften der Muttergesellschaft in Höhe der Beteiligungsquote zugerechnet werden. Die Berechnung der einzubeziehenden Beträge sollte auf der Grundlage der steuerrechtlichen Vorschriften des Sitzstaates der Muttergesellschaft erfolgen. Das "System des konsolidierten Gewinns" basierte auf einer interessentheoretisch geprägten Zurechnungsmethodik und enthielt die Möglichkeit eines Gewinn- und Verlustausgleichs im europäischen Konzern. Konsolidierungsmaßnahmen waren in dem Richtlinienentwurf entgegen der verwendeten Terminologie nicht vorgesehen. Weil konzerninterne Lieferungen und Leistungen grundsätzlich auf Basis des Dealing-at-arm's-length-Prinzips abzurechnen sind, hätten Zwischengewinne uneingeschränkt besteuert werden müssen.[97] Bauer[98] spricht deshalb in diesem Zusammenhang nicht von einem "System des konsolidierten Gewinns" sondern von einem "System des zusammengerechneten Gewinns".

Parallel zur Ermittlung und Besteuerung des unionsweiten Konzernergebnisses bei der Muttergesellschaft hätten die in die gemeinsame Veranlagung einbezogenen Tochtergesellschaften die von ihnen erzielten Ergebnisse unabhängig von ihrer Einbindung in den Konzern auch in ihrem Sitzstaat versteuern müssen. Art. 7 Nr. 2 b) der Richtlinie enthält zur Vermeidung der systemimmanenten Doppelbesteuerung lediglich die relativ ungenaue Aussage, daß die Steuer der Muttergesellschaft vermindert wird, "um die Tatsache zu berücksichtigen, daß die Gesellschaften, deren Gewinne in diese Steuerveranlagung aufgenommen werden, einer Steuer auf diese Gewinne unterliegen". Diese Formulierung läßt Raum sowohl für eine unbeschränkte als auch für eine beschränkte Anrechnung der von den Tochtergesellschaften im Ausland gezahlten Steuern auf die Steuerschuld der Mutter.

Die Ausgestaltung des "Systems des konsolidierten Gewinns" entspricht nicht der von der Europäischen Kommission selbst zugrundegelegten Zielsetzung. Der Anspruch, die Konzernunternehmung als Steuersubjekt heranzuziehen, wird mit der quotalen Zurechnung der Ergebnisse, der Besteuerung von

97 Vgl. auch die Kritik von Niemann: (Gewinnermittlung), 1972, S. 273 ff.
98 Bauer: (Besteuerung), 1987, S. 197.

Zwischengewinnen und der wenig konkreten Regelung zur Vermeidung der Doppelbesteuerung nicht erfüllt. Darüber hinaus kann die vorgeschlagene Methodik der grenzüberschreitenden Ergebniszurechnung zu erheblichen Nachteilen für Unternehmungen und Finanzverwaltungen führen. Erzielt beispielsweise die Muttergesellschaft einen Verlust, und wird dieser Verlust durch die Zurechnung positiver Ergebnisse ausländischer Tochtergesellschaften ausgeglichen, geht das steuerliche Verlustverrechnungspotential für die Konzernunternehmung endgültig verloren, weil sich der Verlust im Jahr der Zurechnung nicht steuermindernd auswirkt und die ausländischen Gewinne gleichzeitig bereits im Ausland der Besteuerung unterlegen haben. Außerdem wird mit der Zurechnung die Möglichkeit der interperiodischen Verlustkompensation bei der Muttergesellschaft beschränkt. Andererseits wird das Steueraufkommen der Sitzstaaten der Muttergesellschaften einseitig und dauerhaft durch die grenzüberschreitende Verlustzurechnung vermindert.

Der Vorschlag für das "System des konsolidierten Gewinns" wurde bereits 1970 zurückgezogen. Die Europäische Kommission war der Auffassung, die Methodik der Verlustverrechnung müsse nochmals eingehend geprüft werden.[99] Nach einer 20jährigen Prüfungsdauer ist die grenzüberschreitende Verlustkompensation im europäischen Konzern nun Bestandteil eines Richtlinienentwurfs, den die Kommission dem Ministerrat erstmals am 28.11.1990 vorgelegt hat.[100] Dieser Entwurf sieht einen grenzüberschreitenden Verlustausgleich im europäischen Konzern vor, der mit einer Nachversteuerungsklausel verbunden ist. Die Regelung soll sowohl für negative Ergebnisse ausländischer Betriebsstätten als auch für Verluste ausländischer Tochtergesellschaften gelten. Der Anwendungsbereich der Richtlinie soll sich auf Mutter- und Tochtergesellschaften erstrecken, die in verschiedenen Mitgliedstaaten ansässig sind, und über eine mindestens 75 %ige unmittelbare Kapitalbeteiligung verbunden sind, die auch die Mehrheit der Stimmrechte sichert (Art. 2). Den Mitgliedstaaten soll es freigestellt bleiben, unilateral eine niedrigere Beteiligungsquote vorzusehen.

---

99 Art. 7 war im zweiten Entwurf der Konzern-Richtlinie vom 23.10.1970 nicht mehr enthalten. Vgl. BT-Drs. VI/1344 vom 23.10.1970, S. 4 f.

100 Vgl. Vorschlag für eine Richtlinie des Rates über eine Regelung für Unternehmen zur Berücksichtigung der Verluste ihrer in anderen Mitgliedstaaten belegenen Betriebsstätten und Tochtergesellschaften (kurz: Verlust-Richtlinie), KOM (90) 595 endg., vgl. Abl. EG Nr. C 53 vom 28.2.1991, BR-Drs. 96/91 vom 7.2.1991.

Für die innerkonzernliche Verlustverrechnung wird ein einstufiges Verfahren vorgeschlagen. Demnach soll der von einer ausländischen Tochtergesellschaft ausgewiesene Verlust direkt der Muttergesellschaft zugerechnet werden können. Erzielt eine verlustübertragende Tochtergesellschaft in späteren Veranlagungszeiträumen wieder Gewinn, so wäre dieser Gewinn bis zur Höhe des ursprünglich abgezogenen Verlustes dem steuerlichen Ergebnis der Muttergesellschaft wieder hinzuzurechnen (Art. 9 des Richtlinienentwurfs). Diese Regelung ist notwendig, damit die im Ausland erlittenen Verluste nicht über den Verlustvor- oder -rücktrag im Ausland und über die grenzüberschreitende Verlustverrechnung mit der Muttergesellschaft, sowohl im Inland als auch im Ausland berücksichtigt werden können. Den Mitgliedstaaten soll es freigestellt sein, eine obligatorische Nachversteuerung der abgezogenen Verluste bei der Muttergesellschaft vorzuschreiben, wenn die verlustübertragende Tochtergesellschaft bis zum Ende des fünften Jahres, das auf das Jahr folgt, für das der Verlustabzug vorgenommen wurde, keine Gewinne in Höhe des nachzuversteuernden Betrages erzielt. Außerdem kann eine Nachversteuerung verbindlich sein, wenn die Beteiligungsvoraussetzung nicht mehr erfüllt ist, die Tochtergesellschaft aufgelöst wird, oder die Anteile veräußert werden. Veranlagungstechnisch könnten die Verluste bei der Muttergesellschaft in Form einer gewinnmindernden offenen Rücklage berücksichtigt werden. Für jede Tochtergesellschaft müßte ein separater Ausweis erfolgen. Die Rücklage wäre in Höhe der in den Folgejahren von den verlustübertragenden Tochtergesellschaften erzielten Erfolge gewinnerhöhend aufzulösen.[101]

Im Gegensatz zum Regelungsinhalt des Art. 7 der Konzern-Richtlinie von 1969 müßten die ausländischen Ergebnisse für Zwecke des Verlustabzugs und der späteren Nachversteuerung nicht auf der Grundlage der steuerrechtlichen Ansatz- und Bewertungsvorschriften des Sitzstaates der Muttergesellschaft berechnet werden. Damit könnte eine doppelte Ergebnisermittlung und die damit verbundenen Steuerverwaltungskosten vermieden werden.[102] Die Anwendung des Systems des grenzüberschreitenden Verlustabzugs mit Nachversteuerung wäre für die Unternehmungen fakultativ. Die Muttergesellschaft könnte in ihrem Sitzstaat einen entsprechenden Antrag stellen. Würde für einen Verlustabzug

---

101 Vgl. Saß: (EG-Harmonisierung), 1991, S. 115 f.

102 Vgl. Carl: (Vorschläge), 1991, S. 554 f.; Saß: (Abzug), 1991, S. 1164; Muray: (Harmonization), 1991, S. 84 f.

optiert, müßten jedoch alle in der Union ansässigen Betriebsstätten und Tochtergesellschaften in den Ausgleichsmechanismus einbezogen werden.

Ein grenzüberschreitender Verlustausgleich für Betriebsstätten und Tochtergesellschaften innerhalb der Union wäre ein bedeutender Schritt auf dem Weg zu einer Besteuerung der europäischen Konzernunternehmung als wirtschaftliche Einheit und zum Abbau der aus dem steuerlichen Einfluß entstehenden Beeinträchtigungen des Wettbewerbs in bezug auf internationale Unternehmungen. Eine Umsetzung des Richtlinienentwurfs würde indirekt umfangreiche Steueränderungen und Steuerreformen in einigen Mitgliedstaaten erforderlich machen, um sicherzustellen, daß nationale dann nicht gegenüber internationalen Unternehmensverbindungen benachteiligt werden. Belgien, Italien und Griechenland müßten zunächst im nationalen Bereich eine innerkonzernliche Verlustverrechnung ermöglichen. Im deutschen Körperschaftsteuerrecht wäre im Rahmen der Organschaft ein Verzicht auf die einschränkenden Voraussetzungen der wirtschaftlichen und organisatorischen Eingliederung notwendig. Außerdem könnte die Forderung nach einem auf mindestens fünf Jahre abgeschlossenen Gewinnabführungsvertrag nicht mehr erhoben werden. Aus betriebswirtschaftlicher Sicht ist neben dem nur anteilig in Höhe der Beteiligungsquote erfolgenden Verlustabzug (Art. 9 Nr. 2) jedoch insbesondere die vorgesehene "Einbahnstraßenregelung" der Verlustverrechnung zu kritisieren, die dadurch entsteht, daß Verluste nur direkt von den Tochtergesellschaften an die Konzernmuttergesellschaft weitergegeben werden dürfen. Ein horizontaler Gewinn- und Verlustausgleich zwischen Schwestergesellschaften wäre ebensowenig möglich wie die Verrechnung der von der Muttergesellschaft erzielten Verluste mit Gewinnen der Tochtergesellschaften.

Die Europäische Kommission hat die Anwendung des grenzüberschreitenden Verlustausgleichs in einem im Juni 1992 vorgelegten, geänderten Entwurf der steuerlichen Verlust-Richtlinie auf ausländische Betriebsstätten beschränkt.[103] Die Streichung des Vorschlags der Verrechnung von Verlusten ausländischer Tochtergesellschaften ist primär vor dem Hintergrund der zeitlichen Restriktionen für die Umsetzung zu sehen. Da die Kommission zu diesem Zeitpunkt offiziell noch eine Umsetzung der Richtlinie in nationales Recht zum 1.1.1993 anstrebte, sind alle Regelungen vorläufig zurückgestellt worden, die keine unge-

---

103 Vgl. o.V.: (Vorschlag), 1992, S. 3; Eggers: (Vorschlag), 1992, S. 712 f.

teilte Zustimmung der Mitgliedstaaten erwarten ließen[104], oder zumindest umfassende Beratungen erfordert hätten. Als Reaktion auf die Vorschläge des Ruding-Komitees[105] präferiert die Kommission zur Zeit wieder den ursprünglichen Entwurf vom 28.11.1990, der eine Berücksichtigung von in anderen Mitgliedstaaten belegenen Betriebsstätten und Tochtergesellschaften vorsieht.[106]

3.2 Besteuerung der EWIV und der Europa-AG

Mit der Einführung der ersten europäischen Rechtsform, der Europäischen Wirtschaftlichen Interessenvereinigung (EWIV), und der Diskussion über die Einführung der Rechtsform der Europäischen Aktiengesellschaft (Europa-AG) hätte erwartet werden können, daß die Europäische Kommission eine einheitliche supranationale Besteuerungsregelung für die auf den Gemeinsamen Markt ausgerichteten Organisationsformen vorsieht. Die verabschiedeten[107] und bereits in nationales Recht umgesetzten[108] Vorschriften zur EWIV und die vorgeschlagene Verordnung zur Schaffung einer Europa-AG enthalten jedoch kein vom Maßstabsland losgelöstes zentralistisches Besteuerungskonzept.

In einer EWIV schließen sich mindestens zwei natürliche oder juristische Personen unterschiedlicher Mitgliedstaaten zusammen, um gemeinsame wirtschaftliche Interessen in einem einheitlichen Rechtskleid zu verfolgen. Art. 40 der EWIV-VO weist die Besteuerungskompetenz für die erzielten Ergebnisse nicht dem Sitzstaat der EWIV sondern den Ansässigkeits- oder Sitzstaaten der

---

104 Vgl. in dieser Hinsicht mit dem Tenor "am deutschen Wesen muß Europa genesen" die Anmerkungen von Manke: (Unternehmensbesteuerung), 1992, S. 343 f.

105 Vgl. Commission of the European Communities (Hrsg.): (Report), 1992.

106 Vgl. "Mitteilung der Kommission der Europäischen Gemeinschaften an den Rat und das Europäische Parlament im Anschluß an die Schlußfolgerungen des unabhängigen Sachverständigenausschusses über die Leitlinien für die Unternehmensbesteuerung im Rahmen der Vertiefung des Binnenmarktes" SEK (92) 1118 endg.; Ratsdok. 7021/92 vom 20.7.92, BR-Drs. 540/92; vgl. auch Förster: (Reaktion), 1992, S. 213.

107 Verordnung Nr. 2137/85 des Rates vom 25. Juli 1985 über die Schaffung einer Europäischen wirtschaftlichen Interessenvereinigung (EWIV), Abl. EG Nr. L 199 vom 31.7.1985.

108 Zur Umsetzung in den Mitgliedstaaten vgl. Tautorus: (Interessenvereinigung), 1992, S. 79-183; von der Heydt/von Rechenberg (Hrsg.): (Interessenvereinigung), 1991, S. 229-336.

Gesellschafter zu. Weil die EWIV kein Steuersubjekt ist, wird das Ergebnis der Vereinigung den Gesellschaftern direkt nach Maßgabe ihrer Beteiligung zugerechnet und auf der Grundlage der im Sitzstaat der Gesellschafter geltenden steuerrechtlichen Vorschriften besteuert. Die Besteuerungskonzeption der EWIV basiert somit auf dem Transparenzprinzip, das international auch der Besteuerung von Personengesellschaften zugrundeliegt.[109] Es ist dadurch charakterisiert, daß für Zwecke der Besteuerung durch die "transparente" und steuerlich im wesentlichen unbeachtliche Gewinnerzielungseinheit hindurch direkt auf die Mitglieder- oder Gesellschafterebene zugegriffen wird. Mit der Anwendung des Transparenzprinzips kann eine selbständige Steuerpflicht der EWIV und damit auch eine Doppelbelastung der von der Vereinigung erzielten Gewinne vermieden werden. Das Transparenzprinzip ist aufgrund der unterschiedlichen rechtlichen Organisationsstrukturen des Konzerns und der EWIV jedoch nicht als Modell für eine Besteuerung internationaler Konzerne geeignet. Im Gegensatz zur EWIV und zur Personengesellschaft ist die Konzernunternehmung keine zivilrechtliche Einheit. Es existieren deshalb auch keine "Konzerngesellschafter", denen die Ergebnisse direkt zur Besteuerung zugerechnet werden könnten. Es besteht zwar die Möglichkeit, die Konzernunternehmung als Gewinnermittlungseinheit heranzuziehen. Eine Zuweisung des steuerlichen Ergebnisses auf die einzelnen Konzerngesellschaften könnte aber nicht auf der Grundlage von Beteiligungsquoten vorgenommen werden und müßte ebenso wie die Modelle einer zentral aufgestellten Konzern-Steuerbilanz am Problem der Generierung eines verursachungsgerechten Aufteilungsschlüssels scheitern.

Die Europäische Aktiengesellschaft soll grundsätzlich ebenso wie eine nach nationalem Recht gegründete AG auf der Grundlage des Steuerrechts ihres Sitzstaates besteuert werden. Die einzige steuerliche Vorschrift des Verordnungsvorschlags der Europäischen Kommission enthält eine Bestimmung zur Berücksichtigung ausländischer Betriebsstättenverluste im Rahmen der Einkommensermittlung der Europa-AG (Art. 133). Ebenso wie im Rahmen der vorgeschlagenen steuerlichen Verlust-Richtlinie wird ein Verlustabzug mit Nachversteuerungsklausel präferiert. Eine entsprechende Regelung für ausländische Tochtergesellschaften ist nicht vorgesehen. Es bestehen somit keine wesentlichen Unterschiede zwischen der Besteuerung einer Europa-AG und der Besteuerung

---

109 Vgl. z. B. die Regelungen zur Besteuerung von Mitunternehmerschaften in Deutschland oder das "Régimen de Transparencia Fiscal" in Spanien.

einer nach nationalem Recht gegründeten Aktiengesellschaft[110], obwohl die Kommission in ihrem Memorandum ein "globales Besteuerungskonzept" anvisiert hatte, das "das konsolidierte Geschäftsergebnis des Konzerns berücksichtigt"[111]. Dieses Ziel konnte mit dem vorliegenden Verordnungsentwurf nicht realisiert werden.[112] Die vorgeschlagenen Regelungen zur Besteuerung der Europa-AG haben mehr nationalen als europäischen Charakter[113]. Eine einheitliche, betriebswirtschaftlichen Kriterien entsprechende Besteuerung internationaler Konzerne wird nicht erreicht, weil weder ein umfassender innerkonzernlicher Gewinn- und Verlustausgleich noch eine Neutralisierung von Zwischenergebnissen vorgesehen sind. Die für die Europa-AG vorgeschlagene Besteuerungskonzeption kann deshalb ebenfalls nicht als Modell für eine internationale Konzernbesteuerung herangezogen werden.[114]

3.3 Vorschläge des Ruding-Komitees

Die von der Europäischen Kommission im April 1990 veröffentlichten Leitlinien zur Unternehmensbesteuerung enthalten einen Auftrag zur Prüfung der weiteren Harmonisierungserfordernisse im Bereich der direkten Steuern. Eine von der Kommission eingesetzte Arbeitsgruppe unabhängiger Sachverständiger ist der Frage nachgegangen, ob die unterschiedlichen Körperschaftsteuersysteme der Mitgliedstaaten die Investitionsentscheidungen der Wirtschaftssubjekte in dem Maße beeinflussen, daß vor dem Hintergrund des Art. 100 EGV eine unmittelbare Auswirkung auf das Funktionieren des Gemeinsamen Marktes gegeben ist. Der nach seinem Vorsitzenden, dem ehemaligen niederländischen Finanzminister Onno Ruding, benannte Ausschuß hat im März 1992 einen umfangreichen Bericht zur Reform der Unternehmensbesteuerung in der

---

110 Vgl. Wenz: (Societas), 1993, S. 151.

111 Memorandum der Kommission an das Europäische Parlament, den Rat und die Sozialpartner, Beilage 3/1988 zum Bulletin der Europäischen Gemeinschaften, S. 7. Vgl. auch Knobbe-Keuk: (Behandlung), 1990, S. 437.

112 Vgl. Wenz: (Societas), 1993, S. 117 ff., 151.

113 Vgl. auch Wiesner: (Vorschläge), 1991, S. R 275, der im Hinblick auf den gesamten Regelungskomplex des Statuts zur Schaffung einer Europäischen Aktiengesellschaft konstatiert, daß durch häufige Verweisungen auf nationales Recht der europäische Charakter der Europa-AG immer mehr verloren geht.

114 Zu diesem Ergebnis kommt auch Wenz: (Societas), 1993, S. 150 ff.

EU vorgelegt.[115] Demnach führen die zum Teil erheblichen Unterschiede in den Systemen, in den Regelsteuersätzen und in der Abgrenzung der Steuerbemessungsgrundlagen im Bereich der Körperschaftsteuer zum einen zu einer steuerlich induzierten Beeinträchtigung des grenzüberschreitenden Waren-, Dienstleistungs- und Kapitalverkehrs in der Union, und zum anderen zu einer Beeinflussung der Standortwahl in Branchen mit hoher steuerlicher Standortelastizität.[116] Ziel der von den Sachverständigen erarbeiteten Reformvorschläge ist deshalb die Schaffung (relativer) Wettbewerbsneutralität für die Unternehmen der Union im Hinblick auf die steuerlichen Rahmenbedingungen.[117]

Das Ruding-Komitee empfiehlt eine Harmonisierung in drei Phasen. In der ersten Phase sollen die wesentlichsten Hemmnisse der grenzüberschreitenden Unternehmenstätigkeit abgebaut werden. Für den Bereich der Konzernbesteuerung sind unter anderem folgende Maßnahmen vorgesehen:

- Schließung der noch bestehenden Lücken im DBA-Netz der Unionsstaaten

- Erweiterung des Anwendungsbereichs der Mutter-Tochter-Richtlinie auf alle Rechtsformen

- Zügige Ratifizierung der Schiedsverfahren-Konvention[118] zur Vermeidung der Doppelbesteuerung bei Gewinnberichtigungen von Verrechnungspreisen

- Rasche Verabschiedung und Umsetzung des ersten Entwurfs der steuerlichen Verlust-Richtlinie (mit grenzüberschreitendem Verlustausgleich für

---

115 Vgl. Commission of the European Communities (Hrsg.): (Report), 1992. Vgl. grundlegend zum Bericht des Ruding-Komitees McLure: (Taxation), 1992, S. 13 ff.; Knobbe-Keuk: (vision), 1992, S. 22 ff.; Möhrle: (Harmonisierung), 1992, S. 205 ff. Vanistendael: (Comments), 1992, S. 3, umschreibt den Bericht als "another milestone on the long and winding road of corporate income tax developments in the European Community".

116 Eine unionsweite Umfrage, deren Ergebnisse auf S. 114 des Berichts zusammengefaßt sind, belegt, daß steuerliche Aspekte insbesondere auf die Standortwahl von Finanzierungsgesellschaften und Management-Holdings einen großen Einfluß ausüben, vgl. Vanistendael: (Comments), 1992, S. 7: "financial service activities are very sensitive to variations in tax burden".

117 Vgl. Rädler: (Ergebnisse), 1992, S. 13.

118 Übereinkommen über die Beseitigung der Doppelbesteuerung im Falle von Gewinnberichtigungen zwischen verbundenen Unternehmen, vgl. Abl. EG Nr. L 225 vom 20.8.1990, S. 10 ff.

Betriebsstätten und Tochtergesellschaften) und der Richtlinie zur Abschaffung der Quellensteuern auf innergemeinschaftliche Zins- und Lizenzzahlungen[119]

Für die zweite Phase, die zeitgleich mit der zweiten Stufe der Wirtschafts- und Währungsunion verwirklicht werden soll, ist vorgesehen, daß die Mitgliedstaaten zunächst einen vollständigen vertikalen und horizontalen Verlustausgleich für nationale Konzerne oder Teilkonzerne ermöglichen. In der dritten Phase, deren Realisierung parallel zur letzten Stufe der Wirtschafts- und Währungsunion anvisiert ist, wird die Ausdehnung der nationalen Verlustverrechnung auf den gesamten Binnenmarkt angestrebt.[120]

Die vom Ruding-Komitee vorgelegten Empfehlungen zur Unternehmensbesteuerung weisen im Bereich der Konzernbesteuerung in die richtige Richtung. Zum einen wird eine vollständige Vermeidung der Doppelbesteuerung über ein lückenloses Netz von Doppelbesteuerungsabkommen und eine rasche Ratifizierung der Schiedsverfahren-Konvention angestrebt. Zum anderen soll, wenn auch erst mittelfristig, ein umfassender unionsweiter Verlustausgleich im Konzern ermöglicht werden. Der vom Ruding-Komitee vorgeschlagene Maßnahmenkatalog bestätigt die Notwendigkeit einer internationalen Konzernbesteuerung innerhalb der Europäischen Union auf der Grundlage der betriebswirtschaftlichen Anforderungen an eine Besteuerung der Konzernunternehmung vor dem Hintergrund des Harmonisierungsauftrags des Art. 100 EGV. Die Umsetzung dieser Vorschläge könnte einen wesentlichen Beitrag zu dem (Fern-) Ziel leisten, die Wettbewerbsfähigkeit internationaler Unternehmungen auf dem Binnenmarkt nicht durch steuerliche Vorschriften zu beeinträchtigen. Der Bericht enthält allerdings keine konkreten Aussagen zu den Details der technischen Durchführung der Verlustkompensation. In diesem Zusammenhang sind weiterführende Überlegungen erforderlich. Außerdem wird keine Regelung zur Eliminierung von Zwischenergebnissen aus konzerninternen Lieferungen und Leistungen vorgeschlagen. Die dritte Komponente der betriebswirtschaftlichen

---

119 Vgl. Vorschlag für eine Richtlinie des Rates über die gemeinsame Steuerregelung für Zahlungen von Zinsen und Lizenzgebühren zwischen Mutter- und Tochtergesellschaften verschiedener Mitgliedstaaten, KOM(90) 571 endg., Ratsdok. 4427/91, Abl. EG Nr. C 53 vom 28.2.1991, geändert durch KOM(93) 196 endg. vom 10.6.1993.

120 Vgl. Commission of the European Communities (Hrsg.): (Report), 1992, S. 205 f.

Anforderungen zur Besteuerung der Konzerne als wirtschaftliche Einheit bleibt somit im Bericht des Ruding-Komitees unbeachtet.[121]

121 Obwohl sich die Europäische Kommission den Empfehlungen des Ruding-Komitees zumindest hinsichtlich der Beseitigung der steuerlichen Hemmnisse der grenzüberschreitenden Unternehmenstätigkeit im wesentlichen angeschlossen hatte und langfristig auch einen unionsweiten Verlustausgleich anstreben will, vgl. Mitteilung der Kommission an den Rat und das Europäische Parlament im Anschluß an die Schlußfolgerungen des unabhängigen Sachverständigenausschusses über die Leitlinien für die Unternehmensbesteuerung im Rahmen der Vertiefung des Binnenmarktes (SEK (92) 1118 endg.), BR-Drs. 540/92 vom 20.7.1992, vgl. auch Förster: (Reaktion), 1992, S. 211 ff., hat der Ministerrat sich bislang nicht zu weiteren Maßnahmen entschließen können.

III. Vorschlag eines Konzepts zur europäischen Konzernbesteuerung

1. Theoretische und methodische Grundlagen des Konzepts

Zur Beseitigung der sich aus den Gegensätzen zwischen dem Recht de lege lata und den Anforderungen an eine betriebswirtschaftlich orientierte Konzernbesteuerung de lege ferenda ergebenden Diskrepanzen, soll im folgenden ein Vorschlag entwickelt werden, der beide Pole des Spannungsfeldes zwischen Einheitstheorie und Trennungstheorie berücksichtigt. Die von Eckelt[122] bereits 1937 vorgetragene Auffassung, daß sich die Probleme des Konzernrechts nur lösen lassen, wenn es gelingt, die Mitte zwischen der wirtschaftlichen und der rechtlichen Realität zu finden, kann jedoch nicht geteilt werden. Der juristische Aspekt der isolierten Behandlung der einzelnen Konzerngesellschaften ist lediglich Ausfluß der allgemeinen Grundlagen des Gesellschafts- und Steuerrechts. Würde rechtlich nicht grundsätzlich an dem "künstlichen" Gebilde der juristischen Person festgehalten, sondern ein nach betriebswirtschaftlichen Kriterien abgegrenzter Unternehmungsbegriff der Bestimmung der Rechtssubjekte zugrundegelegt, wäre das de lege lata aufgebaute Spannungsfeld nicht mehr existent. Während die Trennungstheorie auf einer Konvention des Gesetzgebers beruht, die sich historisch entwickelt hat, ist die wirtschaftliche Einheit des Konzernverbundes als Faktum anzusehen. Das zu entwickelnde Besteuerungsmodell orientiert sich deshalb unter Berücksichtigung der zivilrechtlichen Nebenbedingungen primär an einer ganzheitlichen Betrachtungsweise der Konzernunternehmung.

Mit dem im folgenden zu konkretisierenden Konzept der europäischen Konzernbesteuerung wird das Ziel verfolgt, das Ergebnis des gegenüber dem Markt abgegrenzten Gesamtkomplexes der Konzernunternehmung zur Besteuerung heranzuziehen und gleichzeitig internationale Unternehmensverbindungen innerhalb der Grenzen des Gemeinsamen Marktes steuerlich nicht gegenüber nationalen Konzernen oder Teilkonzernen zu benachteiligen. Dabei liegt dem Konzept die Prämisse zugrunde, daß eine umfassende Harmonisierung der Regelungen zur Unternehmensbesteuerung auf europäischer Ebene wegen des in Art. 3b EGV verankerten Subsidiaritätsprinzips in absehbarer Zeit nicht vorgenommen wird. Die in die Betrachtung einzubeziehenden zivilrechtlichen und

---

122 Vgl. Eckelt: (Konzernbegriff), 1937, S. 1200; vgl. auch Niemann: (Gewinnrealisierung), 1968, S. 31.

fiskalischen Nebenbedingungen führen dazu, daß die aus betriebswirtschaftlicher Sicht zu präferierende Einheitstheorie nicht uneingeschränkt umgesetzt werden kann. Das supranationale Besteuerungskonzept basiert deshalb methodisch auf einer Kombination von Elementen der Einheitstheorie und der Trennungstheorie. Es orientiert sich aber durchgehend an der Betrachtung der Konzernunternehmung als wirtschaftliche Einheit. Im Vordergrund stehen die Beseitigung der Doppelbelastung und Doppelbesteuerung konzernintern ausgeschütteter Gewinne, die nationale und internationale vertikale und horizontale Verlustkompensation im Konzern und die Vermeidung der Besteuerung von aus Konzernsicht noch nicht am Markt realisierten Gewinnen.

Die Gewinnermittlung soll auf der Grundlage einer Zurechnungsmethodik erfolgen. Die zunächst von den Konzerngesellschaften unabhängig ermittelten Ergebnisse werden mit Hilfe von Ergänzungsrechnungen und Sonderkonten stufenweise zum steuerlichen Ergebnis der Konzernunternehmung integriert. Die Zurechnungsmethodik basiert auf einer dreistufigen Vorgehensweise. Ausgangspunkt ist die isolierte Ergebnisermittlung der Einzelgesellschaften unter Anwendung des Fremdvergleichsgrundsatzes (Dimension der rechtlichen Selbständigkeit). Anschließend werden die Einzelergebnisse durch eine Zurechnung zur Muttergesellschaft auf nationaler Ebene zusammengefaßt und um konzerninterne Lieferungs- und Leistungsbeziehungen, die sich innerhalb des Wirtschaftsjahres bei den Konzerngesellschaften in unterschiedlichem Umfang erfolgswirksam ausgewirkt haben, bereinigt (Dimension der nationalen wirtschaftlichen Einheit). Auf der dritten Stufe kann darauf aufbauend für internationale Konzernunternehmungen eine grenzüberschreitende Neutralisierung der Zwischenergebnisse und ein internationaler Verlustausgleich durchgeführt werden (Dimension des europäischen Konzerns). Die Methodik der Gewinnermittlung setzt sich somit im wesentlichen aus zwei Komponenten zusammen. Zunächst werden die Ergebnisse der rechtlich selbständigen Teileinheiten der Konzernunternehmung dezentral ermittelt. Anschließend wird der ganzheitliche Aspekt der Konzernunternehmung durch eine nationale und grenzüberschreitende Verlustkompensation und Zwischengewinneutralisierung berücksichtigt. Die Veranlagung und Besteuerung erfolgt auf der Ebene der nationalen wirtschaftlichen Einheit. Die bei der Muttergesellschaft zusammengefaßten Ergebnisse werden unter Berücksichtigung der internationalen Verlustkompensation und des Aufschubs von noch nicht realisierten Zwischengewinnen aus dem grenzüberschreitenden innerkonzernlichen Geschäftsverkehr nach den Vorschriften des nationalen Steuerrechts besteuert, so daß jedem Staat das innerhalb seines Hoheitsgebietes erwirtschaftete Ergebnis zur Besteuerung zusteht.

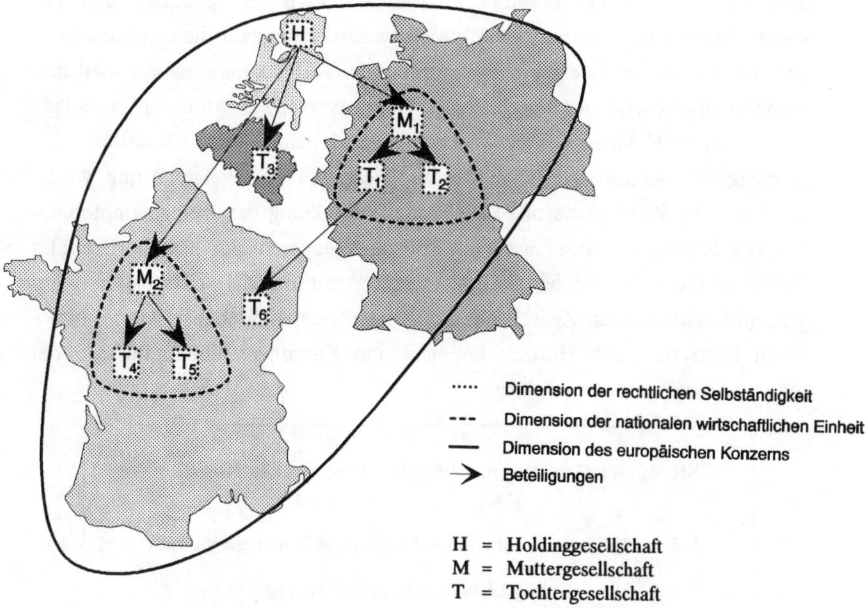

Abb. 13: Dimensionen der Ergebnisermittlung im Konzept der europäischen Konzernbesteuerung

Der nationale interpersonelle Verlustausgleich vollzieht sich automatisch über die Zurechnung der Ergebnisse der Tochtergesellschaften zur Muttergesellschaft. Da die zunächst selbständig auf der Grundlage des Dealing-at-arm's-length-Prinzips ermittelten Ergebnisse der Konzerngesellschaften auch Zwischenergebnisse aus dem Lieferungs- und Leistungsverkehr mit anderen Konzerngesellschaften enthalten, erfolgt im Anschluß an die Zurechnung der Ergebnisse zur Muttergesellschaft eine Neutralisierung der Zwischenergebnisse durch Hinzurechnungen und Kürzungen vom zusammengerechneten Ergebnis.

Insoweit entspricht das Konzept der europäischen Konzernbesteuerung der methodischen Vorgehensweise des französischen "régime de l'intégration fiscale".[123] Auch das US-amerikanische Steuerrecht sieht eine vergleichbare Regelung im Rahmen der "consolidated taxation" mit dem "deferral accounting system" vor. Im Gegensatz zur französischen und US-amerikanischen Regelung beschränkt sich das hier zu entwickelnde Konzept in seinem Anwendungsbereich jedoch nicht auf nationale Konzerne. Erforderlich ist deshalb die Ausweitung des Neutralisierungsumfangs nationaler Zwischenergebnisse und der systemimmanenten interpersonellen Verlustverrechnung auf die supranationale europäische Ebene. Die grenzüberschreitende Verlustkompensation wird methodisch abweichend von der nationalen Verlustverrechnung auf der Grundlage des bereits im Rahmen des Entwurfs einer steuerlichen Verlust-Richtlinie vorgeschlagenen Konzepts des Verlustausgleichs mit Nachversteuerung vorgenommen. Als Konkretisierung und Weiterentwicklung der Reformempfehlungen des Ruding-Komitees wird ein vollständiger vertikaler und horizontaler Verlustausgleich im europäischen Konzern angestrebt. Die Neutralisierung der grenzüberschreitenden Zwischenergebnisse vollzieht sich ebenso wie im nationalen Konzern durch Hinzurechnungen und Kürzungen, die außerhalb der Steuerbilanz vorzunehmen sind.

Stufen der Gewinnermittlung im europäischen Konzern:

1. Selbständige Gewinnermittlung der einzelnen Konzerngesellschaften
2. Zurechnung der Ergebnisse zur nationalen Muttergesellschaft mit anschließender Korrektur des Konzernergebnisses zur Eliminierung erfolgswirksamer innerkonzernlicher Geschäftsbeziehungen
3. Neutralisierung von Zwischenergebnissen aus dem grenzüberschreitenden unionsinternen Geschäftsverkehr und europäischer Verlustausgleich

Abb. 14: Stufen der steuerlichen Gewinnermittlung im europäischen Konzern

123 Vgl. auch Jacobs/Spengel: (Ertragsbesteuerung), 1994, S. 150 f., die die Regelungen der "intégration fiscale" als "brauchbare und praktikable Anregung" für eine Harmonisierung der nationalen Vorschriften zur Konzernbesteuerung innerhalb der EU und als "Vorbild" für die deutsche Organschaft bezeichnen.

2. Voraussetzungen für die Zugehörigkeit zum steuerlichen Konzernkreis

Im Anschluß an die Darstellung der methodischen Grundlagen des Konzepts der europäischen Konzernbesteuerung ist der Frage nachzugehen, welche Kriterien für die Abgrenzung des steuerlichen Konzernkreises herangezogen werden können. Aus betriebswirtschaftlicher Sicht kann die Konzernunternehmung nicht ausschließlich unter Verwendung rechtlicher Kriterien umschrieben werden. Andererseits ist der bereits im zweiten Kapitel diskutierte idealtypische, rein betriebswirtschaftlich orientierte Vorschlag von Bauer[123], zur Abgrenzung des steuerlichen Konzernkreises die tatsächlichen Auswirkungen der Beteiligungsverhältnisse auf die betrieblichen Funktionen der untergeordneten Gesellschaften heranzuziehen, aufgrund der enormen Variationen der Formen und Instrumente der Beeinflussung und der Vielfalt wirtschaftlicher Dependenzen und Interdependenzen zwischen den Konzerngesellschaften wenig praktikabel. Vielmehr sind hinreichend konkrete Merkmale erforderlich, mit deren Hilfe die Zugehörigkeit einer Gesellschaft zum Konzernkreis eindeutig und rechtlich nachprüfbar bestimmt werden kann. Bereits im Zusammenhang mit der Verabschiedung der 7. gesellschaftsrechtlichen EG-Richtlinie, mit der eine Harmonisierung der Vorschriften zur Konzern-Rechnungslegung angestrebt wurde, hat sich gezeigt, daß die Verwendung betriebswirtschaftlicher Abgrenzungsmerkmale zur rechtlichen Konstituierung eines Konzernkreises international nicht konsensfähig ist. Der im Rahmen der Beratungen über die Harmonisierung der Konzern-Rechnungslegung von der deutschen Delegation unterbreitete Vorschlag, die Zusammenfassung mehrerer Unternehmen unter der einheitlichen Leitung eines beherrschenden Unternehmens als Voraussetzung für die Erstellung eines Konzernabschlusses festzulegen, wurde abgelehnt. Die Kommissionsmitglieder präferierten das angelsächsische Control-Konzept, das die rechtlich vorhandenen Beherrschungsmöglichkeiten, wie Stimmrechtsmehrheit oder Abschluß eines Beherrschungsvertrags, in den Vordergrund stellt (Art. 1 Abs. 1 der 7. Richtlinie). Das Konzept der einheitlichen Leitung wurde lediglich unter dem Vorbehalt einer späteren Koordinierung als Mitgliedstaatenwahlrecht ergänzend in die Richtlinie aufgenommen.

123 Vgl. Bauer: (Besteuerung), 1987, S. 34.

Die Vorzüge einer formalistischen Begriffsabgrenzung liegen insbesondere in der höheren Operationalität der eindeutig nachprüfbaren Kriterien.[124] Der betriebswirtschaftliche Ansatz, der auf die einheitliche Leitung oder die funktionelle, personelle oder organisatorische Verknüpfung mehrerer Gesellschaften abstellt, ist zwar theoretisch überzeugender,[125] die rein betriebswirtschaftliche Begriffsfindung bietet aufgrund ihrer Unbestimmtheit im Hinblick auf die zahlreichen unternehmensindividuellen Besonderheiten der Konzernbildung und der Konzernorganisation jedoch keine praktikable Alternative.[126] Darüber hinaus besteht die Möglichkeit, daß die Abgrenzung des Konzernbegriffs wegen der fehlenden rechtlichen Orientierungspunkte de facto nicht einheitlich vorgenommen wird, wenn die Mitgliedstaaten die vorhandenen Ermessensspielräume unterschiedlich ausnutzen. Aus Gründen der Rechtssicherheit müssen betriebswirtschaftlich orientierte Begriffsabgrenzungen für Zwecke der Rechtsangleichung im Bereich des Steuerrechts hinter eine durch konkrete rechtliche Merkmale determinierte Umschreibung des steuerlichen Konzernkreises zurücktreten.

Die Generierung eines Konzepts zur europäischen Konzernbesteuerung erfordert zunächst eine Begrenzung auf Unternehmen, die ihren Sitz oder den Ort der Geschäftsleitung innerhalb der Union haben. Grundsätzlich können alle Unternehmen in den steuerlichen Konzernkreis einbezogen werden, die in ihrem Sitzstaat unbeschränkt steuerpflichtig sowie nicht vollständig oder teilweise von der Körperschaftsteuer befreit sind. Zur Abgrenzung des steuerlichen Konzernkreises ist vorrangig auf die formal-rechtlichen Kriterien abzustellen, die der Muttergesellschaft einen beherrschenden Einfluß auf die Tochtergesellschaft ermöglichen. In der Regel ist für die Einflußnahme auf die strategischen Entscheidungen und die laufende Geschäftspolitik der Tochtergesellschaft eine einfache Stimmrechtsmehrheit ausreichend. Die Mehrheit der Stimmrechte ist deshalb auch hinreichende Voraussetzung für die Verpflichtung zur Erstellung eines handelsrechtlichen Konzernabschlusses (Art. 1 Abs. 1 Buchstabe a) der 7. gesellschaftsrechtlichen EG-Richtlinie). Aus betriebswirtschaftlicher Sicht bilden zwei Gesellschaften erst dann eine wirtschaftliche Einheit, wenn die be-

124 Vgl. Siebourg in Küting/Weber (Hrsg.): (Konzern-Rechnungslegung), 1989, S. 766.

125 Vgl. Kirchner: (Konzernrechnungslegung), 1981, S. 329 ff.

126 Vgl. Bauer: (Besteuerung), 1987, S. 211; Sahner/Kammers: (Abgrenzung), 1983, S. 2149 f.

herrschende Gesellschaft nicht nur die betrieblichen Funktionen und Prozesse der abhängigen Gesellschaft maßgebend beeinflussen kann, sondern darüber hinaus auch in der Lage ist, die betrieblichen Aufbauelemente dieser Gesellschaft im Konzerninteresse festzulegen. Entscheidungen mit konstitutivem Charakter, wie die Festlegung oder Änderung der Unternehmensverfassung im Gesellschaftsvertrag, den Abschluß von Unternehmensverträgen, oder Beschlüsse über das Fortbestehen oder die Beendigung der Gesellschaft bedürfen nach den Vorschriften des deutschen Gesellschaftsrechts[127] der Zustimmung einer qualifizierten Mehrheit in der Gesellschafterversammlung. Für Maßnahmen, die im Rahmen der Eigenfinanzierung zu Veränderungen des Grundkapitals führen (Kapitalerhöhung, Kapitalherabsetzung), ist ebenfalls eine Mehrheit von drei Vierteln des Grundkapitals erforderlich.[128] Eine deutsche Muttergesellschaft kann einen beherrschenden Einfluß, der sich auch auf die konstitutiven Elemente der Tochtergesellschaft erstreckt, somit erst dann ausüben, wenn sie eine qualifizierte Anteilsmehrheit besitzt. Solange der Beteiligungsprozentsatz unter 75 % liegt, verbleibt den Minderheitsgesellschaftern über die Sperrminorität ein bedeutender Einfluß auf zentrale und grundlegende Entscheidungen der Unternehmensführung.[129]

Eine Beteiligungsvoraussetzung von 75 % erscheint auch im Hinblick auf die bestehenden Regelungen der Mitgliedstaaten zur Konzernbesteuerung praktikabel. In allen Staaten, deren Steuersystem spezielle konzernsteuerrechtliche Rechtsinstitute vorsieht, ist eine mindestens 75 %ige Beteiligung Voraussetzung für die Inanspruchnahme der Regelungen zum nationalen innerkonzernlichen Verlustausgleich oder zur Aufstellung einer konsolidierten steuerlichen Erfolgsrechnung. Bis auf Deutschland, Großbritannien und die Republik Irland sehen die Mitgliedstaaten sogar noch höhere Beteiligungsgrenzen vor. In Deutschland ist zwar im Grundsatz nur eine einfache Mehrheit der Stimmrechte erforderlich. Zusätzlich muß aber ein Gewinnabführungsvertrag vorliegen, der nach § 293 Abs. 1 AktG nur mit Zustimmung einer qualifizierten Kapitalmehrheit abgeschlossen werden kann. Vor diesem Hintergrund hat die Europäische Kommission bereits im Zusammenhang mit dem Richtlinienentwurf für eine

127 Vgl. §§ 179 Abs. 2, 262 Abs. 1 Nr. 2, 293 Abs. 1 AktG, §§ 53 Abs. 2, 60 Abs. 1 Nr. 2 GmbHG.

128 Vgl. §§ 182 Abs. 1, 186 Abs. 3, 193 Abs. 1, 202 Abs. 2, 207 Abs. 2, 222 Abs. 1, 229 Abs. 3 AktG.

129 Vgl. Bauer: (Besteuerung), 1987, S. 25.

grenzüberschreitende Verlustkompensation im europäischen Konzern die Auffassung geäußert, daß eine 3/4-Mehrheit "sowohl ein ausreichendes Maß an Gleichbehandlung zwischen Betriebsstätten und Tochtergesellschaften als auch einen bedeutsamen Anwendungsbereich der gemeinschaftlichen Regelung"[130] gewährleistet. In den steuerlichen Konzernkreis des hier vorgeschlagenen Modells zur europäischen Konzernbesteuerung können somit Gesellschaften mit Sitz in einem Unionsstaat einbezogen werden, die über eine mindestens 75 %ige Beteiligung verbunden sind. Die qualifizierte Mehrheit sollte sich sowohl auf die Kapitalanteile als auch auf die Stimmrechte beziehen, weil die gesellschaftsrechtlichen Beherrschungsvoraussetzungen in den einzelnen Staaten nicht einheitlich an den Kapitalanteilen anknüpfen.

Der Richtlinienentwurf der Europäische Kommission zur grenzüberschreitenden Verlustkompensation im Konzern sieht ebenfalls eine Beteiligungsgrenze von 75 % vor.[131] Gleichzeitig sollen der Muttergesellschaft die Mehrheit der Stimmrechte zustehen. In bezug auf den erforderlichen beherrschenden Einfluß auf konstitutive Entscheidungen der Tochtergesellschaft ist jedoch auch eine 75 %ige Stimmrechtsmehrheit notwendig, da bei Beschlüssen, die eine qualifizierte Kapitalmehrheit erfordern, keine stimmrechtslosen Anteile berücksichtigt werden. Unabhängig von den tatsächlichen Beteiligungs- und Stimmrechtsverhältnissen ist aus betriebswirtschaftlicher Sicht auch ein für mehrere Jahre abgeschlossener Beherrschungsvertrag als Voraussetzung für die Einbeziehung einer Gesellschaft in den steuerlichen Konzernkreis ausreichend. Mit einem Beherrschungsvertrag wird die Leitung des abhängigen Unternehmens auf die Muttergesellschaft übertragen. Im Vordergrund der Geschäftsführung der Tochtergesellschaft steht damit nicht mehr das Einzelinteresse der Gesellschaft sondern das Konzerninteresse.

Die Muttergesellschaft muß ihren Sitz in einem Mitgliedstaat der Europäischen Union haben und darf nicht von einer anderen innerhalb der EU ansässigen Gesellschaft beherrscht werden, die ebenfalls die Voraussetzungen für die Einbeziehung in die supranationale Konzernbesteuerung erfüllt. Der Kreis der

---

130 Begründung zur Verlustrichtlinie, KOM (90) 595 endg., Tz. 13.

131 Auch Beusch: (Vorschriften), 1972, S. Q 41 ff., schlägt für eine europäische Regelung eine Mindestbeteiligung von 75 % vor. Er fordert zusätzlich den Abschluß eines Unternehmensvertrags, in dem die Muttergesellschaft die Haftung für das Vermögen der Tochtergesellschaft gegenüber Gläubigern und Minderheitsgesellschaftern übernimmt.

Tochtergesellschaften ist auf Gesellschaften mit Sitz in der Union beschränkt, deren Anteile und Stimmrechte unmittelbar oder mittelbar zu mindestens 75 % von der Muttergesellschaft gehalten werden. Das Beteiligungsverhältnis muß ununterbrochen während des gesamten Wirtschaftsjahres, für das die integrierte Konzernbesteuerung in Anspruch genommen werden soll, bestanden haben. Es ist ausreichend, wenn im mehrstufigen Konzern jede Unternehmensverbindung innerhalb der vertikalen Beteiligungsstruktur auf einer 75 %igen Beteiligung basiert (vgl. Beispiel 1 in Abbildung 15). Im Gegensatz zur deutschen Organschaft ist es jedoch nicht erforderlich, daß jede Beteiligung, auf der eine mittelbare Beteiligung beruht, die 75 %ige Mehrheit gewährt. Die im deutschen Körperschaftsteuerrecht verankerte Regelung würde dazu führen, daß in dem Fall, in dem zwei Konzerngesellschaften zusammen mehr als 75 % der Anteile an einer dritten Gesellschaft halten, aber keine der Beteiligungen 75 % übersteigt, die dritte Gesellschaft nicht in den steuerlichen Konzernkreis einbezogen werden könnte, obwohl ihre Anteile unter Umständen vollständig von Konzerngesellschaften gehalten werden (vgl. Beispiel 2). Die Anwendung des Modells sollte ebenso wie die Einbeziehung einzelner Konzerngesellschaften, die die genannten Voraussetzungen erfüllen, als Wahlrecht ausgestaltet werden, damit die Unternehmungen die individuellen Vorteile der grenzüberschreitenden Konzernbesteuerung mit den aufgrund der höheren Steuerverwaltungskosten entstehenden Nachteilen abwägen können und nicht zur Anwendung eines Besteuerungsmodells verpflichtet sind, bei dem die geringere unmittelbare Steuerbelastung im Einzelfall durch die höhere mittelbare Steuerbelastung überkompensiert werden kann. Die Entscheidung einer Konzernunternehmung für die Anwendung der Regelungen zur europäischen Konzernbesteuerung kann mit Hilfe eines Antrags an die Finanzverwaltung zum Ausdruck gebracht werden. Die Muttergesellschaft muß der Finanzverwaltung ihres Sitzstaates und den Steuerbehörden der Mitgliedstaaten, in denen einzubeziehende Unternehmen ihren Sitz haben, zusätzlich eine Liste zuleiten, in der alle Gesellschaften aufgeführt sind, die Mitglieder des steuerlichen Konzernkreises sind. Den nationalen Finanzverwaltungen kommt die Aufgabe zu, die beantragte Aufnahme der in ihrem Hoheitsgebiet ansässigen Gesellschaften hinsichtlich der Beteiligungsvoraussetzungen zu prüfen. Dabei ist zu beachten, daß nur die Anteile der in den Konzernbesteuerungskreis aufgenommenen Gesellschaften zur Berechnung mittelbarer Beteiligungsquoten herangezogen werden können (vgl. Beispiel 3).

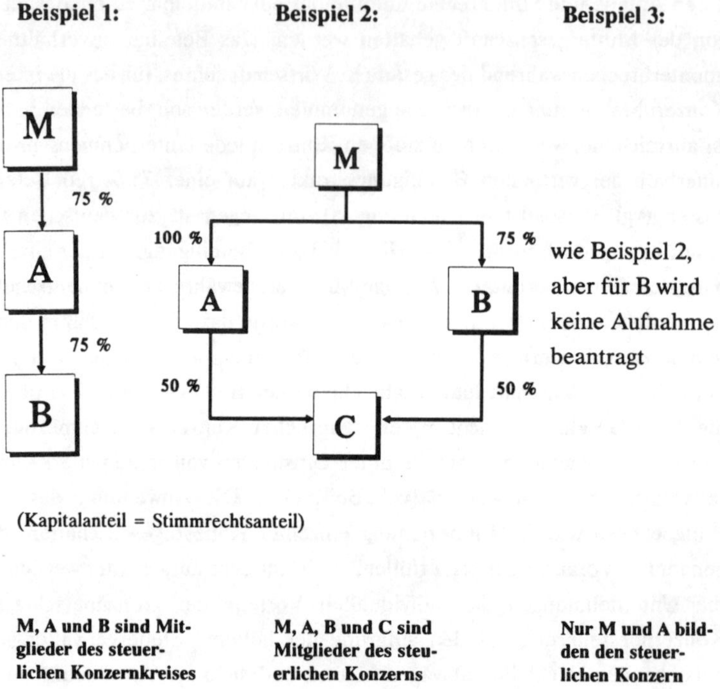

Abb. 15: Beteiligungsstrukturen im Rahmen des Modells zur europäischen Konzernbesteuerung

3. Steuerliche Gewinnermittlung im europäischen Konzern

3.1 Gewinnermittlung auf nationaler Ebene

3.1.1 Zurechnung der Ergebnisse und Behandlung von Gewinnausschüttungen an Minderheitsgesellschafter

Auf der ersten Stufe ermittelt jede Konzerngesellschaft das von ihr erzielte Ergebnis unabhängig von der wirtschaftlichen Einbindung in die Konzernunternehmung. Der konzerninterne Lieferungs- und Leistungsverkehr wird auf der Grundlage des Dealing-at-arm's-length-Prinzips abgerechnet. Die Differenz zwischen dem anzusetzenden Fremdvergleichsentgelt und den Herstellungskosten oder dem Buchwert des Veräußerungsobjekts ist in der Einzelbilanz der liefernden Gesellschaft als Gewinn (Verlust) auszuweisen. Die isolierte Gewinnermittlung auf der Ebene der Konzerngesellschaften führt dazu, daß jede Gesellschaft steuerlich das Ergebnis ausweist, das sie durch die Teilnahme am allgemeinen Geschäftsverkehr erzielt hat. Der separate Erfolgsausweis ermöglicht eine Erfolgslokalisation und damit eine weitgehend verursachungsgerechte Zuordnung der von den einzelnen Teileinheiten der Konzernunternehmung erzielten Ergebnisse auf den Staat der Einkommenserzielung. Gleichzeitig können auf der Grundlage der fremdvergleichsorientierten Gewinnermittlung die im Zusammenhang mit der Beteiligung von Minderheitsgesellschaftern am Kapital der Tochtergesellschaften entstehenden steuerlichen Wirkungen zutreffend erfaßt werden. Die Steuerbelastung für die an Minderheitsgesellschafter ausgeschütteten Gewinnanteile oder für die zu leistenden Ausgleichszahlungen kann dann bereits auf der Ebene der Tochtergesellschaft ermittelt werden. Die Tochtergesellschaften bleiben für diese auf individuellen gesellschaftsrechtlichen Bindungen beruhenden Zahlungen subjektiv und objektiv steuerpflichtig.

Auf der Grundlage der unabhängigen steuerlichen Erfolgsermittlung der Konzerngesellschaften ist auf der zweiten Stufe eine Zurechnung der Ergebnisse zur Muttergesellschaft vorgesehen. Die Zurechnung der Gewinne oder Verluste erfolgt nur im nationalen Konzernkreis. Die Höhe des Zurechnungsbetrags wird nicht direkt von der Beteiligungsquote der Muttergesellschaft bestimmt; er wird allerdings um die an Minderheitsgesellschafter geleisteten Gewinnausschüttungen und Sonderzahlungen sowie die darauf entfallende Körperschaftsteuer gemindert. Die Einkommenszurechnung bewirkt, daß das Ergebnis des nationalen Konzerns oder Teilkonzerns als Konzernergebnis auf der Ebene der Muttergesellschaft besteuert wird. Gewinnausschüttungen innerhalb des nationalen Konzerns sind steuerlich unbeachtlich. Unabhängig von den tatsächlich an die Muttergesellschaft gezahlten Dividenden ist der Muttergesellschaft zur Ermittlung des steuerlichen Konzernergebnisses das in der Steuerbilanz der Tochtergesellschaft ausgewiesene Ergebnis unter Abzug der auf Minderheitsgesellschafter entfallenden Brutto-Ausschüttungen zuzurechnen. Die Zurechnung führt automatisch zu einem interpersonellen Verlustausgleich auf nationaler Ebene.

3.1.2 Korrekturen des addierten Konzernergebnisses zur Berücksichtigung der wirtschaftlichen Einheit

Die Dimension der nationalen wirtschaftlichen Einheit erfordert die Besteuerung eines Konzernergebnisses, das nur Erfolgsbeiträge enthält, die aus der Sicht der Konzernunternehmung am Markt realisiert sind. Die in den Einzelergebnissen und dem addierten Konzernergebnis enthaltenen Zwischengewinne dürfen das zu versteuernde Einkommen des Konzerns erst im Zeitpunkt des endgültigen Übergangs des Wirtschaftsgutes vom Unternehmungs- in den Marktbereich erhöhen. Die zweite Stufe der nationalen Konzernbesteuerung soll sich aus diesem Grund nicht auf eine reine Addition der steuerlichen Ergebnisse der Einzelgesellschaften beschränken, wie sie z. B. bei der Zurechnung der Ergebnisse von Tochtergesellschaften zur Muttergesellschaft im Rahmen der deutschen Organschaft oder der dänischen "sambeskatning" vorgesehen ist. Konzerninterne Geschäftsvorfälle, die sich auf das Konzernergebnis auswirken, müssen deshalb neutralisiert werden. Als konzerninterner Geschäftsvorfall oder konzerninterne Transaktion gelten Lieferungen von Gegenständen des Anlage- oder Umlaufvermögens, Übertragungen von immateriellen Vermögensgegenständen und die Erbringung von Leistungen zwischen rechtlich selbständigen Teileinheiten eines steuerlichen Konzernkreises. Dividenden, Kapitaleinlagen und Ausschüttungen von Liquidationsgewinnen bleiben in diesem Zusammenhang ausdrücklich ausgenommen.

Zur Vereinfachung des Neutralisierungsvorgangs können die konzerninternen Transaktionen in Abhängigkeit von der weiteren Verwendung und der bilanziellen Behandlung der erbrachten Leistungen bei der erwerbenden Gesellschaft in zwei Gruppen eingeteilt werden. In Anlehnung an das US-amerikanische Steuerrecht[132] sind Transaktionen, die bei der liefernden Gesellschaft zu einem Ertrag führen, dem innerhalb desselben Abrechnungszeitraums bei der empfangenden Gesellschaft ein Aufwand in gleicher Höhe gegenübersteht, im Rahmen der steuerlichen Einkommensermittlung des Konzerns unbeachtlich. Die korrespondierenden Beträge neutralisieren sich hinsichtlich der Erfolgswirksamkeit aufgrund ihres inversen Charakters. Beispiele für innerkonzernli-

---

132 Regs. 1.1501 - 1.1505 IRC. Vgl. auch Pratt/Burns/Kulsrud: (Taxation), 1992, S. 8.18 ff.; Bittker/Eustice: (Taxation), 1990, Chapter 15, S. 1-84; von Kessel: (Konzernbesteuerung), 1974, S. 147 ff.; Mühlschlegel: (Gewinnermittlung), 1971, S. 48 ff.

che Geschäftsvorfälle, die aus diesem Grund nicht in den Korrekturmechanismus einbezogen werden müssen, sind Miet- und Pachtzahlungen, Zinsen aufgrund zwischengesellschaftlicher Schuldverhältnisse sowie die Erbringung von Transport-, Verwaltungs-, Versicherungs-, Beratungs- oder ähnlicher Dienstleistungen, soweit sie bei der erwerbenden Gesellschaft nicht als Anschaffungsnebenkosten in den Bilanzansatz eines konzernintern übertragenen Wirtschaftsgutes einbezogen werden. Dabei ist es für Zwecke der Neutralisierung von Zwischengewinnen nicht maßgeblich, ob die Verrechnung der Dienstleistungen auf der Basis von Einzelabrechnungen oder mit Hilfe von Kostenumlagen erfolgt. Außerdem brauchen Erträge und Aufwendungen aus der innerkonzernlichen Übertragung von Wirtschaftsgütern nicht neutralisiert zu werden, wenn im selben Wirtschaftsjahr bei der erwerbenden Gesellschaft eine Weiterveräußerung an konzernfremde Dritte erfolgt, weil die Wirtschaftsgüter mit der Weiterveräußerung die Konzernunternehmung verlassen und somit auch die bei der innerkonzernlich liefernden Gesellschaft entstandenen Erfolgsbeiträge in dem betreffenden Wirtschaftsjahr realisiert werden.

Im Gegensatz zu den sofort realisierten und deshalb im Rahmen von Korrekturen des addierten Konzernergebnisses unbeachtlichen Zwischenergebnissen führt die zweite Gruppe der konzerninternen Transaktionen zu Erträgen und Aufwendungen, die sich in unterschiedlichem Umfang oder in verschiedenen Abrechnungszeiträumen auf das zu versteuernde Einkommen der einzelnen Konzerngesellschaften auswirken. Ein entsprechender Effekt tritt immer dann ein, wenn ein übertragenes Wirtschaftsgut bei der erwerbenden Konzerngesellschaft aktiviert wird. Der erfolgsneutralen Aktivierung steht bei der liefernden Gesellschaft ein Ertrag (Zwischengewinn) gegenüber, der aus dem Ansatz des Fremdvergleichspreises resultiert und aus dem Gewinnaufschlag, dem Produktionsgewinn oder der Auflösung stiller Rücklagen besteht. Der Konzerngewinn ist somit im Jahr der Lieferung um den in den Anschaffungskosten der aktivierenden Gesellschaft enthaltenen Zwischengewinn zu hoch ausgewiesen. Weil aus Konzernsicht keine Realisierung am Markt stattgefunden hat, sind diese Beträge im Rahmen der Ermittlung des steuerlichen Konzernergebnisses vom addierten Erfolg zu kürzen.

Die Neutralisierung von Zwischengewinnen führt nicht zu einer endgültigen Steuerersparnis sondern lediglich zu einem Steueraufschub, weil die auf Konzernebene vom addierten Ergebnis gekürzten und damit vorübergehend steuerfrei gestellten Zwischengewinne in den folgenden Wirtschaftsjahren wieder in das steuerliche Ergebnis des Konzerns einbezogen werden. Die "Wiederbelebung" der aufgeschobenen Erfolgsbeiträge erfolgt im Zeitpunkt der Auflösung der aktivierten Beträge in der Bilanz der erwerbenden Gesellschaft. Aus diesem Grund werden entsprechende Geschäftsvorfälle im US-amerikanischen Steuerrecht als "deferred intercompany transactions"[133] bezeichnet. Es kann sich um einen einmaligen oder einen ratierlichen Auflösungsvorgang handeln. Die Zwischengewinne aus einer innerkonzernlichen Übertragung von nicht abnutzbarem Anlagevermögen werden im Jahr ihrer Veräußerung an konzernfremde Dritte realisiert und in die Steuerbemessungsgrundlage des Konzerns einbezogen. Ein einmaliger Auflösungsvorgang liegt ebenfalls vor, wenn eine Gesellschaft aus dem steuerlichen Konzernkreis ausscheidet. In diesem Fall sind alle aufgeschobenen Zwischenergebnisse, die aus Vertragsbeziehungen mit der ausscheidenden Gesellschaft stammen, dem Konzernergebnis hinzuzurechnen.

Eine Auflösung der neutralisierten Zwischengewinne über mehrere Wirtschaftsjahre erfolgt im Anschluß an die Übertragung von abnutzbaren Wirtschaftsgütern. In der Einzelbilanz der erwerbenden Gesellschaft werden die Abschreibungen auf der Grundlage der tatsächlichen Anschaffungskosten berechnet. Dabei besteht keine Bindung an die möglicherweise bereits von der veräußernden Gesellschaft angewandten Abschreibungsmethoden. Aus Konzernsicht handelt es sich bei konzernintern übertragenen Anlagegütern um selbsterstellte Wirtschaftsgüter, die lediglich mit den innerhalb der Unternehmung angefallenen Herstellungskosten anzusetzen sind. Da die tatsächliche Abschreibungsbasis bei der empfangenden Gesellschaft jedoch Zwischengewinne enthält, wird der Abschreibungsaufwand aus Konzernsicht um die auf die Zwischengewinne entfallenden Abschreibungen zu hoch ausgewiesen. Die im Jahr der innerkonzernlichen Veräußerung neutralisierten Zwischengewinne müssen deshalb in den Folgejahren in Höhe der auf die Zwischengewinne entfallenden Abschreibungen wieder in das Konzernergebnis einbezogen werden. Der Korrekturbetrag ergibt sich aus folgender Formel:

---

133 Reg. 1.1502-13(a)(2) IRC. Der komplementäre Begriff wird wenig phantasievoll als "intercompany transactions other than deferred intercompany transactions" negativ abgegrenzt.

$$\text{Korrekturbetrag} = \text{Abschreibungsbetrag} \times \frac{\text{Zwischengewinn}}{\text{Kaufpreis}}$$

Erfolgsbeiträge aus innerkonzernlichen Geschäftsbeziehungen, die das steuerliche Ergebnis der liefernden Gesellschaft mindern (Zwischenverluste), dürfen im Rahmen der Einkommensermittlung des Konzerns nicht neutralisiert werden, wenn auch die Konzernunternehmung als selbständiges Steuersubjekt einen entsprechenden Verlust hätte realisieren müssen. Die Anwendung des imparitätischen Realisationsprinzips erfordert einen erfolgswirksamen Ausweis negativer Erfolgsbeiträge bereits im Zeitpunkt ihrer wirtschaftlichen Verursachung und nicht erst, wie bei Gewinnen, im Zeitpunkt des Übergangs eines Wirtschaftsgutes aus dem Unternehmungs- in den Marktbereich. Sind beispielsweise die Kosten eines von einer Konzerngesellschaft hergestellten Wirtschaftsgutes im Zeitpunkt der konzerninternen Transaktion höher als der Marktpreis, entsteht bei der veräußernden Gesellschaft aufgrund des zwingenden Ansatzes des Fremdvergleichspreises ein Veräußerungsverlust. Soweit dieser negative Erfolgsbeitrag wegen des Vorsichtsprinzips auch in einer einheitlichen Konzern-Steuerbilanz über eine Abschreibung auf den niedrigeren Wert hätte ausgewiesen werden müssen, ist keine Korrektur des addierten Konzernergebnisses erforderlich. Zwischenverluste aus Lieferungs- und Leistungsbeziehungen zwischen Konzerngesellschaften sind deshalb grundsätzlich nur dann erfolgswirksam zu neutralisieren, wenn die im Sitzstaat der nationalen wirtschaftlichen Einheit anzuwendenden steuerrechtlichen Bewertungsvorschriften für selbständige Steuersubjekte im Einzelfall keine Verpflichtung zum Ansatz des niedrigeren Marktpreises enthalten.

Eine Hinzurechnung ist allerdings erforderlich, wenn eine Konzerngesellschaft Rückstellungen für ungewisse Verbindlichkeiten aus schwebenden Geschäften mit anderen Teileinheiten der Konzernunternehmung gebildet hat. Weil es sich bei der Verbindlichkeit nicht um eine vertragliche Verpflichtung gegenüber außenstehenden Dritten, sondern aus betriebswirtschaftlicher Sicht lediglich um innerbetriebliche Vereinbarungen oder unternehmungsinterne Umlagen handelt, dürfen die daraus entstehenden Beträge im Rahmen einer steuerlichen Gewinnermittlung der Konzernunternehmung nicht erfolgswirksam werden. Der im Jahr der Bildung der Rückstellung dem Konzernergebnis hinzugerechnete Rückstellungsaufwand ist im Jahr der Leistung der rückstellungsverursachenden Verpflichtung wieder vom Konzernergebnis zu kürzen. Damit wird gleichzeitig sichergestellt, daß der bei der leistungsempfangenden Gesellschaft ausgewiesene außerordentliche Ertrag in seiner Auswirkung auf das vom Konzern zu versteuernde Einkommen neutralisiert wird, und das Konzernergebnis insgesamt von dem "innerbetrieblichen Vorgang" unberührt bleibt.

Technisch erfolgt die Neutralisierung der Zwischenergebnisse durch Kürzungen und Hinzurechnungen vom zusammengefaßten Konzernergebnis. Die entsprechenden Korrekturen sind außerhalb der Bilanz der Muttergesellschaft vorzunehmen; sie haben keinerlei Auswirkungen auf die Ergebnisermittlung der einzelnen Konzerngesellschaften. Den Unionsstaaten gehen mit der Anwendung dieser Methodik der steuerwirksamen Neutralisierung von Zwischenergebnissen keine Besteuerungsgrundlagen verloren. Die an der Konzernunternehmung orientierte Betrachtungsweise führt lediglich zu einer Verlagerung von Steuereinnahmen in zukünftige Perioden und somit zu einem Steueraufschub für die Konzernunternehmung. In Anlehnung an die Regelungen des französischen "nouveau régime de l'intégration fiscale" und die vergleichbaren Vorschriften des US-amerikanischen "deferral accounting systems" ist das zusammengefaßte Ergebnis des nationalen Konzerns oder Teilkonzerns um folgende Aufwands- und Ertragskomponenten zu korrigieren:

(1) Kürzungen

- **Zwischengewinne aus der konzerninternen Veräußerung von Wirtschaftsgütern**

  Gewinne aus der konzerninternen Veräußerung von Wirtschaftsgütern sind im Veräußerungsjahr vom Gesamtergebnis abzuziehen. Der Abzug ist nur vorzunehmen, wenn das übertragene Wirtschaftsgut am Bilanzstichtag bei der erwerbenden Konzerngesellschaft aktiviert ist. Die Kürzung neutralisiert den bei der liefernden Gesellschaft ausgewiesenen Gewinn, der aus Konzernsicht noch nicht am Markt realisiert ist. Bei der Eliminierung von Gewinnen aus der Veräußerung von Gegenständen des Vorratsvermögens können aus Vereinfachungsgründen die branchenüblichen Verbrauchsfolgeverfahren (LIFO, FIFO) unterstellt werden.

- **Abschreibungen konzernintern angeschaffter Wirtschaftsgüter**
(bei vorheriger Hinzurechnung eines Zwischenverlustes)

Soweit in Vorperioden eine Neutralisierung des Zwischenverlustes durch Hinzurechnung des negativen Erfolgsbeitrags aus einer innerkonzernlichen Veräußerung vorgenommen wurde, ist das Konzernergebnis in den Folgejahren um die fiktiv auf den Zwischenverlust entfallenden Abschreibungen zu mindern.

- **Erträge, die bei einer anderen Konzerngesellschaft in Vorjahren zu einer Rückstellung für ungewisse Verpflichtungen geführt haben**

(2) Hinzurechnungen

- **Aufgeschobene Zwischengewinne im Zeitpunkt ihrer Realisation**

Abschreibungen konzernintern angeschaffter Wirtschaftsgüter
(bei vorheriger Neutralisierung eines Zwischengewinns)

In Höhe des in den Anschaffungskosten der erwerbenden Gesellschaft enthaltenen Zwischengewinns wird das steuerliche Ergebnis der erwerbenden Gesellschaft im Vergleich zu einer auf den konzerninternen Herstellungskosten basierenden Abschreibung im Zeitablauf zu niedrig ausgewiesen. Der dem Konzernergebnis in den Jahren der Abschreibung hinzuzurechnende Betrag ist auf der Grundlage der bereits entwickelten Formel zu ermitteln.

Veräußerung eines in Vorjahren konzernintern übertragenen Wirtschaftsgutes an fremde Dritte

Im Jahr der Weiterveräußerung eines zuvor konzernintern übertragenen Wirtschaftsgutes an einen konzernfremden Abnehmer wird nicht nur der von der weiterveräußernden Gesellschaft realisierte Gewinn, sondern auch der bereits auf der Ebene der ursprünglich liefernden Konzerngesellschaft erzielte Gewinn realisiert. Der Gewinn der ursprünglich liefernden Konzerngesellschaft ist im Zeitpunkt der innerkonzernlichen Veräußerung vom Konzernergebnis abgezogen worden. Ein entsprechender Betrag muß deshalb im dem Jahr, in dem das Wirtschaftsgut die Konzernunternehmung verläßt, dem Konzernergebnis wieder hinzugerechnet werden. Wird ein abnutzbares Wirtschaftsgut weiterveräußert, das zwischen der konzerninternen Lieferung und der Weiterveräußerung bei der weiterveräußernden Konzerngesellschaft aktiviert worden ist, sind die zwischenzeitlich vorgenommenen Abschreibungskorrekturen im Rahmen der Ermittlung des hinzuzurechnenden Betrags zu berücksichtigen.

Noch nicht realisierte Zwischengewinne im Zeitpunkt des Ausscheidens einer Gesellschaft aus dem Konzernkreis

Scheidet eine Gesellschaft aus dem steuerlichen Konzern aus, sind alle Zwischengewinne, die bei dieser Gesellschaft entstanden, neutralisiert und noch nicht wieder realisiert worden sind, dem Konzernergebnis des Jahres, in dem die Gesellschaft ausscheidet, hinzuzurechnen, um eine Besteuerung der aufgeschobenen Gewinne sicherzustellen.

- **Abschreibungen auf Forderungen**

Schuldbeziehungen zwischen den Konzerngesellschaften dürfen das steuerliche Konzernergebnis nicht beeinflussen, da es sich um innerbetriebliche Vorgänge handelt. In der Regel stehen sich die aus schuldrechtlichen Beziehungen resultierenden Erträge und Aufwendungen in gleicher Höhe gegenüber. Soweit jedoch bei der Gläubigergesellschaft Abschreibungen auf Forderungen vorgenommen worden sind, müssen diese Wertberichtigungen dem Konzernergebnis wieder hinzugerechnet werden.

- **Abschreibungen auf den Beteiligungsbuchwert**

In einigen Mitgliedstaaten können bei nachhaltigen Verlusten ausländischer Tochtergesellschaften Abschreibungen auf den Buchwert der Beteiligung vorgenommen werden (z. B. Abschreibung auf den niedrigeren Teilwert gemäß § 6 Abs. 1 Nr. 2 des deutschen EStG i.V.m. § 8 Abs. 1 KStG)[134]. Verluste nationaler Tochtergesellschaften mindern das Konzernergebnis jedoch bereits über die Zurechnung der Ergebnisse zur Muttergesellschaft. Die von der Muttergesellschaft vorgenommenen Abschreibungen sind dem Konzernergebnis wieder hinzuzurechnen, da die parallele Anwendung der Buchwertberichtigung und der Ergebniszurechnung ohne eine entsprechende Korrektur zu einer doppelten Erfassung der Verluste führt.

---

134 Vgl. BFH vom 7.11.1990, BStBl 1991 II, S. 342 ff.; BFH vom 23.9.1968, BStBl 1970 II, S. 87 ff. Vgl. auch Oesterle/Gauß: (Überlegungen), 1991, S. 317 ff.

Entsprechend ist bei vergleichbaren Regelungen in anderen Mitgliedstaaten zu verfahren.

- **Zwischenverluste**

  Wegen des zwingenden Ansatzes des Fremdvergleichspreises können bei konzerninternen Veräußerungsvorgängen Zwischenverluste entstehen. Diese negativen Erfolgsbeiträge sind nur hinzuzurechnen, wenn im Rahmen einer (fiktiven) konzerneinheitlichen Gewinnermittlung keine Abschreibung des übertragenen Wirtschaftsgutes auf den niedrigeren Marktpreis hätte vorgenommen werden müssen.

- **Rückstellungsaufwand für ungewisse Verpflichtungen gegenüber anderen Konzerngesellschaften im Jahr der Bildung der Rückstellung**

Die Vorgehensweise und die Wirkungen der vorgeschlagenen Methodik zur Neutralisierung von Zwischenergebnissen im nationalen Konzern werden mit Hilfe des folgenden Fallbeispiels illustriert:

Die französische A-S.A., die Konsumgüter produziert, optiert mit ihren Tochtergesellschaften B-S.A. (Maschinenbau) und C-S.A. (Vertrieb), an denen sie jeweils 80 % der Kapitalanteile und Stimmrechte hält, für die Besteuerung nach dem hier vorgeschlagenen Konzept. Die Gesellschaften weisen in den Jahren 1-3 folgende Ergebnisse aus:

	A	B	C
1	100	-150	150
2	150	-100	100
3	200	-200	150

Die Ergebnisse wurden durch folgende innerkonzernliche Transaktionen beeinflußt:

1. Zu Beginn des Jahres 1 liefert B eine Maschine zum Preis von 80 GE an A. Die Herstellungskosten betragen 50 GE. A aktiviert die Maschine im Anlagevermögen und schreibt sie linear über fünf Jahre ab. Im Januar des Jahres 3 wird die Anlage wegen geringer Auslastung für 50 GE an die X-S.A. verkauft.

2. A überträgt jedes Jahr 20 Einheiten Konsumgüter an C. Der Marktpreis pro Einheit steigt von 5 GE im Jahr 1 über 5,5 GE im Jahr 2 auf 6 GE im Jahr 3. Die Herstellungs-

kosten steigen im gleichen Zeitraum von 2 über 3 auf 4 GE. C verkauft im ersten Jahr 5 Einheiten, im zweiten Jahr 20 Einheiten und im dritten Jahr 35 Einheiten der von A gelieferten Konsumgüter an konzernfremde Abnehmer.

Das zusammengefaßte Konzernergebnis ist um die erfolgswirksamen Zwischengewinne zu korrigieren:

Jahr 1: Das vorläufige Konzernergebnis (100 GE) ist zunächst um den Zwischengewinn aus der Lieferung der Maschine von B an A (80 - 50 = 30 GE) zu kürzen. Außerdem sind die bei A auf den Zwischengewinn vorgenommenen Abschreibungen zu berichtigen (16 x 30/80 = 6 GE). Aus dem Verkauf von Konsumgütern von A an C resultiert ein Zwischengewinn von 60 GE. Da C 5 Einheiten weiterveräußern konnte, ist der auf diese Einheiten entfallende Betrag (15 GE) sofort durch Geschäfte mit fremden Dritten realisiert worden und muß deshalb nicht neutralisiert werden. Vom Konzernergebnis sind deshalb nur 45 GE abzuziehen. Insgesamt ergibt sich ein steuerpflichtiges Ergebnis des Konzerns in Höhe von 100 - 30 + 6 - 45 = 31 GE.

Im Jahr 2 ist ebenfalls eine Abschreibungskorrektur in Höhe von 6 GE vorzunehmen. Außerdem ist der Zwischengewinn aus dem Innenumsatz der Konsumgüter (2,5 x 20 = 50 GE) zu neutralisieren. Bei Anwendung des FIFO-Verfahrens werden von den in diesem Jahr übertragenen Konsumgütern nur 5 Einheiten weiterveräußert. Somit wird ein Zwischengewinn in Höhe von 2,5 x 5 = 12,5 GE sofort realisiert und braucht deshalb nicht vom Konzernergebnis gekürzt zu werden. Deshalb sind nur 50 - 12,5 = 37,5 GE als Zwischengewinn abzuziehen. Andererseits ist mit der Veräußerung von 15 Einheiten, die bereits in der Vorperiode beschafft worden sind, der im Jahr 1 neutralisierte Zwischengewinn von 45 GE zu realisieren, so daß das zu versteuernde Konzernergebnis 150 + 6 - 37,5 + 45 = 163,5 GE beträgt.

Jahr 3: Die zu Beginn des Jahres mit 48 GE aktivierte Maschine wird für 50 GE veräußert. Mit dieser Veräußerung werden die im Zeitpunkt der innerkonzernlichen Transaktion aufgeschobenen Zwischengewinne realisiert, die noch nicht über die Abschreibungskorrektur freigesetzt worden sind. Deshalb sind dem Veräußerungsgewinn von A aus Konzernsicht 18 GE hinzuzurechnen. Der Zwischengewinn aus der Übertragung der Konsumgüter beträgt im dritten Jahr 20 x 2 = 40 GE. Von den 20 in diesem Jahr gelieferten Einheiten werden alle weiterveräußert, so daß keine erfolgswirksame Korrektur des Konzernergebnisses erforderlich ist. Der auf die 15 im Vorjahr erhaltenen Einheiten entfallende Zwischengewinn (37,5 GE) ist wegen der in diesem Jahr erfolgenden Veräußerung an Konzernfremde dem Ergebnis wieder hinzuzurechnen. Das zu versteuernde Konzernergebnis beträgt 150 + 18 + 37,5 = 205,5 GE.

Für die Konzernunternehmung ergibt sich aus der Anwendung dieser Methodik keine endgültige Steuerersparnis:

	Im Konzern zu versteuerndes Einkommen ohne Zwischengewinneliminierung	Im Konzern zu versteuerndes Einkommen mit Zwischengewinneliminierung
Jahr 1	100	31
Jahr 2	150	163,5
Jahr 3	150	205,5
Summe	400	400

Der Vorteil liegt jedoch in den mit dem Steueraufschub verbundenen positiven Liquiditäts- und Zinswirkungen und der grundsätzlichen Vermeidung der Besteuerung noch nicht am Markt realisierter Gewinne. Mit der Neutralisierung von Zwischengewinnen kann eine Steuerbelastung vermieden werden, die aus der Unternehmungssubstanz getragen werden müßte. Im Beispielfall entsteht im ersten Jahr ein Liquiditätsvorteil in Höhe des auf 69 GE entfallenden Steuerbetrags. Dieser Betrag kann ein Jahr lang in eine andere Verwendungsform investiert werden. Der auf 55,5 GE entfallende Steuerbetrag ist ein weiteres Jahr disponibel.

Unabhängig von der Beteiligungsquote werden die Zwischenergebnisse vollständig neutralisiert. Eine quotale Hinzurechnung oder Kürzung, wie sie von Scheffler[135] präferiert wird und auch dem Vorschlag von Rupp[136] zugrunde liegt, ist aus betriebwirtschaftlicher Sicht nicht konsequent, da der Umfang der Ergebniseinheit nicht von der Beteiligungsquote abhängig sein darf, auf der die Unternehmensverbindung beruht. Die von Scheffler und Rupp vorgetragenen Überlegungen basieren auf der Interessentheorie, die die Konzernbilanz nicht als Bilanz der Konzernunternehmung sondern als erweiterten Abschluß der

135 Scheffler: (Grundzüge), 1991, S. 712 f., schlägt vor, zur Korrektur des zusammengefaßten Konzernergebnisses, die Gewinne aus konzerninternen Lieferungen "in Höhe der Beteiligungsquote von Konzernunternehmen am liefernden Unternehmen außerhalb der Bilanz zu kürzen".

136 Rupp: (Ertragsbesteuerung), 1983, S. 212 ff., legt seinem Konzept die handelsrechtliche Equity-Methode zugrunde. Der Muttergesellschaft wird das um Zwischenergebnisse bereinigte steuerliche Ergebnis der Tochtergesellschaft nur in Höhe ihrer Beteiligungsquote zugerechnet.

Muttergesellschaft betrachtet,[137] der primär zur Befriedigung des Informationsbedarfs der Gesellschafter des Mutterunternehmens erstellt wird.[138] Das auf Minderheitsgesellschafter entfallende Ergebnis gilt als nicht durch die wirtschaftliche Einheit des Konzerns verursacht. Die wirtschaftliche Einheit wird auf den Status quo der Eigentumsverhältnisse begrenzt. Ein Konzern ist in praxi dadurch gekennzeichnet, daß er eine wirtschaftliche Planungs- und Entscheidungseinheit darstellt, die gleichzeitig Steuerungs- und Kontrolleinheit ist.[139] Die Muttergesellschaft ist in der Lage, die Geschäftspolitik der Tochtergesellschaften mit der Unternehmungspolitik des Konzerns abzustimmen. Somit erstreckt sich die beherrschende Stellung der Muttergesellschaft auf den gesamten Bereich der wirtschaftlichen Aktivitäten der abhängigen Unternehmen. Die Tochtergesellschaften sind nicht nur in Höhe der von anderen Konzerngesellschaften gehaltenen Kapitalanteile Bestandteil der wirtschaftlichen Einheit. Auch wenn Minderheitsgesellschafter an einer Tochtergesellschaft beteiligt sind, ist die abhängige Gesellschaft als unternehmerisches Ganzes in das übergeordnete System der Konzernunternehmung eingebunden. Der interessentheoretische Ansatz der Aufteilung der Zwischenergebnisse auf Konzerngesellschafter und Minderheitsgesellschafter der Tochtergesellschaften widerspricht den Erkenntnissen der Einheitstheorie. Zum anderen wird der hinter der Interessentheorie stehenden Zielsetzung, den Minderheitsgesellschaftern den ihnen zustehenden Anteil am Ergebnis der Konzerngesellschaft zurechnen zu können, im hier vorgeschlagenen Modell der europäischen Konzernbesteuerung bereits über die zunächst selbständige Gewinnermittlung der Konzerngesellschaften entsprochen.

Zur Erfassung und Neutralisierung der Zwischenergebnisse sind zusätzliche Aufzeichnungspflichten erforderlich. Es muß sichergestellt werden, daß die mit

137 Vgl. Fuchs/Gerloff: (Bilanz), 1954, S. 64. Zum interessentheoretischen Ansatz vgl. Adler/Düring/Schmaltz: (Kommentar), Vorbemerkungen zu §§ 290-315 HGB, Tz. 20 ff. Die Minderheitsgesellschafter der Tochtergesellschaften werden nicht als Konzerngesellschafter sondern als außenstehende Dritte angesehen. Konsequenz dieser Konzeption ist die Aufteilung des Ergebnisses der Tochtergesellschaften auf Konzerngesellschafter und externe Minderheitsgesellschafter, wobei nur der Teil des Gewinns in den Konzerngewinn einfließt, der der Höhe der Beteiligung anderer Konzerngesellschaften am Eigenkapital der Tochtergesellschaft entspricht. Die auf Minderheitsgesellschafter entfallenden Gewinnanteile werden modelltheoretisch als Aufwand behandelt.

138 Vgl. Dreger: (Konzernabschluß), 1969, S. 41.

139 Vgl. Scheffler: (Konzernmanagement), 1992, S. 1.

der konzerninternen Anschaffung verbundenen Erfolgsbeiträge erst im Zeitpunkt ihrer Realisation am Markt als Gewinn ausgewiesen und besteuert werden. Dieser Anforderung kann in der Regel mit Hilfe einer jährlichen Fortschreibung von Sonderkonten für die übertragenen Wirtschaftsgüter entsprochen werden. Aus diesen Aufzeichnungen müssen mindestens der für die konzerninterne Transaktion angesetzte Fremdvergleichspreis (Anschaffungskosten der erwerbenden Gesellschaft), der mit dieser Übertragung entstandene Zwischengewinn und der zwischenzeitlich durch Abschreibungen oder Veräußerungen realisierte Zwischengewinn ersichtlich sein.

3.2 Gewinnermittlung auf europäischer Ebene

3.2.1 Vermeidung der Doppelbesteuerung konzernintern ausgeschütteter Gewinne

Die Verabschiedung und Umsetzung der Mutter-Tochter-Richtlinie war ein bedeutender Schritt zur Vermeidung der internationalen Doppel- oder Mehrfachbesteuerung von ausgeschütteten Gewinnen zwischen verbundenen Unternehmen in der Europäischen Union. Mit der Abschaffung der Quellenbesteuerung für innerhalb der Union ausgeschüttete Gewinne und der Einführung der Anrechnungs- oder Freistellungsmethode in allen Mitgliedstaaten wurden die bisher bestehenden Wettbewerbsnachteile internationaler Konzerne gegenüber nationalen Unternehmensverbindungen vermindert. Als Reaktion auf die Ergebnisse des Ruding-Komitees hat die Europäische Kommission dem Ministerrat am 26.7.1993 einen Vorschlag zur Änderung der Mutter-Tochter-Richtlinie vorgelegt, mit dem primär das Ziel verfolgt wird, den Anwendungsbereich der Richtlinie auf alle Unternehmen zu erweitern, die in einem Mitgliedstaat ihren Sitz oder den Ort ihrer Geschäftsleitung haben und unbeschränkt körperschaftsteuerpflichtig sind.[140] Die wesentlichsten Probleme der Doppelbesteuerung innerkonzernlicher Gewinnausschüttungen können mit den von der Kom-

---

140 Vorschlag für eine Richtlinie des Rates zur Änderung der Richtlinie 90/435/EWG vom 23. Juli 1990 über das gemeinsame Steuersystem der Mutter- und Tochtergesellschaften verschiedener Mitgliedstaaten, KOM(93) 293 endg. vom 26.7.1993, S. 12 ff.

mission ergriffenen und bereits umgesetzten Maßnahmen sowie den vorgesehenen Änderungen gelöst werden.

Mit der Anwendung der Anrechnungsmethode kann jedoch nicht in jedem Fall eine vollständige Vermeidung der Doppelbesteuerung sichergestellt werden. Die Anrechnungsmethode ist im internationalen Steuerrecht in der Regel mit einer Beschränkung des Anrechnungshöchstbetrags verbunden. Art. 4 der Mutter-Tochter-Richtlinie sieht ebenfalls eine Begrenzung auf die Höhe der inländischen Steuer vor, die auf die ausländischen Einkünfte entfällt. Die von der ausländischen Tochtergesellschaft im Ausland auf die ausgeschütteten Gewinne gezahlte Steuer kann somit bei der inländischen Muttergesellschaft nicht vollständig berücksichtigt werden, wenn das ausländische Steuerniveau höher ist als das inländische. Eine vollständige Vermeidung der Doppelbesteuerung von Gewinnausschüttungen kann deshalb nur bei einheitlicher Anwendung der Freistellungsmethode erreicht werden. Mit dieser Methode erfolgt eine eindeutige und überschneidungsfreie Zuordnung des Steuerobjekts auf den Staat der Einkunftserzielung. Aus der generellen Anwendung der Freistellungsmethode folgt jedoch, daß ausländische Einkünfte grundsätzlich nur dem Steuerniveau des Quellenstaates unterliegen. Das damit verwirklichte Prinzip der Kapitalimportneutralität wird allerdings unionsweit wohl erst dann akzeptiert werden, wenn die Harmonisierung der Steuersysteme oder zumindest die Rechtsangleichung im Hinblick auf die zur Zeit noch sehr unterschiedlichen Gewinnermittlungsmethoden, Ansatz- und Bewertungsvorschriften und Körperschaftsteuersätze so weit vorangeschritten ist, daß steuerlich motivierte grenzüberschreitende Gewinnverlagerungen innerhalb der Union für die Unternehmen nicht mehr attraktiv sind.[141]

141 Zu den Vor- und Nachteilen der Kapitalimport- und Kapitalexportneutralität vgl. Jacobs: (Unternehmensbesteuerung), 1991, S. 24-34.

3.2.2 Neutralisierung von Zwischenergebnissen

Die steuerliche Neutralisierung von Zwischengewinnen aus dem Geschäftsverkehr mit ausländischen Konzerngesellschaften ist in keinem Mitgliedstaat vorgesehen. Dennoch ist sie notwendig, um die Besteuerung von Erfolgsbeiträgen zu vermeiden, die noch nicht am Markt realisiert sind. Aus diesem Grund ist im Konzept der europäischen Konzernbesteuerung neben der Eliminierung der nationalen Zwischenergebnisse auch eine Neutralisierung von Zwischengewinnen und -verlusten vorgesehen, die aus dem grenzüberschreitenden Geschäftsverkehr mit anderen Gesellschaften des steuerlichen Konzernkreises resultieren.

Die grenzüberschreitende Neutralisierung kann methodisch auf der Basis der Korrekturpostenmethode[142] oder, ebenso wie für den nationalen Konzern vorgeschlagen, durch außerbilanzielle Hinzurechnungen und Kürzungen erfolgen. Im Rahmen der Korrekturpostenmethode werden die Zwischengewinne eliminiert, indem bei dem liefernden Unternehmungsteil im Jahr der internen Transaktion ein passivischer Ausgleichsposten gebildet wird, der als Anspruch auf den zukünftig im Ausland zu realisierenden Erfolgsbeitrag charakterisiert werden kann.[143] Handelt es sich um einen Zwischenverlust, ist der Korrekturposten entsprechend aktivischer Natur. Die für die internationale Einheitsunternehmung praktikable Korrekturpostenmethode kann wegen der rechtlichen Selbständigkeit der Konzerngesellschaften nicht problemlos auf den Bereich der europäischen Konzernbesteuerung übertragen werden. Wegen der möglichen Beteiligung von Minderheitsgesellschaftern am Vermögen der Tochtergesellschaften und der auf dieses Vermögen bezogenen Ansprüche der Gläubiger muß auf der ersten Ebene der Konzernerfolgsermittlung eine selbständige, durch innerkonzernliche Transaktionen unbeeinflußte Bilanzierung und Bewertung in den Einzel-Steuerbilanzen sichergestellt sein.

Die Eliminierung der grenzüberschreitenden Zwischenergebnisse soll aus diesem Grund methodisch ebenso wie im nationalen innerkonzernlichen Geschäftsverkehr mit Hilfe außerbilanzieller Hinzurechnungen und Kürzungen vorgenommen werden. Zunächst erfolgt die Einteilung der Zwischenergebnisse in aufgeschobene und nicht-aufgeschobene Erfolgsbeiträge. Eine Korrektur des

142 Die Korrekturpostenmethode kommt im deutschen Steuerrecht für den Geschäftsverkehr zwischen einem deutschen Stammhaus und einer DBA-Betriebsstätte zur Anwendung, vgl. BMF-Schreiben vom 12.2.1990, BStBl 1990 I, S. 72.

143 Vgl. Jacobs: (Unternehmensbesteuerung), 1991, S. 286.

Konzernergebnisses ist anschließend nur in Höhe der "deferred intercompany transactions" erforderlich, die sich in unterschiedlichen Abrechnungsperioden auf den Erfolg der beteiligten Gesellschaften auswirken. Es sind grundsätzlich die gleichen Hinzurechnungs- und Kürzungskategorien relevant wie im Rahmen der nationalen Konzern-Erfolgsermittlung.

Der Umfang der internationalen Zwischenergebnisneutralisierung muß wegen der im Binnenmarkt weiterhin bestehenden nationalen Steuersouveränitäten eingeschränkt werden. Konzerninterne Übertragungen von nicht abnutzbaren Wirtschaftsgütern des Anlagevermögens können nicht in den Korrekturmechanismus einbezogen werden, obwohl die Eliminierung der Zwischengewinne aus betriebswirtschaftlicher Sicht erforderlich wäre. Wird beispielsweise eine Beteiligung aus dem Finanzanlagevermögen einer deutschen in das Anlagevermögen einer französischen Konzerngesellschaft übertragen, müssen die im Beteiligungsbuchwert enthaltenen stillen Reserven aufgelöst und versteuert werden, weil dem deutschen Fiskus die Besteuerungsgrundlagen ansonsten endgültig verloren gehen. Da bei nicht abnutzbaren Anlagegütern nicht davon ausgegangen werden kann, daß in absehbarer Zeit eine Realisierung durch Veräußerung an Konzernfremde erfolgt, ist für den deutschen Fiskus der Zugriff auf die innerhalb seines Hoheitsgebietes gebildeten stillen Reserven im Zeitpunkt des Entlassens des Wirtschaftsgutes aus seiner Steuerhoheit sicherzustellen. Die Neutralisierung grenzüberschreitender Zwischenergebnisse muß deshalb auf konzerninterne Übertragungen von Umlaufvermögen und abnutzbaren Wirtschaftsgütern des Anlagevermögens begrenzt werden.

Der Neutralisierungsvorgang erfolgt in Abhängigkeit von den nationalen und internationalen Beteiligungsstrukturen der Konzernunternehmung auf unterschiedlichen Ebenen. Soweit nationale Teilkonzerne existieren, werden die in den Einzelergebnissen enthaltenen Zwischenergebnisse aus Geschäftsbeziehungen mit in- und ausländischen Konzerngesellschaften im Rahmen der steuerlichen Ergebnisermittlung des nationalen Konzerns durch Hinzurechnungen und Kürzungen vom zusammengerechneten Ergebnis berücksichtigt. Das steuerliche Ergebnis der einzelnen Konzerngesellschaften bleibt von dem Neutralisierungsvorgang unberührt. Sind in dem Sitzstaat einer Gesellschaft die Voraussetzungen für die Einbeziehung in einen nationalen Teilkonzern nicht gegeben, müssen die Korrekturen des zu versteuernden Einkommens direkt auf der Ebene der Gesellschaft durchgeführt werden. Die Neutralisierung der

Zwischenergebnisse erfolgt somit immer auf der höchstmöglichen nationalen Ebene, der Ebene der nationalen wirtschaftlichen Einheit.

Die Eliminierung der Erfolgswirksamkeit der aus dem grenzüberschreitenden unionsinternen Geschäftsverkehr entstehenden Zwischenergebnisse wird immer im Staat der liefernden Gesellschaft vorgenommen. Der Vorschlag von Rupp[144], die Zwischenergebnisse mittels einer aufwandswirksamen Korrektur der Anschaffungskosten bei der empfangenden Gesellschaft zu neutralisieren, führt zu einem unkorrekten Erfolgsausweis in den Einzel-Steuerbilanzen. Im Zeitpunkt der innerkonzernlichen Transaktion wird bei der liefernden Gesellschaft ein Gewinn besteuert, der noch nicht am Markt realisiert ist. Gleichzeitig weist die empfangende Gesellschaft einen Verlust aus der Anschaffung des Wirtschaftsgutes aus, der real nicht entstanden ist. Das steuerliche Ergebnis der Konzernunternehmung wird zwar insgesamt in zutreffender Höhe ermittelt; die Neutralisierungsmaßnahmen verzerren jedoch die Einzelergebnisse.[145] Die Neutralisierung im Staat der Lieferung entspricht auch der bei der Gewinnabgrenzung in der internationalen Einheitsunternehmung üblichen Vorgehensweise.[146] Jedem Staat wird somit das Ergebnis zur Besteuerung zugewiesen, das innerhalb seines Hoheitsgebietes erwirtschaftet wurde, sobald es am Markt realisiert ist. Außerdem wird mit der grenzüberschreitenden Zwischengewinneliminierung sichergestellt, daß nur die auf der Grundlage von Vertragsbeziehungen mit Außenstehenden entstandenen Gewinne der Konzernunternehmung besteuert werden.

3.2.3 Grenzüberschreitender Verlustausgleich mit Nachversteuerung

Im Anschluß an die Neutralisierung von Zwischenergebnissen soll auf der dritten Stufe der supranationalen Gewinnermittlung ein grenzüberschreitender interpersoneller Verlustausgleich durchgeführt werden. Ausgangspunkte der supranationalen Verlustverrechnung sind die addierten und um konzerninterne Geschäftsvorfälle bereinigten Ergebnisse der nationalen Teilkonzerne und die ebenfalls um die entsprechenden Hinzurechnungen und Kürzungen modifizierten Ergebnisse der Konzerngesellschaften, die als Grundeinheiten in einem

144 Vgl. Rupp: (Ertragsbesteuerung), 1983, S. 294 ff.

145 Zur Kritik vgl. Bauer: (Besteuerung), 1987, S. 202.

146 Vgl. BMF-Schreiben vom 12.2.1990, BStBl 1990 I, S. 72.

Staat lediglich mit einer ausländischen Muttergesellschaft verbunden sind. Erzielt eine Tochtergesellschaft oder ein nationaler Teilkonzern einen steuerlichen Verlust, kann dieser Verlust im Jahr der Entstehung mit positiven Einkünften der ausländischen Muttergesellschaft verrechnet werden, indem bei der Muttergesellschaft eine steuerfreie Rücklage gewinnmindernd gebildet wird. Für jede Tochtergesellschaft, die einen Verlust an die Muttergesellschaft überträgt, ist ein gesonderter Rücklageposten zu bilden. Bei der Muttergesellschaft ist unabhängig von der Beteiligungsquote der volle Verlust zu berücksichtigen. Eine quotale Zurechnung wird nicht vorgenommen. In diesem Zusammenhang besteht grundsätzlich die Gefahr, daß die erlittenen Verluste sowohl im Sitzstaat der Tochtergesellschaft über die Möglichkeit der interperiodischen Verlustkompensation, als auch im Sitzstaat der Muttergesellschaft über die mit dem Verlustausgleich verbundene Minderung des steuerlichen Gewinns berücksichtigt werden. Die aus einer doppelten Verlustverrechnung resultierende Minderbesteuerung kann auf zwei Wegen vermieden werden:

(1) Versagung des interperiodischen Verlustabzugs im Sitzstaat der Tochtergesellschaft

Die an die ausländische Muttergesellschaft übertragenen Verluste können von einer zusätzlichen Verrechnung im Sitzstaat der Tochtergesellschaft ausgeschlossen werden, indem der verlustübertragenden Gesellschaft der Rücktrag der übertragenen Verluste auf vergangene Veranlagungszeiträume und der Vortrag auf spätere Wirtschaftsjahre versagt wird. Der Vorteil dieser Methode liegt in ihrer einfachen praktischen Handhabung. Sie würde nur zu einem relativ geringen verwaltungstechnischen Aufwand führen, da bei der Muttergesellschaft keine gesonderte Buchführung hinsichtlich der von verschiedenen Tochtergesellschaften übertragenen Beträge notwendig ist. Nachteilig wirkt sich allerdings aus, daß die auf der Ebene der Tochtergesellschaft erlittenen Verluste ausschließlich im Staat der Muttergesellschaft gewinnmindernd wirksam werden könnten. Insgesamt würden somit alle Verluste ausländischer Tochtergesellschaften dauerhaft den Gewinn der Muttergesellschaft mindern, so daß der Gewinn der Tochtergesellschaft in ihrem Sitzstaat im Zeitablauf zu hoch und der Gewinn der Muttergesellschaft zu niedrig ausgewiesen würde. Eine Versagung der interperiodischen Verlustkompensation führt somit nicht zu einer verursachungsgerechten Zuordnung der Erfolge auf den Staat der Einkommenserzielung.

(2) Innerkonzernlicher Verlustausgleich mit Nachversteuerung

Die Alternative zur Versagung der interperiodischen Verlustkompensation besteht in dem Modell des Verlustausgleichs mit Nachversteuerung, das auch dem von der Europäischen Kommission vorgelegten Entwurf einer steuerlichen Verlust-Richtlinie zugrunde liegt. In diesem Modell bleibt die Möglichkeit des Verlustrücktrags oder -vortrags unberührt. Die von der Tochtergesellschaft übertragenen Verluste mindern im Jahr der Verlustentstehung das zu versteuernde Einkommen der ausländischen Muttergesellschaft. Erzielt die Tochtergesellschaft in den Folgejahren wieder Gewinn, ist die bei der Muttergesellschaft gebildete Rücklage in Höhe des positiven Ergebnisses der Tochtergesellschaft erfolgswirksam aufzulösen. Die Auflösung erhöht den Gewinn der Muttergesellschaft maximal um den Betrag der in Vorjahren mit der Verlustübertragung entstandenen Gewinnminderung. Für die Auflösung der Rücklage ist der steuerliche Gewinn der Tochtergesellschaft vor Berücksichtigung des Verlustvortrags maßgebend. Mit der Einführung der Nachversteuerungsklausel ist sichergestellt, daß das steuerliche Ergebnis der Muttergesellschaft, und damit auch das Steueraufkommen des Sitzstaates der Muttergesellschaft nicht dauerhaft durch Verluste ausländischer Tochtergesellschaften verringert wird. Der Verlustausgleich mit Nachversteuerungsklausel ist hinsichtlich der praktischen Durchführung komplizierter als die Versagung des interperiodischen Verlustabzugs. Er führt aber zu einer verursachungsgerechten Erfolgslokalisation und hat darüber hinaus den Vorteil, daß die Verlustverrechnung im Ergebnis über die allgemein übliche Verrechnungsmethodik des interperiodischen Verlustabzugs vorgenommen wird. Die Übertragung der Verluste an die ausländische Muttergesellschaft hat bei dieser lediglich den Charakter einer Steuerstundung.

Zur Wahrung der fiskalischen Interessen der Sitzstaaten der verlustübernehmenden Gesellschaften und zur Vermeidung von mißbräuchlichen Gestaltungen sind im Zusammenhang mit der Nachversteuerung der verrechneten Verluste zusätzliche Bestimmungen erforderlich. Zum einen muß den Mitgliedstaaten die Möglichkeit eingeräumt werden, eine Nachversteuerung obligatorisch durchzuführen, wenn die verlustübertragende Gesellschaft nach Ablauf einer gewissen Frist noch keine positiven Ergebnisse erzielt hat, die die Auflösung der für die Verluste dieser Gesellschaft gebildeten Rücklage begründen. Die Europäische Kommission schlägt in diesem Zusammenhang einen Zeitraum von fünf Jahren vor.[148] Zum anderen ist im Zeitpunkt des Ausscheidens einer Gesellschaft aus dem steuerlichen Konzernkreis (Wegfall der Voraussetzungen, Veräußerung der Beteiligung oder Liquidation) eine erfolgswirksame Auflösung der bei anderen Gesellschaften noch vorhandenen Rücklagen vorzunehmen, die zur Berücksichtigung der Verluste der ausscheidenden Gesellschaft gebildet worden sind.

Wegen der obligatorischen Nachversteuerung der zuvor abgezogenen Beträge kann auf eine gesonderte Berechnung der negativen Ergebnisse ausländischer Gesellschaften auf der Grundlage der steuerrechtlichen Vorschriften des Sitzstaates der verlustübernehmenden Gesellschaft verzichtet werden. Sowohl die abzuziehenden als auch die später wieder hinzuzurechnenden Beträge brauchen nur nach dem Recht des Mitgliedstaates ermittelt zu werden, in dem die verlustübertragende Gesellschaft ihren Sitz hat.[149] Damit kann eine Schattenveranlagung vermieden und das Verfahren wesentlich vereinfacht werden.

Die technische Durchführung des grenzüberschreitenden Verlustausgleichs kann in Form einer horizontalen oder vertikalen Verlustverrechnung erfolgen. Der von der Europäischen Kommission vorgelegte Entwurf einer steuerlichen Verlust-Richtlinie sieht einen vertikalen Verlustausgleich von der ausländischen Tochtergesellschaft zur Muttergesellschaft vor, der auf einem Ein-Linien-Verfahren beruht. Eine Verlustverrechnung zwischen mehreren in verschiedenen Mitgliedstaaten ansässigen Tochtergesellschaften derselben Muttergesellschaft (horizontaler Verlustausgleich) ist bei diesem Verfahren ebensowenig möglich, wie eine Übertragung der negativen Ergebnisse der Muttergesellschaft auf andere Mitglieder der Konzernunternehmung (Zwei-Linien-Verfahren). Wird die vertikale Zurechnungsmethodik um einen horizontalen Verlustausgleich ergänzt, könnten alle in den steuerlichen Konzernkreis einbezogenen Unternehmen direkt in den Ausgleichsmechanismus einbezogen werden, was zur Folge

---

148 Vgl. Tz. 8 der Begründung zum Vorschlag für eine Richtlinie des Rates über eine Regelung für Unternehmen zur Berücksichtigung der Verluste ihrer in anderen Mitgliedstaaten belegenen Betriebsstätten und Tochtergesellschaften, KOM (90) 595 endg., vom 28.11.1990.

149 Vgl. ebenda, Tz. 9.

hätte, daß alle angefallenen Verluste verrechnet werden und insgesamt nur das innerhalb eines Wirtschaftsjahres erzielte Ergebnis der Konzernunternehmung der Besteuerung unterliegt. Bei dieser Annahme wird ein insgesamt positives Ergebnis der Konzernunternehmung vorausgesetzt. Mit der uneingeschränkten Kombination aus vertikaler und horizontaler Verlustverrechnung ist im internationalen Konzern jedoch die Gefahr verbunden, daß alle verlusterleidenden Konzerngesellschaften ihre Ergebnisse vorrangig den gewinnerzielenden Konzerngesellschaften zurechnen, die in dem Staat mit der vergleichsweise höchsten Steuerbelastung domizilieren, um vor dem Hintergrund unternehmensindividueller steuerlicher Zielsetzungen eine optimale Steuerstundung im Konzern zu erreichen.[149] Solange keine Harmonisierung der Körperschaftsteuer in der Union erfolgt ist, führt die unstrukturierte Zuordnung der negativen Einkünfte zu einer erheblichen fiskalischen Benachteiligung der Staaten mit vergleichsweise hohen Körperschaftsteuersätzen. Die negative Wirkung auf das Steueraufkommen gleicht sich zwar in späteren Perioden wegen der Verpflichtung der verlustübernehmenden Gesellschaft zur Nachversteuerung wieder aus; trotzdem sind zwischenzeitlich nicht unerhebliche Steuerausfälle zu erwarten.

Für die supranationale Verlustverrechnung wird deshalb ein vertikaler Verlustausgleich vorgeschlagen, der auf einer Gegenstromtechnik basiert. Im mehrstufigen europäischen Konzern vollzieht sich die Verlustübertragung zunächst beginnend auf der untersten Stufe bis hin zur Muttergesellschaft (down-up-Verfahren). Die steuerlichen Ergebnisse der verlustübernehmenden Konzerngesellschaften und nationalen Teilkonzerne sind für Zwecke des grenzüberschreitenden Verlustausgleichs zuvor um die an Minderheitsgesellschafter ausgeschütteten Gewinne zuzüglich der darauf entfallenden Körperschaftsteuer zu mindern. Verluste können nur direkt an die mit mindestens 75 % beteiligte ausländische Gesellschaft weitergegeben werden. Sind Mutter-, Tochter- und Enkelgesellschaft in verschiedenen Staaten ansässig, und weisen sowohl die Enkel- als auch die Tochtergesellschaft in einer Abrechnungsperiode einen Verlust aus, erfolgt die Verlustübertragung zunächst von der Enkel- zur Tochtergesellschaft. Die Tochtergesellschaft kann ihren Verlust unter Berücksichtigung der von der Enkelgesellschaft zugerechneten Verluste an die Muttergesellschaft weitergeben.

149 Der in diesem Zusammenhang durchzuführende internationale Belastungsvergleich kann auf einen Vergleich der Körperschaftsteuersätze reduziert werden, da die übertragbaren Ergebnisse in jedem Fall auf der Grundlage der steuerrechtlichen Vorschriften des Sitzstaates der übertragenden Gesellschaft berechnet werden.

In die Berechnung des übertragbaren Verlustes dürfen jedoch keine Verlustvorträge einfließen, die in Vorperioden entstanden und in der Entstehungsperiode bereits der Muttergesellschaft zugerechnet worden sind. Die unmittelbare Übertragung von Verlusten der Enkelgesellschaft an die Muttergesellschaft ist ebensowenig möglich, wie ein horizontaler Verlustausgleich zwischen in verschiedenen Mitgliedstaaten ansässigen Schwestergesellschaften. Die Verlustübertragung kann unabhängig davon erfolgen, ob die empfangende Gesellschaft selbst Verluste erzielt, oder ob die positiven Ergebnisse dieser Gesellschaft durch die Verlustzurechnung negativ werden.

Die nationale Verlustverrechnung hat grundsätzlich Vorrang gegenüber dem grenzüberschreitenden Verlustausgleich. Dieser Grundsatz gilt auch für den Fall, daß in einem Mitgliedstaat mehrere Tochtergesellschaften einer ausländischen Muttergesellschaft ansässig sind, ohne daß eine Landesholding dazwischengeschaltet ist. Erzielt eine dieser Gesellschaften einen Verlust, ist das negative Ergebnis zunächst mit den positiven Ergebnissen der anderen in diesem Staat ansässigen Konzerngesellschaften auszugleichen. Nur der übersteigende Betrag kann der ausländischen Muttergesellschaft zugerechnet werden. Die Mitgliedstaaten können für den horizontalen Verlustausgleich zwischen Schwestergesellschaften, die nur mit einer inländischen Muttergesellschaft verbunden sind, entweder die Bildung einer steuerfreien Rücklage oder die Versagung der interperiodischen Verlustverrechnung vorsehen. Auf nationaler Ebene sind beide Methoden unproblematisch. Besteht eine Verlustverrechnungsmöglichkeit mit mehr als zwei inländischen Konzerngesellschaften, kann es der übertragenden Gesellschaft freigestellt bleiben, welcher Gesellschaft die Verluste zugerechnet werden. Für diesen speziellen Fall wird die Methode der vertikalen Verlustverrechnung somit um eine nationale horizontale Verlustverrechnung ergänzt.

Mit dieser Vorgehensweise ist sichergestellt, daß alle Verluste mit Gewinnen anderer Konzerngesellschaften verrechnet, oder direkt oder indirekt der Konzernmuttergesellschaft zugerechnet werden. Es ist keine zentrale Ermittlung und Besteuerung des Ergebnisses der Konzernunternehmung auf der Ebene der Muttergesellschaft vorgesehen. Die positiven Ergebnisse ausländischer Tochtergesellschaften werden im Sitzstaat der Tochtergesellschaft besteuert und nicht der Muttergesellschaft zugerechnet. Aus diesem Grund kann für den Fall, daß die Muttergesellschaft nach der Zurechnung ein negatives steuerliches Ergebnis aufweist, mit dem down-up-Verfahren kein vollständiger Ausgleich der von einzelnen Konzerngesellschaften erlittenen Verluste erreicht werden. Die Steuerbelastung der Konzernunternehmung fällt im Vergleich zu einer einheitstheoretischen Betrachtung zu hoch aus. Deshalb wird der vertikale Verlustausgleich in der Form des down-up-Verfahrens ergänzt um eine von der Muttergesellschaft ausgehende Verrechnung der dort nach der Zurechnung ausgewiesenen Verluste (bottom-down-Verfahren). Für die Verlustverrechnung stehen die um Ausschüttungen und die darauf entfallende Körperschaftsteuer geminderten Gewinne der Tochtergesellschaften zur Verfügung. Eine Verrechnung mit dem Ergebnis vor Ausschüttung würde zu einer doppelten Verlustberücksichtigung im europäischen Konzern führen, da die an die Muttergesellschaft geleisteten Ausschüttungen den Verlust der Muttergesellschaft mindern und die Verlustverrechnung im bottom-down-Verfahren nochmals die bereits an die Muttergesellschaft ausgeschütteten Beträge erfassen könnte. Für die Verrechnung kann keine Reihenfolge vorgeschrieben werden, die sich auf hierarchische Strukturen bezieht. Die Muttergesellschaft könnte ansonsten zwischen allen gewinnerzielenden Tochtergesellschaften frei auswählen. Diese uneingeschränkte Wahlmöglichkeit würde wiederum zu einer einseitigen Zurechnung auf den Sitzstaat mit der höchsten Steuerbelastung führen. Deshalb muß vorgeschrieben werden, daß das negative Ergebnis zunächst den Tochtergesellschaften zuzurechnen ist, an denen die höchste Beteiligungsquote besteht. Existieren mehrere in der Höhe identische Beteiligungsquoten an ausländischen Gesellschaften, erfolgt die Zurechnung zunächst zu der Gesellschaft, die von diesen im abgelaufenen Wirtschaftsjahr den höchsten Gewinn erzielt hat. Erst wenn auf der Ebene der Tochtergesellschaften keine vollständige Verlustverrechnung möglich ist, können auch direkt die Enkelgesellschaften herangezogen werden. Denkbar ist auch eine Aufteilung der Verluste der Muttergesellschaft nach dem Verhältnis der Gewinne der einzelnen Tochtergesellschaften zum Gesamtergebnis der gewinnerzielenden ausländischen Tochtergesellschaften.

In den europäischen Verlustausgleich dürfen nach Maßgabe der Einheitstheorie nur Verluste einbezogen werden, die bei der verlustübertragenden Gesellschaft während der Zugehörigkeit zum steuerlichen Konzernkreis entstanden sind. Verlustvorträge aus der vorkonzernlichen Zeit können nicht mit positiven Ergebnissen anderer Konzerngesellschaften ausgeglichen werden, da sie nicht durch die Tätigkeit der Konzernunternehmung verursacht worden sind. Die Möglichkeit der Verrechnung vorkonzernlicher Verluste mit eigenen Gewinnen der entsprechenden Konzerngesellschaft bleibt unberührt, so daß dieses Verrechnungspotential nicht endgültig verlorengehen.

Zur Verdeutlichung der Vorgehensweise im Rahmen des grenzüberschreitenden Verlustausgleichs im europäischen Konzern wird folgendes Beispiel konstruiert:

Die deutsche M hat zwei 100 %ige Tochtergesellschaften in Frankreich (T_1 und T_2) und ist zu 80 % an der belgischen T_3 beteiligt. Die belgische T_3 hält eine 80 % Beteiligung an der T_4 in den Niederlanden:

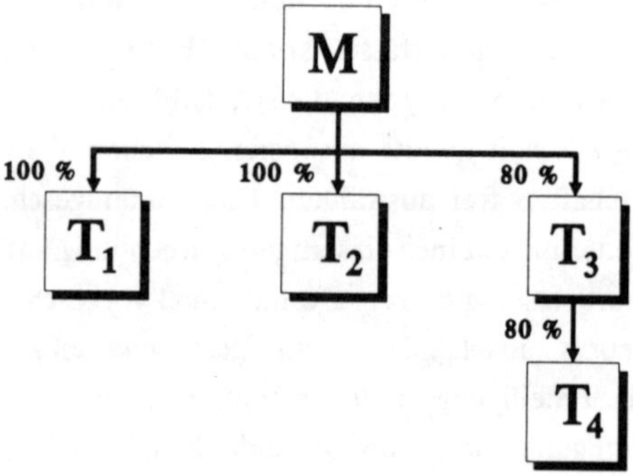

In den Jahren 1-4 weisen die steuerlichen Erfolgsrechnungen der Gesellschaften nach erfolgter Neutralisierung der Zwischenergebnisse folgende Ergebnisse aus:

	M	T_1	T_2	T_3	T_4
1	500	-100	200	-200	-100
2	300	100	200	100	200
3	-500	-200	100	500	-100
4	1200	200	0	-400	400

Im Jahr 1 ergibt sich ein Konzernergebnis von 300 Geldeinheiten (GE), im Jahr 2 von

900 GE, im Jahr 3 entsteht ein Konzernverlust von 200 GE, und im Jahr 4 ein Gewinn von 1400 GE.

Die Technik der Verlustverrechnung wird für jede Gesellschaft mit dem Ausweis folgender Positionen dargestellt: Steuerliches Ergebnis vor Verlustausgleich (E), steuerlicher Gewinn nach Verlustausgleich (G), Verlustvortrag aus Vorjahren (VV) und steuerfreie Rücklage (R). Zur Verdeutlichung wird auch die Bildung (RB) und Auflösung (RA) steuerfreier Rücklagen gesondert ausgewiesen. Dabei wird bei den Positionen Rücklagenbildung und -auflösung durch einen Index angegeben, von welcher Gesellschaft die Verluste übertragen wurden (so bedeutet z. B. der Ausweis "RB_1 100" in der Erfolgsrechnung von T_2, daß T_1 einen Verlust von 100 GE an T_2 übertragen hat).

Jahr 1:

T_4		T_3		T_2		T_1		M	
E	-100	E	-200	E	200	E	-100	E	500
G	-100	RB_4	-100	RB_1	-100	G	-100	RB_3	-300
		G	-300	G	100			G	200
		R_4	100	R_1	100			R_3	300

Im Jahr 1 wird insgesamt ein Betrag von 300 GE (Summe der positiven G) der Besteuerung unterworfen. Dieser Betrag entspricht dem Konzernergebnis (Summe aller E).

Jahr 2:

T_4		T_3		T_2		T_1		M	
E	200	E	100	E	200	E	100	E	300
VV	-100	RA_4	100	RA_1	100	VV	-100	RA_3	200
G	100	VV	-300	G	300	G	0	G	500
		G	-100	R_1	0			R_3	100
		R_4	0						

Die bei M für T_3 gebildete Rücklage kann nicht vollständig aufgelöst werden, weil T_3 nur ein verrechenbares Ergebnis von 200 GE ($E+RA_4$) erzielt. Das zu versteuernde Ergebnis des Jahres 2 beträgt ebenso wie das Konzernergebnis 900 GE.

Jahr 3:

T_4		T_3		T_2		T_1		M	
E	-100	E	500	E	100	E	-200	E	-500
G	-100	RB_4	-100	RB_1	-100	G	-200	RB_1	-100
		VV	-100	G	0			RA_3	100
		G	300	R_1	100			G	-500
		R_4	100					R_1	100
								R_3	0

Weil bei der Muttergesellschaft M nach der Zurechnung ein Verlust von 500 GE verbleibt, ist dieser Verlust in einem zweiten Schritt auf die Tochtergesellschaften zu verteilen (bottom-down-Verfahren). Da weder T_1 noch T_2 ein positives Ergebnis aufweisen, wird der Abzug bei T_3 vorgenommen. Danach ergibt sich bei T_3 für das 3. Jahr folgende Rechnung:

T_3	
E	500
RB_4	-100
RB_M	-500
VV	-100
G	-200
R_4	100
R_M	500

Wegen des Gegenstromverfahrens entsteht im Konzern keine Steuerbelastung. Das zusammengefaßte Konzernergebnis weist einen Verlust von 200 GE aus.

Jahr 4:

T_4		T_3		T_2		T_1		M	
E	400	E	-400	E	0	E	200	E	1200
VV	-100	RA_4	100	RA_1	100	VV	-200	RA_1	100
G	300	VV	-200	G	100	G	0	VV	-500
		(G)	-500	R_1	0			G	800
		RA_M	500					R_1	0
		G	0						
		R_4	0						
		R_M	0						

In der Darstellung der Steuerwirkungen des vierten Jahres wurden die beiden Schritte des Verlustausgleichs zusammengefaßt. Aufgrund der positiven Ergebnisse der M kann die Rücklage bei T_3 wieder gewinnerhöhend aufgelöst werden. Insgesamt werden 1200 GE im Konzern der Besteuerung unterworfen. Das Konzernergebnis beträgt 1400 GE. Der Unterschied ergibt sich aus dem "Konzern-Verlustvortrag" von 200 GE aus Jahr 3.

Das Gesamtergebnis des Konzerns in den Jahren 1 bis 4 beträgt ebenso wie das insgesamt der Besteuerung in den Sitzstaaten unterworfene Ergebnis 2400 GE. Darüber hinaus wird per saldo das von den einzelnen Gesellschaften in dem Vier-Jahres-Zeitraum erzielte Ergebnis auch bei diesen Gesellschaften versteuert, so daß den nationalen Finanzverwaltungen mit diesem System des Verlustausgleichs keine Besteuerungsgrundlagen dauerhaft entzogen werden.

Neben der Methode des europäischen Verlustausgleichs mit Nachversteuerung dürfen die in den steuerlichen Konzernkreis einbezogenen Gesellschaften keine anderen Verfahren zur Berücksichtigung von Verlusten ausländischer Tochtergesellschaften anwenden, weil eine parallele Anwendung mehrerer Verfahren zu einer doppelten Erfassung der ausländischen Verluste führen würde. Aus diesem Grund sind zum Beispiel die in einigen Mitgliedstaaten möglichen Abschreibungen vom Buchwert der Beteiligung bei nachhaltigen Verlusten der Tochtergesellschaft oder vergleichbare Verfahren den Muttergesellschaften, die für eine Besteuerung nach den Regelungen der europäischen Konzernbesteuerung optieren, grundsätzlich zu versagen.[150] Muttergesellschaften, die die Beteiligungsvoraussetzungen nicht erfüllen, oder keinen Antrag auf Besteuerung nach den Grundsätzen des hier vorgestellten Konzepts stellen, können jedoch weiterhin von der Teilwertabschreibung oder vergleichbaren Regelungen Gebrauch machen.

4. Umsetzung des Besteuerungsmodells in den Unionsstaaten

Die Internationalisierung der bisher fast ausschließlich auf nationale Konzerne beschränkten Regelungen zur Konzernbesteuerung bedeutet für alle Mitgliedstaaten eine Erweiterung der Besteuerungsdimension im Hinblick auf die im Rahmen einer weitergehenden Harmonisierung in Zukunft zunehmend erforderlichen Europäisierung nationaler Vorschriften. Mit dem Vorschlag zur europäischen Konzernbesteuerung de lege ferenda wird jedoch nicht das Ziel verfolgt, alle bisher bestehenden nationalen Regelungen durch eine andere, für alle Mitgliedstaaten einheitliche Methodik der Gewinnermittlung im nationalen Konzern zu substituieren. Um eine Benachteiligung nationaler gegenüber internationalen Konzernen (Inländerdiskriminierung) zu vermeiden und somit für den Bereich der Konzernbesteuerung weitgehend steuerneutrale Wettbewerbsbedingungen auf dem Binnenmarkt zu schaffen, muß aber gewährleistet sein, daß alle Mitgliedstaaten auch für nationale Konzerne eine vollständige Vermeidung der Doppelbelastung, einen interpersonellen Verlustausgleich und eine Neutralisierung der Zwischenergebnisse sicherstellen.[151]

---

150 Auch die Richtlinie des Rates über eine Regelung für Unternehmen zur Berücksichtigung der Verluste ihrer in anderen Mitgliedstaaten belegenen Betriebsstätten und Tochtergesellschaften, KOM (90) 595 endg., vom 28.11.1990, enthält in Art. 11 eine dementsprechende Vorschrift.

151 Vgl. Strobl: (Gewinnabgrenzung), 1975, S. 351.

Insbesondere für Belgien, Griechenland und Italien, deren Steuersysteme de lege lata keine über die grundsätzlichen Vorschriften für alle Körperschaften hinausgehenden speziellen Vorschriften zur nationalen Konzernbesteuerung vorsehen, ergäbe sich bei einer Umsetzung des vorgeschlagenen Konzepts ein erheblicher Handlungsbedarf.[152] In Deutschland wäre keine grundlegende Reform der Konzernbesteuerung erforderlich. Die derzeitige Augestaltung der körperschaftsteuerlichen Organschaft müßte allerdings hinsichtlich der Beteiligungsvoraussetzungen modifiziert und um die Neutralisierung der Zwischenergebnisse erweitert werden. Um eine Benachteiligung nationaler gegenüber grenzüberschreitenden Konzernen zu vermeiden, wäre die Abschaffung der für den nationalen Konzernkreis geltenden Voraussetzungen der wirtschaftlichen und organisatorischen Eingliederung und des aktienrechtlichen Beherrschungsvertrages bei gleichzeitiger Anhebung der Beteiligungsgrenze im Rahmen der finanziellen Eingliederung auf 75% zu prüfen.[153] Da sich das supranationale Besteuerungskonzept eng an das französische "nouveau régime de l'intégration fiscale" anlehnt, wären in Frankreich keine methodisch bedeutsamen Änderungen im Bereich der Ergebnisermittlung erforderlich. Mit der umfassenden europäischen Verlustkompensation und der grenzüberschreitenden Neutralisierung von Zwischenergebnissen würde jedoch das dem französischen Ertragsteuerrecht zugrundeliegende Territorialitätsprinzip durchbrochen. Als Reaktion auf den Ruding-Bericht wird in Frankreich allerdings in jüngster Zeit bereits eine Ausweitung des für die unbeschränkte Steuerpflicht maßgebenden Territoriums auf das Unionsgebiet und sogar eine Aufgabe des Territorialitätsprinzips und die generelle Einführung des Universalitätsprinzips diskutiert.[154] In Großbritannien und der Republik Irland ist für nationale Konzerne bereits de lege lata ein Verlustausgleich (group relief) und eine steuerwirksame Neutralisierung von Zwischenergebnissen für "75 %-groups" vorgesehen, so daß lediglich die grenzüberschreitenden Ausgleichs- und Verrechnungstechniken neu in das britische und irische Steuerrecht eingeführt werden müßten.

Allen Mitgliedstaaten sollte es freigestellt bleiben, die Aufstellung einer originären oder konsolidierten Steuerbilanz für nationale Konzerne oder Teilkonzerne zu ermöglichen, die eine Haftungseinheit gegenüber Minderheitsgesell-

---

152 Vgl. Hinnekens/Vanistendael: (Belgium), 1993, S. 17 f.; Fantozzi/Manganelli: (Italy), 1993, S. 34 ff.; Finokaliotis: (Greece), 1993, S. 123 f.

153 Anderer Auffassung Ebenroth: (Verlustberücksichtigung), 1993, S. 47.

154 Vgl. Tixier/Berlin: (France), 1993, S. 26.

schaftern und Gläubigern der abhängigen Gesellschaften bilden. Somit könnten die Regelungen der niederländischen "fiscale eenheid", der dänischen "sambeskatning", des spanischen "Régimen de Declaración Consolidada" und des portugiesischen "Regime de Tributaçâo pelo lucro consolidado" parallel zum in dieser Arbeit vorgeschlagenen Konzept mit geringen Modifikationen weiterhin bestehen. Daneben sollte aber auch in diesen Mitgliedstaaten für den erheblich weiteren Adressatenkreis der nationalen und internationalen Konzernunternehmungen, die die in Gliederungspunkt III.2 beschriebenen Voraussetzungen erfüllen, die Möglichkeit eingeräumt werden, für eine Besteuerung auf der Grundlage des Modells der europäischen Konzernbesteuerung zu optieren. Die Umsetzung des vorgeschlagenen Besteuerungsmodells würde somit in den Niederlanden, Spanien und Portugal umfangreiche Reformmaßnahmen erfordern.[155] Im dänischen Steuerrecht ist bereits nach geltendem Recht die Einbeziehung ausländischer Tochtergesellschaften in die gemeinsame Veranlagung möglich, so daß mit der Neuregelung keine prinzipiellen Probleme entstehen dürften.[156]

155 Vgl. bereits im Hinblick auf die Vorschläge des Ruding-Komitees van der Beek: (Netherlands), 1993, S. 127.

156 Vgl. Overgaard: (Denmark), 1993, S. 23.

FÜNFTES KAPITEL

Zusammenfassung der Ergebnisse und Ausblick

Ziel dieser Arbeit war es zum einen, eine rechtsvergleichende Analyse der Regelungen zur Besteuerung nationaler und internationaler Konzerne in den zwölf Mitgliedstaaten der Europäischen Union durchzuführen, um einen umfassenden Überblick über den Status quo der Konzernbesteuerung in der Union zu erhalten. Ausgehend von einer grundlegenden betriebswirtschaftlichen Analyse der Unternehmungsform Konzern und vor dem Hintergrund der national und international geführten Diskussion über die steuerrechtliche Behandlung des Konzerns im Spannungsfeld zwischen der rechtlichen Selbständigkeit der Konzerngesellschaften und der wirtschaftlichen Einheit des Unternehmensverbundes sollte mit der komparativen Analyse der nationalen konzernsteuerrechtlichen Regelungen aufgezeigt werden, wie die europäischen Rechtsordnungen den Konflikt zwischen der juristisch orientierten Anknüpfung der Besteuerung an den einzelnen Konzerngesellschaften und der betriebswirtschaftlichen Forderung nach einer Ausrichtung der Besteuerung an dem Gesamtkomplex der Konzernunternehmung lösen. Auf der Grundlage der aus der Rechtsvergleichung gewonnenen Erkenntnisse wurde zum anderen das Ziel verfolgt, unter Berücksichtigung der Ziele und Regelungen des EG-Vertrags und der zuvor abgeleiteten betriebswirtschaftlichen Anforderungen an eine Konzernbesteuerung ein Modell zur Besteuerung internationaler Konzerne de lege ferenda zu entwickeln. Die Ergebnisse der Untersuchung lassen sich wie folgt zusammenfassen:

Die Diskussion über Modelle und Konzepte zur Besteuerung von Konzernen wird national und international geprägt von den Eckpunkten der juristischen Trennungstheorie und der betriebswirtschaftlichen Einheitstheorie. Die zivil- und steuerrechtliche Qualifikation der juristischen Person als selbständiges Rechtssubjekt führt zu einer isolierten Besteuerung der Konzerngesellschaften auf der Grundlage des Konzepts der Einzelgewinnermittlung. Mit dieser Vorgehensweise wird das begriffskonstitutive Merkmal der wirtschaftlichen Einheit ignoriert. Eine wirtschaftliche Einheit mehrerer Rechtssubjekte liegt vor, wenn eine Gesellschaft in der Lage ist, die allgemeine Geschäftspolitik und die im Rahmen der originären Führungs- und Leitungsaufgaben anfallenden Dispositionen anderer Gesellschaften maßgebend zu beeinflussen, so daß im Konfliktfall das Konzerninteresse überwiegt. Aus betriebswirtschaftlicher Sicht kann nur der Konzern als eine gegenüber dem Markt abgegrenzte Wirtschaftseinheit, und damit als Unternehmung klassifiziert werden. Die einzelnen Konzerngesellschaften sind lediglich Teilsysteme einer suprapersonellen Planungs-, Organisations- und Entscheidungseinheit. Die Besteuerung soll nur an das Ergebnis der Konzernunternehmung anknüpfen. Aus dem Grundsatz der Gleichmäßigkeit und dem daraus abgeleiteten Postulat der relativen Wettbewerbsneutralität der Besteuerung folgt, daß von der Besteuerung keine wesentlichen Beeinträchtigungen des Wettbewerbs auf dem Gemeinsamen Markt ausgehen dürfen. Der Anwendungsbereich des Neutralitätspostulats ist in Abhängigkeit vom Stand der wirtschaftlichen Integration auf dem Gemeinsamen Markt auf die europäische Dimension zu erweitern. Internationale Konzerne sollen steuerlich nicht gegenüber rein nationalen Konzernen benachteiligt werden. Auch aus diesem Grund kann im Rahmen der nationalen und internationalen Konzernbesteuerung kein partikularistischer Ansatz gewählt werden, der die wirtschaftliche Verbundenheit der Konzerngesellschaften unberücksichtigt läßt. Die Konzernunternehmung ist vielmehr auf der Basis eines ganzheitlichen betriebswirtschaftlich orientierten Konzepts als wirtschaftliche Einheit zu besteuern. Diese Betrachtungsweise führt zu einem dreistufigen Forderungskatalog, der die Vermeidung der Mehrfachbesteuerung konzernintern ausgeschütteter Gewinne, einen interpersonellen Verlustausgleich im Konzern und eine Neutralisierung der aus dem konzerninternen Lieferungs- und Leistungsverkehr resultierenden, noch nicht realisierten Zwischenergebnisse umfaßt. Diese drei Merkmale bildeten als Ordnungskriterium die systematisch-strukturelle Grundlage für die Rechtsvergleichung, mit der die erheblichen Unterschiede in der Besteuerung nationaler und internationaler Konzerne innerhalb der Europäischen Union herausgearbeitet wurden. Für den Bereich der Besteuerung nationaler Konzerne konnten nach dem Grad der Realisierung der genannten betriebswirtschaftlichen Anforderungen an eine Konzernbesteuerung drei Ländergruppen unterschieden werden.

In allen Staaten wird die Mehrfachbesteuerung konzernintern ausgeschütteter Gewinne fast vollständig vermieden. Frankreich, Großbritannien, die Republik Irland, die Niederlande, Portugal und Spanien ermöglichen darüber hinaus eine interpersonelle Verlustkompensation und eine steuerwirksame Neutralisierung der Zwischengewinne im nationalen Konzern. Materielle Abweichungen zwischen den Regelungskomplexen bestehen vor allem im Hinblick auf die Verfahren der Gewinnermittlung und die Tatbestandsvoraussetzungen für die Anwendung der speziellen konzernsteuerrechtlichen Vorschriften. Eine konsequente Umsetzung der Einheitstheorie erfolgt nur in den Niederlanden. Das zu versteuernde Ergebnis eines niederländischen Konzernkreises kann mit Hilfe der Aufstellung einer originären Konzern-Steuerbilanz ermittelt werden; der Konzern wird insoweit als selbständiges Steuersubjekt betrachtet. Das portugiesische und das spanische Steuerrecht ermöglichen die Aufstellung konsolidierter Steuerbilanzen. In Frankreich werden die Ergebnisse der Konzerngesellschaften bei der Muttergesellschaft zusammengefaßt und anschließend um die erfolgswirksamen konzerninternen Geschäftsvorfälle bereinigt. Großbritannien und die Republik Irland ermöglichen den Verlustausgleich und die Neutralisierung der Zwischenergebnisse auf der Grundlage vertikaler und horizontaler Verrechnungen zwischen den Konzerngesellschaften ohne feste Zuordnungsreihenfolge.

Die zweite Ländergruppe besteht aus Dänemark, Deutschland und Luxemburg. In diesen Staaten wird nationalen Konzernen für Zwecke der Besteuerung die Möglichkeit des innerkonzernlichen Verlustausgleichs eingeräumt. Verluste einzelner Konzerngesellschaften können mit Hilfe der Zurechnung der Ergebnisse der Tochtergesellschaften zur Muttergesellschaft mit Gewinnen anderer Mitglieder des steuerlichen Konzernkreises ausgeglichen werden. Im dänischen, deutschen und luxemburgischen Steuerrecht ist jedoch im Gegensatz zur ersten Ländergruppe keine Neutralisierung der aus dem konzerninternen Lieferungs- und Leistungsverkehr entstandenen Zwischengewinne vorgesehen. In die dritte Gruppe sind Belgien, Griechenland und Italien einzuordnen. In diesen Staaten existieren neben der Vermeidung der Mehrfachbelastung ausgeschütteter Gewinne keine konzernspezifischen steuerlichen Sonderregelungen. Es besteht keine Möglichkeit zum innerkonzernlichen Verlustausgleich und zur erfolgswirksamen Neutralisierung der Zwischengewinne. Im Vordergrund steht hier das juristische Konzept der Einzelgewinnermittlung als Ausprägung der Trennungstheorie.

Im Rahmen der Besteuerung nationaler Konzerne konnte somit ein relativ hoher Realisierungsgrad des betriebswirtschaftlichen Forderungskatalogs festgestellt werden (75% der Mitgliedstaaten erfüllen zwei der drei Kriterien, 50% sogar alle drei). Demgegenüber sind im Bereich der Besteuerung grenzüberschreitender Konzerne, dem hinsichtlich der anzustrebenden relativen steuerlichen Wettbewerbsneutralität auf dem Binnenmarkt größere Bedeutung zukommt als der Besteuerung nationaler Konzerne, erhebliche Regelungsdefizite zu konstatieren. Die Mehrfachbesteuerung wird zwar seit der Umsetzung der Mutter-Tochter-Richtlinie in allen Staaten auf der Grundlage der Anrechnungs- oder Freistellungsmethode weitgehend vermieden; darüber hinaus ermöglichen aber lediglich das dänische und das französische Steuerrecht in sehr begrenztem Umfang einen Ausgleich von Verlusten ausländischer Tochtergesellschaften mit Gewinnen der im Inland ansässigen Muttergesellschaft. Eine grenzüberschreitende Neutralisierung von Zwischenergebnissen ist in keinem der zwölf Steuersysteme vorgesehen.

Die zum Teil erheblichen Regelungslücken im Bereich der europäischen Konzernbesteuerung führen zusammen mit dem in Art. 100 EGV verankerten Harmonisierungsauftrag zur Notwendigkeit der Angleichung der steuerrechtlichen Rahmenbedingungen für internationale Unternehmungen. Damit ist das Ziel verbunden, Steuergrenzen abzubauen und Wettbewerbsbedingungen auf dem Gemeinsamen Markt zu schaffen, die nicht wesentlich durch steuerliche Vorschriften beeinträchtigt werden. Als Ergebnis der Diskussion von Modellen zur Besteuerung internationaler Konzerne konnte festgehalten werden, daß eine zentrale Gewinnermittlung und Besteuerung auf der Grundlage einer einheitlichen europäischen Konzern-Steuerbilanz alle betriebswirtschaftlichen Anforderungen an eine Konzernbesteuerung erfüllt. Im Rahmen der Entwicklung eines praktikablen Besteuerungsmodells de lege ferenda sind aber auch gesellschaftsrechtliche und fiskalisch-budgetäre Nebenbedingungen zu beachten. Unter diesen Prämissen führt eine europäische Konzern-Steuerbilanz nicht zu der gesellschaftsrechtlich erforderlichen verursachungsgerechten Zuordnung des wirtschaftlichen Ergebnisses der Konzernunternehmung auf die einzelnen Konzerngesellschaften und somit auf den Staat der Einkunftserzielung. Die Konzernbesteuerung auf der Grundlage einer einheitlich für die Konzernunternehmung aufgestellten Steuerbilanz erscheint auf internationaler Ebene zum jetzigen Zeitpunkt und auch in absehbarer Zeit wegen der fehlenden verursachungsadäquaten Aufteilungsschlüssel und der starken Beharrungstendenzen der Unionsstaaten hinsichtlich der Erhaltung einer relativen fiskalischen Souveränität nicht praktikabel. Aus diesem Grund ist auch eine Maßgeblichkeit der Konzern-Handelsbilanz, die seit der Umsetzung der 7. gesellschaftsrechtlichen EG-Richtlinie als Weltabschluß aufgestellt werden muß, abzulehnen. Der Anwendungsbereich des einzigen, bisher in der Praxis angewandten Konzepts einer internationalen Konzern-Steuerbilanz, das US-amerikanische Unitary-Taxation-Modell, ist aufgrund der beschriebenen Probleme auch in den USA nach und nach auf nationale Konzerne begrenzt worden.

Aus diesem Grund wurde in dieser Arbeit ein dreistufiges Besteuerungsmodell entwickelt, das alle Kapitalgesellschaften mit Sitz in einem Mitgliedstaat der Europäischen Union einschließt, die über eine mindestens 75%ige Kapital- und Stimmrechtsbeteiligung verbunden sind. Es könnte darüber hinaus auch von Unternehmungen angewandt werden, die in der primär für europäische Konzerne konzipierten Rechtsform der Europa-AG tätig werden, sobald die entsprechenden Verordnungen verabschiedet worden sind. Zunächst soll jede Konzerngesellschaft das von ihr erzielte steuerliche Ergebnis unter Anwendung des Fremdvergleichsgrundsatzes so ermitteln, als ob sie nicht in einen Konzern eingebunden wäre (Dimension der rechtlichen Selbständigkeit). Die isolierte Gewinnermittlung der ersten Stufe gewährleistet eine verursachungsgerechte Erfolgslokalisation und stellt damit die fiskalische Erfassung der in den jeweiligen Staaten erzielten Ergebnisse grundsätzlich sicher. Auf der zweiten Stufe erfolgt die Zurechnung der Ergebnisse zur nationalen Muttergesellschaft mit anschließenden außerbilanziellen Hinzurechnungen und Kürzungen zur Eliminierung der Erfolgswirksamkeit innerkonzernlicher Geschäftsbeziehungen (Dimension der nationalen wirtschaftlichen Einheit). Methodisch lehnt sich diese Vorgehensweise an das französische "nouveau régime de l'intégration fiscale" und das US-amerikanische "deferral accounting system" an. Auf der dritten Stufe wird schließlich die europäische Dimension der Problemstellung berücksichtigt, indem ein europäischer Verlustausgleich und die Neutralisierung von Zwischenergebnissen aus dem grenzüberschreitenden unionsinternen Geschäftsverkehr vorgesehen sind (Dimension des europäischen Konzerns). Als Methodik der internationalen Verlustverrechnung wird eine Verlustzurechnung mit Nachversteuerung vorgeschlagen, die in ihren Grundzügen der deutschen Regelung zur Berücksichtigung ausländischer Betriebsstättenverluste (§ 2a III EStG) und der 1991 von der Europäischen Kommission vorgeschlagenen, aber bisher nicht verabschiedeten steuerlichen Verlust-Richtlinie vergleichbar ist. Das im Rahmen dieser Arbeit vorgeschlagene Verfahren beruht allerdings darüber hinaus auf einer Verrechnungstechnik, die Elemente des horizontalen und vertikalen Verlustausgleichs kombiniert und damit zu einem vollständigen Ausgleich der steuerlichen Ergebnisse der Konzerngesellschaften führt. Die Neutralisierung der Zwischenergebnisse aus dem grenzüberschreitenden innerkonzernlichen Lieferungs- und Leistungsverkehr kann ebenfalls mit Hilfe der bereits für den nationalen Konzernkreis vorgeschlagenen Hinzurechnungen und Kürzungen durchgeführt werden, wenn auch aus fiskalischen Gründen in eingeschränktem Umfang. Die Veranlagung und Besteuerung der Ergebnisse erfolgt auf der Ebene der nationalen wirtschaftlichen Einheit unter Berücksichtigung der grenzüberschreitenden Zwischengewinneutralisierung und des internationalen Verlustausgleichs. Der umfassende grenzüberschreitende Verlustausgleich führt in Verbindung mit der Nachversteuerungsklausel zu einer Steuerstundung für die Unternehmungen und zunächst auch zu einem Einnahmeausfall der Mitgliedstaaten. Wegen der Verpflichtung zur Nachversteuerung ist dieser negative fiskalische Effekt aber nur temporärer Natur. In der Totalperiode wird jedem Staat das Ergebnis zur Besteuerung zugewiesen, das innerhalb seines Hoheitsgebietes erzielt worden ist.

Die methodische Vorgehensweise des entwickelten Konzepts ist nicht vollständig kongruent mit den Grundlagen der Einheitstheorie. Zum einen behalten die Konzerngesellschaften ihre steuerrechtliche Selbständigkeit und sind weiterhin subjektiv und objektiv steuerpflichtig. Zum anderen wird eine dreistufige Ergebnisermittlung vorgenommen, die auf einer Zurechnungsmethodik basiert. Eine konsequente Behandlung der Konzernunternehmung als wirtschaftliche Einheit auf der Basis der Einheitstheorie ist der dezentralen Veranlagung mit grenzüberschreitendem Verlustausgleich und Zwischenergebniseliminierung aus rein theoretischer Sicht vorzuziehen. Die zentrale Besteuerung auf der Grundlage einer originären oder konsolidierten Konzern-Steuerbilanz ist wegen der fiskalischen Nebenbedingung der Zuordnung des Konzernergebnisses auf die Staaten der Erfolgsverursachung in einem Rechtskreis mit dezentralen Steuerhoheiten jedoch nicht adäquat durchführbar. Mit dem in dieser Arbeit vorgestellten Modell der europäischen Konzernbesteuerung werden die Erkenntnisse der Einheitstheorie aber im Hinblick auf das im Konzern zu versteuernde Ergebnis für einen supranationalen Rechtskreis umgesetzt.

Die Methodik der Gewinnermittlung ist insbesondere aufgrund der grenzüberschreitenden Verrechnungsmechanismen und der in diesem Zusammenhang erforderlichen mehrstufigen Hinzurechnungs- und Kürzungsrechnungen sowie der Führung von Sonderkonten zur Erfassung der (vorübergehend) neutralisierten Zwischenergebnisse und zur Durchführung des grenzüberschreitenden Verlustausgleichs relativ komplex. Die Umsetzung des Konzepts würde zu zusätzlichen Steuerverwaltungskosten und damit zu einer erhöhten mittelbaren Steuerbelastung der Konzernunternehmungen führen. Diesem Nachteil steht aber die aus dem Verlustausgleich und der Neutralisierung der Zwischengewinne resultierende geringere unmittelbare Steuerbelastung gegenüber, die den negativen Effekt der erhöhten Verwaltungskosten in der Regel überkompensieren wird. Zum anderen muß festgestellt werden, daß mit der vorgeschlagenen Gewinnermittlungstechnik kein Beitrag zur Steuervereinfachung geleistet wird. Vor dem Hintergrund der Forderung nach relativer Wettbewerbsneutralität der Besteuerung und unter Berücksichtigung der Ziele des EG-Vertrags kann mit dem Konzept der europäischen Konzernbesteuerung jedoch ein Modell zur Verfügung gestellt werden, das zu einer Verminderung des Besteuerungseinflusses auf die Wettbewerbsfähigkeit internationaler Unternehmungen im Vergleich zu nationalen Unternehmungen führt, ohne diesen Vorzug durch eine übermäßige Komplizierung des Steuerrechts zu erkaufen. Darüber hinaus soll die Anwendung des Modells für die Unternehmungen fakultativ sein, so daß europäische Konzerne eine Abwägung der unmittelbaren steuerlichen Vorteile des Konzepts mit den zusätzlich entstehenden Steuerverwaltungskosten vornehmen können.

Das hier vorgestellte Besteuerungsmodell muß in die Gesamtstrategie der Europäischen Union zur Harmonisierung der direkten Steuern eingebunden werden. Die aktuelle Harmonisierungsphase wird geprägt vom Grundsatz der Subsidiarität. Ausgehend von Art. 3 b EGV sollen nur die wesentlichen steuerlichen Hemmnisse der grenzüberschreitenden Unternehmenstätigkeit mit Hilfe zentraler, supranationaler Regelungen beseitigt werden. Vor diesem Hintergrund beschäftigen sich die ersten europäischen Richtlinien im Bereich der direkten Steuern und die in näherer Zukunft zu erwartenden Maßnahmen vorrangig mit Fragen der Konzernbesteuerung. Mit dem im Rahmen dieser Arbeit vorgestellten Konzept werden die diskutierten Vorschläge aufgegriffen, erweitert und unter Berücksichtigung betriebswirtschaftlicher Anforderungen sowie rechtlicher und fiskalischer Restriktionen modifiziert. Das Konzept könnte zunächst über den Weg der Verabschiedung und Umsetzung von Europäischen Richtlinien für den supranationalen Rechtskreis der Europäischen Union umgesetzt werden. Es bildet gleichzeitig die Vorstufe zu einer weitergehenden Angleichung der Vorschriften zur Unternehmensbesteuerung in der Union. Darüber hinaus könnte die Methodik der internationalen Verlustkompensation mit Nachversteuerung und die Neutralisierung von Zwischengewinnen mit Hilfe außerbilanzieller Hinzurechnungen und Kürzungen unilateral grundsätzlich für alle ausländischen Tochtergesellschaften ermöglicht werden. Damit ist eine Erweiterung des Anwendungsbereichs des hier vorgeschlagenen Modells auf europäisch-internationale Konzerne und bis hin zu einer globalen Besteuerungsregelung denkbar.

Literaturverzeichnis

Adler, Hans; Düring, Walther; Schmaltz, Kurt: (Kommentar) Rechnungslegung und Prüfung der Unternehmen. Kommentar zum HGB, AktG, GmbHG, PublG nach den Vorschriften des Bilanzrichtlinien-Gesetzes. Loseblattausgabe, 5. Aufl., Stuttgart.

Albach, Horst: (Globalisierung) Globalisierung und Wettbewerb. In memoriam Alfred Herrhausen. Ergänzungsheft 2/92 der ZfB.

Derselbe; Klein, Günter: (Entwicklung) Die Entwicklung des europäischen Konzernrechts. Einleitender Überblick über die 7. EG-Richtlinie und ihren Beitrag zur Harmonisierung der Konzernrechnungslegung. In: Harmonisierung der Konzernrechnungslegung in Europa, hrsg. von Horst Albach und Günter Klein, Wiesbaden 1990, S. 1-10.

Albi Ibañez, Emilio; García Ariznavarreta, José Luis: (Sistema) Sistema fiscal español. 2. Aufl., Barcelona 1987.

Alcántara Capiscol, Pedro: (grupos) Los grupos españoles y la tributación en Régimen de Declaración Consolidada. Madrid 1984.

Alvarez Melcón, Sixto: (Analisis) Analisis contable del Régimen de Declaracion Consolidada de los grupos de sociedades. 2. Aufl., Madrid 1989.

Derselbe: (Comentario) Comentario al Real Decreto 1.414/1977, de 17 de junio, por el que se regula la tributación sobre el beneficio consolidado de los Grupos de Sociedades. In: Hacienda Pública Española 1977, Nr. 48, S. 161-202.

Derselbe: (grupos) Contabilidad y fiscalidad y grupos de sociedades. In: VI Congreso de la Asociación Española de Contabilidad y Administración de Empresas (AECA), hrsg. von der AECA, Vigo 1991, S. 1063-1122.

Anders, Helmut: (Zielsetzungen) Die finanziellen Zielsetzungen internationaler Unternehmen. Frankfurt am Main 1980.

Andrieu, Jean-Nicolas: (Group) Group Taxation in France. Finance Act for 1988. In: Intertax 1988, S. 165-168.

Derselbe: (Unity) Tax Unity in France. In: Intertax 1988, S. 13-15.

Derselbe; Gastineau, Pascal: (holding) International holding companies in France - Modification of the tax regime. In: Intertax 1990, S. 597-600.

Apelt, Thomas M.: (Law) Der Konzern im englischen Company Law. Mit rechtsvergleichenden Betrachtungen zum Aktiengesetz. Steinbach 1984.

Arbeitskreis Professor Dr. Krähe der Schmalenbach-Gesellschaft: (Konzernorganisation) Konzernorganisation. 2. Aufl., Köln 1964.

Arnold, Brian J.: (Taxation) The Taxation of Controlled Foreign Corporations: An International Comparison. Toronto 1984.

Aufermann, Ewald: (Disziplin) Die Disziplin der betriebswirtschaftlichen Steuerlehre. In: ZfB 1951, S. 23-28.

Derselbe: (Grundzüge) Grundzüge der Betriebswirtschaftlichen Steuerlehre. 3. Aufl., Wiesbaden 1959.

Bach, Stefan: (Perspektiven) Die Perspektiven des Leistungsfähigkeitsprinzips im gegenwärtigen Steuerrecht. In: StuW 1991, S. 116-135.

Bähr, Gottfried: (Gewinnermittlung) Gewinnermittlung ausländischer Zweigbetriebe. München 1971.

Bälz, Ulrich: (Einheit) Einheit und Vielheit im Konzern. In: Funktionswandel der Privatrechtsinstitutionen. Festschrift für Ludwig Raiser zum 70. Geburtstag, hrsg. von Fritz Baur, Josef Esser, Friedrich Kübler und Ernst Steindorff, Tübingen 1974, S. 287-338.

Baetge, Jörg: (Bilanzen) Bilanzen. 2. Aufl., Düsseldorf 1992.

Derselbe: (Systemtheorie) Betriebswirtschaftliche Systemtheorie. Regelungstheoretische Planungs-Überwachungsmodelle für Produktion, Lagerung und Absatz. Opladen 1974.

Baranowski, Karl-Heinz: (Bewertung) Bewertung von Anteilen an ausländischen Kapitalgesellschaften für Zwecke der Einkommensbesteuerung. In: IWB 1993, Fach 3 Deutschland Gruppe 3, S. 1019-1036.

Bartlett, Christopher; Ghoshal, Sumantra: (Unternehmensführung) Internationale Unternehmensführung. Innovation, globale Effizienz, differenziertes Marketing. Frankfurt am Main 1990.

Bauer, Franz: (Organverhältnis) Das Organverhältnis im Steuerrecht als Problem der betriebswirtschaftlichen Steuerlehre. Berlin, Wien 1930.

Bauer, Klaus: (Besteuerung) Die Besteuerung deutscher Konzerne. Wirtschaftliche Einheit und Konzernsteuerrecht. Regensburg 1987.

Baumhoff, Hubertus: (Verrechnungspreise) Verrechnungspreise für Dienstleistungen. Die steuerliche Einkunftsabgrenzung bei international verbundenen Unternehmen auf der Grundlage des Fremdvergleichs. Köln, Berlin, Bonn, München 1986.

Bavinck, C.B.: (eenheid) De volledige eenheid voor de vennootschapsbelasting. In: Weekblad voor Fiscaal Recht 1989, S. 305-312.

Becker, Helmut: (Verrechnungspreise) Die britischen Erläuterungen zur Gestaltung der Verrechnungspreise zwischen verbundenen Unternehmen. In: IWB 1986, Fach 5 Großbritannien Gruppe 2, S. 241-244.

Beckerath, Herbert von: (Industrialismus) Der moderne Industrialismus (Gewerbepolitik I). Band 11 der Schriftenreihe "Grundrisse zum Studium der Nationalökonomie", hrsg. von K. Diehl und P. Mombert. Jena 1930.

Beek, Wim van der: (Netherlands) National Responses to the Ruding Committee Report. Part The Netherlands. In: EC Tax Review 1993, S. 126-128.

Beisse, Heinrich: (Betrachtungsweise) Die wirtschaftliche Betrachtungsweise bei der Auslegung der Steuergesetze in der neueren deutschen Rechtsprechung. In: StuW 1981, S. 1-14.

Béjot, Michel: (Elemente) Einige Elemente der konzernrechtlichen Sonderregelungen in Frankreich. In: Das Gesellschaftsrecht der Konzerne im internationalen Vergleich, hrsg. von Ernst-Joachim Mestmäcker und Peter Behrens, Baden-Baden 1991, S. 169-201.

Bellingwout, J.W.: (eenheid) De (on)mogelijkheden van een fiscale eenheid over de grens. In: Weekblad voor Fiscaal Recht 1992, S. 1184-1192.

Bellstedt, Christoph: (Besteuerung) Die Besteuerung international verflochtener Gesellschaften. 3. Aufl., Köln 1973.

Bergsteiner, Werner: (Problematik) Die Problematik von Gewinnverlagerungen bei internationalen Konzernen im handels- und steuerrechtlichen Jahresabschluß deutscher Konzernunternehmen. Diss. München 1968.

Beusch, Karl: (Besteuerung) Die Besteuerung der Konzerne als wirtschaftliche Einheit in internationaler Sicht. In: Festschrift für Werner Flume zum 70. Geburtstag, hrsg. von Horst Heinrich Jakobs, Brigitte Knobbe-Keuk, Eduard Picker und Jan Wilhelm, Band 2, Köln 1978, S. 21-42.

Beusch, Karl: (Vorschriften) Reichen die Vorschriften des Steuerrechts - unter Berücksichtigung des Gesellschaftsrechts - aus, um Vermögensbewegungen zwischen verbundenen Unternehmen vollständig und befriedigend zu lösen? Referat in: Verhandlungen des 49. Deutschen Juristentages, hrsg. von der ständigen Deputation des Deutschen Juristentages, Band II, München 1972, Teil Q, S. 30-45.

Beutler, Bengt; Bieber, Roland; Pipkorn, Jörn; Streil, Jochen: (Gemeinschaft) Die Europäische Gemeinschaft. Rechtsordnung und Politik. 3. Aufl., Baden-Baden 1987.

Biel, Jörn: (Unternehmen) Multinationale Unternehmen. Probleme und Kontrolle auf internationaler, regionaler und nationaler Ebene. München 1979.

Biener, Herbert; Schatzmann, Jürgen: (Konzern-Rechnungslegung) Konzern-Rechnungslegung. Siebente Richtlinie des Rates vom 13. Juni 1983. Erläuterungen zur 7. EG-Richtlinie (Konzernbilanzrichtlinie) sowie eine synoptische Darstellung der Entstehung der Richtlinie und weitere Materialien. Düsseldorf 1983.

Biron, H.; Dauw, C. (Hrsg.): (vennootschapsgroepen) De fiscaalrechtelijke erkenning van vennootschapsgroepen. La reconnaissance des groupes de sociétés en droit fiscal. Antwerpen 1989.

Bisani, Franz: (Grundlagen) Die Grundlagen der Konzernbesteuerung im Lichte betriebswirtschaftlicher Kritik. Diss. Nürnberg 1962.

Bittker, Boris I.; Eustice, James S.: (Taxation) Federal Income Taxation of Corporations and Shareholders. 5. Aufl., Boston-New York 1990.

Bleicher, Knut: (Forderungen) Forderungen strategischer und struktureller Unternehmensentwicklung an die rechtliche Konzipierung des Konzerns. In: Das St. Galler Konzernrechtsgespräch. Konzernrecht aus der Konzernwirklichkeit, hrsg. von Jean Nicolas Druey, Bern, Stuttgart 1988, S. 55-67.

Derselbe: (Gedanken) Gedanken zur Gestaltung der Konzernorganisation bei fortschreitender Diversifizierung. In: ZfO 1979, S. 243-251 und 328-335.

Derselbe; Hahn, Dietger: (Konzernplanung) Konzernplanung. In: Handwörterbuch der Planung, hrsg. von Norbert Szyperski, Stuttgart 1989, Sp. 898-913.

Blümich, Walter (Hrsg.): (Einkommensteuergesetz) Einkommensteuergesetz. Körperschaftsteuergesetz. Gewerbesteuergesetz. Nebengesetze. Loseblattausgabe. München.

Böhm, Steffen: (Konzerngewinn) Der Konzerngewinn als Grundlage für Dividendenausschüttung und Steuerbemessung. Ein Vorschlag für eine Neuregelung. Diss. Göttingen 1979.

Boeker, Christian: (Gewinnermittlung) Gewinnermittlung und Gewinnbesteuerung in Deutschland und Spanien. Belastungsorientierter internationaler Rechtsvergleich. Band 21 der Schriftenreihe Steuerberatung - Betriebsprüfung - Unternehmensbesteuerung, Schriften zur betriebswirtschaftlichen Steuerlehre, hrsg. von Wilhelm H. Wacker, Bielefeld 1992.

Boekhoudt, A.H.; Bor, A.J. van den; Daalmans, P.A.M.; Haarsma, D.; Janssen, G.T.W.; Raad, C. van: (belastingswetgeving) De belastingswetgeving. Wet op de vennootschapsbelasting 1969. Loseblattausgabe. Arnheim.

Bonafoux, Philippe (Hrsg.): (Lamy Fiscal) Lamy Fiscal 1993, Tome 1, Paris 1993.

Borggreve, Carlo H.: (Steuern) Steuern in Luxemburg. In: IWB 1988, Fach 5 Luxemburg Gruppe 2, S. 45-70.

Boss, Alfred: (Unternehmensbesteuerung) Unternehmensbesteuerung und Standortqualität. Ein internationaler Vergleich. Kiel 1988.

Bouzoraa, M.A.: (Implementation) Implementation of the Parent-Subsidiary Directive in the EC Member States. Part France. In: European Taxation 1992, S. 136-144.

Boyens, Hugo: (Organtheorie) Die Organtheorie im Gewerbesteuerrecht. In: DStZ 1932, S. 363-369.

Bramwell, Richard; Hardwick, Michael; James, Alan; Oratore, Vincent: (Taxation) Taxation of Companies and Company Reconstructions. 5. Aufl., London 1991.

Brennan, Frank; Moore, Paul: (Corporation Tax) Corporation Tax. 3. Aufl., Dublin 1985.

Brezing, Klaus; Krabbe, Helmut; Lempenau, Gerhard; Mössner, Jörg M.; Runge, Berndt: (Außensteuerrecht) Außensteuerrecht. Kommentar. Herne, Berlin 1991.

Briner, Ernst K.: (Vereinigtes Königreich) Vereinigtes Königreich, Irland. Band 9 des Internationalen Steuer-Lexikons. Zusammenfassende Darstellung der Steuersysteme von 19 Staaten der OECD. Zürich 1981.

Brink, W.; Sonderen, J.C.M. van: (Vordering) Vordering/Schuldverhouding binnen fiscale eenheid. In: Weekblad voor Fiscaal Recht 1991, S. 811-819.

Brönner, Herbert: (Besteuerung) Die Besteuerung der Gesellschaften, des Gesellschafterwechsels und der Umwandlungen. 16. Aufl., Stuttgart 1988.

Bruin, Edward: (Company) Luxembourg: The New Holding Company. Modern Fashion of an Older Principle. In: European Taxation 1991, S. 99-106.

Bühler, Ottmar: (Gesellschaften) Die internationalen Gesellschaften im Steuerrecht. Generalbericht zum 3. Thema des VIII. Kongresses der IFA. In: Compte-Rendu du Huitième Congrès International de Droit Financier et Fiscal, Cahiers de Droit Fiscal International, Volume XXVII, hrsg. von der International Fiscal Association, Köln 1954, S. 82-122.

Derselbe: (Organtheorie) Die steuerliche Organtheorie als Wegbereiter der Konzernbilanz. In: Bank-Archiv, Zeitschrift für Bank- und Börsenwesen 1939, S. 249-252.

Derselbe: (Prinzipien) Prinzipien des Internationalen Steuerrechts. Amsterdam 1964.

Derselbe: (Steuerrecht) Steuerrecht der Gesellschaften und Konzerne. 3. Aufl., Berlin 1956.

Bühner, Rolf: (Zusammenschlüsse) Grenzüberschreitende Zusammenschlüsse deutscher Unternehmen. Stuttgart 1991.

Bülter, Egbert: (Einheitstheorie) Die Einheitstheorie und die Organtheorie im Rechte der Unternehmenszusammenfassungen. Diss. Göttingen 1930.

Bundesministerium der Finanzen (Hrsg.): (Steueränderungen) Die wichtigsten vorgenommenen und geplanten Steueränderungen in den EG-Staaten, USA, Japan und Österreich seit 1991. Reihe "BMF Informationsdienst zur Finanzpolitik des Auslands", Ausgabe vom 30.9.1992.

Burggraaf, Janbert L.D.: (exemption) Participation exemption in the Netherlands. In: TPIR Januar 1991, S. 20-29.

Burgman, P.A.C.: (institution) Corporation tax in The Netherlands: the institution of the advance ruling. In: Intertax 1988, S. 297-306.

Busse von Colbe, Walther: (Planung) Die Planung der Betriebsgröße. Wiesbaden 1964.

Derselbe; Laßmann, G.: (Betriebswirtschaftstheorie) Betriebswirtschaftstheorie. Band 1: Grundlagen, Produktions- und Kostentheorie. 4. Aufl., Berlin 1990.

Busse von Colbe, Walther; Ordelheide, Dieter: (Konzernabschlüsse) Konzernabschlüsse. Rechnungslegung für Konzerne nach betriebswirtschaftlichen Grundsätzen und gesetzlichen Vorschriften. 6. Aufl., Wiesbaden 1993.

Caballero, M.A.G.: (Spain) Spain. In: European Tax Handbook 1993, hrsg. vom International Bureau of Fiscal Documentation. Amsterdam 1993, S. 317-337.

Carl, Dieter: (Vorschläge) Vorschläge der EG-Kommission zur Unternehmensbesteuerung. Bedenken aus deutscher Sicht. In: IWB 1991, Fach 2, S. 553-556.

Carrobé Gené, Miguel: (Körperschaftsteuer) Die Körperschaftsteuer in Spanien. In: AG 1991, S. 226-230.

Carson, Shawn; Blum, Richard: (Changes) Changes to the U. K. Partial Imputation System. In: The International Tax Journal 1993, S. 47-61.

Centralanstalten for Revision (Hrsg.): (Denmark) Doing Business in Denmark. A Guide to Accounting, Tax and Regulatory Issues. Kopenhagen 1989.

Coenenberg, Adolf G.: (Konzernbilanz) Die Konzernbilanz nach neuem Handelsrecht. Düsseldorf 1989.

Coing, Helmut: (Aufgaben) Aufgaben der Rechtsvergleichung in unserer Zeit. In: NJW 1981, S. 2601-2604.

Commission of the European Communities (Hrsg.): (Report) Report of the Committee of Independent Experts on Company Taxation. Luxemburg 1992.

Cooney, Terry; McLaughlin, Jim; Taggart, Paschal: (Taxation) Taxation Summary. Republic of Ireland 1992/93. Dublin 1992.

Coudin, Pascal; Le Gall, Jean-Pierre: (conséquences) Les conséquences juridiques de l'utilisation des déficits d'une filiale dans un groupe intégré. In: Droit Fiscal 1988, S. 1355-1361.

Crezelius, Georg: (Rechtsordnung) Steuerrechtliche Rechtsanwendung und allgemein Rechtsordnung. Grundlagen für eine liberale Besteuerungspraxis. Herne 1983.

Crombrugge, S. van: (eenheidsbehandeling) Juridische en fiscale eenheidsbehandeling van vennootschapsgroepen. Antwerpen 1984.

Darolles, Yves; Tucci, Marco: (view) The Ruding Report: a business point of view. In: EC Tax Review 1992, S. 39-46.

Dassesse, Marc; Minne, Pascal: (Droit) Droit Fiscal. Principes généraux et impôts sur les revenus. Brüssel 1990.

Debatin, Helmut: (Probleme) Probleme der internationalen Doppelbesteuerung. In: Handbuch der Finanzwissenschaft, Band IV, hrsg. von Fritz Neumark, 3. Aufl., Tübingen 1983, S. 269-309.

Derselbe: (Steuerharmonisierung) Die Steuerharmonisierung in der EWG in Form der Konzern-Besteuerungs-Richtlinie. In: DStZ-A 1969, S. 146-152.

Derselbe: (Unternehmensorganisationsstrukturen) Unternehmensorganisationsstrukturen im Gemeinsamen Markt aus steuerlicher Sicht. In: BB 1991, S. 947-955.

Defoort, J.; Denys, L.A.; Tiberghien, A; Crombrugge, S. van; Claeys Boúúaert, J.: (Vennootschap) Vennootschap en belastingen. Loseblattausgabe. Antwerpen.

de Vries, N.H.; de Vries, R.J.: (standaardvoorwaarden) Wederom nieuwe standaardvoorwaarden betreffende de fiscale eenheid in de wet op de vennootschapsbelasting 1969. In: Weekblad voor Fiscaal Recht 1992, S. 463-478.

de Vries, W.R.H.: (participation) The Netherlands participation exemption amended. In: Intertax 1990, S. 44-47.

Dik, B.P.: (court) Supreme court allows consolidated return in case of subsidiary with dual residence. In: European Taxation 1988, S. 400-401.

Derselbe: (Denmark) Denmark. In: European Tax Handbook 1993, hrsg. vom International Bureau of Fiscal Documentation. Amsterdam 1993, S. 77-90.

Derselbe: (Taxation) Denmark: Taxation of Dividends Received by Resident Companies from Foreign Subsidiaries. In: European Taxation 1985, S. 187-192.

Di Stefano, Vittorio: (gruppo) Il gruppo di società e normativa fiscale. In: Il fisco 1986, S. 3952-3972.

DIW, Deutsches Institut für Wirtschaftsforschung: (Besteuerung) Die Besteuerung der Unternehmensgewinne - Sieben Industrieländer im Vergleich. Heft 111 der Schriftenreihe "Beiträge zur Strukturforschung". Berlin 1989.

Dornfeld, Robert E.; Telkamp, Heinz-Jürgen: (Konzernunternehmung) Konzernunternehmung und Organisationsvoraussetzungen. Zur wirtschaftlichen Eingliederung und zu den Anforderungen an den ORganträger bei Holdinggesellschaften und Betriebsaufspaltung. In: StuW 1971, S. 67-82.

Dreger, Karl-Martin: (Konzernabschluß) Der Konzernabschluß. Grundsätze ordnungsmäßiger Konsolidierung. Konzernrechnungslegung nach Aktienrecht 1965 in Anlehnung an Technik und Praxis in den USA. Wiesbaden 1969.

Driesen, Werner: (Unternehmensbesteuerung) Unternehmensbesteuerung im internationalen Vergleich. In: GmbHR 1990, S. R 81-R 82.

Druey, Jean Nicolas (Hrsg.): (Konzernrechtsgespräch), Das St. Galler Konzernrechtsgespräch. Konzernrecht aus der Konzernwirklichkeit. Bern, Stuttgart 1988.

Derselbe: (Recht) Empfiehlt es sich, das Recht faktischer Unternehmensverbindungen - auch im Hinblick auf das Recht anderer EG-Staaten - neu zu regeln? Gutachten für den 59. Deutschen Juristentag. In: Verhandlungen des 59. Deutschen Juristentages, hrsg. von der ständigen Deputation des Deutschen Juristentages, Band I, Teil H, München 1992.

Derselbe: (Regelungsgegenstand) Schlußwort: Der Konzern als unumgänglicher Regelungsgegenstand. In: Das St. Galler Konzernrechtsgespräch. Konzernrecht aus der Konzernwirklichkeit, hrsg. von Jean Nicolas Druey, Bern, Stuttgart 1988, S. 235-243.

Dübgen, Peter A.: (Rechtsstrukturen) Betriebswirtschaftliche Untersuchung der Rechtsstrukturen internationaler Unternehmen und Unternehmensverbindungen in der EG. Diss. Hamburg 1973.

Dülfer, Eberhard: (Internationalisierung) Internationalisierung der Unternehmung - gradueller oder prinzipieller Wandel? In: Internationalisierung der Unternehmung als Problem der Betriebswirtschaftslehre, hrsg. von Wolfgang Lück und Volker Trommsdorff, Berlin 1982, S. 47-71.

Dziadkowski, Dieter: (Entwicklung) Die Entwicklung der Betriebswirtschaftlichen Steuerlehre von einer "Steuerbetriebslehre" zu einer unternehmenstheoretisch orientierten Steuerwissenschaft. In: DB 1983, S. 2045-2050.

Ebenroth, Carsten Thomas; Willburger, Andreas: (Verlustberücksichtigung) Verlustberücksichtigung bei grenzüberschreitenden Unternehmen. § 2a Abs. 1 und 2 EStG vor dem Hintergrund des Entwurfes einer Verlustrichtlinie. In: EWS 1993, S. 45-49.

Eccles, Robert G.: (transfer pricing) The transfer pricing problem. A theory for practice. Heath 1985.

Eckelt, Ernst: (Konzernbegriff) Der Konzernbegriff im Gesetz über Aktiengesellschaften und Kommanditgesellschaften auf Aktien vom 30. Januar 1937. In: Juristische Wochenschrift 1937, S. 1198-1202.

Eggers, Winfried: (Vorschlag) Neuer Vorschlag der EG zur Verlustrichtlinie. In: IWB 1992, Fach 2, S. 712-713.

Eiden, Christoph: (Rechtsangleichung) Die Rechtsangleichung gemäß Art. 100 des EWG-Vertrages. Berlin 1984.

Elschen, Rainer: (Entscheidungsneutralität) Entscheidungsneutralität, Allokationseffizienz und Besteuerung nach der Leistungsfähigkeit. Gibt es ein gemeinsames Fundament der Steuerrechtswissenschaften? In: StuW 1991, S. 99-115.

Derselbe; Hüchtebrock, Michael: (Steuerneutralität) Steuerneutralität in Finanzwissenschaft und Betriebswirtschaftslehre. Diskrepanzen und Konsequenzen. In: Finanzarchiv 1983, S. 253-280.

Embid Irujo, José Manuel: (Rechtslage) Die Rechtslage der Konzerne im spanischen Recht. In: ZGR 1991, S. 289-305.

Emmerich, Volker; Sonnenschein, Jürgen: (Konzernrecht) Konzernrecht. Das Recht der verbundenen Unternehmen bei Aktiengesellschaft, GmbH und Personengesellschaften. 4. Aufl., München 1992.

Engel, Clemens L.J.: (Konzerntransferpreise) Konzerntransferpreise im internationalen Steuerrecht. Implikationen der Gewinnabgrenzung multinationaler Unternehmen unter besonderer Berücksichtigung der Konzerndienstleistungen. Köln 1986.

Europäisches Parlament (Hrsg.): (Unternehmensbesteuerung) Unternehmensbesteuerung und EG-Binnenmarkt. Probleme und Perspektiven. Nr. 17 der Reihe "Wirtschaftsfragen", Sammlung Wissenschaft und Dokumentation, hrsg. von der Generaldirektion Wissenschaft des Europäischen Parlaments, Brüssel 1990.

Fantozzi, Augusto: (Körperschaftsteuer) Körperschaftsteuer in Italien. In: AG 1992, S. 258-264.

Derselbe; Manganelli, Andrea: (Italy) National Responses to the Ruding Committee Report. Part Italy. In: EC Tax Review 1993, S. 32-39.

Farnschläder, Marion: (Schachtelbeteiligungen) Diskriminierung indirekter deutscher Schachtelbeteiligungen an französischen Holdinggesellschaften? In: IWB 1992, Fach 5 Frankreich Gruppe 2, S. 861-866.

Ficker, Hans Claudius: (Angleichung) Zur Angleichung der Gesellschaftsrechte in den erweiterten Europäischen Gemeinschaften. In: Law and International Trade. Festschrift für Clive Maximilian Schmitthoff, hrsg. von Fritz Fabricius. Frankfurt am Main 1973, S. 157-169.

Findeisen, Franz: (Unternehmung) Unternehmung und Steuer (Steuerbetriebslehre). Stuttgart 1923.

Finkensieper, J.M.F.: (eenheid) Fiscale eenheid. Vennootschapsbelasting en omzetbelasting. In: Weekblad voor Fiscaal Recht 1989, S. 346-354.

Finokaliotis, K.: (Greece) National Responses to the Ruding Committee Report. Part Greece. In: EC Tax Review 1993, S. 120-125.

Fischer, Bertram: (Gewinnermittlung) Die Gewinnermittlung für die Körperschaftsteuer der US-Einzelstaaten nach dem Konzept der "unitary business taxation". München 1986.

Fischer, Klaus: (Unternehmung) Die internationale Unternehmung - Umriß eines Unternehmungstyps. Diss. Nürnberg 1967.

Fischer, Lutz: (Besteuerung) Besteuerung und Aufbau internationaler deutscher Unterordnungskonzerne. In: Unternehmung und Steuer, Festschrift zur Vollendung des 80. Lebensjahres von Peter Scherpf, hrsg. von Lutz Fischer, Wiesbaden 1983, S. 273-304.

Derselbe: (Reform) Aktuelle Entwicklungen bei der internationalen Reform der Unternehmensbesteuerung. Heft 71 der Hefte zur Internationalen Besteuerung des Instituts für Ausländisches und Internationales Finanz- und Steuerwesen der Universität Hamburg. Hamburg 1991.

Fischer, Lutz: (Unternehmenssteuerrecht) Die Reform des Unternehmenssteuerrechts in den wichtigsten Industriestaaten - Übereinstimmungen und Unterschiede. In: Betriebswirtschaftliche Steuerlehre und Steuerberatung, hrsg. von Norbert Herzig, Wiesbaden 1991, S. 218-237.

Derselbe; Schneeloch, Dieter; Sigloch, Jochen: (Steuerlehre) Betriebswirtschaftliche Steuerlehre und Steuerberatung. Gedanken zum 60jährigen "Jubiläum" der Betriebswirtschaftlichen Steuerlehre. In: DStR 1980, S. 699-705.

Fischer, Lutz; Warneke, Perygrin: (Steuerlehre) Internationale Betriebswirtschaftliche Steuerlehre. 3. Aufl., Berlin 1988.

Flick, Hans; Wassermeyer, Franz; Becker, Helmut: (Außensteuergesetz) Kommentar zum Außensteuergesetz. Loseblattausgabe. Köln.

Flume, Werner: (Organschaft) Die Organschaft im Körperschaftsteuerrecht. Zivilrechtlich-handelsrechtliche und steuerrechtliche Betrachtungen zur Rechtsprechung des Bundesfinanzhofs. In: DB 1956, S. 455-464.

Derselbe: (Person) Allgemeiner Teil des Bürgerlichen Rechts. Erster Band, Zweiter Teil: Die juristische Person. Berlin 1983.

Derselbe: (Vorschriften) Reichen die Vorschriften des Steuerrechts - unter Berücksichtigung des Gesellschaftsrechts - aus, um Vermögensbewegungen zwischen verbundenen Unternehmen vollständig und befriedigend zu lösen? Referat in: Verhandlungen des 49. Deutschen Juristentages, hrsg. von der ständigen Deputation des Deutschen Juristentages, Band II, München 1972, Teil Q, S. 8-29.

Förschle, Gerhart: (Vorschriften) Die steuerlichen Vorschriften des EWG-Vertrages aus der Sicht der Betriebswirtschaftslehre. Diss. Saarbrücken 1969.

Förster, Jutta: (Reaktion) Reaktion der EG-Kommission auf den Ruding-Bericht. In: IWB 1992, Fach 5 Europäische Gemeinschaften Gruppe 2, S. 211-216.

Foighel, Isi; Drejer, Jens; Hemmingsen, Kjeld; Taarnhoj, Peter: (Skat) Skat Erhverv. 2. Aufl., Kopenhagen 1990.

Friedlaender, Heinrich E.: (Konzernrecht) Konzernrecht unter Berücksichtigung der amerikanischen Praxis. 2. Aufl., Berlin, Frankfurt am Main 1954.

Fuchs, Hermann; Gerloff, Otto: (Bilanz) Die konsolidierte Bilanz. Köln 1954.

Fuest, Winfried; Kroker, Rolf: (Unternehmensteuerlast) Unternehmensteuerlast: 20 oder 70 Prozent. In: Beiträge zur Wirtschafts- und Sozialpolitik, Nr. 175, hrsg. vom Institut der deutschen Wirtschaft, Köln 1989.

Fuks, E.: (Luxembourg) Luxembourg. In: European Tax Handbook 1993, hrsg. vom International Bureau of Fiscal Documentation. Amsterdam 1993, S. 235-250.

Gambier, Claude; Mercier, Jean-Yves: (impôts) Les impôts en France. Traité pratique de la fiscalité des affaires. 23. Aufl., Paris 1991.

Gammie, Malcolm: (residence) UK company residence: the new rules. In: Intertax 1988, S. 416-421.

Ganske, Joachim: (Recht) Das Recht der Europäischen Wirtschaftlichen Interessenvereinigung (EWIV). Systematische Darstellung mit Texten und Materialien. München 1988.

Geens, Koen: (Belgien) Stand und Entwicklung des Konzernrechts in Belgien. In: ZGR 1992, S. 142-172.

Geld, J.A.G. van der: (deelnemingsvrijstelling) De herziene deelnemingsvrijstelling. Deventer 1990.

Gelhausen, Hans Friedrich: (Realisationsprinzip) Das Realisationsprinzip im Handels- und im Steuerbilanzrecht. Frankfurt am Main, Bern, New York 1985.

Gerloff, Otto: (Bilanz) Die konsolidierte (Konzern-)Bilanz unter Berücksichtigung des Problems der Organschaftsbesteuerung. In: FR 1958, S. 555-558.

Geßler, Ernst: (Aktiengesetz) Kommentar zu § 18 AktG. In: Aktiengesetz. Kommentar von Ernst Geßler, Wolfgang Hefermehl, Ulrich Eckardt und Bruno Kropff, Band 1, München 1973.

Giersberg, Georg: (Führung) Führung zwischen Fiktion und Realität. Besprechung zu Eberhard Scheffler: Konzernmanagement. Betriebswirtschaftliche und rechtliche Grundlage der Konzernführungspraxis. München 1992. In: F.A.Z. vom 3.8.1992, S. 10.

Girnth, Klaus: (Ertragsbesteuerung) Ertragsbesteuerung von Konzernen. Diss. Köln 1963.

Göth, Philip: (Organschaft) Die körperschaftsteuerliche Organschaft aus der Sicht des Gleichheitsgrundsatzes. In: GesRZ 1991, S. 28-42.

Gouadain, Daniel: (intégration) L'intégration fiscale des groupes de sociétés. Paris 1989.

Grabitz, Eberhard (Hrsg.): (Kommentar) Kommentar zum EWG-Vertrag. Loseblattausgabe. München.

Grasmann, Günther: (Besteuerung) Die Besteuerung der Unternehmensgewinne im Gesamtkonzept der europäischen Steuerharmonisierung und Harmonisierung der Gewinnermittlungs-, Steuerkontroll- und Steuererhebungsmethoden. In: AG 1973, S. 228-238.

Graß, Arno: (Besteuerung) Unternehmensformneutrale Besteuerung. Berlin 1992.

Grieger, Rudolf: (Organschaft) Die körperschaftsteuerliche und gewerbesteuerliche Behandlung der Organschaft und ihre Behandlung im System des Steuerrechts. Köln 1955.

Grochla, Erwin; Fuchs, Herbert; Lehmann, Helmut (Hrsg.): (Systemtheorie) Systemtheorie und Betrieb. Sonderheft 3/74 der ZfbF. Opladen 1974.

Groeben, Hans von der; Thiesing, Jochen; Ehlermann, Claus-Dieter: (Kommentar) Kommentar zur EWG-Vertrag. 4. Aufl., Baden-Baden 1991.

Groos, Hartmut: (Irland) Irland. In: Steuern in Europa, USA, Kanada und Japan, hrsg. von Annemarie Mennel, Herne/Berlin, Loseblattausgabe, S. 1-43.

Gross, Gerhard; Schruff, Lothar; v. Wysocki, Klaus: (Konzernabschluß) Der Konzernabschluß nach neuem Recht. Aufstellung - Prüfung - Offenlegung. 2. Aufl., Düsseldorf 1987.

Großfeld, Bernhard: (Aktiengesellschaft) Aktiengesellschaft, Unternehmenskonzentration und Kleinaktionär. Tübingen 1968.

Derselbe: (Rechtsvergleichung) Macht und Ohnmacht der Rechtsvergleichung. Tübingen 1984.

Grotherr, Siegfried: (Steuerrechtsänderungen) Steuerrechtsänderungen in Großbritannien und Nordirland. In: IWB 1988, Fach 5 Großbritannien Gruppe 2, S. 257-268.

Derselbe: (Unternehmensbesteuerung) Unternehmensbesteuerung in der Republik Irland. In: IWB 1989 Fach 5 Irland Gruppe 2, S. 33-50.

Grotherr, Siegfried: (Veräußerungsgewinne) Besteuerung betrieblicher Veräußerungsgewinne in Großbritannien und Nordirland. In: IWB 1986, Fach 5 Großbritannien Gruppe 2, S. 233-240.

Gutenberg, Erich: (Grundlagen) Grundlagen der Betriebswirtschaftslehre. Erster Band: Die Produktion. 24. Aufl., Berlin, Heidelberg, New York 1983.

Gutjahr, Hans-Joachim: (Begriff) Der Begriff der Zusammenfassung unter einheitlicher Leitung im Konzerngesellschaftsrecht. Diss. Hamburg 1972.

Guyon, Yves: (Frankreich) Das Recht der Gesellschaftsgruppe in Frankreich. In: ZGR 1991, S. 218-234.

Haase, Klaus Dittmar: (Steuerreform) Zur Steuerreform im Lichte betriebswirtschaftlicher Neutralitätspostulate. In: Betriebswirtschaftliche Steuerlehre und Steuerberatung. Gerd Rose zum 65. Geburtstag, hrsg. von Norbert Herzig, Wiesbaden 1991, S. 239-253.

Haberstock, Lothar: (Einführung) Einführung in die Betriebswirtschaftliche Steuerlehre. 7. Aufl., Hamburg 1989.

Derselbe: (Planung) Die steuerliche Planung der internationalen Unternehmung. In: BFuP 1984, S. 260-278.

Derselbe: (Steuerplanung) Die Steuerplanung der internationalen Unternehmung. Wiesbaden 1976.

Hackmann, Wilfried: (Verrechnungspreise) Verrechnungspreise für Sachleistungen im internationalen Konzern. Wiesbaden 1984.

Hadden, Tom: (Regelung) Die Regelung der Konzerne in Großbritannien: Sonderbehandlung im Rahmen des allgemeinen Gesellschaftsrechts. In: Das Gesellschaftsrecht der Konzerne im internationalen Vergleich, hrsg. von Ernst-Joachim Mestmäcker und Peter Behrens, Baden-Baden 1991, S. 329-338.

Haelterman, Axel: (consolidatie) Fiscale consolidatie: De belasting van de vennootschappengroep naar de economische realiteit. In: Tijdschrift voor Fiscaal Recht/Fiskofoon 1985, S. 209-230.

Derselbe; Autenne, J.: (consolidatiemodellen) Voorstellen van fiscale consolidatiemodellen of van analoge stelsels die in de Belgische wetgeving kunnen worden opgenomen. In: De fiscaalrechtelijke erkenning van vennootschapsgroepen, hrsg. von H. Biron und C. Dauw, Antwerpen 1989, S. 255-276.

Haller, Heinz: (Steuern) Die Steuern. 3. Aufl., Tübingen 1981.

Haller, Matthias (Hrsg.): (Globalisierung) Globalisierung der Wirtschaft. Einwirkungen auf die Betriebswirtschaftslehre. Tagungsband zur 54. wissenschaftlichen Jahrestagung des Verbandes der Hochschullehrer für Betriebswirtschaft e.V. vom 9. bis 13. Juni 1992 in St. Gallen. Bern 1993.

Hamaekers, Hubertus: (Sovereignty) Fiscal Sovereignty and Tax Harmonization in the EC. In: European Taxation 1993, S. 25-27.

Derselbe; Collins, Maurice H.; Comello, Wilhelmina A. (Hrsg): (Transfer Pricing) The Tax Treatment of Transfer Pricing. Loseblattausgabe. Amsterdam.

Hamburger, Jürgen: (Konzernaufbau) Der internationale Konzernaufbau und die Besteuerung. Diss. Hamburg 1976.

Hansen, Leif: (Skattefrit) Skattefrit udbytte fra udenlandsk selskab, SEL § 13, stk. 3. In: Skat udland 1990, S. 207-211.

Harms, Jens E.; Küting, Karlheinz: (Konzernbesteuerung) Perspektiven der Konzernbesteuerung. Einheitsbesteuerung versus Einzelbesteueurng. In: BB 1982, S. 445-455.

Harms, Wolfgang: (Konzerne) Konzerne im Recht der Wettbewerbsbeschränkungen. Eine wirtschafts- und gesellschaftsrechtliche Untersuchung. Heft 45 der FIW-Schriftenreihe des Forschungsinstituts für Wirtschaftsverfassung und Wettbewerb e.V. Köln 1968.

Haug-Adrion, Eberhard: (Harmonisierung) Die Harmonisierung der direkten Unternehmensbesteuerung in der EG. In: Steuerrecht im Wandel. Festschrift zum 10jährigen Bestehen der Fachhochschule für Finanzen Baden-Württemberg. Hrsg. von Paul Eisele und Reimar Zimmermann. Stuttgart 1989, S. 267-303.

Hauser, Fritz: (Steuerrecht) Das Steuerrecht Großbritanniens. In: IWB 1985, Fach 5 Großbritannien Gruppe 2, S. 227-232.

Haussmann, Fritz: (Grundlegung) Grundlegung des Rechts der Unternehmens-Zusammenfassungen. Mannheim-Berlin-Leipzig 1926.

Derselbe: (Tochtergesellschaft) Die Tochtergesellschaft. Eine rechtliche Studie zu modernen Konzernbildung und zum Effektenkapitalismus. Berlin 1923.

Havermann, Hans: (Konzernabschluß) Der Konzernabschluß nach neuem Recht - Ein Fortschritt? In: Bilanz- und Konzernrecht. Festschrift für Reinhard Goerdeler, hrsg. von Hans Havermann, Düsseldorf 1987, S. 173-197.

Hax, Karl: (Konzernprobleme) Konzernprobleme und Aktienrechtsreform in theoretischer Sicht. In: Betriebsgröße und Unternehmenskonzentration, Heft 10 der Nürnberger Abhandlungen zu den Wirtschafts- und Sozialwissenschaften, hrsg. von Hermann Eichler u.a., Berlin 1959, S. 45-60.

Hebig, Michael: (Steuerabteilung) Steuerabteilung und Steuerberatung in der Großunternehmung. Eine empirische Untersuchung. Band 12 der Schriftenreihe Steuerberatung - Betriebsprüfung - Unternehmensbesteuerung, Schriften zur betriebswirtschaftlichen Steuerlehre, hrsg. von Wilhelm H. Wacker, Berlin 1984.

Hederer, Gerd: (Unternehmung) Die internationale Unternehmung. Veränderung eines sozioökonomischen Systems. Meisenheim am Glan 1975.

Derselbe; Kumar, Brij N.; Müller-Heumann, G.: (Begriff) Begriff und Wesensinhalt der internationalen Unternehmung. In: BFuP 1970, S. 509-521.

Heinen, Edmund: (Handelsbilanzen) Handelsbilanzen. 12. Aufl., Wiesbaden 1986.

Heinrichs, Helmut: (Gesetzbuch) Einführung zum 2. Titel: Juristische Personen. In: Bürgerliches Gesetzbuch. Kommentar, hrsg. von Otto Palandt, 51. Aufl., München 1992.

Hemmingsen, Kjeld: (Skatteret) Skatteret. Grundkursus i skatteret. Kopenhagen 1990.

Herrmann, Carl; Heuer, Gerhard; Raupach, Arndt (Hrsg.): (Kommentar) Einkommensteuer- und Körperschaftsteuergesetz mit Nebengesetzen. Kommentar. Loseblattausgabe, Köln.

Herrmann, Hans Joachim: (Konzernsteuerrecht) Reformbedürftiges Konzernsteuerrecht? Bericht und Stellungnahme zu den Beratungsergebnissen der steuerrechtlichen Arbeitsgemeinschaft des 49. Deutsches Juristentages im September 1972. In: AG 1973, S. 37-47.

Hertz-Eichenrode, Albrecht: (Aufbauorganisation) Die Aufbauorganisation des Konzerns. In: Handbuch des Konzernmanagement, hrsg. von Gert Ellenberger, Alden L. Fiertz, Claus Freiling u.a., München 1972, S. 243-342.

Hetfleisch, H.G.: (Besteuerung) Besteuerung und Unternehmensorganisation. Frankfurt am Main 1970.

Heydt, Karl-Eduard von der; Rechenberg, Wolf-Georg Frhr. von (Hrsg.): (Interessenvereinigung) Die Europäische Wirtschaftliche Interessenvereinigung unter besonderer Berücksichtigung gesellschafts-, steuer- und kartellrechtlicher Aspekte. Stuttgart 1991.

Hieltjes, H.B.: (standaardvoorwaarden) Zijn standaardvoorwaarden recht in de zin van Art. 99 Wet RO? In: Weekblad voor Fiscaal Recht 1992, S. 277-286.

Hinnekens, Luc: (Belgium) National Responses to the Ruding Committee Report. Part Belgium. In: EC Tax Review 1993, S. 16-21.

Derselbe: (groepen) De internationale groepen: het Belgisch fiscaal recht. In: De fiscaalrechtelijke erkenning van vennootschapsgroepen, hrsg. von H. Biron und C. Dauw, Antwerpen 1989, S. 117-150.

Hintzen, Lothar: (Einheit) Die fiskale Einheit bei der Körperschaftsbesteuerung von Konzernen in den Niederlanden. In: RIW/AWD 1973, S. 682-687.

Hocke, Heinrich: (Organgesellschaft) Die Organgesellschaft. Diss. Heidelberg 1934.

Holme, Richard: (Groups) Groups of Companies. In: Taxation 1989, S. 626-630.

Hommelhoff, Peter: (Binnenmarkt) Konzernrecht für den Europäischen Binnenmarkt. In: ZGR 1992, S. 121-141.

Derselbe: (Konzernleitungspflicht) Die Konzernleitungspflicht. Zentrale Aspekte eines Konzernverfassungsrechts. Köln 1982.

Hübl, Leo: (Organtheorien) Die Organtheorien im Körperschaftsteuerrecht. In: DStZ/A 1965, S. 17-25.

Hummel, Otto: (Konzern) Konzern. In: Handwörterbuch des Kaufmanns. Lexikon für Handel und Industrie, hrsg. von Karl Bott, Hamburg 1925, Dritter Band, S. 458-459.

Immenga, Ulrich: (Möglichkeiten) Möglichkeiten der Konzernrechtsvergleichung. In: Festschrift für Robert Fischer, hrsg. von Marcus Lutter, Walter Stimpel und Herbert Wiedemann, Berlin 1979, S. 297-306.

Institut "Finanzen und Steuern" e.V. (Hrsg.): (Gewerbesteuer) Die Gewerbesteuer im internationalen Vergleich. "Grüner Brief" Nr. 306. Bonn 1992.

Institut der Wirtschaftsprüfer in Deutschland e.V.: (Handbuch) Wirtschaftsprüfer-Handbuch 1992. Handbuch für Rechnungslegung, Prüfung und Beratung. Band I. 10. Aufl., Düsseldorf 1992.

International Bureau of Fiscal Documentation (Hrsg.): (Companies) The Taxation of Companies in Europe. Loseblattausgabe. Amsterdam.

Ipsen, Hans Peter: (Gemeinschaftsrecht) Europäisches Gemeinschaftsrecht. Tübingen 1972.

Isay, Rudolf: (Recht) Das Recht am Unternehmen. Berlin 1910.

Jacob, Friedhelm: (Besteuerung) Besteuerung der Einheitsunternehmung in Kalifornien. In: IWB 1987, Fach 8 USA Gruppe 2, S. 467-470.

Derselbe: (Wettbewerbsfähigkeit) Wettbewerbsfähigkeit multinationaler Konzerne. Erläuterung einer US-Studie zum Standortvergleich USA, Japan, Niederlande und Bundesrepublik Deutschland. In: IWB 1988, Fach 10 Gruppe 2, S. 669-674.

Jacobs, Otto H.: (Rechtsform) Steueroptimale Rechtsform mittelständischer Unternehmen. In: WPg 1980, S. 705-713.

Derselbe (Hrsg.): (Unternehmensbesteuerung) Internationale Unternehmensbesteuerung. Handbuch zur Besteuerung deutscher Unternehmen mit Auslandsbeziehungen. 2. Aufl., München 1991.

Derselbe; Spengel, Christoph: (Ertragsbesteuerung) Ertragsbesteuerung von Konzernen in Deutschland und Frankreich - eine vergleichende Analyse unter besonderer Berücksichtigung der Behandlung konzerninterner Transaktionen. In: iStR 1994, S. 100-104, 146-151.

Jacobsen, Jens Olav Engholm; Pedersen, Jan; Siggaard, Kurt: (Skatteretten) Skateretten 2. Kopenhagen 1991.

Jeannet, Jean-Pierre: (Management) International Management: The Age of the Global Mind. In: Die Unternehmung 1991, S. 132-142.

Johnsen, Otto: (kommentar) En kommentar om skattefrit udbytte fra udenlandsk selskab, SEL § 13, stk. 3. In: Skat udland 1990, S. 211-212.

Joseph, G.: (Consolidation) Tax Consolidation in Selected Countries of Europe and the USA. In: De fiscaalrechtelijke erkenning van vennootschapsgroepen, hrsg. von H. Biron und C. Dauw, Antwerpen 1989, S. 59-79.

Juch, Dirk: (deelnemingsvrijstelling) De deelnemingsvrijstelling in de Wet op de Vennootschapsbelasting 1969. In: Weekblad voor Fiscaal Recht 1989, S. 1475-1496.

Derselbe: (vennootschapsbelasting) De deelnemingsvrijstelling in de vennootschapsbelasting. Proefschrift. Deventer 1974.

Derselbe: (Wet Vpb) De deelnemingsvrijstelling in de Wet Vpb. Deventer 1991.

Derselbe; Michielse, G.M.M.: (Gesetzentwurf) Gesetzentwurf zur Änderung des Schachtelprivilegs in den Niederlanden. In: IWB 1988, Fach 2, S. 393-398.

Jurkat, Werner: (Organschaft) Die Organschaft im Köperschaftsteuerrecht. Heidelberg 1975.

Kado, Sven Alexander: (Steuern) Die direkten Steuern in Spanien. In: IWB 1974 Fach 5 Spanien Gruppe 2, S. 67-84.

Kaiser, Franz: (Grundlagen) Die Grundlagen und der Erkenntniswert von konsolidierten Bilanzen. Diss. Köln 1964.

Kessel, Justin von: (Konzernbesteuerung) Die konsolidierte Konzernbesteuerung im Körperschaftsteuerrecht der U.S.A. Diss. München 1974.

Kessler, Wolfgang: (Organschaft) Internationale Organschaft in Dänemark. In: IStR 1993, S. 303-310.

Kesti, J.: (Greece) Greece. In: European Tax Handbook 1993, hrsg. vom International Bureau of Fiscal Documentation. Amsterdam 1993, S. 155-164.

Kießling, Heinz; Pelikan, Horst: (Körperschaftsteuer) Körperschaftsteuer. 13. Aufl., Achim 1992.

Kirchner, Christian: (Konzernrechnungslegung) Konzernrechnungslegung in Europa. Rechnungslegungspraxis und die Probleme der Neuregelung durch die 7. gesellschaftsrechtliche Richtlinie der EG. In: AG 1981, S. 325-341.

Derselbe: (Überlegungen) Ökonomische Überlegungen zum Konzernrecht. In: ZGR 1985, S. 214-234.

Kirkpatrick, J.: (groupes) Les groupes nationaux: le droit fiscal belge. In: De fiscaalrechtelijke erkenning van vennootschapsgroepen, hrsg. von H. Biron und C. Dauw, Antwerpen 1989, S. 35-57.

Klein, Günter: (Zwecke) Zwecke des Konzernabschlusses. In: Handbuch der Konzernrechnungslegung, Kommentar zur Bilanzierung und Prüfung, Stuttgart 1989, S. 413-427.

Klein, Klaus-Günter: (Verrechnungspreisgestaltung) Die steuerliche Verrechnungspreisgestaltung international tätiger Unternehmen. Probleme der nationalen und internationalen Anwendung des dealing-at-arm's-length-Prinzips. Bergisch Gladbach, Köln 1988.

Klein, Werner; Nohl, Friedhelm; Zschiegner, Hans; Klein, Klaus-Günter: (Konzernverrechnungspreise) Konzernrechnungslegung und Konzernverrechnungspreise. Stuttgart 1983.

Klempt, Walter; Winter, Wilhelm: (Organschaft) Die Organschaft im Körperschaftsteuerrecht (§ 7a KStG). In: StBp 1970, S. 49-58.

Knepper, Karl Heinz: (Bedeutung) Bedeutung, Anwendungsformen und steuerliche Wirkungen von Unternehmensverträgen. In: BB 1982, S. 2061-2065.

Knobbe-Keuk, Brigitte: (Behandlung) Die steuerliche Behandlung der Europäischen Aktiengesellschaft. In: AG 1990, S. 435-441.

Dieselbe: (Bilanzsteuerrecht) Bilanz- und Unternehmenssteuerrecht. 9. Aufl., Köln 1993.

Dieselbe: (vision) The Ruding Committee Report - an impressive vision of European Company Taxation for the year 2000. In: EC Tax Review 1992, S. 22-38.

Kochinke, Clemens; May, Alfred: (Unitary Taxation) US-Unitary Taxation verfassungswidrig. In: RIW 1987, S. 639-640.

Köhler, Hans: (Konzerne) Über Konzerne und Konzernbilanzen. Hamburg 1950.

Köhler, Hans-Georg: (Besteuerung) Die Besteuerung von Konzern und Kartell als typische Formen von Betriebszusammenschlüssen aus betriebswirtschaftlicher Sicht. Diss. Saarbrücken 1970.

Kooijman, K.: (Unitary Taxation) Unitary Taxation - A Corporate Experience. In: Intertax 1984, S. 412-419.

Koppensteiner, Hans-Georg: (Kommentar) Kommentierung des § 18 AktG im Kölner Kommentar zum Aktiengesetz. 2. Aufl., Köln, Berlin, Bonn, München 1986.

Kormann, Hermut: (Steuerpolitik) Die Steuerpolitik der internationalen Unternehmung. 2. Aufl., Düsseldorf 1970.

Kosiol, Erich: (Unternehmung) Unternehmung. In: Handwörterbuch der Betriebswirtschaft, Band 1, hrsg. von Hans Seischab und Karl Schwantag, 3. Aufl., Stuttgart 1956, Sp. 5540-5545.

Kotler, Philip: (Globalization) Globalization. Realities and Strategies. In: Die Unternehmung 1990, S. 79-99.

KPMG Stokes Kennedy Crowley (Hrsg.): (Irland) Steueranreize für deutsche Investoren in Irland. Dublin 1990.

Kramer, Jörg-Dietrich: (Systematik) Systematik und praxisbezogene Anwendung des deutsch-britischen Doppelbesteuerungsabkommens. In: IWB 1988, Fach 5 Großbritannien Gruppe 2, S. 245-256.

Kratz, Peter: (Steuerplanung) Steuerplanung internationaler Unternehmungen. System und Methode. Bern, Stuttgart 1986.

Krause, Klaus Peter: (Standort) Standort Deutschland. In: FAZ vom 20.2.1992, S. 15.

Krause-Junk, Gerold: (Bedeutung) Die Bedeutung der Steuerharmonisierung für die Errichtung eines Gemeinsamen Marktes. Heft 1 der Hefte zur Internationalen Besteuerung des Instituts für Ausländisches und Internationales Finanz- und Steuerwesen der Universität Hamburg. Hamburg 1984.

Krebs, Hans-Joachim: (Harmonisierung) Die Harmonisierung der direkten Steuern für Unternehmen in der EG. In: BB 1990, S. 1945-1951.

Kreile, Reinhold: (Vorentwurf) Zum Vorentwurf einer EG-Richtlinie über die Harmonisierung der steuerrechtlichen Gewinnermittlungsvorschriften. Beilage Nr. 18 zu DB 1988.

Kropff, Bruno: (Aktiengesetz) Aktiengesetz. Textausgabe des Aktiengesetzes vom 6.9.1965 und des Einführungsgesetzes zum Aktiengesetz vom 6.9.1965 mit Begründung des Regierungsentwurfs, Bericht des Rechtsausschusses des Deutschen Bundestags, Verweisungen und Sachverzeichnis. Düsseldorf 1965.

Krüger, Horst: (Analyse) Steuerökonomische Analyse der Verrechnungspreise internationaler Unternehmungen. Schriftenreihe Steuerberatung - Betriebsprüfung - Unternehmensbesteuerung, Band 5 der Schriften zur betriebswirtschaftlichen Steuerlehre, hrsg. von Wilhelm H. Wacker. Berlin 1978.

Kruse, Heinrich Wilhelm: (Gleichmäßigkeit) Über die Gleichmäßigkeit der Besteuerung. In: StuW 1990, S. 322-330.

Kübler, Friedrich: (Gesellschaftsrecht) Gesellschaftsrecht. Die privatrechtlichen Ordnungsstrukturen und Regelungsprobleme von Verbänden und Unternehmen. 3. Aufl., Heidelberg 1990.

Kühne, Erhard: (Steuerbelastungsfaktoren) Steuerbelastungsfaktoren bei der Konzernfinanzierung. Hamburg 1990.

Küting, Karlheinz: (Einheitsbesteuerung) Ein erneutes Plädoyer für eine Einheitsbesteuerung. Fortschrittliches Konzernrechnungswesen als Grundlage einheitlicher Konzernbesteuerung. In: DB 1990, S. 489-497.

Derselbe: (Umbruch) Rechnungslegung im Umbruch. Ein Plädoyer für ein Rechnungswesen des Konzerns. Beilage 4 zum Betriebs-Berater 1991.

Derselbe; Weber, Claus-Peter (Hrsg.): (Konzern-Rechnungslegung) Handbuch der Konzern-Rechnungslegung. Kommentar zur Bilanzierung und Prüfung. Stuttgart 1989.

Kumpf, Wolfgang: (Verrechnungspreise) Steuerliche Verrechnungspreise im internationalen Konzern. Möglichkeiten zur Präzisierung des "dealing at arm's length"-Prinzips. Frankfurt am Main, Deventer 1976.

Kussmaul, Heinz: (Verrechnungspreise) Angemessene Verrechnungspreise im internationalen Konzernbereich. In: RIW 1987, S. 679-693.

Kypris, C.: (Greece) Greece. Tax reform. In: European Taxation 1993, S. 30-34.

Lang, Joachim: (Entwurf) Entwurf eines Steuergesetzbuchs. Heft 49 der Schriftenreihe des Bundesministeriums der Finanzen. Bonn 1993.

Derselbe: (Steuerrecht) Supranationales Steuerrecht. In: Handwörterbuch des Steuerrechts, 2. Aufl., München 1981, S. 1394-1398.

Langereis, Ch. J.; In de Braekt, M.J.F.: (Schachtelprivileg) Das Schachtelprivileg im niederländischen Körperschaftsteuergesetz. In: IWB 1991, Fach 5 Niederlande Gruppe 2, S. 197-204.

La Rosa, Salvatore: (gruppi) I gruppi di società nel diritto tributario. In: I gruppi di società. Ricerche per uno studio critico, hrsg. von Antonio Pavone La Rosa, Bologna 1982, S. 203-238.

Laule, Gerhard: (Besteuerung) Die Besteuerung des konsolidierten Gewinns. In: BddW v. 14.12.1981, 21.12.1981 und 4.1.1982, jeweils S. 4.

Lefebvre, Francis (Hrsg.): (Fiscal) Mémento Pratique Francis Lefebvre. Fiscal 1992. Paris 1992.

Leffson, Ulrich: (Grundsätze) Die Grundsätze ordnungsmäßiger Buchführung. 7. Aufl., Düsseldorf 1987.

Leibfritz, Willi; Parsche, Rüdiger: (Steuerbelastung) Steuerbelastung der Unternehmen der deutschen Werkzeugmaschinenindustrie im internationalen Vergleich. Gutachten im Auftrag des Vereins der Deutschen Werkzeugmaschinenindustrie e.V. In: Ifo-Studien zur Finanzpolitik, Nr. 45, München 1988.

Liefmann, Robert: (Kartelle) Kartelle, Konzerne, Trusts. 7. Aufl., Stuttgart 1927.

Lobis, Eduard: (Neuerungen) Neuerungen im italienischen Steuerrecht. In: IStR 1993, S. 4-6.

Lochner, Norbert: (Begriffe) Was bedeuten die Begriffe Harmonisierung, Koordinierung und gemeinsame Politik in den Europäischen Verträgen? In: ZStW 1962, S. 35-61.

Löwenstein, Ulrich W.: (Strategies) Tax Loss Utilization Strategies. In: European Taxation 1988, S. 5-18.

Lovisolo, Antonio: (Imputation) Italy: The New Imputation System. In: Intertax 1979, S. 10-16.

Lutter, Marcus: (Aufgabe) Zur Aufgabe eines Konzernrechts: Schutz vor Mißbrauch oder Organisationsrecht? In: Das St. Galler Konzernrechtsgespräch. Konzernrecht aus der Konzernwirklichkeit, hrsg. von Jean Nicolas Druey, Bern, Stuttgart 1988, S. 225-233.

Derselbe: (Entwicklung) Stand und Entwicklung des Konzernrechts in Europa. In: ZGR 1987, S. 324-369.

Derselbe (Hrsg.): (Gründung) Die Gründung einer Tochtergesellschaft im Ausland. Sonderheft 3 der ZGR 1983.

Macharzina, Klaus: (Theorie) Entwicklungsperspektiven einer Theorie internationaler Unternehmenstätigkeit. Modell- und Verfahrensvorschläge. In: Internationale Unternehmensführung. Managementprobleme international tätiger Unternehmen. Festschrift zum 80. Geburtstag von Eugen H. Sieber, hrsg. von Wilhelm H. Wacker, Helmut Haussmann und Brij Kumar, Berlin 1981, S. 33-56.

Maguire, Edward; Theisen, Manuel R. et al.: (Verrechnungspreise) Verrechnungspreise bei Lizenzen und Dienstleistungen. München 1990.

Malherbe, J.: (groepen) De internationale groepen: het Belgisch fiscaal recht. In: De fiscaalrechtelijke erkenning van vennootschapsgroepen, hrsg. von H. Biron und C. Dauw, Antwerpen 1989, S. 151-177.

Manganelli, Andrea: (Implementation) Implementation of the Parent-Subsidiary Directive in the EC Member States. Part Italy. In: European Taxation 1992, S. 151-159.

Derselbe: (Italy) Italy. In: European Tax Handbook 1993, hrsg. vom International Bureau of Fiscal Documentation. Amsterdam 1993, S. 213-226.

Manke, Klaus: (Unternehmensbesteuerung) Unternehmensbesteuerung in der EG. In: ZGR 1992, S. 333-345.

Mannheimer, Peter-Ulrich: (Konzernfinanzierung) Die Bedeutung des Steuerrechts für die Konzernfinanzierung dargestellt am Beispiel konzerninterner Darlehen und der Selbstfinanzierung im Konzern. Berlin 1992.

Martin, D.: (Transfers) Transfers of assets within a group. In: Longman Law & Tax Review 1989, S. 127-132.

Marx, Friedhelm: (Funktion) Funktion und Grenzen der Rechtsangleichung nach Art. 100 EWG-Vertrag. Band 14 der Schriften zum Wirtschafts-, Handels- und Industrierecht, hrsg. von Rudolf Lukes. Köln, Berlin, Bonn, München 1976.

Mateus, António Simões: (contas) As contas de grupos de sociedades. In: Fisco, Oktober 1988, S. 7-11.

Mayr, Siegfried: (Steuern) Die direkten Steuern in Italien. Einkommensteuer - Körperschaftsteuer - lokale Ertragsteuer. In: IWB 1990, Fach 5 Italien Gruppe 2, S. 283-324.

Derselbe: (Umsetzung) Umsetzung der Mutter-Tochter-Richtlinie in Italien. In: IWB 1993, Fach 5 Italien Gruppe 2, S. 347-352.

McLure, Charles E.: (Taxation) Coordinating Business Taxation in the Single European Market: the Ruding Committee Report. In: EC Tax Review 1992, S. 13-21.

McMellon, Stephen D.; Hicks, Harry S.: (Surplus) Surplus Advance Corporation Tax in the U.K. - A Domestic and An International Problem! In: TPIR 3/1993, S. 16-22.

Meffert, Heribert: (Unternehmensführung) Strategische Unternehmensführung und Marketing. Beiträge zur marktorientierten Unternehmenspolitik. Wiesbaden 1988.

Derselbe: (Wettbewerbsstrategien) Wettbewerbsstrategien auf globalen Märkten. In: BFuP 1991, S. 399-415.

Mellwig, Winfried; Moxter, Adolf; Ordelheide, Dieter (Hrsg.): (Steuerreform) Steuerreform und Steuerharmonisierung. Wiesbaden 1991.

Mendonca Raimundo, Antonio de: (Portugal) Portugal: Parent/Subsidiary and Merger Directives implemented. In: FTWTR 1992, S. 184-185.

Merrienboer, F.M.A.M. van: (groepsdeel) Het groepsdeel in de regeling van de fiscale eenheid. In: Weekblad voor Fiscaal Recht 1992, S. 717-725.

Mestmäcker, Ernst-Joachim: (Konzerngewalt) Verwaltung, Konzerngewalt und Rechte der Aktionäre. Karlsruhe 1958.

Derselbe; Behrens, Peter: (Vergleich) Das Gesellschaftsrecht der Konzerne im internationalen Vergleich. Baden-Baden 1991.

Minne, Pascal: (groupes) Les groupes internationaux: les législations étrangères. L'imposition consolidée des entités du groupe située à l'étranger - l'exemple de la France et du Danemark. In: De fiscaalrechtelijke erkenning van vennootschapsgroepen, hrsg. von H. Biron und C. Dauw, Antwerpen 1989, S. 179-213.

Möhrle, Ulrich: (Harmonisierung) Harmonisierung der internationalen Unternehmensbesteuerung in der EG. Schlußfolgerungen und Empfehlungen des unabhängigen Sachverständigenausschusses der EG-Kommission. In: IWB 1992, Fach 5 Europäische Gemeinschaft Gruppe 2, S. 205-210.

Möllering, Jürgen; Mohr, Konrad: (Großbritannien) Steuerführer Großbritannien. Darstellung des Steuerrechts und Kommentar zum DBA-Großbritannien. Loseblattausgabe. Herne, Berlin.

Mössner, Jörg Manfred: (Methoden) Die Methoden zur Vermeidung der Doppelbesteuerung. Vorzüge, Nachteile, aktuelle Probleme. In: Grundfragen des Internationalen Steuerrechts, hrsg. im Auftrag der Deutschen Steuerjuristischen Gesellschaft von Klaus Vogel, Köln 1985, S. 135-169.

Derselbe et al. (Hrsg.): (Steuerrecht) Steuerrecht international tätiger Unternehmen. Handbuch der Besteuerung von Auslandsaktivitäten inländischer Unternehmen und von Inlandsaktivitäten ausländischer Unternehmen. Köln 1992.

Mohr, Rudolf: (Konsumbesteuerung) Konsum- versus Vermögenszuwachsbesteuerung. Eine kritische Analyse der Übereinstimmung alternativer Unternehmensbesteuerungssysteme mit den Grundsätzen der Besteuerung. Stuttgart 1992.

Moore, M. Roger: (Implementation) Implementation of the Parent-Subsidiary Directive in the EC Member States. Part Ireland. In: European Taxation 1992, S. 148-151.

Derselbe: (Ireland) Ireland. In: European Tax Handbook 1993, hrsg. vom International Bureau of Fiscal Documentation. Amsterdam 1993, S. 193-204.

Derselbe: (United Kingdom) United Kingdom. In: European Tax Handbook 1993, hrsg. vom International Bureau of Fiscal Documentation. Amsterdam 1993, S. 447-462.

Morgenstern, Patrick: (Modification) Modification du périmètre d'intégration fiscale. Les messures à connaître. In: Economie & Comptabilité 1990, S. 1-6.

Derselbe: (profit) Tirer profit de l'intégration fiscale. Principes et pratique. Paris 1990.

Mühlschlegel, Gustav: (Gewinnermittlung) Die steuerliche Gewinnermittlung für Konzerne. Die Organschaftsbesteuerung in Deutschland. Die konsolidierten Steuererklärungen in den USA. Gewinnermittlung mit Konzernsteuerbilanzen. Mannheim 1971.

Müller, Eberhard: (Bilanzen) Aufstellungsmöglichkeiten konsolidierter Bilanzen internationaler Unternehmungen. Diss. Gießen 1973.

Derselbe: (Entwurf) Zum geänderten Entwurf einer 7. EG-Richtlinie über den Konzernabschluß. In: DB 1980, S. 265-268.

Müller, Michael: (Reform) Reform der Konzernbesteuerung in Österreich. Eine zusammengefaßte Besteuerung von Unternehmensgruppen. Band 29 der Schriften zum österreichischen Abgabenrecht, hrsg. von Gerold Stoll. Wien 1991.

Müller, Welf: (Unternehmensverbindungen) Unternehmensverbindungen. In: Wirtschaftsprüfer-Handbuch 1992. Handbuch für Rechnungslegung, Prüfung und Beratung. Band I. 10. Aufl., Düsseldorf 1992, S. 1259-1396.

Müller-Graff, Peter-Christian: (Rechtsangleichung) Die Rechtsangleichung zur Verwirklichung des Binnenmarktes. In: EuR 1989, S. 107-151.

Münstermann, Hans: (Bilanzen) Konsolidierte Bilanzen deutscher Konzerne. In: Käfer, Karl; Münstermann, Hans (Hrsg.): Konzernbilanzen. Heft 107 der Mitteilungen aus dem Handelswissenschaftlichen Seminar der Universität Zürich, hrsg. von R. Büchner, O. Juzi und K. Käfer, Zürich 1958, S. 41-53.

Müssener, Ingo: (Großbritannien) Großbritannien. In: Steuern in Europa, USA, Kanada und Japan, hrsg. von Annemarie Mennel. Loseblattausgabe Herne/Berlin.

Muray, Roger H.A.: (Harmonization) European Direct Tax Harmonization - Progress in 1990. In: European Taxation 1991, S. 74-85.

Naegeli, Eduard: (Doppelgesellschaft) Die Doppelgesellschaft. 1. Band. Zürich, Berlin 1936.

Narraina, L. et al.: (Darstellung) Vergleichende Darstellung der Regelungen zur Überprüfung von Verrechnungspreisen zwischen verbundenen Unternehmen. In: IWB 1990 Fach 10 International Gruppe 2, S. 781-806.

Narraina, L. et al.: (Umsetzung) Vergleichende Darstellung der Umsetzung der Mutter-Tochter- und Fusionsrichtlinie in den EG-Mitgliedstaaten und vergleichbarer Regelungen in Nicht-EG-Staaten. In: IWB 1993, Fach 10 International Gruppe 2, S. 903-924.

Neumark, Fritz: (Grundsätze) Grundsätze gerechter und ökonomisch rationaler Steuerpolitik. Tübingen 1970.

Niemann, Ursula: (Gewinnermittlung) Zur Gewinnermittlung im Konzern. In: StbJb 1971/72, Köln 1972, S. 231-277.

Dieselbe: (Gewinnrealisierung) Probleme der Gewinnrealisierung innerhalb des Konzerns. Diss. Köln 1968.

Noakes, Patrick; Mackley-Smith, Gary B.: (Gains) Tolley's Capital Gains Tax 1993-94. Croydon 1993.

Nörr, Knut Wolfgang: (Konzernrecht) Die Entwicklung des Aktien- und Konzernrechts während der Weimarer Republik. In: ZHR 1986, S. 155-181.

Nooteboom, A.; Bouwman, J. N.: (vennootschapsbelasting) Wegwijs in de vennootschapsbelasting. Theorie en praktijk. 3. Aufl., Lelystad 1992.

Oberst, Oskar: (Konzernbilanz) Beitrag zur Frage der Konzernbilanz. In: ZfhF 1930, S. 209-234.

Obluda, Sybille: (Änderung) Änderung des niederländischen KStG zwecks Vermeidung von Mißbrauch in Steuerparadiesen. In: IWB 1993, S. 723-724.

Dieselbe; Tulp, Hans A.: (Umsetzung) Die Umsetzung der Mutter-/Tochter-Richtlinie in den Niederlanden. In: IWB 1992, Fach 5 Niederlande Gruppe 2, S. 205-212.

Ochs, Dietmar: (Konzernstrukturen) Das Vordringen konglomerater Konzernstrukturen. Determinanten und Wirkungen. Diss. Bochum 1976.

Oesterle, Berthold; Gauß, Herbert: (Überlegungen) Betriebswirtschaftliche Überlegungen zur Teilwertabschreibung auf Beteiligungen an Kapitalgesellschaften in der Rechtsprechung des BFH. In: WPg 1991, S. 317-327.

Ohmae, Kenichi: (Triade) Macht der Triade. Die neue Form des weltweiten Wettbewerbs. Wiesbaden 1985.

Ordelheide, Dieter: (Konzern) Der Konzern als Gegenstand betriebswirtschaftlicher Forschung. In: BFuP 1986, S. 293-312.

O'Reilly, Michael: (Planning) Carroll's Tax Planning in Ireland. London 1986.

o.V.: (Bilanzrecht) Das deutsche Bilanzrecht ist in der Zange. In: FAZ v. 16.11.1992, S. 23.

o.V.: (Gewerbesteuer-Hebesatz) Gewerbesteuer-Hebesatz liegt schon bei 398 Prozent. In: Handelsblatt vom 27.10.1992, S. 7.

o.V.: (Legislation) Spain: Recent Legislation. In: European Taxation 1982, S. 305-306.

o.V.: (Mindestsatz) Ein Mindestsatz von 30 Prozent bei der Körperschaftsteuer ist Brüssel zu hoch. In: Handelsblatt vom 25.6.1992, S. 8.

o.V.: (puissances) Montée en puissance des groupes de sociétés. In: INSEE Prémiere 1991, Nr. 173.

o.V.: (régime) Le nouveau régime fiscal (I.S.) des groupes de sociétés. Loi de finances pour 1988, art. 68. In: Droit Fiscal 1988, S. 11-21.

o.V.: (Spain) Spain: Royal Decree-Law No. 15 of February 25, 1977: New Tax Measures. In: European Taxation 1977, S. 139-141.

o.V.: (Statistiques) Statistiques 1988 et 1989. In: Droit Fiscal 1990, S. 194.

o.V.: (taxation) Spain: The taxation of corporations. In: Bulletin des International Bureau of Fiscal Documentation 1991, S. 437-442.

o.V.: (Vorschlag) Neuer Vorschlag der EG-Kommission zur Berücksichtigung von externen Verlusten. In: Handelsblatt vom 22.6.1992, S. 3.

Overgaard, Erik: (Denmark) National Responses to the Ruding Committee Report. Part Denmark. In: EC Tax Review 1993, S. 21-24.

Palacios, José; Cortázar, Luis García: (Implementation) Implementation of the Parent-Subsidiary Directive in the EC Member States. Part Spain. In: European Taxation 1992, S. 174-176.

Passow, Richard: (Betrieb) Betrieb, Unternehmung, Konzern. Heft 11 der Beiträge zur Lehre von den Unternehmungen, hrsg. von Richard Passow in Verbindung mit dem Seminar für Wirtschaftslehre der Unternehmungen an der Universität Göttingen. Jena 1925.

Paulick, Heinz: (Grundsatz) Der Grundsatz der Gleichmäßigkeit der Besteuerung. Sein Inhalt und seine Grenzen. In: Probleme des Finanz- und Steuerrechts. Festschrift für Ottmar Bühler, hrsg. von Armin Spitaler, Köln 1954, S. 121-184.

Paulus, Hans-Jürgen: (Mehrwertsteuer) Mehrwertsteuer. In: Lexikon der deutschen und internationalen Besteuerung, hrsg. von Wilhelm H. Wacker, 2. Aufl., München 1982, S. 504-506.

Derselbe: (Organschaft) Organschaft. In: Lexikon der deutschen und internationalen Besteuerung, hrsg. von Wilhelm H. Wacker, 2. Aufl., München 1982, S. 555-558.

Derselbe: (Ziele) Ziele, Phasen und organisatorische Probleme steuerlicher Entscheidungen in der Unternehmung. Band 6 der Schriftenreihe Steuerberatung - Betriebsprüfung - Unternehmensbesteuerung, Schriften zur betriebswirtschaftlichen Steuerlehre, hrsg. von Wilhelm H. Wacker, Berlin 1978.

Pausenberger, Ehrenfried: (Finanzpolitik) Finanzpolitik internationaler Unternehmungen: Notwendigkeit und Grenzen der Zentralisierung. In: Internationale Unternehmensführung. Managementprobleme international tätiger Unternehmen. Festschrift zum 80. Geburtstag von Eugen H. Sieber, hrsg. von Wilhelm H. Wacker, Helmut Haussmann und Brij Kumar, Berlin 1981, S. 177-190.

Derselbe: (Konzernaufbau) Der Konzernaufbau. Versuch einer Morphologie des Konzerns. Diss. München 1957.

Derselbe: (Konzerne) Konzerne. In: Handwörterbuch der Betriebswirtschaft, hrsg. von Erwin Grochla und Waldemar Wittmann, 4. Aufl., Stuttgart 1975, Sp. 2234-2249.

Pensel, Jens: (Investitionspolitik) Die Produktions- und Investitionspolitik der Internationalen Unternehmung. Diss. Göttingen 1976.

Perridon, Louis; Rössler, Martin: (Unternehmung) Die internationale Unternehmung: Entwicklung und Wesen. In: WiSt 1980, S. 211-217.

Piechota, Sven: (Unternehmensleitung) Die Informationsversorgung der Unternehmensleitung in Multinationalen Unternehmen als Aufgabe des Controlling. Diss. Göttingen 1990.

Pinto Ribeiro, José António: (Gesellschaften) Die verbundenen Gesellschaften im neuen portugiesischen Handelsgesellschaftsgesetzbuch. In: Das Gesellschaftsrecht der Konzerne im internationalen Vergleich, hrsg. von Ernst-Joachim Mestmäcker und Peter Behrens, Baden-Baden 1991, S. 203-215.

Plant, Philip M.; Miller, Benjamin F.; Crawford, Roy E.: (Unitary Taxation) California Unitary Taxation and Water's-Edge Election. In: European Taxation 1989, S. 211-224.

Popkes, Warner Berend J.: (Prüfung) Internationale Prüfung der Angemessenheit steuerlicher Verrechnungspreise. Auswirkung des OECD-Berichts in den einzelnen Ländern. Band 17 der Schriftenreihe Steuerberatung - Betriebsprüfung - Unternehmensbesteuerung, Schriften zur betriebswirtschaftlichen Steuerlehre, hrsg. von Wilhelm H. Wacker, Berlin 1989.

Popp, Peter: (Besteuerung) Erfassung und Besteuerung von Leistungsbeziehungen zwischen international verbundenen Unternehmen. Frankfurt am Main, Bern, New York, Paris 1987.

Porter, Michael E.: (Competition) Competition in Global Industries. Harvard 1986.

Portner, Rosemarie: (Ermittlung) Ermittlung von Verrechnungspreisen in multinationalen Unternehmen. In: IWB 1992, Fach 10 International Gruppe 2, S. 863-874.

Pratt, James W.; Burns, Jane O.; Kulsrud, William N. (Hrsg.): (Taxation) Corporate, Partnership, Estate and Gift Taxation. 1992 Edition. Homewood IL, Boston MA 1992.

Prazeres Lousa, Maria dos: (Notas) Notas ás instruçôes e normas de aplicaçâo do regime de tributaçâo pelo lucro consolidado. In: Fisco, Februar 1990, S. 12-14.

Dieselbe: (regime) O regime fiscal dos grupos de sociedades. In: Fisco, Oktober 1988, S. 12-15.

Dieselbe: (tributaçâo) O regime de tributaçâo pelo lucro consolidado. In: Ciência e Técnica Fiscal, Nr. 355, Julho-Septembro 1989, Boletim da Direcçâo-Geral das Contribuiçôes e Impostos, hrsg. vom Ministério das Finanças, Lissabon 1989, S. 59-93.

Prentice, Dan D.: (Groups) A Survey of the Law Relating to Corporate Groups in the United Kingdom. In: Groups of Companies in the EEC. A Survey to the European Commission on the Law relating to Corporate Groups in various Member States, hrsg. von Eddy Wymeersch, Berlin, New York 1993, S. 279-329.

Price Waterhouse (Hrsg.): (Belgium) Doing Business in Belgium. Brüssel 1990.

Price Waterhouse (Hrsg.): (Denmark) Doing Business in Denmark. Kopenhagen 1989.

Price Waterhouse (Hrsg.): (Ireland) Doing Business in the Republic of Ireland. Dublin 1989.

Price Waterhouse (Hrsg.): (Italy) Doing Business in Italy. Rom 1988.

Price Waterhouse (Hrsg.): (United Kingdom) Doing Business in the United Kingdom. London 1991.

Prinz, Ulrich: (Entwicklung) Aktuelle Entwicklung und Beratungsfragen im steuerlichen Organschaftsrecht. In: FR 1993, S. 725-735.

Qureshi, A.H.: (Unitary Taxation) Unitary Taxation and General International Law. In: Bulletin des International Bureau of Fiscal Documentation 1987, S. 56-64.

Raad, C. van: (aspecten) Internationale aspecten van de toepassing van Art. 15 Wet Vpb 1969. In: Weekblad voor Fiscaal Recht 1989, S. 319-329.

Derselbe: (Körperschaftsteuer) Die Körperschaftsteuer in den Niederlanden. In: AG 1992, S. 115-120.

Rädler, Albert J.: (Ergebnisse) Die Ergebnisse des EG-Ausschusses zur Reform der Unternehmensbesteuerung. In: Handelsblatt vom 1.4.1992, S. 13.

Raisch, Peter; Schmidt, Karsten: (Rechtswissenschaft) Rechtswissenschaft und Wirtschaftswissenschaften. In: Rechtswissenschaft und Nachbarwissenschaften. Band 1, hrsg. von Dieter Grimm, Frankfurt am Main, 1973, S. 143-167.

Raiser, Ludwig: (Konzernbildung) Die Konzernbildung als Gegenstand rechts- und wirtschaftswissenschaftlicher Untersuchung. In: Das Verhältnis der Wirtschaftswissenschaft zur Rechtswissenschaft, Soziologie und Statistik, hrsg. von Ludwig Raiser, Heinz Sauermann und Erich Schneider, Berlin 1964, S. 51-56.

Raiser, Thomas: (Unternehmen) Das Unternehmen als Organisation. Kritik und Erneuerung der juristischen Unternehmenslehre. Berlin 1969.

Rall, Wilhelm: (Internationalisierung) Internationalisierung der Wirtschaft - Internationalisierung der Unternehmensberatung. In: Internationale Management-Beratung, hrsg. von Wilhelm H. Wacker, Berlin 1991, S. 65-77.

Ramin, Walther: (Besteuerung) Die Besteuerung der Konzerne. Band 11 der Veröffentlichungen des Steuer-Instituts an der Handels-Hochschule Leipzig, hrsg. von Hermann Großmann, Berlin 1930.

Rasch, Harold: (Gutachten) Reichen die Vorschriften des Steuerrechts - unter Berücksichtigung des Gesellschaftsrechts - aus, um Vermögensbewegungen zwischen verbundenen Unternehmen vollständig und befriedigend zu regeln? Gutachten für den 49. Deutschen Juristentag. In: Verhandlungen des 49. Deutschen Juristentages, hrsg. von der ständigen Deputation des Deutschen Juristentages, Band I, Teil G, München 1972.

Derselbe: (Konzernrecht) Deutsches Konzernrecht. 5. Aufl., Köln 1974.

Rasmussen, Søren: (Sambeskatningsvilkår) Nyt Sambeskatningsvilkår 2.4.2. - Tynd Kapitalisering. In: SR-Skat, Nr. 3/1991, S. 124-125.

Rauenbusch, Bruno: (Verrechnungspreispolitik) Ertragsteuern, Zölle und Verrechnungspreispolitik im einstufigen internationalen Unterordnungskonzern. Eine modellunterstützte betriebswirtschaftliche Analyse unter Berücksichtigung von innerkonzernlichen Warenlieferungen und Gewinnausschüttungen. Frankfurt am Main, Bern, New York, Paris 1990.

Raupach, Arndt: (Unternehmensorganisation) Einfluß der Unternehmensorganisation auf die Besteuerung. In: Handelsrecht und Steuerrecht. Festschrift für Georg Döllerer, hrsg. von Brigitte Knobbe-Keuk, Franz Klein und Adolf Moxter, Düsseldorf 1988, S. 495-513.

Rehbinder, Eckard: (Konzernaußenrecht) Konzernaußenrecht und allgemeines Privatrecht. Eine rechtsvergleichende Untersuchung nach deutschem und amerikanischem Recht. Bad Homburg 1969.

Reinhardt, Frank: (Neutralitätspostulat) Neutralitätspostulat. In: Lexikon der deutschen und internationalen Besteuerung, hrsg. von Wilhelm H. Wacker, 3. Aufl., München 1994 (in Vorbereitung).

Rescigno, Matteo: (Konzern) Der Konzern im italienischen Recht. In: Das Gesellschaftsrecht der Konzerne im internationalen Vergleich, hrsg. von Ernst-Joachim Mestmäcker und Peter Behrens, Baden-Baden 1991, S. 339-389.

Revenue Commissioners (Hrsg.): (Outline) Outline of the principal tax reliefs having special importance in relation to industrial production. Leaflet No. 4 1990-1991. Dublin 1990.

Rheinstein, Max; Borries, Reimer von: (Einführung) Einführung in die Rechtsvergleichung. 2. Aufl., München 1987.

Rieger, Horst: (Prinzipien) Prinzipien des internationalen Steuerrechts als Problem der Steuerplanung in der multinationalen Unternehmung. Band 4 der Schriftenreihe Steuerberatung, Betriebsprüfung, Unternehmensbesteuerung, hrsg. von Wilhelm H. Wacker, Berlin 1978.

Rijks, K.: (instituut) Het instituut van de fiscale eenheid in de vennootschapsbelasting. Deventer 1988.

Ritter, Wolfgang: (Steuerharmonisierung) Steuerharmonisierung als Voraussetzung eines EG-Binnenmarktes. In: BB 1989, S. 77-83.

Rösler, Wolfgang: (Gewinnrealisierung) Die Behandlung der Gewinnrealisierung beim innerkonzernlichen Leistungsverkehr durch die Betriebswirtschaftslehre, das Handels- und das Ertragsteuerrecht. Diss. Köln 1969.

Rommelspacher, Wolfgang: (Konzernbegriff) Der Konzernbegriff. Diss. Köln 1964.

Rose, Gerd: (Ertragsteuern) Die Ertragsteuern. 1. Buch der Reihe "Betrieb und Steuer. Grundlagen zur Betriebswirtschaftlichen Steuerlehre". 12. Aufl., Wiesbaden 1992.

Derselbe: (Geleitwort) Geleitwort zur Dissertation von Klaus-Günter Klein zum Thema "Die steuerliche Verrechnungspreisgestaltung international tätiger Unternehmen. Probleme der nationalen und internationalen Anwendung des dealing-at-arm's-length-Prinzips". Bergisch Gladbach, Köln 1988.

Derselbe: (Grundzüge) Grundzüge des internationalen Steuerrechts. 5. Buch der Reihe "Betrieb und Steuer. Grundlagen zur Betriebswirtschaftlichen Steuerlehre". 2. Aufl., Wiesbaden 1991.

Derselbe: (Probleme) Ausgewählte Probleme der Besteuerung von Kapitalgesellschaften und Konzernen. In: StbJb 1971/72, Köln 1972, S. 183-230.

Derselbe: (Steuerlehre) Betriebswirtschaftliche Steuerlehre. Eine Einführung für Fortgeschrittene. 3. Aufl., Wiesbaden 1992.

Rosendorff, Richard: (Organisation) Die rechtliche Organisation der Konzerne. Berlin 1927.

Rouwenhorst, J.A.; Meulenbeld, J.: (belastingstudie) Gids voor belastingstudie 1993. 19. Aufl., Groningen 1993.

Rühli, Edwin: (Konzernführung) Zeitgemäße Konzernführung und -gestaltung. Anforderungen aus der Trilogie Strategie - Struktur - Kultur. In: ZfO 1990, S. 310-314.

Rupp, Reinhard: (Ertragsbesteuerung) Die Ertragsbesteuerung nationaler Konzerne. Konzernsteuerbilanz oder Weiterentwicklung der körperschaftsteuerlichen Organschaft? Frankfurt am Main, Bern, New York 1983.

Sahner, Friedhelm; Kammers, Heinz: (Abgrenzung) Die Abgrenzung des Konsolidierungskreises nach der 7. EG-Richtlinie im Vergleich zum Aktiengesetz 1965 - ein Fortschritt? In: DB 1983, S. 2149-2153 u. 2209-2212.

Saß, Gert: (Abzug) Zum EG-Richtlinienvorschlag vom 28.11.1990 über den Abzug von Verlusten ausländischer Betriebsstätten und Tochtergesellschaften. In: BB 1991, S. 1161-1165.

Derselbe: (Aspekten) Zu den steuerlichen Aspekten der "Europäischen Wirtschaftlichen Interessenvereinigung". In: DB 1985, S. 2266-2268.

Derselbe: (EG-Harmonisierung) Steuerliche EG-Harmonisierung und europäische Beratung (Neue Richtlinien, EWIV und Perspektiven). In: Internationale Management-Beratung, hrsg. von Wilhelm H. Wacker, Berlin 1991, S. 113-124.

Saunders, Glyn: (Planning) Tolley's Tax Planning 1993. Croydon 1993.

Derselbe; Dolton, Alan: (Corporation Tax) Tolley's Corporation Tax 1993-94. Croydon 1993.

Saunders, Glyn; Savory, Stephen: (Taxation) Tolley's Taxation in the Republic of Ireland 1992-93. Surrey 1992.

Scheffler, Eberhard: (Konzern) Der qualifizierte faktische Konzern. Versuch einer betriebswirtschaftlichen Definition. In: AG 1990, S. 173-178.

Derselbe: (Konzernmanagement) Konzernmanagement. Betriebswirtschaftliche und rechtliche Grundlagen der Konzernführungspraxis. München 1992.

Derselbe: (Problematik) Problematik der Konzernleitung. In: Bilanz- und Konzernrecht. Festschrift für Reinhard Goerdeler, hrsg. von Hans Havermann, Düsseldorf 1987, S. 469-485.

Scheffler, Wolfram: (Besteuerung) Besteuerung von Unternehmen. Band I: Ertrag-, Substanz- und Verkehrsteuern. Heidelberg 1992.

Derselbe: (Finanzierungspolitik) Einfluß der Besteuerung auf die Finanzierungspolitik eines internationalen Konzerns. In: IStR 1992, S. 118-125.

Derselbe: (Grundzüge) Grundzüge zur Besteuerung von inländischen Konzernen. In: DBW 1991, S. 701-717.

Schelter, Kurt: (Subsidiarität) Subsidiarität - Handlungsprinzip für das Europa der Zukunft. In: EuZW 1990, S. 217-219.

Schimetschek, Bruno: (Organlehre) Die Entwicklung der Organlehre. In: Finanzjournal 1975, S. 81-83.

Schipporeit, Erhard: (Grundsätze) Grundsätze und Möglichkeiten einer Unternehmungssteuer. Band 47 der Schriftenreihe Wirtschaftswissenschaftliche Forschung und Entwicklung, hrsg. von Christoff Aschoff und Peter Müller-Bader, München 1979.

Schliephake, Dirk: (Gewinnabgrenzung) Steuerliche Gewinnabgrenzung internationaler Personengesellschaften. Band 20 der Schriftenreihe Steuerberatung - Betriebsprüfung - Unternehmensbesteuerung, Schriften zur betriebswirtschaftlichen Steuerlehre, hrsg. von Wilhelm H. Wacker, Berlin 1990.

Schmelling, Heinz-Dieter: (Verrechnungspreispolitik) Verrechnungspreispolitik in internationalen Unternehmungen. Münster 1985.

Schmidt, Karsten: (Handelsrecht) Vom Handelsrecht zum Unternehmens-Privatrecht? In: JuS 1985, S. 249-257.

Derselbe: (Residence) "Company Residence" nach britischem Steuerrecht: Regelungen zur Doppelansässigkeit. In: RIW 1987, S. 35-37.

Schmidt, Ludwig; Müller, Thomas; Stöcker, Ernst E.: (Organschaft) Die Organschaft im Körperschaftsteuer-, Gewerbesteuer- und Umsatzsteuerrecht. 4. Aufl., Herne, Berlin 1993.

Schneeloch, Dieter: (Betriebsaufspaltung) Betriebsaufspaltung - Voraussetzungen und Steuerfolgen. In: DStR 1991, S. 761-765 u. 804-810.

Derselbe: (Überlegungen) Steuerplanerische Überlegungen zur Betriebsaufspaltung. In: DStR 1991, S. 955-959 und 990-995.

Schneider, Dieter: (Grundzüge) Grundzüge der Unternehmensbesteuerung. 5. Aufl., Wiesbaden 1990.

Derselbe: (Investition) Investition, Finanzierung und Besteuerung. 7. Aufl., Wiesbaden 1992.

Derselbe: (Realisationsprinzip) Realisationsprinzip und Einkommensbegriff. In: Bilanzfragen. Festschrift zum 65. Geburtstag von Ulrich Leffson, hrsg. von Jörg Baetge, Adolf Moxter und Dieter Schneider, Düsseldorf 1976, S. 103-117.

Schneider, Kurt: (Organisation) Die Organisation der Internationalen Unternehmung. In: Probleme der Unternehmensführung. Festschrift zum 70. Geburtstag von Eugen H. Sieber, hrsg. von Horst Koller und Hans-Peter Kicherer, München 1971, S. 167-179.

Schneider, Uwe H.: (Konzern) Der Konzern als Rechtsform für Unternehmen. Zum Regelungsgegenstand eines Konzernverfassungsrechts. In: Das Gesellschaftsrecht der Konzerne im internationalen Vergleich, hrsg. von Ernst-Joachim Mestmäcker und Peter Behrens, Baden-Baden 1991, S. 563-580.

Scholl, Rolf F.: (Internationalisierungsstrategien) Internationalisierungsstrategien. In: Handwörterbuch Export und Internationale Unternehmung, hrsg. von Klaus Macharzina und Martin K. Welge, Stuttgart 1989, Sp. 983-1001.

Schubert, Werner; Küting, Karlheinz: (Unternehmungszusammenschlüsse) Unternehmungszusammenschlüsse. München 1981.

Schultze-Schlutius, Hans-G.: (Organtheorie) Die Organtheorie unter besonderer Berücksichtigung der Kapitalgesellschaften. Essen 1956.

Derselbe: (Vorschlag) Vorschlag einer gesetzlichen Regelung der Organschaft für die Einkommensbesteuerung. In: DB 1957, Beilage 14.

Schwartz, Ivo Eduard: (Rechtsangleichung) 30 Jahre EG-Rechtsangleichung. In: Eine Ordnungspolitik für Europa. Festschrift für Hans von der Groeben zu seinem 80. Geburtstag, hrsg. von Ernst-Joachim Mestmäcker, Hans Möller und Hans-Peter Schwarz, Baden-Baden 1987, S. 333-368.

Secular, Les: (Budget) United Kingdom: The 1993 Budget. In: European Taxation 1993, S. 185-187.

Seidel, Gernot: (Gewinnverschiebungen) Gewinnverschiebungen über die Grenze. Diss. Göttingen 1971.

Seidl-Hohenveldern, Ignaz: (Rechtsakte) Rechtsakte der Organe der EWG als Mittel der Angleichung. In: Angleichung des Rechts der Wirtschaft in Europa. Band 11 der Kölner Schriften zum Europarecht, hrsg. von Institut für das Recht der Europäischen Gemeinschaften der Universität Köln. Köln-Berlin-Bonn-München 1971, S. 170-197.

Selling, Heinz-Jürgen: (Handbuch) Handbuch des spanischen Steuerrechts. Systematische Darstellung mit Rechenbeispielen. Frankfurt am Main 1985.

Derselbe: (Konzernbesteuerung) Spanische Konzernbesteuerung aufgrund konsolidierter Jahresabschlüsse. In: RIW 1987, S. 291-298.

Shelton, Ned; de Petter, Freddy: (Companies) Holding Companies: A Review of the New Luxembourg Rules and Six Other Countries. In: European Taxation 1991, S. 63-75 und 107-118.

Sieber, Eugen H.: (Unternehmenstyp) Die multinationale Unternehmung, der Unternehmenstyp der Zukunft? In: ZfbF 1970, S. 414-438.

Derselbe: (Unternehmung) Die internationale Unternehmung. In: Gegenwartsfragen der Unternehmensführung. Festschrift zum 65. Geburtstag von Wilhelm Hasenack, hrsg. von Hans-Joachim Engeleiter, Herne, Berlin 1966, S. 51-68.

Siegel, Theodor: (Steuerwirkungen) Steuerwirkungen und Steuerpolitik in der Unternehmung. Würzburg, Wien 1982.

Sigle, Hermann: (Konzerngestaltungspolitik) Konzerngestaltungspolitik. In: BFuP 1986, S. 313-325.

Slagter, W.J.: (Stand) Der heutige Stand des Konzernrechts in den Niederlanden. In: ZGR 1992, S. 1-21.

Slongo, Bruno: (Leitung) Der Begriff der einheitlichen Leitung als Bestandteil des Konzernbegriffs. Betriebswirtschaftliche Analyse und Folgerungen für einen Konzernbegriff de lege ferenda. Zürich 1980.

Smit, H.; Zevenhuijzen, F. (Hrsg.).: (Wet) Wet op de vennootschapsbelasting 1969. Fiscale encyclopedie De Vakstudie, Teil 5. Loseblattausgabe. Deventer.

Smit, Pieter M.; Weeghel, Stef van: (Implementation) Implementation of the Parent-Subsidiary Directive in the EC Member States. Part Netherlands. In: European Taxation 1992, S. 166-173.

Soest, A.J. van: (regeling) De regeling van de fiscale eenheid in de vennootschapsbelasting (artikel 15, Wet Vpb 1969). Deventer 1983.

Sonntag, Karl: (Konzernverrechnungspreise) Konzernverrechnungspreise zwischen Stammhaus und Betriebsstätte. In: IWB 1993, Fach 10 International Gruppe 2, S. 895-902.

Sousa da Câmara, Francisco de: (Implementation) Implementation of the Parent-Subsidiary Directive in the EC Member States. Part Portugal. In: European Taxation 1992, S. 173-174.

Squires, Michael B.: (Groups) Tax Planning for Groups of Companies. 2. Aufl., London, Dublin, Edinburgh 1990.

Stang, Harald: (Kopfsteuer) Kopfsteuer. In: Lexikon der deutschen und internationalen Besteuerung, hrsg. von Wilhelm H. Wacker, 3. Aufl., München 1994 (in Vorbereitung).

Starck, Wulf von: (Probleme) Betriebswirtschaftliche und gesellschaftsrechtliche Probleme der einheitlichen Leitung im Konzern. Diss. München 1970.

Stawinoga, Rainer: (Handbuch) Handbuch der französischen Körperschaftsteuer. 2. Aufl., Paris 1990.

Steinmann, Horst: (Unternehmungen) Internationalisierung der Mittelständischen Unternehmungen. In: Handwörterbuch Export und Internationale Unternehmung, hrsg. von Klaus Macharzina und Martin K. Welge, Stuttgart 1989, Sp. 1508-1520.

Stender, Volker: (Grundlagen) Die wirtschaftlichen Grundlagen der ertragsteuerlichen Organschaft. Passau 1980.

Stenholdt, Søren: (koncerner) Skatteplanlægning i internationale koncerner. In: Skatteorientering 7.7., Februar 1990, S. 1-38.

Stevens, L.G.M.: (Grundlinien) Grundlinien der niederländischen direkten Steuern. Heft 47 der Hefte zur Internationalen Besteuerung, hrsg. vom Institut für Ausländisches und Internationales Finanz- und Steuerwesen der Universität Hamburg. Hamburg 1988.

Stewing, Clemens: (Subsidiarität) Subsidiarität und Föderalismus in der Europäischen Union. Köln 1992.

Stieb, Stephan: (Steuerrecht) Das portugiesische Steuerrecht. In: IWB 1991, Fach 5 Portugal Gruppe 2, S. 49-66.

Strobel, I.A.: (Consolidation) Consolidation under Danish Tax Law. In: TPIR März 1987, S. 9-12.

Derselbe: (Denmark) Denmark: Tax Reform. In: TPIR April 1991, S. 21.

Derselbe: (Rules) Denmark: Rules on consolidated Returns. In: TPIR April 1989, S. 31.

Strobl, Elisabeth: (Gewinnabgrenzung) Die Gewinnabgrenzung bei international verflochtenen Unternehmen in der Europäischen Gemeinschaft. Diss. München 1975.

Tautorus, Gunter: (Interessenvereinigung) Supranationale und länderspezifische Besteuerung der Europäischen wirtschaftlichen Interessenvereinigung. Berlin 1992.

Telkamp, Heinz-Jürgen: (Tochtergesellschaft) Betriebstätte oder Tochtergesellschaft im Ausland? Steuerpolitische Entscheidungsgrundlagen für die Wahl der statutarischen Struktur ausländischer Grundeinheiten einer deutschen internationalen Unternehmung. Wiesbaden 1975.

Teubner, Gunther: (Unitas Multiplex) Unitas Multiplex. Das Konzernrecht in der neuen Dezentralität der Unternehmensgruppen. In: ZGR 1991, S. 189-217.

Theisen, Manuel René: (Konzern) Der Konzern. Betriebswirtschaftliche und rechtliche Grundlagen der Konzernunternehmung. Stuttgart 1991.

Derselbe: (Konzernorganisation) Konzernorganisation. In: DBW 1986, S. 746-770.

Derselbe: (Vorüberlegungen) Vorüberlegungen zu einer Konzernunternehmungslehre. In: DBW 1988, S. 279-297.

Themaat, Pieter VerLoren van: (Rechtsangleichung) Die Rechtsangleichung als Integrationsinstrument. In: Zur Integration Europas. Festschrift für Carl Friedrich Ophüls, hrsg. von Walter Hallstein und Hans-Jürgen Schlochauer. Karlsruhe 1965, S. 243-256.

Thömmes, Otmar: (Harmonisierung) Harmonisierung der direkten Unternehmensbesteuerung in der EG. In: IWB 1990, Fach 2, S. 449-460.

Derselbe: (Harmonization) Harmonization of enterprise taxation in the EC. In: Intertax 1990, S. 208-214.

Derselbe: (Maßnahmen) Neue steuerliche Maßnahmen zur Förderung der grenzüberschreitenden Unternehmenskooperation in der Europäischen Gemeinschaft. In: WPg 1990, S. 473-482.

Derselbe: (Unternehmensbesteuerung) Harmonisierung der direkten Unternehmensbesteuerung in der EG. In: IWB 1990, Fach 2, S. 449-460.

Tiberghien, Albert: (Handboek) Tiberghien 1992. Handboek voor Fiscaal Recht. 13. Aufl., Antwerpen 1992.

Tiley, John (Hrsg.): (Tax) Butterworths UK Tax Guide 1993-94. 12. Aufl, London 1993.

Tillmanns, Wolfhard: (Einführung) Frankreich: Einführung der Gruppenbesteuerung (Organschaft). In: RIW 1988, S. 275-284.

Derselbe: (Steuerrecht) Das Steuerrecht Frankreichs. In: IWB 1992, Fach 5 Frankreich Gruppe 2, S. 881-932.

Tinner, Hanspeter: (Konzernstruktur) Konzernstruktur und Steuerplanung. Strukturierung und Umstrukturierung von schweizerischen internationalen Konzernen aus steuerlicher Sicht. Bern-Stuttgart 1984.

Tipke, Klaus: (Problematik) Zur Problematik einer rechtsformunabhängigen Besteuerung. In: NJW 1980, S. 1079-1084.

Derselbe: (Steuergerechtigkeit) Steuergerechtigkeit in Theorie und Praxis. Vom politischen Schlagwort zum Rechtsbegriff und zur praktischen Anwendung. Köln 1981.

Derselbe: (Steuerrechtsordnung) Die Steuerrechtsordnung. 3 Bände. Köln 1993.

Derselbe; Lang, Joachim: (Steuerrecht) Steuerrecht. Ein systematischer Grundriß. 13. Aufl., Köln 1991.

Tixier, Gilbert; Berlin, Dominique: (France) National Responses to the Ruding Committee Report. Part France. In: EC Tax Review 1993, S. 24-28.

Tomás, Joâo José Amaral: (Reform) The Portugues 1988/1989 Tax Reform. In: Intertax 1989, S. 378-381.

Tremonti, Giulio: (fiscalita) La fiscalita industriale. Strategie fiscali e gruppi in Italia. Bologna 1988.

Ulrich, Hans: (System) Die Unternehmung als produktives soziales System. 2. Aufl., Bern-Stuttgart 1970.

Ungern-Sternberg, R. von: (Industriegemeinschaft) Die Industriegemeinschaft. Ein Weg zur organisatorischen Umbildung der deutschen Industriewirtschaft. Berlin 1925.

Urbas, Helmut: (Betrachtungsweise) Die wirtschaftliche Betrachtungsweise. Frankfurt am Main, Bern, New York, Paris 1987.

Urbin, Guy H.: (Handbuch) Handbuch der Luxemburger Steuern. 9. Aufl., Luxemburg 1992.

Vanderhoydonck, Francis; Verjans, Patrick: (Implementation) Implementation of the Parent-Subsidiary Directive in the Member States. Part Belgium. In: European Taxation 1992, S. 131-134.

Vanetti, Carlo Bruno: (Diskussion) Die Diskussion über die Konzerne und ihre Regelung in Italien. In: ZGR 1989, S. 396-420.

Vanistendael, F.: (Comments) Comments on the Ruding Committee Report. In: EC Tax Review 1992, S. 3-13.

Vanoni, Robert: (Begriffsbestimmung) Zur Begriffsbestimmung der Kartelle und Konzerne. Diss. Heidelberg 1926.

Veelken, Winfried: (Schutz) Der Schutz der Minderheitsgesellschafter in der abhängigen Gesellschaft in rechtsvergleichender Sicht. In: Das Gesellschaftsrecht der Konzerne im internationalen Vergleich, hrsg. von Ernst-Joachim Mestmäcker und Peter Behrens, Baden-Baden 1991, S. 505-561.

Ven, Martin van de; Obluda, Sybille: (Schachtelprivileg) Geplante Änderung des Schachtelprivilegs im niederländischen Körperschaftsteuerrecht. In: RIW 1988, S. 457-461.

Verburg, J.: (Vennootschapsbelasting) Vennootschapsbelasting. Deventer 1984.

Viegener, Johannes: (Besteuerung) Konsolidierte Besteuerung im französischen Konzern. In: IWB 1988, Fach 5 Frankreich Gruppe 2, S. 687-696.

Derselbe: (Neuerungen) Wichtige Neuerungen im französischen Steuerrecht. In: RIW/AWD 1972, S. 176-180.

Derselbe: (Vollanrechnung) Vollanrechnung und Schachtelprivileg in Frankreich. In: IWB 1993, Fach 5 Frankreich Gruppe 2, S. 933-936.

Villegier, Raymond: (intégration) L'intégration fiscale des groupes de sociétés. Paris 1992.

Vogelaar, Th. W.: (Steuerharmonisierung) Steuerharmonisierung in der Europäischen Gemeinschaft. In: RIW/AWD 1970, S. 198-204.

Voß, Reimer: (Europa) Steuern in Europa. In: DStR 1991, S. 925-932.

Wacker, Wilhelm H.: (Änderungsgeschwindigkeit) Auswirkungen der steuerlichen Änderungsgeschwindigkeit auf die Unternehmensentscheidungen. In: WiSt 1987, S. 287-292.

Derselbe: (Informationstheorie) Betriebswirtschaftliche Informationstheorie. Grundlagen des Informationssystems. Opladen 1971.

Derselbe: (Prinzipien) Prinzipien internationaler Besteuerung. In: WISU 1990, S. 575-579.

Wacker, Wilhelm H.: (Steuergerechtigkeit) Steuergerechtigkeit und Wirtschaftlichkeit im Besteuerungsverfahren. In: Betriebswirtschaftslehre und Unternehmenspraxis, Festschrift für Bernhard Hartmann, hrsg. von Eberhard Schult und Theodor Siegel, Berlin 1986, S. 169-184.

Derselbe: (Steuerlehre) Betriebswirtschaftliche Steuerlehre. In: Lexikon der deutschen und internationalen Besteuerung, hrsg. von Wilhelm H. Wacker, 2. Aufl., München 1982, S. 116-119.

Derselbe: (Steuerlehre, transnationale) Von der international vergleichenden betriebswirtschaftlichen Steuerlehre zur transnational vernetzten Steuerlehre. In: IStR 1993, S. 245-248.

Derselbe: (Steuerplanung) Steuerplanung im nationalen und transnationalen Unternehmen. Band 1 der Schriftenreihe Steuerberatung - Betriebsprüfung - Unternehmensbesteuerung, Schriften zur betriebswirtschaftlichen Steuerlehre, hrsg. von Wilhelm H. Wacker, Berlin 1979.

Derselbe: (Steuerwissenschaften) Steuerwissenschaften. In: Lexikon der deutschen und internationalen Besteuerung, hrsg. von Wilhelm H. Wacker, 2. Aufl., München 1982, S. 739-740.

Derselbe: (Subziele) Steuerliche Subziele bei international tätigen Unternehmen. In: Internationalisierung der Unternehmung als Problem der Betriebswirtschaftslehre, hrsg. von Wolfgang Lück und Volker Trommsdorff, Berlin 1982, S. 523-545.

Wagner, Franz W.: (Forschungsprogramm) Zum gegenwärtigen Forschungsprogramm der betriebswirtschaftlichen Steuerlehre. In: DB 1974, S. 393-398.

Derselbe: (Neutralität) Neutralität und Gleichmäßigkeit als ökonomische und rechtliche Kriterien steuerlicher Normkritik. In: StuW 1992, S. 2-13.

Derselbe; Dirrigl, Hans: (Steuerplanung) Die Steuerplanung der Unternehmung. Stuttgart 1980.

Wallis, Hugo von: (Ertragsbesteuerung) Zur Ertragsbesteuerung der Konzerne. In: StbJb 1970/71, Köln 1971, S. 113-145.

Walz, Rainer W.: (Steuergerechtigkeit) Steuergerechtigkeit und Rechtsanwendung. Grundlinien einer relativ autonomen Steuerrechtsdogmatik. Heidelberg, Hamburg 1980.

Warneke, Perygrin: (Steuerlehre) Grundlagen der Internationalen Betriebswirtschaftlichen Steuerlehre. In: Kompendium der Internationalen Betriebswirtschaftslehre, hrsg. von Siegfried G. Schoppe, München, Wien 1991, S. 669-696.

Weber-Fas, Rudolf: (Staatsverträge) Staatsverträge im Internationalen Steuerrecht. Zur Rechtsnatur, Geschichte und Funktion der deutschen Doppelbesteuerungsabkommen. Tübingen 1982.

Weinreich, Wolfgang: (Probleme) Betriebswirtschaftliche und steuerliche Konzernprobleme. Diss. Nürnberg 1940.

Weizman, Leif: (Pricing) Denmark: Arm's Length Pricing. In: TPIR Januar 1990, S. 38-40.

Welge, Martin K. (Hrsg.): (Management) Globales Management. Erfolgreiche Strategien für den Weltmarkt. Stuttgart 1990.

Wentland, Norbert: (Konzernbilanz) Die Konzernbilanz als Bilanz der wirtschaftlichen Einheit Konzern. Grundlagen der Konzernrechnungslegung unter Berücksichtigung der Vorschriften des Aktiengesetzes und der Vorstellungen einer 7. EG-Richtlinie. Frankfurt am Main 1979.

Wenz, Martin: (Societas) Die Societas Europaea (SE). Analyse der geplanten Rechtsform und ihre Nutzungsmöglichkeiten für eine europäische Konzernunternehmung. Berlin 1993.

Werdich, Hans: (Konzern) Organisation und Besteuerung im Konzern. Hamburg 1993.

Westermann, Harm Peter: (Gesellschaftsrecht) Das Gesellschaftsrecht zwischen bürgerlichem Recht, Steuerrecht und Bilanzrecht. In: Bilanz- und Konzernrecht. Festschrift für Reinhard Goerdeler, hrsg. von Hans Havermann, Düsseldorf 1987, S. 697-722.

Wettlaufer, Horst: (Hinzurechnungsbilanz) Außensteuerrechtliche Hinzurechnungsbilanz bei Basisgesellschaften in Niedrigsteuerländern. Band 13 der Schriftenreihe Steuerberatung - Betriebsprüfung - Unternehmensbesteuerung, Schriften zur betriebswirtschaftlichen Steuerlehre, hrsg. von Wilhelm H. Wacker, Berlin 1984.

Wiedemann, Herbert: (Gesellschaftsrecht) Gesellschaftsrecht. Ein Lehrbuch des Unternehmens- und Verbandsrechts. Band I: Grundlagen. München 1980.

Wiesner, Peter M.: (Vorschläge) Kommission legt neue Vorschläge zur Europa-AG vor. In: AG 1991, S. R 275-276.

Wilcke, Erdmann: (Überblick) Überblick über das italienische Anrechnungsverfahren bei der Körperschaftsteuer. In: RIW/AWD 1978, S. 516-520.

Winandy, Jean-Pierre: (Impôts) Les Impôts sur le Revenu et sur la Fortune au Luxembourg. Luxemburg 1992.

Wingert, Karl-Dieter: (Steuerplanung) Steuerplanung im Hinblick auf die Steuerharmonisierung in der EG. In: DStZ 1989, S. 315-322.

Wöhe, Günter: (Konzernbesteuerung) Überblick über die Konzernbesteuerung. In: Handbuch der Konzern-Rechnungslegung, Kommentar zur Bilanzierung und Prüfung, hrsg. von Karlheinz Küting und Claus-Peter Weber, Stuttgart 1989, S. 189-244.

Derselbe: (Probleme) Ausgewählte steuerliche Probleme bei Unternehmenszusammenschlüssen. In: DStR 1990, Beihefter zu Heft 7.

Derselbe: (Steuerlehre I/1) Betriebswirtschaftliche Steuerlehre. Band I, 1. Halbband: Die Steuern des Unternehmens - Das Besteuerungsverfahren. 6. Aufl., München 1988.

Derselbe: (Steuerlehre II/2) Betriebswirtschaftliche Steuerlehre. Band II, 2. Halbband: Der Einfluß der Besteuerung auf Unternehmenszusammenschlüsse und Standortwahl im nationalen und internationalen Bereich. 3. Aufl., München 1982.

Derselbe: (Steuern) Die Steuern des Unternehmens. 6. Aufl., München 1991.

Wöhrle, Winfried; Schelle, Diether; Groß, Ekkehard: (Außensteuergesetz) Außensteuergesetz (AStG). Kommentar. Loseblattausgabe. Stuttgart.

Wooldridge, Frank: (Groups) Groups of Companies. The Law and Practice in Britain, France and Germany. London 1981.

Wymeersch, Eddy (Hrsg.): (Groups) Groups of Companies in the EEC. A Survey to the European Commission on the Law relating to Corporate Groups in various Member States. Berlin, New York 1993.

Wysocki, Klaus von; Wohlgemuth, Michael: (Konzernrechnungslegung) Konzernrechnungslegung. 3. Aufl., Düsseldorf 1986.

Yamauchi, Koresuke: (Konzernrecht) Internationales Konzernrecht in Japan. In: ZGR 1991, S. 235-251.

Zacker, Christian: (Binnenmarkt) Binnenmarkt und Gemeinsamer Markt. In: RIW 1989, S. 489-490.

Zeitler, Franz-Christoph; Jüptner, Roland: (Steuerharmonisierung) Europäische Steuerharmonisierung und direkte Steuern. Beilage 17 zum BB 1988.

Zieger, Martin: (Gewinnrealisierung) Gewinnrealisierung bei langfristiger Fertigung. Ein richtlinienkonformer Ansatz. Wiesbaden 1990.

Zitzelsberger, Heribert: (Gewerbesteuer) Grundlagen der Gewerbesteuer. Eine steuergeschichtliche, rechtsvergleichende, steuersystematische und verfassungsrechtliche Untersuchung. Köln 1990.

Zitzelsberger, Siegfried: (Problematik) Die Problematik der Gewinnrealisation bei der handels- und steuerrechtlichen Bewertung konzerninterner Lieferungen und Leistungen. Diss. München 1966.

Zwagermaker, J.; Wasch, E.P.J.: (deelnemingsvrijstelling) De nieuwe deelnemingsvrijstelling. Deventer 1991.

Zweigert, Konrad: (Grundsatzfragen) Grundsatzfragen der europäischen Rechtsangleichung, ihrer Schöpfung und Sicherung. In: Vom Deutschen zum Europäischen Recht. Festschrift für Hans Dölle. Band II. Hrsg. von Ernst von Caemmerer, Arthur Nikisch und Konrad Zweigert. Tübingen 1963, S. 401-418.

Derselbe; Kötz, Hein: (Rechtsvergleichung) Einführung in die Rechtsvergleichung auf dem Gebiete des Privatrechts. Band I: Grundlagen. 2. Aufl., Tübingen 1984.

Rechtsprechungsverzeichnis

Gericht	Datum	Aktenzeichen	Quelle	Leitsatz
OVG	31.5.1902	J.N. VI. Rep. VI. G. 38/01	OVGSt Band 10, 391	Dienst- und Abhängigkeitsverhältnis zwischen Konzerngesellschaften
RFH	31.3.1922	I A 10/22	RFHE Band 9, 167	Gewinn- und Verlustausgleich im Konzern erstmals steuerlich möglich.
RFH	11.11.1927	I A 75/27	RFHE Band 22, 183	Finanzielle, wirtschaftliche und organisatorische Eingliederung als Organschaftsvoraussetzungen
RFH	11.10.1928	I A 473/27	RStBl 1928, 360	Steuerliches Ergebnis einer abhängigen Körperschaft als Arbeitslohn
RFH	11.6.1929	I A 531/28	RStBl 1929, 557	Abhängige Gesellschaft als Angestellte der herrschenden Gesellschaft
RFH	30.1.1930	I A 226/29	RStBl 1930, 148	Organschaft als Lehre von der wirtschaftlichen Einheit selbständiger Rechtssubjekte
RFH	18.2.1933	I A 439/32	RStBl 1933, 647	Zurechnungstheorie
RFH	22.1.1935	I A 401/32	RStBl 1935, 517	Zurechnungstheorie
RFH	3.7.1935	VI A 1149/33	RStBl 1935, 1127	Juristische Person als selbständiges Rechtssubjekt; Grenzen der wirtschaftlichen Betrachtungsweise
BFH	17.7.1952	V 17/52 S	BStBl 1952 III, 234	Organschaft als Lehre von der wirtschaftlichen Einheit selbständiger Rechtssubjekte
BFH	8.3.1955	I 73/54 U	BStBl 1955 III, 187	Ablehnung der Einheitstheorie
HR	22.2.1956		BNB 1956, 132	Konzern als fiktive rechtliche Einheit
BFH	26.7.1967	I 138/65	BStBl 1967 III, 733	Ablehnung der Einheitstheorie

Gericht	Datum	Aktenzeichen	Quelle	Leitsatz
BFH	30.4.1968	I 161/65	BStBl 1968 II, 720	Rechtliche Selbständigkeit bleibt durch Konzernzugehörigkeit unberührt
BFH	23.9.1969	I R 71/67	BStBl 1970 II, 87	Teilwertabschreibung auf Beteiligungen
BFH	18.4.1973	I R 120/70	BStBl 1973 II, 740	Konkretisierung der Merkmals der wirtschaftlichen Eingliederung
BFH	21.1.1976	I R 21/74	BStBl 1976 II, 389	Wirtschaftliche Eingliederung muß sich nicht auf technische oder marktstrategische Faktoren beziehen
HR	27.4.1988		BNB 1988, 220	Konzern als fiktive rechtliche Einheit
HR	29.6.1988		BNB 1988, 331	Beteiligungsvoraussetzungen der "fiscale eenheid"
BFH	26.4.1989	I R 152/84	BStBl 1989 II, 668	Wirtschaftliche Eingliederung ist nicht als "Leerformel" zu interpretieren
HR	26.4.1989		BNB 1989, 217	Einschränkung des Verlustausgleichs im Konzern bei Einschaltung von Zwischengesellschaft
BFH	13.9.1989	I R 110/88	BStBl 1990 II, 24	Konkretisierung des Merkmals der wirtschaftlichen Eingliederung
HR	28.3.1990		BNB 1990, 194	Rechtsnormcharakter der standaardvoorwaarden
BFH	7.11.1990	I R 116/86	BStBl 1991 II, 342	Teilwertabschreibung bei dauerhaften Verlusten

Sachregister